绍 良 书 话

周绍良 著

中 华 书 局

图书在版编目(CIP)数据

绍良书话 / 周绍良著. —北京:中华书局,2009.8
ISBN 978 - 7 - 101 - 05679 - 2

Ⅰ.绍… Ⅱ.周… Ⅲ.书评—选集　Ⅳ. G236

中国版本图书馆 CIP数据核字(2007)第 074241 号

书　　名	绍良书话
著　　者	周绍良
责任编辑	刘树林　李　森
出版发行	中华书局
	(北京市丰台区太平桥西里 38 号　100073)
	http://www.zhbc.com.cn
	E-mail:zhbc@zhbc.com.cn
印　　刷	北京未来科学技术研究所有限责任公司印刷厂
版　　次	2009 年 8 月北京第 1 版
	2009 年 8 月北京第 1 次印刷
规　　格	开本 /700×1000 毫米　1/16
	印张 32½　插页 2　字数 250 千字
印　　数	1-6000 册
国际书号	ISBN 978 - 7 - 101 - 05679 - 2
定　　价	58.00 元

目 录

《绍良书话》前言　　白化文

本师周绍良先生逝世后，哲嗣启晋师弟为老师整理编集遗文，有《绍良书话》之作。中华书局慨允出版，责任编辑李森女史费了许多心力。作为一名先生的老学生，我十分感慨、感动。启晋师弟偕夫人赵立红女史亲临寒舍，交下复印的全书目次，并几篇作品样张，供我参考，派我写一篇读后记。这是义不容辞的事。爱勉力作一初稿，以供审核，如下：

老师逝后，我写成挽联一副，文为：

　　　　卅载薰陶，才获片羽支鳞，小子敢云门下长；

　　　　等身著述，遍及外书内典，先生不愧大师名！

我觉得，阐述一下此联内涵，就足以说明写作这篇"前言"的困难和我的心情了。

我追随老师，始于1975年前后，当时目的明确，就是为了学习敦煌变文。这在我写的几篇回忆中都有清楚的说明。老师尽心竭力，把我引进了敦煌学的殿堂。我为此终生铭感。老师交代给我的一些任务，我只完成了一部分。这是我始终感到十分惭愧和对不起老师的奖掖与提携的。就连我自己拜师时的单一目标，即中华书局给的任务，写一本《敦煌俗文学》小册子，至今也没有完成，为什么？我三十多年来逐渐体会到，我的精力与才能实在有限，同时完成几项工作是办不了的。当时，我在北大的教学与科研工作是正差，而且面临提升副教授、教授的两次冲刺。敦煌学的研究只能间歇性地进行，一曝十寒，三天打鱼两天晒网。及至我退休了，敦煌学界早已欣欣向荣，后起之秀早已超过我了。无奈，只可在完成一些项目后，向老师说明情况，退出第一线。这是我最感到对不起老师栽培的地方，也是我的终生遗憾之处。后来，特别在老师迁居双旭花园之后，我虽已退休，可是距离太远，只能在需要我办事的时候，借国家图书馆、中华书局、金申同志的车，隔三差五地走一趟。所作以事务性的和文书性质的工作为多。我一向避免参与各位老师的家庭与经济事务，以为如此才可维持长期稳定的师生关系。因此，绍良老师的家庭组织，我一直到先生逝世后才初步有点了解。和师弟师妹，也是在老师逝世后熟悉起来的。

老师的学术博大精深，但是，如上所述，我亲炙过的领域甚少。这次一看此书目次，大吃一惊，原来其中的一大部分我都没有很好地阅读过，甚至有的我完全不知道。这就更使我感到，我作的挽联的内涵，其深度与广度，连我撰写时自己都没有料到。只有更加遗憾：老师在世时我跟从学习得太不够了。只有在此书和老师其他著作新版出版后，再行补习吧！

我对此书的唯一意见是，老师的相关著作，特别是单篇文章，可能不止目次中反映出的那么些。希望师弟再接再厉，继续搜寻，定有意外收获。

还有，据我所知，老师家中原来积存明清以来各种各样的通俗小说等类书籍甚多，后来半送半让给天津市图书馆。这批材料，解放前不当一回事的，许多大型图书馆和大学图书馆都不收此类书籍，如北京大学图书馆，解放前就不收藏武侠小说，北京图书馆所收也不多。只有通俗图书馆如现在的首都图书馆才大量收藏与借阅。解放后，特别是经过"文革"，此种书籍稀如星凤矣。北方的图书馆的收藏，除了首都图书馆，我看就属天津市图书馆这批周家旧藏了。天津市图书馆编有目录，但知者甚少，我建议附印在咱们编的这本书的后面，对于俗文学研究者与各方面人士会很有用。试举一例：著名的长篇武侠小说(北方评书体裁)《三侠剑》，原来编写到胜英逝世(病中被秦尤扼喉)，黄三太报仇，镖打秦尤，义释崔通，刀劈柳遇春，才算告一段落。二十世纪八十年代后出的新印本都止到收复台湾的前半部分，没有完。我看就是因为没有找到全本之故。多年前，老师和我在闲谈中说到，《三侠剑》于二十世纪三十年代初在天津出版时，周宅陆续买全了。但不知现存天津市图书馆的《三侠剑》是否还是整套。

2007年3月31日，星期六。紫霄园

2007年5月15日，星期二，重定

绍良书话小识(代序)　舒芜

　　亡友周绍良先生在部分藏书上的题识和关于读书买书的小文,世兄启晋辑录为《绍良书话》一编,将在中华书局出版,要我写个序。一看目录,我真没有写序的能力,不是客气,是实实在在的话。

　　绍良学问渊博,在《红楼梦》研究、敦煌学、古墨学、唐墓志研究等多方面都是名家,各有专著行世。我学殖荒落,只作为爱读《红楼梦》的一个普通读者,还能够在这方面向他讨教一二,其他都不能赞一辞。绍良藏书富赡,生前已几次捐赠国家,所留只是一部分,书上他有题识的又只是部分之部分,现有辑录为七大类,仍可见一斑。他的伯父叔弢先生是藏书大家,本书话第七类就收录有《记名藏书家周叔弢》一文,藏书也是周氏家学,但绍良藏书上却没有请叔弢先生作过题跋。有人问起,绍良说,他哪里看得上我这些东西。的确,绍良藏书有一个特色,就是异端特色。绍良尊公叔迦先生是佛学大家,绍良晚年襄助赵朴初先生为中国佛教协会的重要领导人,是继承了家学,但这本书话七大类中"宗教典籍"一类为多,而其中又以"民间宗教典籍"为最多,这又不仅是家学继承,而且是新的开拓,是其异端特色突出体现。这里,关于中国学术文化的正统和异端的关系,大有话可说。

　　学术文化的正统,是政治专制的产物。学术文化的生命在于自由多元,而政治专制总要压抑自由,定于一尊,造成一个正统,二者成为永恒的矛盾。中国学术文化史上,周室东迁,礼坏乐崩,产生了先秦百家争鸣。秦始皇首建大一统的专制皇权,不能容忍这个局面,焚书坑儒,以吏为师,没有成功。汉武帝黜百家,独尊孔子,成功了,儒学正统于是长期窒息着中国学术文化,中间更有宋明理学与科举制度的结合加强了儒学统制。所幸每当朝代更迭前后,王纲解纽之时,反正统求自由的力量便会抬头,使窒息得以稍缓,生机赖以不绝如缕。明代皇权专制登峰造极,理学正尊的统制也登峰造极。到了明末,王纲大解纽,学术文化中也出现了许多全新的萌芽,不幸而清朝稳定下来之后又是一个大倒退。清朝文字狱之酷烈远过秦火,吓得学子远离现实,埋头古书堆,不料导致出意外的结果。盖以举国精英之力淬聚于经籍整理之中,逐步剥除掉儒学独尊以来加诸经籍上面的涂饰，洗涤掉长久被搁弃的非正统古籍上的灰尘，逐步逆溯上去，非意识地走了一条"以复古求解放"的路，梁启超《清代学术概论》认为可与欧洲文艺复兴比美。到了清末，复到先秦之古，得到对于儒家独尊的解放，便是旧学术文化的尾声，也可以说是"五四"新文化运动的先声。

"五四"新文化运动，是反正统的运动，不是反传统的运动。岂但不反传统，正是要继承传统，近之继承清末的传统，远之继承先秦百家争鸣和后来各个王纲解纽时期的传统，并且把科学与民主的普世先进标准，同本民族异端传统结合起来。胡适的《中国哲学史》、《中国白话文学史》，鲁迅的《中国小说史略》，梁启超的《先秦政治思想史》，梁启超、胡适的墨学研究，都是继承传统的结晶。如果能够一直这样发展下去，会是一条不断前进的路。可惜后来出现了所谓"救亡压倒启蒙"，重新定于一尊，一定再定，最后来了"文化大革命"，彻底背叛了"五四"道路。

拨乱反正以后，有识者呼吁"回归五四"，重新从"五四"出发，颇有响应。但是不久，忽然从海外新儒家那里飞来一顶罪名帽子曰"反传统"，硬扣到"五四"运动头上，说是"五四"反传统导致了文化大革命，要清算文革就要清算"五四"，云云。这个"反传统"完全是新张扬出来的名称，以前无论赞成或者反对"五四"运动的都没有笼统地用"反传统"之名来概括"五四"运动。新儒家心目中的传统，只是儒家正统，他们在"继承传统"的名义下，实际上只要继承儒家正统，而传统里面正统之外其他丰富内容全不在内，于是祭孔大典、长袍马褂、私塾读经全要恢复，至今方兴未艾。在此时刻，看到绍良的书话，我不禁有许多感想。

绍良出身簪缨诗礼名家，少年时所受教育完全正统，他却走了非正统、求异端之路。上面说的，这本书话里篇数最多一类是民间宗教类，这一点特别值得注意。一个民族的文化，总是金字塔式的结构，无论塔顶怎样高入云霄，广大底部才是基础。研究一个民族的文化，要看它的塔顶，更要看它的广大底部，才能看到真相。这可以叫做"向低处广处看"的方法，是异端的方法，也是科学的方法。昔日鲁迅论"中国根柢全在道教"，知堂研究日本文化多年，终于觉悟到走了冤枉路，看出神道教才是日本文化真正的根柢，都是成功地运用了"向低处广处看"的方法。民间宗教是民族文化金字塔底部的重要部分，在社会下层有很大势力，愚昧鄙俚落后的形式下往往蕴藏着万千小民被压抑的心声，形成一股不利于稳定的力量，所以一向为皇权所深恶，谥之曰"邪教"，严加镇压。例如民间宗教里有一种对"无生老母"的信仰，知堂《无生老母的消息》一文介绍了它的大概：原来"无生老母"是普天下人类的始祖母，她有一支儿女失乡迷路流落在东土，她"一声儿，一声女"地召唤，"一般劳苦的男妇，眼看着挣扎到头没有出路"，纷纷向这个始祖母皈依，愿望回归她的怀抱。这样的召唤和皈依当然不是专制皇权所喜欢的。但渊博如知堂，并没有看到任何一部完整的"邪教"典籍，他根据的只是黄壬谷编刊《破邪详辩》中摘引"邪教"典籍的一些片段。而绍良这个门类的藏书如此之富赡，其中就有《佛说混元弘阳慈悲中华救苦宝忏》《销释混元弘阳大法祖明经》《销释混元弘阳拔罪地狱宝忏》《销释混元弘阳救苦生天宝忏》等，都是与无生老母信仰有关的。即此一端，他这部书话在这个时候出版，便有特殊的意义了。

　　我写不了绍良这部书话的序言，只能说说这些空话，表示我对此书问世的欢喜，不为序。

二〇〇七年四月十日，

舒芜在北京。

序　言　辛德勇

　　周啟晋先生整理编辑绍良先生论书文稿既竟，嘱我写一点感想，附缀篇末，闻命后十分惶恐。绍良先生是寰海内外僧俗两界学人至为景仰的大师，陋略如我之浅学晚辈，实在不够资格也没有能力承当这一厚意。惟思昔唐人杜牧尝有言曰："自古序其文者，皆后世宗师其人而为之。"我虽然没有正式执贽叩拜，但从二十多年前初次谒见先生之时起，为人为学，即一直矢心师法于先生，自忖或可忝列私淑弟子之末；又考虑到这是一本专门进述旧本古书的文集，其中还涉及许多典籍收藏的内容，而我在绍良先生教诲过的后学当中，于版本目录之学以及藏书赏书诸项雅事，聆受先生教益殊多，沾润恩泽既深，亦当负有绍述先生学业之责，故既不敢依循常理退避，只好妄自承用杜牧之宗师先贤的遗意，勉强在这里谈一谈受学的体会。

　　晚近以来，通行把专门讲旧书的文章，称作"书话"，这大概是从古代的诗话、词话移植过来的用法。诗话和词话是以诗词鉴赏为主体，书话的内容，则要丰富很多。虽然品味鉴赏书籍同样也是书话的主流，但单纯表述这方面内容的书话，只是众多书话类型当中的一种。除了品味鉴赏之外，书话的内容，至少还包括有考述文献的版本源流与阐释典籍的文献价值这两大方面。以上三大类内容，在现代书话当中，会有多种不同的体现形式，有的只单纯表述其中一类内容，有的是组合其中两类内容，还有一些则是会把这三类内容融合交织成为一体，乍看起来，纷纷纭纭，似乎不太容易识别门道。不过，假若按照作者的属性来区分，或许也可以将书话划分成为文人书话和学者书话两大类型。二者相对而言，文人书话，意在表露情趣，因而侧重品味鉴赏，写好这类书话，难度主要在于文笔；学者书话，意在叙说知识，因而侧重考述版本源流，或是阐释文献内涵的意蕴，写好这类书话，难度首先在于学识。

　　绍良先生这本书是学者的书话，而且是大学者的书话。这本书话集包括有"红学"、古墨、话本、小说、戏曲、唱本、佛经、佛像、民间宗教、占卜、饮食、物价等等众多知识领域的内容，既博且通。即使是在同辈博学的学者当中，似乎也再没有其他什么人，能够触及如此广泛的范围，并做出这样具体的论述；至于我辈后来者，学养先天不足，大多只能勉勉强强地去走某一领域"专家"的路数，像这样广博的局面，实在可望而不可及。专业的文史学者阅读绍良先生这些文章，自然如饮甘露，或者为相关研究提供直接的帮助，或者用以扩充辅助的知识，还有更多的学者，或许只是将其作为紧张工作之余一种清雅的消遣。然而，学者写书话，也并不都是或者说并不只是以这一小部分专业工作者作为读者对象，一篇成功的学术性书话，普通的文史受好者，同样乐于接受并能够从中获取丰富的知识。绍良先生已经发表过的这类书话文章，就受到了学术界以外许多读者的欢迎。

当年顾炎武谓文须有益于天下，贬斥文人者流，不遗余力，每每引述宋人刘挚告诫子弟之言，以为士子一旦自命为文人，其人便略不足观。亭林先生此语，乃是惩于明末学风空疏、文章轻佻以致倾覆江山社稷的伤痛，有感而发，自是一时过激之言。而今躬逢盛世，四海歌舞升平，赏析美文，如同品味淳酒清茶，本是人生一种享受，若得珍本秘籍与妙笔佳文两陈其美，谁又何乐而不受之？况且亭林先生本人，初非不能文者，亭林先生且谓凡不能撰作悦人之巧言美文，则"不足以为通人"，只不过他自己硬是要施展天下大勇，公然宣示说虽其能之亦不为之而已。事实上，所谓美文，形式应不仅局限于晚明小品那一路，亭林先生的文章，本堪称一代佳作。以文词优长著称的当代大藏书家黄裳先生，在论述清代版刻形式时曾经比喻说，软体写刻本美则美矣，但看多了，便犹如吃多了奶油食品而使人发腻。若是以清代的版刻形式来作比喻，晚明小品式的笔法，便颇近似于软体写刻本书籍；而我读绍良先生的文章，似即有若观赏上乘方体字刻本，更耐人品味，借用黄裳先生讲版刻的话来形容，其精雅的气息，疏朗的格局，所传递给人的愉悦，实际是要超出于软体写刻本之上的。这是与江南园林式曲径幽廊完全不同的另一番景象，除了起码的基础知识以外，欣赏它也需要有相应的心绪。我读绍良先生的书话，总能联想到先生厚重的身躯和硕大的头颅。

谈论典籍藏弄和文献源流的书话，其情趣可以更多地寄寓于作者所关注和讲述的书籍当中，有充实的内容可说，不必纯粹靠打点文字来装扮文章，这是藏书家和文献学家在客观条件上优于普通文士的地方。绍良先生是一位参透悟明人生的智者，收藏和研究古籍亦一如其处世、读书，总是超乎于流俗的喧嚣之外，享受着自己独有的发现与宁静中的喜悦。绍良先生藏书，不大留意主流藏书家竞相购藏的佳椠名刊，而更侧重于鲜少有人过问的各色社会生活史料性读物。这样的收藏趣味，是基于广阔的学术视野。绍良先生关注古代社会生活的方方面面，因应了"世事洞明皆学问"那句老话。阅读绍良先生留下的这些书话，就像听老人家品评各色美味小吃，使我们得以一一领略其独家特色。

　　人生需要超越很多东西，才能养成绍良先生这样一种情趣。藏书需要逐渐提升境界，读书作文也需要不断提升境界，安身立命更需要提升境界。绍良先生曾经在一首诗中，这样表述过他的人生境界："云雾永无尽，波涛苦相缠；唯以闲适情，一切听自然。得失不萦心，名利皆凤缘；挥手归去来，生死两忘筌。"我想，用心去读绍良先生的书话，潜移默化之间，或许会帮助那些自觉提升境界的人，多忘却一些世俗的东西，逐渐淡出于名利场之外。

2007年4月4日记

一、红学题跋

敦诚《鹪鹩庵杂记》跋

爱新觉罗·敦诚，字敬亭，号松堂，为《红楼梦》作者知友。生于清雍正十二年(1734)，卒于乾隆五十六年(1791)。他的诗集是研究曹雪芹生平的重要资料，现存有四种不同的版本：

一、《四松堂集》，付刻底本，抄本，原胡适藏，现存北京图书馆。

二、《四松堂诗钞》，抄本，中国科学院文学研究所藏。

三、《四松堂集》，刻本，寒斋所藏，近人徐世昌编《晚晴簃诗汇》即据此本入选；文学古籍刊行社1955年曾依之影印。

四、《鹪鹩庵杂记》，抄本，张次溪君藏。

其中一、二两种都是注明编年的，第三种虽未注明编年，其实也是编年；只有第四种是按诗体分类编辑的。

这四种本子中以第四种比较珍贵。在《四松堂集》付刻底本和《四松堂诗钞》抄本中都收《挽曹雪芹》一诗：

> 四十年华付杳冥，哀旌一片阿谁铭？
>
> 孤儿渺漠魂应逐，新妇飘零目岂瞑。
>
> 牛鬼遗文悲李贺，鹿车荷锸葬刘伶。
>
> 故人唯有青衫泪，絮酒生刍上旧坰。

诗题下注明"甲申"作诗的年份，也就是乾隆二十九年(1764)，与所谓"壬午除夕"的"壬午"(1762)中间只隔一年。

《鹪鹩庵杂记》中也收《挽曹雪芹》诗，但为两首：

> 四十萧然太瘦生，晓风昨日拂铭旌。
>
> 肠回故垅孤儿泣，泪迸荒天寡妇声。
>
> 牛鬼遗文悲李贺，鹿车荷锸葬刘伶。
>
> 故人欲有生刍吊，何处招魂赋楚蘅？

开箧犹存冰雪文，故交零落散如云。

三年下第曾怜我，一病无医竟负君。

邺下才人应有恨，山阳残笛不堪闻。

他时瘦马西州路，宿草寒烟对落曛。

这两首诗显然是敦诚《挽曹雪芹》的原作，而另外的一首则是根据这两首诗改作的。既然另外的一首标明"甲申"，因之也可得出这本《鹪鹩庵杂记》的编成年代，至晚是"甲申"当年《挽曹雪芹》诗未改写之前编成的，最可能是"甲申"的前一年编成的。那么由此可以推定曹雪芹的卒年必然是"壬午除夕"了，而敦诚这两首挽诗是写"壬午除夕"之后的"癸未"年的，而这本分体编辑的《鹪鹩庵杂记》就在《挽曹雪芹》二首写成不久编成的。这是对曹雪芹卒年一个确切的证明。

《鹪鹩庵杂记》藏张次溪君处多年，曾假来录副。原本文化大革命中被抄家搜去，今张次溪君逝世，更无从踪迹。因恐年代久远，此录副之本亦复有迷失之虞，因付之排印，以广其传。

原书第一行被剜补，题《鹪鹩庵杂记》五字，行下题"卢文弨撰"四字，复用纸掩盖之，并钤小印一方。可见乃用原拟抄卢氏书而改抄此《鹪鹩庵杂记》者。吴恩裕同志将"记"字臆改"诗"字，大误。书前第二行应有诗体分类标题"五古二十首"字样，又"七言绝"处均亦漏未抄；第一首《烈女吟》下注明"有序"，又漏抄序文，此诗在《四松堂集》注作"二首"，可见此诗序文原另记于它纸上，原稿即漏未抄入，刻书时无法补入，乃改为"二首"也。

敦诚《四松堂集》刻本附《鹪鹩庵笔麈》一卷，此诗集亦以"鹪鹩庵"命名，可见"鹪鹩庵"之为敦诚斋名在前。据敦敏《敬亭小

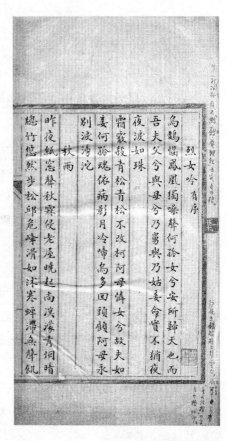

《鹪鹩庵杂记》

传》云：

> ……辛卯(乾隆三十六年，1771)值太夫人之变，哀痛成疾曰："捧檄之欢，慰先慈也。今已矣，复何为！"因以病告退。素耽山水，家有西园，日久荒废，尚余假山。山有松四株，因即山麓起四松草堂。

敦诚自己也有《四松堂记》载集中。可见"四松堂"之名，比"鹔鹴庵"为晚，这也说明以"四松堂"名集是乾隆三十六年以后的事。

诗句中间有一些空缺字的地方，显然原来是完整的，因为从挖补、覆盖的痕迹看，偶尔尚有残笔留存。大概作者不满意原作某些字句，所以删去而成空白，以备后来补入。现在虽然可以根据别的本子补上，但为保留作者预备修改的原来面貌，所以现在仍然照它原样空缺着。

苕溪渔隐《痴人说梦》跋

《痴人说梦》，昔年得之于隆福寺街头小书摊。书仅一卷，嘉庆二十二年丁丑(1817)怀红楼刊本，题"苕溪渔隐撰"，附《槐史编年》、《胶东余牒》、《鉴中人影》、《镌石订疑》四种，附《大观园图》。

这是一本比较早的专门研究《红楼梦》的书，作者对于《红楼梦》是下过一些功夫的，像《槐史编年》，虽然姚燮(梅伯)在批阅《红楼梦》时也曾注意到这点，但单独提出编成一篇，却以苕溪渔隐这篇为最早而且是唯一的。作者用的是一百二十回本，但也看到了八十回本《石头记》，并且花了工夫作了一些校勘工作，写出札记，也是一种踏踏实实研究者的态度。

但苕溪渔隐姓甚名谁？却无从知道，仅从书首仙掌峰樵者序言中知道"丁丑之夏，遇苕溪渔隐于京师"，别的是毫无所记了。

因为作者自号为"苕溪"，必然是湖州一带人，翻检《浔溪诗征》，果然于卷二十二得之：

> 范锴，初名音，字声山，号白舫，又号苕溪渔隐。有《浔溪纪事诗》、《湖录纪事诗》、《蜀产吟》、《感逝吟》、《蜀游草》、《续汉上题襟集》、《苕溪渔隐诗稿》及《幽花诗略》。

《浔溪诗征》还征引了《南浔镇志·人物传》：

> 锴工诗，尤善词。中岁以后，远游四方，磊落好交，寓意盐英，往来楚、蜀者三十年。留心掌故，作《浔溪纪事诗》七十首，征引记载，遗闻佚事，靡不毕具。客蜀，著《蜀产吟》；寓汉上，著《汉口丛谈》，皆不愧作家。晚岁寓居扬州，卒年八十余。

我们从这点记载可以知道他是一个读书人，比较勤于写作。他没有混到官场去，而是奔波于四方的一个盐商人。大概也正为这个缘故，使他有工夫研究《红楼梦》，也由于他"远游四方"，所以能有机会搞到"旧抄本"（八十回本《石头记》），使他写出这本《痴人说梦》来。

张曜孙《续红楼梦》跋

张曜孙撰。二十回，稿本，共九册。第一册尾有题"徐韵廷抄"四字。书前有签云：

> 此书系张仲远观察所撰，惜未卒业，止此九册。外间无有流传。阅后即送还，勿借他人致散失为要。
>
> 阅后即送北直街信诚当铺隔壁余宅，交赵姑奶奶（即万保夫人）。

正文每面八行，行二十五字。

张曜孙，字仲远，号升甫，晚号复生，武进人，张惠言侄。嘉庆十二年（1807）生，道光举人，湖北候补道。著有《谨言慎好之居诗集》。

书接第一百二十回，无回目，未完。第一回记丙辰秋至丁巳冬事。第二回有眉批："口声不是黛玉，何妨另做一部书。"不知何人手笔，似与张为熟习者。

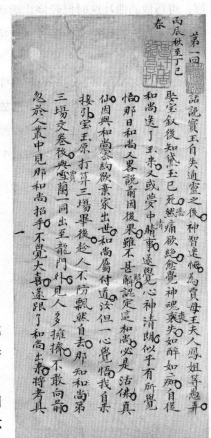

《续红楼梦》

5

《红楼佳话》跋

前有扉页，题作"《红楼佳话》，据稿本景抄，武进赵氏麟趾手抄并藏"。

首目次，题"悼红楼主人周宜编纂"。凡六出：《会艳》、《情谑》、《题帕》、《祭花》、《艳逝》、《哭艳》。

卷末题：

> 聊以自娱不足斋借吴县齐筱庵家藏稿本景写一部，武进赵麟趾题记。

此书曾于傅惜华先生处见一本，同式，盖俱过录本，但未多见。

书为一九五五年所得，买到之后本想做一复本给俞平伯，交给他的曲社加以排演，可巧他的曲社这时已经停止活动，因而搁置起来。后来出版社也想编一册《红楼梦戏曲集》。我想把二十多种《红楼梦传奇》汇为一集，出版社没同意这么干，只好作罢。

这本《红楼佳话》写得也颇简练，凡六折：

第一折《会艳·俏佳人他乡逢故旧》。

第二折《情谑·痴公子出口没遮拦》。

第三折《题帕·意中人索解意中话》。

《红楼佳话》

第四折《祭花·眼前话唤醒眼前人》。

第五折《艳逝·弓影蛇杯魂归冥路》。

第六折《哭艳·心怀木石计入空门》。

戏并不长，词句也雅洁，当是一位熟习《红楼梦》者所作。

《〈石头记〉微言》跋

孙渠甫撰。四册，抄本。原郑振铎旧藏，后以易书归我。郑氏认为是稿本。经仔细核对，始知原文乃批在王希廉本上，后经誊清迻录，始题作"《〈石头记〉微言》"。

书前有《释真》、《释影》、《读法》三篇。

孙渠甫，吴兴人。崔怀琴《红楼梦解提要》(载民国三年 [1914] 《香艳杂志》第一期)：

> 光绪季年，吾友孙渠甫始能解之，以为胜国顽民怨毒觉罗者所作也。当时以为文字贾祸踵相接，作者不敢明言，故托为梦幻影响之辞，所谓"荒唐言"、"辛酸泪"也。惟恐尽人能解之以贾祸，又恐尽人不解而苦心无以明也，故其意甚隐，其词又甚显。引申触类，左右逢源矣。为作解说二十余万言，原稿名《石头记微言》。所谓"微言"者，于朱氏、觉罗氏之事仍不敢显言，故以此二字括之。予略知者，经面质也。孙君今已物故，稿存予处，约二十万言。予无力付刊，珍诸散箧，恐此稿之将终于湮没也，故略述其意而饰之。

又弁山樵子《红楼梦发微·绪言》(载民国五年 [1916] 《香艳杂志》第十一、十二期)：

> 又有创为种族之说者，以顺治为宝玉，一人一事，一字一句，必加以种种考证。我乡有沈(孙)茂才者(菱湖人，没已十年，不能举其名)，一生注力于此，撰成《红楼梦如是我言》一书，蝇头细楷，不下二百(十)万言。其友人崔君怀瑾曾约其切要之言，以入本杂志之第二(一)期(闻其书已为崔君携入京师，能否付刊不可得知矣)。曾忆去年发行之某小说报(按：指《中华小说界》)中，王君梦阮亦主是说，述其源流颇详。

石頭記微言

釋真

石頭記一書假中有真真中有假書面是影是借端托意所賣兩村是也書面底是

石頭記乃真中假也書面是影是借端托意所賣兩村是也書面底是真實事蹟所謂甄士隱是也書之底中底是形是真實事蹟所謂甄士隱是也書之底中底是所謂賈珠李紈是也借釵黛爭婚姻以淡書面托釵黛是中底之意其實惟釵黛行妳乃是真實事耳書面耳書面姑不必論底中底是真實之事非但不可論亦且不屑論也余所註者惟書底是作者剖腹藏珠之事略而言之餘所謂石頭記微言者以書底真際為微言底真之義非但不可論亦且不屑論也余所註者惟書也作者微旨足底中底之妄意以概全書書中清福萬福萬壽臨敬殿酷泑們

既名釋真稍舉數條以餞書各異其趨向耳此篇

踏文不諱坐臺臺宝天王宝王之可頇見者也侯李康

瀟湘犯子此覽玉之可頇者也如今聖上明仁德海晏河清萬民東業此宝伐黛

叙之可見者也國女子小驥蘿子仁清巷胡芦庙張府之是祖

之子之可見者也今聖上楊貴妃進京待選才人此宝

太爷替身出家宝玉有子可見矣湘雲捨麟

于張道刂宝玉有子可見矣湘雲捨麟坐

草草下獸知湘雲為撫孤之人荷知矣婦人產育為堂草香菱坐

早閉蘭室玉浮夫婦檐孟箅菱可出為湘雲捨

育身秀菱我豈玉乃旦一人此皆事蹟之可頇都也書中真際不可枚舉

《石頭記微言》

《忏玉楼丛书提要》曾评之：

> 书言《红楼》为明之遗民怨毒觉罗而作，虽抉发隐微，颇多符合，而附会牵引，亦复不少。然较之尊林抑薛，尊薛抑林，累牍连篇，无关大义者，自有上下床之别也。

可见读过此书者之评骘。

《〈红楼梦〉说梦》跋

偶得半日闲，因至琉璃厂小游，至藻玉堂，得晤肆主王子霖。彼示我一薄册，展视之，乃《〈红楼梦〉说梦》也。此书求之多年，迄未得遇，一朝相逢，大喜过望，因收之。但书线断烂，遂嘱王君为我重订之，乃留置其案上。逾日往取，王君告我：此书已不能为我所有，已为有力者强留之。询其姓名，知非我辈所可勉强者，意绪索然。王君交好多年，为我设计，允为影抄一册相赠，即此册也。

书前有扉页，隶题书名"红楼梦说梦"五字。次澄江画翁朱黼序，钤"画翁"、"朱黼私印"、"灵关小尹"、"汗漫生"诸印。次海州许乔林（石华）、番禺陶尧臣（菊坪）、休宁邵懋棠（采山）、江宁陈元富（紫岩）、陈文富（紫薇）、休宁金翀（香泾）、海州乔绍侨（东里）、山阴陈瑜（春泉）、常熟席珍（竹云）、歙县谢埈（秋卿）、安邑牛廷炤（云

《〈红楼梦〉说梦》

洋)、宛平刘诜(蔼亭)、三韩继德(春帆)、弋阳陈文典(唐甫)诸人题诗与题词。次京江解半痴画二知道人梦中像一帧。右下角有"金陵刘文奎家镂"字样。全书每面八行,行二十字。书口下有"解红轩"三字。开卷题"二知道人戏笔"。

朱黼序文:

挥麈清谈,曾闻屑玉;评花致语,乃有碎金。濯桂魄以流香,化萍星而泛绿。浮生若梦,小住为佳。门无剥啄,喜今雨之不来;座拥缥缃,幸古欢之犹在。高楼西北,孔雀东南,心焉数之,其人如玉矣!昔者邸客为宾,侯门似海。弓刀兰锜,烂锦帐于云边,敞琼筵于天上。情因事异,性以人殊。巧作闺房儿女之缘,幻成离合悲欢之境。观空是色,现法界三千,不谣而伤,得《关雎》一半。诸凡睹记,尽入编摩。久藏著作于名山,特盛流传于今日。时则上蔡先生,陶门居士。奇书不释,非梦北之《琐言》;胜事难逢,费汝南之月旦。平章军国,未许模棱;褒贬阳秋,不嫌唐突。谳如立岳,托以微波。青埂一片石,可使点头;金陵十二钗,居然含笑。嗟乎!龟毛兔角,尚羡风流;牛鬼蛇神,犹烦两泣。况乃孤山绝代,亲见江梅,洛阳年少,惟攀湘竹。连云甲第,问昆明几度劫灭,冠玉丁年,想太上重归忉利。仆也白头如雪,青眼看云。信江淹本是恨人,让李峤独称才子。读《骚》痛饮,世间何物可销愁;怀古思乡,人生岂得长无谓。干卿何事,皱一曲之春波;于意云何,定三生之花判。丰干饶舌,司马回肠。试从天外问天,莫道梦中说梦。澄江画翁朱黼时年八十有四。

自题词:

处事若大梦,何待痴人说。无如梦中人,儿女情切切。妙年未同衾,远虑及同穴。斯爱如梁鸿,斯敬如冀缺。世有轻薄儿,心目无前哲。畴昔香火情,中道忽然绝。结此恶姻缘,谁肯悟其孽。况闻古人言,彭殇同一辙。三万六千场,几人登大耋?春秋日云佳,风驰更电掣。昨朝颜如花,今晨鬓如雪。骑鹤本荒诞,妻梅讵为拙。振古人如斯,倏忽随烟灭。我亦梦中身,梦中无可悦。长物俱消磨,一麈资谈屑。梦宅本空空,口中存一舌。双睫忽潜开,鼾声暂尔辍。敢云返迷途,遁逃出蚁垤。道逢虎头痴,为我图骨节。我爱图中凉,不爱梦中热。二知道人自题。

甲戌本《石头记》第二十八回后刘铨福跋:

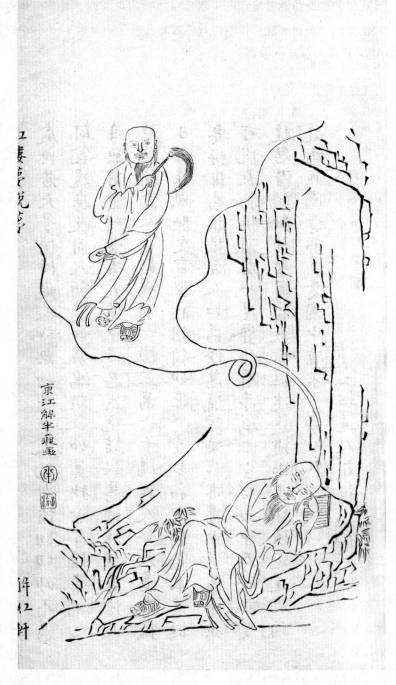

《〈红楼梦〉说梦》

《红楼梦》纷纷效颦者无一可取，唯《痴人说梦》一种及二知道人《〈红楼梦〉说梦》一种尚可玩。惜不得与佟四哥三孩子一弹唱耳……癸亥(同治二年〔1863〕)春日，白云吟客笔。

又明斋主人《红楼评梦·总评》：

二知道人《说梦》曰：宝玉如主司，金陵十二为应试诸生；迎春、探春、惜春似回避不入闱者；湘云、李纹、李绮似不屑作第二人想，竟不入闱者；岫烟、宝琴业已许人，似隔省游学生，例不入闱者；紫鹃、莺儿似已列副车，临榜抽出者；宝钗似顶冒而侥幸中式者；袭人似以关节中副车者。其余诸婢似录遗无名欲观光而不能者(引文与原书略异)。

可见此书颇有影响，甚受诸家重视，因而常被人称誉与援引。"强有力者"固知此书之稀而留之，盖亦行家。

舒元炜序本《红楼梦》跋

此本吴晓铃藏。据序文所题年代知是乾隆五十一年(1786)舒氏抄本。共八十回，今存第一至第四十回，余残缺。从序文、题词觇之，颇涉及后四十回事。

舒元炜，字董园，弟舒元炳，字澹游，杭州籍(虎林)。乾隆三十五年荣锦堂刊《爵帙全览》："陕西省，绥德州知州加一级舒元烺(惺斋)，浙江仁和人(辛未)(三十一年十二月升)。"三十六年崇寿堂刊《大清职官迁除题名录》同，仅"惺斋"作"星斋"。舒元烺为乾隆十六年辛未三甲进士，《题名碑录》作"顺天府大兴县人"，盖援例入顺天府籍应试。元炜、元炳殆其同辈，亦浙江仁和人，乾隆五十四年在京应试不售(乾隆五十四年正科会试，五十五年恩科会试)，寓筠圃主人处以待下届，得观《红楼梦》("董园子偕弟澹游方，随计吏之暇，憩绍衣之堂，维时溽暑蒸，时雨霈，苔衣封壁，兼□□问字之宾；蠹简生春，搜箧得卧游之具")。他们知道《红楼梦》不止八十回，共有一百二十回("惜乎《红楼梦》之观止于八十回也。全册未窥，怅神龙之无尾；阙疑不少，隐斑豹之全身。然而以此始，以此终，知人尚论者，固当颠末之悉备；若夫观其文，观其窍，闲观偶适者，复何烂断之为嫌。矧乃篇篇鱼贯，幅幅蝉联，漫云用一而得五，业已有二于三分。从此合丰城之剑，完美无难；岂其非赤水之珠，虚无莫叩"）。这话可能是从筠圃那里听到的。然而这位居停所藏更是"断香零粉"、"爨下之桐"，只剩五十三回。本来，筠圃和他的朋友按察使当某曾共抄录过八十回，"升沉显晦"，"离合悲欢"，经历多年，仅存此数。由于舒元炜兄弟的同好，主人特从邻家借来一部《红楼梦》，补上遗失的二十七回，校勘抄写，二人参与其役。虽然离一百二十回还远，总算恢复了原有的回数（就现在之五十三篇，特加雠校；借邻家之二十七卷，合付钞胥。核全函于斯部，数尚缺夫秦关；返故物于君家，璧已完乎赵舍）。于是乎主人借佛理发挥了一大通议论，说什么"自我失之，复自我得之，是书成而升沉显晦之必有缘，离合悲欢之必有故，吾滋悟矣"等等，"物理无常"，"曾经沧海"，既恸故交，又感新雨。两个客人听了称"善"，遂作题序。此为乾隆五十四年六月上旬舒元炜已闻有一百二十回的比较详细的证据；严格说来，应在乾隆五十四年以前，筠圃早就闻有一百二十回了。

　　筠圃，疑是玉栋。玉栋（乾隆十年至嘉庆四年〔1745—1799〕），字子隆，号筠圃，内务府正白旗汉军人，原襄平姚氏，乾隆三十五年（1770）举人，著有《读易楼诗钞》等。铁保《熙朝雅颂集》卷九七收三首，并云："玉栋，氏姚，号筠圃，汉军人，乾隆庚寅举人，官山东临邑知县，有《读易楼诗钞》。"英浩《长白艺文志·读易楼诗钞》下云："玉栋著。字筠圃，姓王氏，汉军□□旗人，由官学生，或云乾隆庚寅举人，官山东临邑县知县。"恩华《八旗艺文编目·读易楼诗钞》下云："汉军玉栋著。玉栋字筠圃，氏姚，乾隆庚寅举人，官山东临邑县知县。"震钧《天咫偶闻》卷三："玉元（筠）圃（栋），汉军人，官学士，居城北，藏书最富，凡王渔洋、黄叔琳两家书多归之，筑读易楼。"筠圃藏书甚富，乾隆五十余年闻名京师。友好如余集（乾隆三年至道光三年〔1738—1823〕）《梁园归棹录》有《姚筠圃读易楼》诗，法式善、王芑孙对此记载尤详。法式善在乾隆五十五年（1790）有《赠筠圃（玉栋）明府》："频年自忏癖难除，我亦前生是蠹鱼。忽见先生开笑口，一官赢得十车书。""万卷真同万户侯，百城拥向海东头。自从昆圃藏书后，此地岿然读易楼（君藏书处）。"（见《存素堂诗初集录存》卷二）；嘉庆十三年（1808）有《筠圃藏书甚富，身后散佚殆尽，偶观覃溪先生摹阮翁遗墨，感触读易楼旧事，怆然赋此》："南有天一阁，此有读易楼。得一贤子孙，胜盖千琳璆。阁尚岿然存，楼今有墟邱。忆我廿年前，剪烛兹绸缪。林雨忽沾衣，好句苍茫收。阮翁既徐老，好事皆名流。学士今阮翁，愧我非徐俦。摹写几乱真，怆怀生古愁。卷裹余丹黄，陌上寒松楸。主人不可见？窗外风飕飕。"（见《存素堂诗二集录存》卷一）；嘉庆十五年（1810）有《病中杂忆》一百廿二首，其第四十五首云："读易楼（玉筠圃）前隔岁苔，楼门十载未曾开。不窥园只覃溪老(翁先生),特为寻书城北来。"第六十四首云:"买书容易到斜阳,读易楼中万卷凉。零落都门诸梵宇,鲜红小印辨王黄(玉筜圃藏书多收自渔洋、昆圃二家,今零落矣)。"(同上卷五)"忆我廿年前,剪烛兹绸缪",嘉庆十三年上推二十年,正乾隆五十四年顷。"百城拥向海东头","特为寻书城北来",筜圃家居地安门外什刹海东。嘉庆四年死后,其书散佚,多在京中寺院,所谓"零落都门诸梵宇",法式善《八旗诗话》(稿本)亦云:"玉栋,字筜圃,汉军人,乾隆庚寅举人,官知县,有《读易楼诗钞》……大令亡,其书散寄京城各寺中,数百年后,不知又为何人发之。"又王芑孙《读易楼记》:"吾友玉栋筜圃,于今辇下为藏书家。读易楼,其所贮书处也。"(见《惕甫未定稿》卷六);嘉庆二年(1797)《岁暮怀人六十四首·玉筜圃大令(玉栋)》:"君家藏书甲辇毂,岂伊藏之实能读。读书无伴苦相求,襆被留君读易楼(壬子君邀余为读书之伴,时时襆被君家)。楼前乍种梧桐树,匆匆出宰山东去。归舟未得远相寻,半道留书写我心(君有书邀余纤道过其所宰之阳信县,余以舟程触热,方虑闸阻,不果赴约)。"(见《渊雅堂编年诗稿》卷一四),是乾隆五十七年(1792)筜圃仍在京,曾邀王芑孙作伴读书楼中,该年六月法式善会饮积水潭,亦与焉(《惕甫未定稿》卷六《积水潭游记》:"乾隆壬子六月,右庶子法君合饮群士大夫于城北积水潭上,……游者十八人,满洲文宁、汉军玉栋……"),旋即出宰山东阳信。王芑孙撰《山东阳信县知县玉君墓志铭》:"余所识辇下藏书家,无过玉栋筜圃,尝为作《读易楼记》者也。筜圃所藏书,于集部尤富。……其卒嘉庆四年六月三日,年五十五,以某月日葬某处。君以乾隆庚寅举人,拣选知县,发山东,补宁阳,……调单县,……再补淄川,……引见当迁,以亲老告,亲终,出补阳信。前后在山东几二十年,历署博兴、利津、章丘、乐陵。……君躯干修伟,博涉强记,无所不通。以旗人自晦为吏,故世不甚知,而世所矜宠有名者,君亦不以屑意。所著诗古文八卷、杂志二卷、《金石过眼录》五卷,他所铨次校定者尚多。性颇啬财,独奢于聚书……"终任为阳信知县,著书无一存者。自乾隆三十五年中举后,以拣发知县用,履历大致如下:

乾隆三十七年至四十五年,任山东宁阳知县(《山东通志》卷五九《职官志四·国朝职官表九》:"兖州府,宁阳县,乾隆三十七年玉栋。"下一任为四十五年)。

乾隆四十九年至五十年,任山东淄川知县(同上书卷五六《职官志四·国朝职官表六》:"济南府,淄川县,乾隆四十九年玉栋,满洲正白旗,举人。"下一任为五十三年)。

乾隆五十年至五十一年，任山东章丘知县(同上："济南府，章丘县，乾隆五十年玉栋，满洲正白旗，举人。"下一任为五十一年。《山东通志》卷七五《职官志四·国朝官绩二·济南府·章丘县》："玉栋，字云浦，满洲正黄旗人，乾隆五十年知章丘县，勤政爱民，五十一年岁大饥，帐济有策，全活者无数〔济南志〕。")

嘉庆元年至三年，任山东阳信知县(同上书卷五八《职官志四·国朝职官表八》："武定府，阳信县，嘉庆元年玉栋，满洲正白旗，举人。"下一任为嘉庆三年)。

《雅颂集》等称"官山东临邑知县"，按《山东通志》卷五六："济南府临邑县，乾隆二十七年玉栋(汉军旗，举人)。"下一任为乾隆三十年，疑省志年份舛误，乾隆二十七年才十八岁，且远在中举以前，自不可能，谅亦亲老告归以前所任。约乾隆五十一年后，以亲老告归，均居京师，直至嘉庆元年亲终后再赴任山东阳信县，有乾隆五十四年、五十七年法式善和王芑孙先后至读易楼借观藏书等事可证，与舒元炜序合符。舒序："昔曾聚于物之好"，即王铭："余所识辇下藏书家，无过玉栋筠圃，……性颇啬财，独奢于聚书。"元炜计偕之暇，方待来春，作客其家，殆属授馆课子(王铭称筠圃"子六"，而嘉庆七、八年于荣庆"以通判试用河南"，则荣庆及其诸弟乾隆五十四年尚轻)，时筠圃四十五岁，舒序引其语称"哀乐中年"。所谓"升沉显晦之缘"，不仅指《红楼梦》，抑兼指自身，盖"以旗人自晦为吏，故世不甚知，而世所矜宠有名者，君亦不以屑意"，宦途十余载，依然知县，无怪乎"鹿鹿尘寰，茫茫大地。色空幻境，作者增好了之歌；哀乐中年，我亦堕辛酸之泪"了。玉栋与曹雪芹同隶内务府包衣，又同正白旗汉军，曹死时已十八岁，其闻一百二十回之说，宜有所据。

序中两提"当廉使"，先曾与主人一起抄录过八十回，五十四年以前久已下世，故筠圃说："然而黄垆回首，邈若山河(痛当廉使也)；燕市题襟，雨分新旧。辨酸咸于味外，公等洵是妙人；感物理之无常，我亦曾经沧海。羊叔子岘首之嗟，于斯为盛；盖次公仰屋之叹，良不偶然。"从"当"字判断，必亦旗籍。当某甚罕，且尝官按察使，更易迹寻。按《畿辅通志》卷三《职官六》："承德府知府……乾隆朝……当保(满洲镶白旗人，四十四年任)。"下一任为四十七年；同上："热河道……乾隆朝……当保(满洲镶白旗人，四十七年任)。"下一任为五十年。当保隶满洲镶白旗，乾隆五十年或稍后殆已由道升司。复按王先谦《东华录》卷一二，乾隆五十年七月庚戌"以徐嗣曾为福建巡抚，伍拉纳为福建布政使，当保为河南按察使（由直隶热河道迁）"，十月戊寅"当保卒，以英善为直隶按察使（由副都统迁）"，是当保以乾隆五十年七月接替伍拉纳任河南按察使，八月调任直隶按察使，十月卒，应即其人无疑。

有正书局印《国初抄本原本〈红楼梦〉》跋

戚蓼生，字晓塘、晓堂、念劬，浙江德清人，乾隆二十七年举人（周绍濂《德清县续志》卷六《选举志》），三十四年进士（《国朝历科题名碑录》），授户部福建司额外主事（乾隆三十五年《爵帙全书》及夏季荣锦堂刊《爵帙全览》："户部衙门，福建司，额外主事戚蓼生〔晓唐〕，浙江德清人〔己丑〕。"乾隆三十六年崇寿堂刊《大清职官迁除题名录》："户部衙门，福建司，额外主事，戚蓼生，浙江德清人〔己丑〕。"）三十九年以户部主事充四川乡试副考官，四十二年以户部郎中充河南乡试副考官（法式善《清秘述闻》卷七："乾隆三十九年甲午科乡试，四川考官……户部主事戚蓼生，字念劬，浙江德清人，己丑进士"，"乾隆四十二年丁酉科乡试，河南考官，户部郎中，戚蓼生"）。四十七年出任江西南康府知府，擢福建都转盐运使司盐法道（《德清县续志》卷八《人物志》："振鹭子蓼生，字晓塘，乾隆三十四年进士，授刑部主事，洊至郎中，出为江西南康府知府，甫到官即擢福建盐法道，以公累秩，引见奏对称旨，旋擢福建按察使。为人倜傥，不修威仪，使酒好狎侮人，然强干有吏才，案无留牍，以劳悴卒官。"《福建盐法志》卷七《职官表》："都转盐运使司盐法道：乾隆四十七年，戚蓼生，浙江德清人，乾隆己丑进士。"《福建通志》卷一○七略同，次任为五十四年孙思庭）。五十三年以盐法道署福建按察使（《明清史料戊编》第二本一三六页《护理福建巡抚伍拉纳奏折》："臣于藩司任内，会同署臬司盐法道戚蓼生……揭报详参总督臣李侍尧。"有乾隆五十三年六月二十九日奉朱批，按伍拉纳于乾隆五十年七月任福建布政使，见王先谦《东华录》乾隆朝卷一○二及《爱新觉罗宗谱》己册页二二一○），五十六年四月升福建按察使，至五十七年十二月止（《东华录》乾隆五十六年四月："乙卯，以戚蓼生为福建按察使（由候补道迁）"，五十七年十二月："乙酉，以钱授椿为福建按察使（由粮道迁）。"《清史稿》卷三四五《伍拉纳传》："五十七年，同安民陈苏老，晋江民陈滋等为乱，设觥觫会，觥觫字妄造以代天地，伍拉纳率按察使戚蓼生赴泉州捕得苏老等，诛一百五十八人，戍六十九人。"），约是时卒(《德清县续志》卷八《人物志》："以劳悴卒官")，著有《笠湖春墅诗钞》(法式善《朋旧及见录》卷二七："戚蓼生，字念劬，号晓塘，浙江德清人，乾隆己丑进士，官至福建按察使，有《笠湖春墅诗钞》"；王昶《湖海诗传》卷三一："戚蓼生，字念劬，乾隆三十四年进士，官至福建按察使，有《笠湖春墅诗钞》")。

序称"绛树两歌"、"黄华二牒"，《石头记》兼而有之，乃就文论文，以《史记》、《左传》相绳，非谓作者别具深意，如新红学所说。其得八十回抄本，殆在乾隆三十四年至四十七年间(1769—1782)任京官时。据"乃或者以未窥全豹为恨，不知盛衰本是回环，万缘无非幻泡。作者慧眼婆心，正不必再作转语，而万千领悟，便具无数慈航矣。彼沾沾焉刻楮叶以求之者，其与开卷而寤或几希"，是同时人已有征访八十回以后文字之举。换言之，戚蓼生闻有八十回以后，但未见。至于要不要"再作转语"、算不算"开卷而寤"，那是另一问题。故乾隆五十六年一百二十回活字本出版，在戚蓼生说来，自亦意料中事，不过他不赞成八十回以后"再作转语"、"刻楮叶以求之"罢了。

此本后归俞明震。浙江萧山人黄乃秋撰《评胡适红楼梦考证》一文，投寄《学衡》杂志，载1925年2月第三十八期，云："海上有正书局印行之图籍，有所谓《原本红楼梦》者，书只八十回。闻其底本为手抄正楷，面用黄绫，系由俞恪士先生转赠者，今尚在该局。审是，此书原初只八十回，自可无疑。"俞明震（1860—1918），字恪士，号觚庵，浙江山阴人，甘肃提学使、布政使，著有《觚庵诗存》(1920年铅印本，四卷，收1877至1918年诗)。俞转赠予狄葆贤(字楚青、楚卿、平子，号平等阁主人，江苏溧阳人)，1912年由有正书局据以石印大字本，1920年又石印小字本。当日编《红楼梦书录》云"此本俞明震旧藏"即据黄说。

裕瑞《枣窗闲笔》跋

《枣窗闲笔》(稿本)《程伟元续红楼梦自九十［八十一］回至百二十回书后》："《红楼梦》一书，曹雪芹虽有志于作百二十回，书未告成即逝矣。诸家所藏抄本八十回书，及八十回书后之目录，率大同小异者，盖因雪芹改《风月宝鉴》数次，始成此书，抄家各于其所改前后第几次者，分得不同，故今所藏诸稿本未能画一耳……"《后红楼梦书后》："闻旧有《风月宝鉴》一书，又名《石头记》，不知为何人之笔。曹雪芹得之，以是书所传述者与其家之事迹略同，因借题发挥，将此部删改至五次，愈出愈奇，乃以近时之人情谚语夹写而润色之，借以抒其寄托。曾见抄本卷额，本本有其叔脂砚斋之批语，引其当年事甚确，易其名曰《红楼梦》。此书自抄本起至刻续成部，前后三十余年，恒纸贵京都，雅俗共赏，遂浸淫增为诸续部六种及传奇、盲词等等杂作，莫不依傍此书创始之善也。雪芹二字，想系其字与号耳，其名不得知。曹姓。汉军人，亦不知其隶何旗。闻前辈姻戚有与之交好者。其人身胖头广而色黑，善谈吐，风雅游戏，能触境生春。闻其奇谈娓娓然，令人终日不倦，是以其书绝妙尽致。闻袁简斋家随园前属隋家者，隋家前即曹家故址也，约在康熙年间。书中所称大观园，盖假托此园耳。其先人曾为江宁织造，颇裕，又与平郡王府姻戚往来。书中所托诸邸甚多，皆不可考，因以备知府第旧时规矩。其书中所假托诸人，皆隐寓其家某某，凡情性遭际，一一默写之，惟非真姓名耳。闻其所谓宝玉者，尚系指其叔辈某人，非自己写照也。所谓元迎探惜者，隐寓'原应叹息'四字，皆诸姑辈也。其原书开卷有云'作者自经历一番'等语，反为狡狯托言，非实迹也。本欲删改成百二十回一部，不意书未告成而人逝矣。余曾于程、高二人未刻《红楼梦》板之前，见抄本一部，其措辞命意，与刻本前八十回多有不同。抄本中增处、减处、直截处、委婉处，较刻本总当，亦不知其为删改至第几次之本。八十回书后，惟有目录，未有书文，目录有大观园抄家诸条，与刻本后四十回四美钓鱼等目录迥然不同。盖雪芹于后四十回虽久蓄志完成，甫立纲领，尚未行文，时不待人矣。又闻其作戏语云：'若有人欲快睹我书，不难，惟日以南酒烧鸭享我，我即为之作书'云。观刻本前八十回，虽系其真笔，粗具规模，其细腻处不及抄本多多矣，或为初删之稿乎？至后四十回迥非一色，谁不了然，而程、高辈谓从故担无意中得者，真耶假耶？此因《后红楼梦》书后，先补及原书八十回及伪补续四十回之一切原委者也……"

　　裕瑞知曹雪芹为汉军(殆指八旗尼堪)，并详其形貌、作风、言语、嗜好等，谅系得之"前辈姻戚有与之交好者"。按《宗谱》丙册页五九一至六〇〇五，豫良亲王修龄(乾隆十四年至五十一年〔1749—1786〕)，"嫡福晋富察氏，承恩公傅文之女"，共五子，皆傅文女所生，乾隆三十四年生长子裕丰(乾隆三十四年至道光十三年〔1769—1833〕)，乾隆五十一年袭豫亲王爵，嘉庆十九年革，"嫡妻富察氏，巡抚明兴之女"(乾隆五十四年明兴女生长子勤池，六十年生次子善徵，嘉庆三年生三子善欣）；乾隆三十六年生次子裕瑞（乾隆三十六年至道光十八年〔1771—1838〕）；乾隆三十七年生三子裕兴（乾隆三十七年至道光九年〔1773—1829〕），嘉庆十九年袭豫亲王爵，二十五年革，"嫡妻富察氏，明敬之女"（乾隆五十八年生长子荣成）；乾隆三十九年生四子裕清（乾隆三十九年至嘉庆二年〔1774—1797〕）；乾隆四十二年生五子裕全（乾隆四十二年至道光二十年〔1777—1840〕），嘉庆二十五年袭豫亲王爵。裕瑞外祖父是明瑞、奎林等之父，明义叔父；明瑞、奎林等是亲母舅，明瑞卒于乾隆三十三年，裕瑞虽不及见，奎林卒于乾隆五十七年，裕瑞已二十二岁，完全有可能相见，堂母舅明义更不待言。何况亲上加亲，裕瑞兄弟袭封王爵的二人所娶俱明义兄弟行的女儿（明兴殆亦亲母舅，即傅文之子，明敬殆堂母舅，明义的兄弟行）。此"前辈姻戚"，明义自在情理之中，然无实指其人的必要。所称"闻袁简斋家随园前属隋家者，隋家前即曹家故址也，约在康熙年间。书中所称大观园盖假托此园耳。其先人曾为江宁织造"，亦与明义所称"其先人为江宁织府，其所谓大观园者，即今随园故址"合。裕瑞又称曹家"与平郡王府姻戚往来"。按《宗谱》乙册页三二七至三二二，太祖二子代善玄孙平悼郡王讷尔福（康熙十年至四十年〔1671—1701〕）；讷尔福长子纳尔苏（康熙二十九年至乾隆五年〔1690—1740〕），康熙四十年袭平郡王爵，雍正元年革，"照郡王品级殡葬。嫡福晋曹佳氏，通政使曹寅之女"；纳尔苏共七子，曹寅女生长子平敏郡王福彭（康熙四十七年至乾隆十三年〔1708—1748〕），"康熙四十七年戊子六月廿六日卯时生，母嫡福晋曹佳氏，通政使曹寅之女"，四子固山贝子品级福秀（康熙四十九年至乾隆二十年〔1710—1755〕）、六子三等侍卫奉国将军福靖（康熙五十四年至乾隆二十四年〔1715—1759〕）、七子福端（康熙五十六年至雍正八年〔1717—1730〕）。另按曹寅康熙四十五年八月初四日奏折（载《文献丛编》第十辑）："今年正月太监梁九公传旨，著臣妻于八月船上奉女北上，命臣由陆路，九月间接敕印，再行启奏，钦此钦遵。窃思王子婚礼，已蒙恩命尚之杰备办无误，筵宴之典，臣已坚辞……"康熙四十五年十二月初五日奏折（同上）："前月二十六日王子已经迎娶福金过门，上赖皇恩，诸事平顺，并无缺误。随于本日重蒙赐宴，九族普沾。……所有王子礼数隆重、庭闱恭和之事，理应奏闻，伏乞睿鉴。"康熙四十七年七月初五日奏折（同上）："再臣接家信，知镶红旗王子已育世子，过蒙圣恩优渥，皇上覆载，生成之德，不知何幸躬逢值此。臣全家闻信，惟有设案焚香，叩首仰祝而已。所有应备金银、缎疋、鞍马、摇车等物，已经照例送讫，理合一并具折奏闻，伏乞睿鉴。"曹寅长女婿纳尔苏生于康熙二十九年，四十年父死，袭平郡王爵，十二岁，娶寅女时亦才十七岁，寅折屡称"王子"者，当然不像官书那样呆板。康熙四十五年十一月二十六日寅女嫁后，四十七年六月二十六日生长子福彭，故七月初五日寅折称，"接家信，知镶红旗王子已育世子"。清制，亲王嫡长子封世子，郡王嫡长子封长子。寅折称谓，原本世俗相呼，并非正式名号。揆之《宗谱》，曹寅长女嫁平郡王纳尔苏为嫡福晋(俗称王妃)，生平郡王福彭，且出生年月按之亦相近，所以其说"与平郡王府姻戚往来"之语，是有根据的。

除家庭关系以外，裕瑞本人确曾见到早期抄本。"所谓元迎探惜者，隐寓'原应叹息'四字，皆诸姑辈也"，撇开"皆诸姑辈也"的索隐派说法不谈，其余却有所据而云然。这一点，现仅见于"甲戌本"第二回，在初出"元春"旁朱批"原也"，"迎春"旁朱批"应也"，"探春"旁朱批"叹也"，"惜春"旁朱批"息也"，可证所见抄本带批，且是今"甲戌本"之类。"曾见抄本卷额，本本有其叔脂砚斋之批语，引其当年事甚确，易其名曰《红楼梦》"，"卷额"当指眉批，如今"甲戌本"、"己卯本"、"庚辰本"然，称批者脂砚斋为"其叔"，也还不乏若干理由，与下文"其书中所假托诸人，皆隐寓其家某某，凡情性遭际，一一默写之，惟非真姓名耳。闻其所谓宝玉者，尚系指其叔辈某人，非自己写照也"不同，后者则属索隐派之主张也。"易其名曰《红楼梦》"，语多歧义，若说脂砚斋"易其名曰《红楼梦》"，则"甲戌本"第一回尚云：空空道人"遂易名为情僧，改《石头记》为《情僧录》，至吴玉峰题曰《红楼梦》，东鲁孔梅溪则题曰《风月宝鉴》，后因曹雪芹于悼红轩中，披阅十载，增删五次，纂成目录，分出章回，则题曰《金陵十二钗》，并题一绝云：'满纸荒唐言，一把辛酸泪，都云作者痴，谁解其中味？'"至脂砚斋甲戌抄阅再评，仍用《石头记》；若承上文"闻旧有《风月宝鉴》一书，又名《石头记》"而言，与脂砚斋无涉，则自可信，裕瑞所见，虽今"甲戌本"之类，又非今"甲戌本"，因除"甲戌本"外，诸抄本及程本均无"至吴玉峰题曰《红楼梦》"、至脂砚斋甲戌抄阅再评，仍用《石头记》字样。裕瑞称："闻旧有《风月宝鉴》一书，又名《石头记》，不知为何人之笔。曹雪芹得之，以是书所传述者，与其家之事迹略同，因借题发挥，将此部删改至五次，愈出愈奇，乃以近时之人情谚语夹写而润色之，借以抒其寄托。"又称"盖因雪芹改《风月宝鉴》数次，始成此书"，其意殆谓该书旧名《风月宝鉴》，今"甲戌本"第一回"东鲁孔梅溪则题曰《风月宝鉴》"上眉批："雪芹旧有《风月宝鉴》之书，乃其弟棠村序也。今棠村已逝，余睹新怀旧，故仍因之。"大致相符，"增删五次"亦"甲戌本"等固有文字，但增索隐派说法"曹雪芹得之，以是书所传述者，与其家之事迹略同，因借题发挥，将此部删改至五次，愈出愈奇，乃以近时之人情谚语夹写而润色之，借以抒其寄托"云云耳。"此书自抄本起至刻续成部，前后三十余年，恒纸贵京都，雅俗共赏"，从乾隆十九年甲戌脂砚斋批本算起，到五十六年活字本出版，共三十八年，与裕瑞语合；乾隆五十七年程、高引言："是书前八十回，藏书家抄录传阅几三十年矣。"着重藏书家抄录传阅，则大约曹卒后开始，故云"几三十年"。五十六年高序："予闻《红楼梦》脍炙人口者，几廿余年。"高鹗着重自己听到《红楼梦》脍炙人口以来，故云"几廿余年"。又称："诸家所藏抄本八十回书，及八十回书后之目录，率大同小异者，盖因雪芹改《风月宝鉴》数次，始成此书，抄家各于其所改前后第几次者，分得不同，故今所藏诸稿未能画一耳。""余曾于程、高二人未刻《红楼梦》板之前，见抄本一部，其措辞命意与刻本八十回多有不同。抄本中增处、减处、直截处、委婉处，较刻本总当，亦不知其为删改至第几回之本。八十回书后，惟有目录，未有书文，目录有大观园抄家诸条，与刻本后四十回四美钓鱼等目录迥然不同。"所论前八十回抄本"大同小异"，其故由于"抄家各于其所改前后第几次者，分得不同，故今所藏诸稿未能画一耳"。话并不错，至少是主要原因，但云所见八十回抄本一部"其措辞命意与刻本八十回多有不同。抄本中增处、减处、直截处、委婉处，较刻本总当"，无非复古派论调，侈言所见抄本之佳，反不如杨畹耕称杨嗣曾购得八十回及一百二十回抄本各一部"微有异同"之较翔实。然裕瑞并未否认程本前八十回之为曹作，仍云："观刻本前八十回，虽系其真笔，粗具规模，其细腻处不及抄本多多矣，或为初删之稿乎？"至于后四十回，如非裕瑞因乾隆五十六年程序"然原目一百一卷，今所传只八十卷，殊非全本"而蓄意夸胜，则在乾隆五十六年程甲本未出版以前，确曾见目录抄本，"有大观园抄家诸条"（其实，活字本第一百五回回目亦有"锦衣军查抄宁国府"，而"占旺相四美钓游鱼"乃第八十一回回目，难道裕瑞所见目录中大观园抄家在第八十一回？）。

读《樗散轩丛谈》书后

陈镛《樗散轩丛谈》（嘉庆九年，〔1804〕青霞斋刊本）卷二《红楼梦》："《牡丹亭》杜丽娘死于梦，《疗如羹》小青死于妒，二者不外乎情，然皆切己之事也。昨晤江宁桂泉，力劝勿看《红楼梦》。余询其故，因述常州臧镛堂言，邑有士人贪看《红楼梦》，每到入情处，必掩卷冥想，或发声长叹，或挥泪悲啼，寝食并废，匝月间连看七遍，遂致神思恍惚，心血耗尽而死。又言，某姓一女子亦看《红楼梦》，呕血而死。余曰：此可云隔靴搔痒，替人担忧者也。然《红楼梦》实才子书也。初不知作者谁何，或言是康熙间京师某府西宾常州某孝廉手笔。巨家间有之，然皆抄录，无刊本，曩时见者绝少。乾隆五十四年春，苏大司寇家因是书被鼠伤，付琉璃厂书坊抽换装订，坊中人藉以抄出，刊版刷印渔利，今天下俱知有《红楼梦》矣。《红楼梦》一百二十回，第原书仅止八十回，余所目击。后四十回乃刊刻时好事者补续，远逊本来，一无足观。近闻更有《续红楼梦》，虽未寓目，亦想当然矣。"

倪鸿《桐阴清话》(咸丰八年〔1858〕序，同治十三年〔1874〕重刊本)卷七："《樗散轩丛谈》载：'《红楼梦》实才子书也。或言是康熙间京师某府西宾常州某孝廉手笔。巨家间有之，然皆抄录，无刊本。乾隆某年，苏大司寇家因是书被鼠伤，付琉璃厂书坊装订，坊中人藉以抄出，刊版刷印渔利。具书一百二十回，第原书仅止八十回，余所目击。后四十回不知何人所续。'云云。按《红楼梦》八十回以后皆高兰墅(鹗)所补，见《船山诗注》。"

邹弢《三借庐笔谈》(光绪七年〔1881〕刊本)卷一一《石头记》："《樗散轩丛谈》云：《红楼梦》实才子书也。或言是康熙间京师某府西宾孝廉某所作。巨家故间有之，然皆抄本。乾隆时，苏大司寇家因此书被鼠伤，遂付琉璃厂书坊装订，坊贾借以抄出付梓，世上始有刊本。惟止八十回，临桂倪云癯大令鸿言曾亲见之。其四十回不知何人所续。或谓高兰墅(鹗)所补，又谓无锡曹雪芹添补，皆无确据。"

此三条实系一事，悉从陈镛而来，然近代未读陈镛原书，徒据倪鸿书转引，甚至据邹书转引，故连类相及，而并论之。

《樗散轩丛谈》十卷，题"吴江陈镛兰冈著"，"苏州阊门外桐泾桥西首青霞斋吴刊刻"。首有嘉庆九年(1804)寿潜居士序："兰冈主人耽古嗜奇，数载京华，佣书三馆，见闻最富，足迹半天下，游展经行，恣其揽撷，又能多识旧闻，胸罗武库。解组以来，惟以笔耕墨耘为务，穷年矻矻，不与户外事，旁人误认为老学究，不知其曾现宰官身也。……甲子夏寿潜居士序。"陈镛，字兰冈，江苏吴县人，居北京多年，曾出任典史，后归杭州，书则系苏州所刊。据《丛谈》内容系有纪年者，其经历大致如下：

乾隆四十一年秋在吴江县同里镇——卷四《医术五则》："乾隆四十一年秋，余在同里镇……"

乾隆四十四年初入北京——卷六《重科目》："乾隆四十四年余初入京都，

附寓于全秋涛内兄宅中。"卷九《束修》："乾隆四十四年余由水路北上，舟次杨柳青。"

乾隆四十五年在京——卷八《山西马姓》："乾隆四十五年京师正阳门外……失火延烧七八千家……此事余所目击。"

乾隆五十年在京，冬自京南返——卷九《度量》："因忆乾隆五十年间晋赠太师蔡文端公于内阁阅本章……此余所目击。"

卷六《古磁瓶》："乾隆乙巳年余自京回。"

卷七《马头调》："乾隆乙巳冬，余偕福建陈照林参军自京南返。"

乾隆五十三年曾赴山西——卷七《石笋》："乾隆五十三年余有山西之行，路过真定府某县……"

乾隆五十九年十月二十五日始官浙江宣平县典史——卷七《虎》："乾隆五十九年十月二十五日余始授宣平尉。"

乾隆六十年春又自京南返，秋在杭州——卷二《杨花柳絮》："乾隆六十年春，余自京南返……"

卷六《挖款截画》："乾隆乙卯秋，余在杭州见周某家……戊午复诣其家。"

嘉庆二年、三年、四年均在杭州——卷三《灵芝》："余于嘉庆二年在杭州购得一枚。"

卷七《三耳猪》："杭州……冯姓屠户……嘉庆四年二月冯某……余所目击。"

嘉庆九年在杭州——卷二《三灾砚》："昔在宣平买得五六方，今仅存其一……长夏无聊，戏为铭勒之，铭曰……嘉庆甲子兰冈识勒。"

又卷四《稍割牛》："余在京几二十年，见象频频。"按自乾隆四十四年第一次入京起，至六十年返杭止(以后大体上都在杭州)，中间除了乾隆五十年一度南返、五十三年赴山西、五十九年冬曾任浙江宣平尉(时间甚暂，六十年春又自京南返)以外，大体上都在北京，约达十七年，故云"几二十年"。以一南人，任典史以前，居京如此之久，恐系应会试屡未获售。乾隆四十五恩科，四十六、四十九、五十二、五十四预行正科，五十五恩科，五十八、六十恩科年均有会试。由此观之，卷二《红楼梦》所记乾隆五十四年春事，当时殆在北京，写作则约十五年后，同卷有嘉庆九年砚铭、书前有嘉庆九年序可知。上引卷九《度量》："因忆乾隆五十年间晋赠太师蔡文端公于内阁阅本章……此余所目击",据《清史列传》卷二六,蔡新(康熙四十六年至嘉庆四年〔1707—1799〕),字次明,号葛山,缉斋,福建漳浦人,乾隆元年进士,上书房总师傅,曾教颙琰及其兄弟,官至文华殿大学士、吏部尚书,乾隆五十年三月致仕,嘉庆四年十二月卒于家,赠太傅(见王录嘉庆卷九,嘉庆五年二月谕;此误记太师)。所记乾隆五十年春在京目击蔡事,而乾隆四十四年蔡新以兵部尚书为顺天乡试主考官,颇疑陈镛于是科中举,故第一次入京后即留京应翌年会试。

据《耆献类征初编》卷二九引国史馆本传等,苏凌阿(康熙五十六年至嘉庆四年〔1717—1799〕),字紫翔,他塔喇氏,满洲正白旗人,"雍正十三年由监生考授内阁中书,乾隆六年中式繙绎举人……十六年迁扬州府知府,丁母忧回旗,十七年在吏部员外郎上行走,十八年授江西赣州府知府,……四十九年回京,补吏部员外郎,五十年正月署正白旗汉军副都统,三月署兵部侍郎,五月调镶白旗满洲副都统,五十一年授工部右侍郎,九月调户部侍郎,……五十七年擢刑部尚书兼镶红旗汉军都统,五十八年正月管理户部三库,五月调正蓝旗满洲都统,五十九年授两江总督,……嘉庆……二年……十月授东阁大学士兼署刑部尚书。四年正月谕:'苏凌阿年老龙钟,和珅因系和琳姻亲,且利其昏愦充位,藉显己才。伊年逾八旬,起跪维艰,……著以原品休致。'三月命守护裕陵,十月卒。"此人乃一满族达官典型,昭梿《啸亭杂录》卷八所谓:"苏相国(凌阿),姓他塔喇氏,中庚申(辛酉?)举人,晚年与和相联姻,始跻公卿,龌龊守位,无甚表见。任江督时,贪庸异常,每接见属员曰:'皇上厚恩,命余觅棺材本来也。'人皆笑之。其劾杨天相诬盗案事,众皆为杨抱屈。杨正法日,六营合祭,哭声震天,几至激变,赖陈军门(六用)安抚之,始已。其入阁后,龙钟目眊,至不能辨戚友,举动赖人扶掖。瑶华主人(弘旿)尝笑谓余曰:'此活傀儡戏也。'和相赐死后,公即予告,复命守护裕陵,久之乃卒。然其少时充中书舍人,请诸于政事堂中,众皆笑其庸劣,惟鄂文端公曰:'诸君莫轻视苏公,其人骨相非凡,将来必坐老夫位也。'人皆以为公一时谑语,然卒践其言,亦一奇也。"外任回京以后,自乾隆四十九年至五十八年均在北京,五十一年九月由工部右侍郎调户部仓场侍郎,五十七年正月由仓场侍郎升刑部尚书(王录乾隆卷一〇四,乾隆五十一年九月戊子"调苏凌阿为仓场侍郎〔由工部右侍郎调〕";乾隆卷一一五,乾隆五十七年正月"甲午以苏凌阿为刑部尚书,诺穆亲为仓场侍郎〔由理藩院侍郎迁〕")。"乾隆五十四年春"苏凌阿尚任侍郎(正二品),然陈镛称"苏大司寇"(刑部尚书,从一品),如出事后称呼,则卷二上文有嘉庆九年事,下文卷三有嘉庆二年事,苏凌阿已升大学士(正一品),卷二该条应如昭梿称"相国"或"中堂"之类(至于都统系乾隆五十七年刑部尚书兼任，五十九年任总督，为时甚短，且均从一品）。此点若非误忆，似不乏因乾隆五十七年春事而记错之嫌，时则苏、陈均仍居京。

陈镛之写此条，最晚在嘉庆九年，最早在嘉庆四年，从"近闻更有《续红楼梦》，虽未寓目，亦想当然矣"可见，指秦子忱《续红楼梦》。所记主要有五点：一、"巨家间有之，然皆抄录，无刊本，曩时见者绝少"。二、"乾隆五十四年春，苏大司寇家因是书被鼠伤，付琉璃厂书坊抽换装订"，是苏凌阿家藏有八十回抄本，其鼠伤之页则据别本重抄抽换。三、"原书仅止八十回，余所目击"，是陈镛所见亦是八十回抄本，无论其是否从琉璃厂书坊得见苏家之物抑或其他来源。四、"坊中人藉以抄出，刊版刷印渔利，今天下俱知有《红楼梦》矣。"五、"后四十回乃刊刻时好事者补续，远逊本来，一无足观。"前三点不成问题，后二点颇滋疑窦。如果说琉璃厂书坊中人在乾隆五十四年春因苏凌阿家所藏八十回抄本被鼠伤，需要抽换装订之便，藉以抄出，并刊版刷印渔利，且后四十回乃刊刻时好事者补续，决不可能，因在乾隆五十六年冬程甲本以前，既然北京琉璃厂早已有了一百二十回刊本，程伟元何劳他求，而必"爰为竭力搜罗，自藏书家甚至故纸堆中无不留心，数年以来，仅积有廿余卷。一日偶于鼓担上得十余卷，遂重价购之，欣然缮阅，见其前后起伏尚属接笋，然漶漫不可收拾。乃同友人细加厘剔，截长补短，抄成全部，复为镌板，以公同好，《红楼梦》全书始至是告成矣"；如果说乾隆五十六年冬的程甲本即陈所云云，则不但程序诸语尽出捏造，高序"今年春友人程子小泉过予，以其所购全书见示，且曰：'此仆数年铢积寸累之苦心，将付剞劂公同好。子闲且惫矣，盍分任之？'予以是书虽稗官野史之流，然尚不谬于名教，欣然拜诺，正以波斯奴见宝为幸，遂襄其役"同属谎言，且在短暂时间内程、高居然能够据八十回抄本补续后四十回，一齐付刊，亦复匪夷所思。如果说乾隆五十七年春的程乙本即陈所云云，是时苏凌阿已任刑部尚书，却与"苏大司寇家"词符，然上年已有一百二十回活字本出版，说益不通。窃意最可能的解释为：乾隆五十四年春或五十七年春苏凌阿家曾有八十回抄本被鼠伤付琉璃厂书坊抽换装订之事固不诬，但与五十六年冬的程甲本、五十七年春的程乙本无关，陈镛迷信前八十回，亦一复古派，对一百二十回刊本嫉之如仇，几同裕瑞之见，故道听途说，甚或徒凭臆测，遂有此恶评耳。另外一种可能，则苏家所藏实系一百二十回抄本，而陈镛以之与活字本出版事混为一谈，因他见过八十回抄本，不满刊本后四十回，嫁祸于程。

远隔五十余年后，倪鸿《桐阴清话》所引陈镛《樗散轩丛谈》已非原文，词多删节，关键处如"乾隆五十四年春"径改"乾隆某年"，"后四十卷乃刊刻时好事者补续，远逊本来，一无足观"径改"后四十卷不知何人所续"，更以己说《张问陶诗注》谓高鹗所补坐实，李葆恂《旧学庵笔记》等盲从之。复廿余年，邹弢《三借庐笔谈》称："乾隆时苏大司寇家因此书被鼠伤，遂付琉璃厂书坊装订，坊贾借以抄出付梓，世上始有刊本。惟止八十回，临桂倪云癯大令鸿言曾亲见之。其四十回不知何人所续。或谓高兰墅(鹗)所补，又谓无锡曹雪芹添补，皆无确据。"以讹传讹，愈弄愈错，致孙楷第《中国通俗小说书目》(1932年3月商务初版)卷四《明清小说部乙·烟粉第一》竟云："邹弢《三借庐笔谈》十一引《樗散轩丛谈》谓《红楼梦》初刊本只八十回，临桂倪云癯大令鸿言曾亲见之。书林杜世勋为余言，十年前曾见八十回刊本。则八十回本《红楼梦》似曾刊行也。"误信陈镛真谓《红楼梦》初刊本只八十回；至于新版(1957年1月作家出版社版)又云："邹弢《三借庐笔谈》十一引《樗散轩丛谈》云：'《红楼梦》初刊本只八十回，临桂倪云癯大令鸿言曾亲见之。'书林杜世勋为余言，十年前曾见八十回刊本。则八十回本《红楼梦》似曾刊行也。"其误倪鸿为倪鸿言仍同，抑直以"《红楼梦》初刊本只八十回，临桂倪云癯大令鸿言曾亲见之"为《樗散轩丛谈》原文，嘉庆九年(1804)序本陈镛《樗散轩丛谈》岂能引及咸丰八年(1858)序本倪鸿《桐阴清话》，实为颠倒错乱。实则，不但陈镛，连倪鸿都未说过有八十回刊本。邹弢曲解倪书，孙楷第误从之，至取陈书而代之。1920年顷书商杜世勋倘曾获见八十回刊本，亦与此风马牛不相及。

二、墨苑序跋

《墨经》跋

《墨经》作者，题"晁氏"。《夷门广读》本、《唐宋丛书》、《津逮秘书》均同。惟《学津讨原》本以《四库全书总目提要》据何薳《春渚纪闻》云："晁季一生平无他嗜，独见墨喜动眉宇。其所制铭曰'晁季一寄寂轩造'者不减潘、陈。"又称"其与贺方回、张秉道、康为章皆能精究和胶之法，其制皆如璧"。此书中论胶云："有上等煤而胶不如法，墨亦不佳；如得胶法，虽次煤能成善墨。"与所言精究和胶亦合，疑为晁季一作也。《学津讨原》遂据此改题"宋晁贯之撰"。后来印者遂多因之。

查元陆友《墨史》卷中《晁贯之》条："晁贯之字季一，性无他嗜，独见墨喜动眉宇。其所制铭曰'晁季一寄寂轩造'者不减潘、陈。其兄说之字以道，深于名理，尤喜古造墨，著《墨经》三卷，论产松之地、烟煤制造之法及自古墨之知名者，凡三篇。"且其卷首《魏·韦诞》言"晁说之《墨经》"，并云："晁说之《墨经》并举韦仲将墨法、后魏贾思勰法，二法本无大异，而晁氏两书之。"是《墨经》乃晁说之撰。陆氏所处时代去宋不远，似以陆说为是。

《墨谱》跋

宋李孝美著。民国十九年〔1930〕故宫博物院影印故宫图书馆藏明万历间歙县潘膺祉如韦馆刻本。

这是一本今存最早讲制墨的书，全书上卷是"图"，主要用图画说明制墨程序，中卷是"式"，主要把早期一些制墨名家所制诸墨的形式记录下来；下卷是"法"，是把制墨的配方、制法作了记载。这本书对后来制墨具有重大影响，相传的"仲将方法"，好墨者常以之炫耀，实即见此书，后来像《墨法集要》，老实说也就是这本书的扩大。

这本书最早见《文献通考》著录，《四库全书》据浙江范氏天一阁藏本收入子部谱录类，赵万里氏检书于故宫图书馆，发现这一未经前闻的刻本，它与《四库》本有很多

不同之处，因校其异同，得校记
四十二条，并将文渊阁、文津阁两
《四库全书》所收《墨谱》之差异
也作了说明而影印之。

　　赵氏是这样说的："此明万
历间歙县潘膺祉如韦馆刻本李孝美
《墨谱》，余检书于故宫图书馆始
见之。以校《四库全书》本颇有异
同，而文渊阁与文津阁二本，间又
互有违异。文津阁本提要云：'上
卷八图，图各有说，今惟采松、造
窑有图说，余皆有说而佚其图(刻
本提要同)。'与文渊阁本之图说
并存者异，其提要中亦无此数语。

《墨谱》

而文渊阁本所图者与此本亦迥殊，当出馆臣臆补。其所据之祖本之天一阁本，因亦无此
六图也。以阁本勘此本，发火以下六图后，阁本别出数十字不等，其文应列在图前，而
采松、造窑二图前后独无之，盖各本俱脱矣。此本出焦弱侯家藏本，与阁本之称《墨谱
法式》者异源，故互有优劣。兹取阁本之胜于此本者，录为校记如右。潘氏如韦馆所刻
书，此外尚有高似孙《砚笺》一书，版式与此本同，并为著录家所罕闻，因附书之。海
宁赵万里，十九年一月。"

　　书前有马涓、李元膺及李维桢三序，据李维桢序知与明制墨名家潘方凯同时，潘
从焦弱侯家曾见此书，可见其曾受启发，使其制墨得以提高者。过去曾见叶恭绰氏藏
潘方凯妙品"天保九如"墨，署款"庚戌"，为万历三十八年(1610)间明代佳制，从
这里也可看到潘氏制墨之渊源。

《墨史》跋

　　元陆友撰，《知不足斋丛书》本。此书《四库全书总目提要》子部谱录类作二
卷，盖分卷之不同。《四库》注明为"两江总督采进本"，想系抄本，原因过去只

以抄本流传，鲍氏刻入《知不足斋丛书》，始有刊本行世；近代《古今文艺丛书》、《涉园墨萃》、《丛书集成》先后重印之，流传始广。

这是研究治墨史的一本重要书籍，收集了由魏迄宋一百三十多人制墨事迹，汇为一编，颇为详赡。尤其宋代以来很多人，如果不靠此书之记载，恐已早就湮没无闻矣。过去曾见元黄公望《溪山雨意图》识语云："此是仆数年前寓平江光孝时，陆明本将佳纸二幅，用大陀石砚、郭忠厚墨一时信手作之。此纸未毕，已为好事者取去，今为世长所得，至正四年十月，来溪上足其意。时年七十有六，是岁十一月生明识。"郭忠厚即见于此书，是治墨名家，忠厚制墨于宋宁宗嘉定年间，子珏，制墨于宋理宗端平年间，设非此书，乃不知黄公望写此图所用之墨为宋墨也。

书后附徐显稗传，叙陆友生平颇详，他只是一贩布商人之子，生平好学，长于鉴赏，遂为专家，当时收藏家柯九思一见服其精识，可见学问并非一般者。

他还著有《砚史》、《印史》、《杞菊轩稿》等书。

《墨表》跋

清万寿祺撰。民国间木刻本。

此书有《藏修堂丛书》本、《涉园墨萃》本、《翠琅馆丛书》本、《艺术丛书》本、《芋园丛书》本。此为单行本，扉页背题"文楷斋重摹荒圃本"。文楷斋为过去名刻书坊，但不悉受何人托而刻此书。

《墨表》首卷列本书编列次第之由，文体全仿《史记·太史公自序》，将自宋以来各家制墨暨《古今墨论》分为十三组安排次序说明之。二卷列所收各家制墨总目，三卷举各墨之正、背、左、右、式五项详述之，四卷即《古今墨论》，最后附万寿祺自跋，尾署"墨者寿道人漫题"。

书后有两跋："《墨表》四卷，万年少寿祺先生所辑，长兴吴椎号木崔又号雪隐手抄本也。鲍氏知不足斋得此本，欲刊入《丛书》未果。余从渌饮（鲍廷博）借得，手录副本藏之。嘉庆甲戌（十九年〔1814〕）四月，戴光曾记。"又："嘉庆丁丑（二十二年〔1817〕）初冬，访松门于吴泾桥，出万年少《墨表》托付剞劂曰：'此鲍丈渌饮遗书也，余梓之以意彼未意之志。'遂携归付刊。因思向年曾于张白华家见万所画《祭砚图》，笔墨古雅，令人爱绝，今又读其所著《墨表》，余于翰墨因缘抑何深耶！惜老友云逝，赏析惟艰，止此一二素心如松门者，又在异地，不能时常晤语，益知商榷之不易矣。戊寅(二十三年〔1818〕)春分后四日，莪翁记。"

书中胪举各墨，俱是绝品，所举邵格之墨有九笏，内一笏标明"宣德年造"(1426—1435)，另一笏署款"嘉靖庚子年(十九年〔1540〕)"，又一笏题为"万历三年(1575)"，前后相距逾百年，可见为一百年以上老店，亘有明一代，足与清代之曹素功占有清代墨业相并称也。

《悟雪斋墨史》跋

近人石国柱修《歙县志》卷十《方技传》载："程义字正路，号耻夫，又号晶阳子，(歙县)槐塘人。工诗善画，能手搏击剑。尝游粤，入吴留村、王孝扬幕，以军功授黄陂县丞。大吏闻其善画，胁取之，抗不应。竟坐镌官。家居益狷僻，操金求画者漫不应，好事而黠者，伺间馈鼎肉觥肩，辄欣然命笔。好泼墨，作林峦烟树，不落南宫窠臼。孤石丛草，研朱点花，实尤超逸。郑燮题其《西园雅集图》，颇见称许。"可见为一善画好手，今存于世最为人知者为其所绘《楝亭图》第二幅，现藏故宫博物院。

实则程乃制墨名家，以正路之名设墨肆于屯溪，名悟雪斋，创于清康熙年间，曾刊有《悟雪斋墨史》一书，以为其所制墨张目，颇与《曹氏墨林》相近，书中无所制墨式，仅列一《墨目》，详叙所制诸墨。书前有诸家为其所作题辞，当即依墨票复制者。中附程义自作《纪略四则》。书极少见，且不见于著录。邓之诚先生于无意中得之，以赠张子高先生，张先生既转录副本，又以原本转赠于家珏良兄，由珏良录副赠我。

邓之诚先生跋原书云："《悟雪斋集》一卷，程义撰，五色石斋藏本。义字正路，歙人，以制墨得名，与施愚山、汤岩夫交好。自撰《墨述》及《纪略四则》，附《墨目》于后，冠以同时投赠诗文若干篇，共为此集。后易名《墨史》，'史'何足言，今仍其初名。义颇能诗，罗饭牛《书画墨说》曾引之，盖所谓山人也。己丑(1949)六月，文如居士识于成府村居。"邓先生何以知其初名《悟雪斋集》则不可解矣。

张子高先生跋过录本云："《悟雪斋墨史》，原刻本，为邓文如居士所藏。篇中系年始于丙辰(康熙十五年〔1676〕)，终于戊午(康熙十七年〔1678〕)，又'玄'字避讳缺末笔，'弘'字则否，盖清康熙年间所刊，为言墨专书中罕见珍籍。按悟雪斋程正路乃清初一制墨名家，其墨业传世亦颇久，而此《墨史》一书，竟为历来嗜墨者所未及知、未及见，恐此殆为人间孤本乎？原本半页十一行，行二十字，全书三十九页；抄本半页十行，行二十五字，共得三十六页，然篇章之隔连，行格之高低，字体之大小，则悉仍其旧，故原书面目不难想像得之。居士以其不足言史，仅题'《悟雪斋集》一卷'。窃思正路命名之义，殆与《方氏墨谱》、《程氏墨苑》、《曹氏墨林》同就一家墨言，非就一切墨言耳。兹援名从主人例，仍题为《墨史》云。一九五六年秋，张子高识于清华园石顽墨艳之室，时年七十有一。"

《摩墨亭墨考》收《程义》条，题下注："程义一字耻夫，有《耕钓草堂集》，《耕钓草堂集》今未见，盖已佚。又载施闰章《"伊洛渊源"墨说》及铭，盖即取自《悟雪斋墨史》。又载王永誉铭一则，乃《墨史》所未收，不知取自何处。"

《白岳凝烟》跋

《白岳凝烟》木刻画册，存三十七幅，首汪瀚《白岳凝烟序》，末康熙甲午（五十三年〔1714〕）邵农跋，设非知其渊源，殊不能使人知此书为何而刊者。

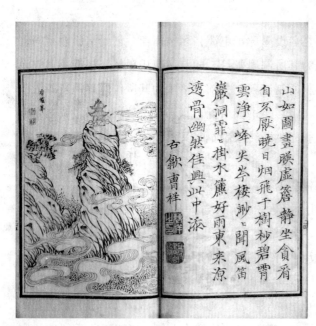

《白岳凝烟》

郑振铎、傅惜华两先生俱藏有原刻本，存图四十幅，此存三十七幅，盖残本也。抗战时代，曾以石印法翻印，近亦不易得。

郑氏藏本收入《中国古代版画丛刊》，其书末后记云："此书前有汪瀚序文……序称'吾家次侯动静食息咸与白岳相晤对，因绘其全图，选择上烟，汇为一函'。似此书为汪次侯所绘刻。但细检全书，绘图实出吴熔手笔。……大概与绘制《古歙山川图》的名画家吴逸为一家，我们推测汪次侯即据吴熔绘本临摹所刻。汪瀣序文所述失之笼统，容易引起误解，应予纠正。”这篇《后记》不知出何人手，汪次侯乃康熙年间休宁制墨家，所制白岳图墨即名“白岳凝烟”，这本木刻图即为宣传其白岳凝烟墨而编制刊刻者，汪瀣序文中明白交代云：“吾邑处万山之中，……然物产独寡，惟制墨擅名，其由来旧矣。远如奚、李不具论，近如(邵)青丘、(吴)去尘各擅其长，贵如拱璧，价重连城。……吾家次侯世传斯秘，而性复好山水，动静食息咸与白岳相晤对，因绘其全图……”《后记》前段作者未予引出，中间复删去“世传斯秘”字样，当然使人对此书莫明其妙，无从索解。

徽省制墨家习惯以所制墨编为图录，内容大体凡其所制，一概胪陈无遗，其以一种墨编为专书者，当以《白岳凝烟》一书为篙矢。

汪次侯墨传世不多，《白岳凝烟》墨过目者仅失群之品数笏，由于此图，得知全份当为四十笏为一函，其墨面即此四十图。

《曹氏墨林》跋

清康熙年间，歙县制墨家曹素功编，为宣传其制品而编制者。其中所刻均当代达官名士品评所制品十八种之诗文，但无图录。书中有《墨林自序》一篇，是素功自述其制墨缘起之作，为研究素功制墨史之重要材料。

曹素功墨肆名艺粟斋，《墨林》一书所辑当初应是一些名人为其所题墨票，所以随到随刻，结集成册，以后续有所得，复继续增入，因之传世颇罕完本。过去张子高先生曾获《墨林》二种，详为考查，编成目次，世始识其全貌。

《摩墨亭墨考》跋

书仅存此中卷，署款“曲阜颜崇椝衡甫编”，原为会稽姒兼山藏，后归劳笃文，继归张子高，因得假来录副。

书当是编辑底本，乃未成之作，全书出抄胥之手，而由颜氏加以批注。书前目录亦非原有，盖后人依内容编成加上者。

按桂馥《晚学集》卷七有《颜氏墨考序》，似即为此书而作。《序》中称："运生为幼民先生嗣，先生著《墨考》未竟，运生博收群书，补其不备。"是其书为其父之作，而由子继成之，亦未竟也。

傅沅叔先生藏有《摩墨亭丛书》，见《藏园群书题记》，列有《丛书》详目，其中并无此书，但所注格式行款与此书悉同。盖此书早已从《丛书》中抽出之故。据张绚伯先生见告，曾见此书上册，全载历代制墨故事，惜未得过目，以此证桂氏所言，或即其父所作部分。

桂馥《序》云："今运生年将半百，教授乡里，产既中落，无所作计，遂写其《墨考》而卖其墨，凡如丸如螺如笏如饼者，俱付之虚无梦幻，烟云过眼，何以堪耶？"所记必此书之下卷，惜已不传，无从得知其详。

解放初，曲阜衍圣公府藏物流出，据见有朱企武"爵禄封侯"墨、徐正定"太史定"墨、徐瓒邀"怡真斋墨"，俱为此书所独有，颇疑此中卷所录为孔府藏物，而下卷则颜氏自藏之品。

颜崇榘，字运生，号心斋，乾隆庚寅(1770)举人，官兴化知县。有《种李园集》、《摩墨亭集》，见孔宪彝《曲阜诗钞》卷八。

《鉴古斋墨薮》跋

自从明方于鲁创《方氏墨谱》，各墨肆竞以所制墨编为谱录，以相宣传。方氏既选精工按其模式大小复制成书，程君房继之，不独选用镌刻名手，且加以五采，于是《程氏墨苑》遂为墨谱之冠，图式之精美，卷帙之众多，在各墨谱中固无可与比伦者。

清代墨肆，此习犹存。曹素功编《曹氏墨林》二卷，今尚有传世者，继之者亦不乏人，最后一部当属汪近圣之《鉴古斋墨薮》。但这部《墨薮》却超越《曹氏墨林》、《悟雪斋墨史》而上仿《方氏墨谱》，为清代墨谱之冠。书凡八册，前四册为各家题赠之作，亦即将墨票重刻按年编录之；后四册为图录，将鉴古斋代人所制及墨肆应市诸品，均依式制图，以御制诗墨冠首，而继以其墨肆用作标榜之墨，结合代当时人定制之品。从书中题词诸人所标记无干支觇之，大约是从乾隆九年(1744)迄嘉庆七年(1802)六十多年来一些人之诗文。汪近圣之历史，任何书中均无记载，只是从这些题词中，大略可以考见其父、子、孙三代事业之大略。这对制墨工艺史是很重要的一本参考书。

《鉴古斋墨薮》虽非珍本书，除于北京图书馆见有全本外，求之多年，仅得一残本四册，只存前部题词部分，且又不全；后又得残本一部，存六册，题词与墨式各缺最后一册，幸《涉园墨萃》中有影本，得取以补全之。

《借轩手录》跋

天津图书馆藏抄本书二册，不题书名，绿格，书口篆书《借轩手录》四字，有"借轩"、"小竹"二印。

书系抄撮各书，计晁氏《墨经》、《墨史》、《墨法集要》、《雪堂墨品》、《漫堂墨品》、《清秘藏》三则、方密之《物理小说》二则、《丹铅总录》五则、《七修类稿》、李格非《墨癖说》、《遵生燕闲情赏笺》一则、《文房四考》三则、赵吉士《寄园寄所寄》四则、《披云漫笔》论墨、《徽州府志》摘录、《东坡先生集》摘录、张畸斋《墨谱帖》、《格致镜原》、《艺粟斋墨品》、《鉴古斋墨品》、《函璞斋墨品》、《尺木堂墨品》、《借轩墨存》等二十三种，内中除《墨经》等全属辑录外，只《借轩墨存》为作者自撰书。

按《借轩墨存》已收入吴昌绶辑《十六家墨说》，当即从此本出。吴氏或以其余或有专书，或为易见材料，因删而未用，只取此《借轩墨存》。

"借轩"何人，迄今未考得，仅从《墨存》前小记知为清道光年间人，为一藏墨家。故其所录，即其藏品目录也。所弄无异品，华道人"龙涎香墨"未必可信，程君房墨俱属复制品，但清代贡墨占相当部分，今日觇之，亦瑰宝也。这批文物后来似流散于北京，其中如曹素功之孙曹定选制徐元梦"太平清玩"、程鋆"万寿无疆"、范时绎"龙光万载"、张连登"天子万年"、"聚纬堂"等，均分见于诸藏墨家手。

以《手录》校《十六家墨说》本，发现刊误数处，如"霖雨苍生"下落"歙许晓峰藏"五字，"天行健"旁脱"康熙甲午年"五字，"太平清玩"两目应并为一行，另"太平清玩"四字单作一行。"陈鋆"当作"程鋆"、"聚纬堂"左脱"水竹居"一款，且原书于墨下多记笏数，刻本均删而未录。

这虽是一本流水帐式自藏品清单，但由于它记载了当时市肆供应之墨，因之也保存了制墨史上的一些重要实物资料，在这点上是不容忽视者。

《十六家墨说》跋

壬戌(1922)年吴昌绶辑本，木刻本，上下二册。

这是一部专门谈墨的丛书，收集一些没有专刻的零星单篇著作，它和陶伯铭所辑

《十六家墨说》

惟以专刻为目的之《涉园墨萃》成鲜明之不同。

内中有：

何遠：《春渚记墨》

张寿：《畴斋墨谱》

邢侗：《墨谭》、《墨记》、《程君房墨赞》

焦竑：《墨苑序》

陶望龄：《墨杂说》

顾起元：《潘方凯墨序》

项元汴：《墨录》（《蕉窗九录》）

张谦德：《论墨》

曹度：《说墨贻兄孙西侯》

张仁熙：《雪堂墨品》

宋荦：《漫堂墨品》、《漫堂续墨品》

孙炯：《砚山斋墨谱》

汪绍焻：《纪墨小言》、《纪墨小言补编》

邱学敏：《百十二家墨录》

借轩居士：《借轩墨存》

徐康：《窳叟墨录》

《徽歙艺粟斋墨品》（曹素功鉴定）

《鉴古斋墨品》（汪近圣鉴定）

《函璞斋墨品》（汪节庵鉴定）

《尺木堂墨等》

《苍珮室墨品》（胡开文鉴定）

以上共二十一家二十五目，除最后五家为制墨家墨目外，实为十六家，故名此书为《十六家墨说》。内中如《春渚记墨》乃摘录自《春渚纪闻》，《窳叟墨录》则摘自《前尘梦影录》者。

据书前志盦写记：

> 松邻故籍徽州，左台之裔，溪南之秀，自万历时，相沿制墨，今可述者，逾三十人，矜重邦族，能详雅故，凤者收蓄，爰逮同好。螺丸分弃，犀璧寖空，索过风于前林，清永日于病榻，辑《十六家墨说》，自宋、元、明迄今，有专刻者不录。

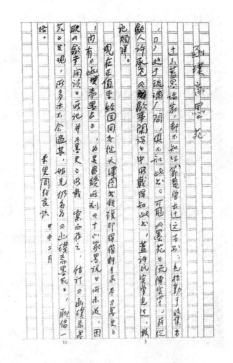

周绍良《函璞斋墨苑》题跋手稿

从这段记载，可见辑书之宗旨，所以这里除如《春渚记墨》、《窳叟墨录》可于原书中见之，《漫堂墨品》、《漫堂续墨品》可于本集中见之外，其他全为不传未刊之作，对于研究墨学者极有参考价值。

《知白斋墨谱》跋

近人郭恩嘉辑。西泠印社石印本。

一般墨谱，多为墨肆自编宣传其所制墨而作，事实近于一家专集；至于个人收藏，则大多编一简目，如《百十二家墨录》、《借轩墨存》等，但详记墨面文字并及重量而已，从无拓印原形汇为一书者。这本《知白斋墨谱》可谓首开其端。

据书末庚申年(1920)郭恩嘉跋，谓所辑乃其季父申堂旧物，积三十年之精力所聚，逝世后多散佚，恩嘉收回保存，仅得十之四五，遂竭数月之力，都为墨拓四册，即此本也。

　　过去曾获一墨，面篆书"知白"二字，下楷书"光绪戊子年监制"，下钤"寿""农"二字连珠印；背隶书"自求斋主人持赠之墨"，俱阴识填金。一侧"济宁郭氏属"，一侧"徽州胡子卿造"，顶"玉石清烟"，俱楷书阴识。墨面"知白"二字颇类吴大澂书，似郭寿农即知白斋主人，不知即此申堂否？光绪戊子为十四年（1888），距郭恩嘉跋此《墨谱》时早三十二年。

　　郭氏对墨似属外行，编辑颇不精心，因之将一墨拓片分置数处，张冠李戴，不能知面、背、边缘究应何属，至套墨分散安排更遑论矣，设不细心纠之，实大误阅者。

　　据知此书出后，北京厂估即去济南购得之，辇致故都，为同好者瓜分，其卷首邵格之两品及翁敬山"神品"归于三时学会韩氏，今在故宫博物院，"紫茸香"则归于尹润生，其中嘉庆、道光诸墨，则辗转来寒斋。

《涉园墨萃》跋

　　近人陶湘编，凡十四册。这是一部关于墨学的专书，所收凡十二目：

　　《墨谱法式》三卷　宋　李孝美

　　《墨经》一卷　宋　晁贯之

　　《墨史》三卷　元　陆友

　　《墨法集要》一卷　明　沈继孙

　　《中山狼图》一卷　明　程大约

　　《利玛窦题宝像图》一卷　明　程大约

　　《墨海》十卷、附录一卷　明　方瑞生

　　《墨表》四卷　清　万寿祺

　　《鉴古斋墨数》四卷、附录一卷　清　汪近圣

　　《中舟藏墨录》三卷　近代　袁励准

　　《内务府墨作则例》一卷

　　《南学制墨札记》一卷　清　谢嵩岱

印制颇粗糙，但现已很难觅得，其中方瑞生《墨海》、袁励准《中舟藏墨录》端赖此书一睹珍䄷。

《尘麝簃辛未墨录》跋

绍兴寿铄石工撰，手稿本。

寿石工喜蓄墨，凡有所得，辄详记之。曾见其《重玄琐记》，蝇头细书，凡四厚册，惜不知流落何所。又有《知见墨录》，乃排比向柳溪所藏，则未得见。此乃录魏公孟所收墨，故书面题作"玄尚斋录墨第三"。

书前有小记云：邑人魏公孟喜收墨，十年之间，蓄异品无数，顾不自珍惜，往往脱手赠人。昔之充牣箧衍者，宛然有新陈代谢之势焉。双流向君柳溪所辑《知见墨录》，余既排比所有，记之别册，更商公孟，出其现藏，一一录之，以饷柳溪。岁辛未（1931）冬十一月，绍兴寿铄。可见"尘麝簃"乃魏氏斋名，而"辛未"则其成书纪年也。

《意园墨录》跋

近人张颐撰。过录本。

张氏所蓄墨不多，仅六十余笏，但不乏佳品，如桑林里款之"千岁苓"墨、汪仲甫"双淳化光"墨，俱非凡品。惜已散失，只凭此《录》略瞻风采。

书后有张绚伯跋文：此《意园墨录》亦湘大兄所作。兄名颐，晚号苦存居士。与吾为从祖兄弟行，长余一十八岁。一八九七年春赴津谋生，从此旅居五十余载。一九五〇年五月逝世，享寿八十有四。……兄癖嗜隃糜约始于一九三四至一九三五年之间，《墨录》作于庚辰秋仲，次年脱手散佚，为温估德润所得，辇之来京，其中精品多不知下落，无从踪迹。……《墨录》用繁体字排印，分赠同好，为数无多，今颇不易得。侄

张颐《意园墨录》抄本

孙绪昌在十五周(年)国庆纪念假期来京，随携此《录》原稿本相交，审为浙江学校校长姒君兼三转烦该校教员李君誊清之本，兄亲自手校一过，添注涂改，遗墨犹新。乃重加装订，……附跋数语，以志纪念。

《墨苑杂说》跋

近人张子高撰。过录本。

张子高先生，湖北人，中国早一辈化学家，曾任清华大学副校长，著有《中国化学史稿》。先生喜蓄石及墨，所藏石多异品，且多镌有题识与年款；藏墨亦属先辈，与孙洪芬、向柳谿、魏公孟辈为同时。故自署其斋为"石顽墨艳之室"，颇自矜也。墨多佳制，其明墨部分已多见于《四家藏墨图录》，此《墨苑杂说》乃记其所藏有关墨史之资料如《曹氏墨林》等书及清代文人自用墨之有关考证等。原陆续发表于天津《国民日报》，此据作者自存剪报本过录者。考据仔细精详，与当时一般只以目录示人者别创一格，具见作者之渊博，自高人一等也。

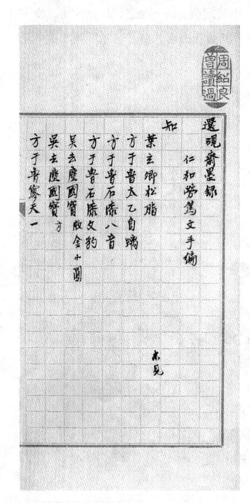

劳笃文《还砚斋墨录》抄本

《还砚斋墨录》跋

仁和劳笃文编，据手稿本过录。

劳君所蓄约四百余笏，此其手编目录，颇为详细，不乏佳品，若方于鲁"太乙负蟥"墨、朱一涵"双凤"墨、詹致和"封茅社"墨等，皆属稀见之品。但黠估伪作若吴绍节"圆柱"、"吴鸿渐"大国香"墨、何岩友"樵青图"墨、吴山泉"太平有象"墨、吴羽吉"不可磨"墨等，皆温德润取新墨刻款以欺之者，而劳君乃为所愚，秘之箧衍，编诸目录，未免使有识者笑其无鉴别力也。

劳君逝世于1952年，此目录乃其晚年手编，不久即逝世，而所藏亦烟云散矣。留此墨缘，以为研究墨史者参考。

《试墨小记》跋

近人巢章甫撰。手稿本。

友人巢章甫，精书法，颇好蓄墨，尤钟于品墨，因之遇墨辄试，故其所藏多断珪残璧，但环顾而视，亦颇怡然自乐。此册扉页题："《试墨小记》第一集。辛卯(1951)孟春墨梦自题。试宋牧仲'黄海山花'。"可见其癖好蓄墨乃为用墨也，所见良是。

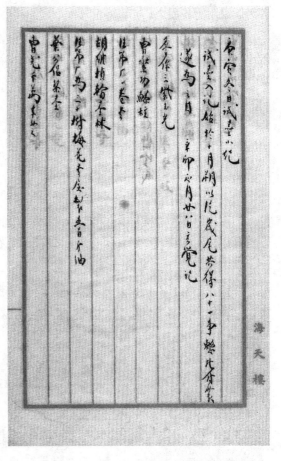

《试墨小记》稿本

章甫江苏武进人，旅居天津数十年，于1954年秋逝世。此册所记凡八十一事，从质料方面颇多品评，此亦墨录中之别具一格者。

《四家藏墨图录》跋

1957年影印本。

所辑为叶恭绰、张子高、张纲伯、尹润生四家所藏明墨，凡八十三笏，俱由藏者各为解说附于各墨之后。

明墨颇多精品，但很多为人所不知或未见，得此图录，使人眼界开阔不少。但亦有误收而入录者，如金玄甫墨实为清制，盖已将怡玄馆易名尚朴斋矣。

本有续辑清墨之议，而叶氏得桂冠之授，事遂中辍，仅出此一本而止。

《霜华堂墨录》跋

天津黄大维编。手稿本。

凡甲、乙两辑，甲辑记所得墨，乙辑记所见墨。

黄君集墨晚于我辈数十年，退休之前不久始着手，但勤于搜集，荒摊冷肆，时见其踪迹，不惜奔走访问，故所获不斐。潘嘉客"辟邪"墨、方于鲁"廖天一"墨、康谣"百鹿图"墨、叶公侣"万螯松"墨、"石烛"墨，俱其精品，是足以酬其辛苦矣。数年之间，俨然成家。惜天不永年，仅六十初度，遽归道山，所藏亦随之散失。于其生前曾邀其编一墨录，即此册也。

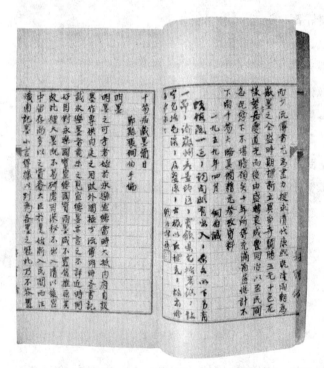

张绚伯《千笏居藏墨简目》抄本

《千笏居藏墨简目》跋

鄞县张绚伯手编，凡上下二册。

鄞县张绚伯先生，收藏家也。早年集泉，收罗颇广，务求其全备，不计其精粗，殊类展览馆式之收藏。中年以后，又好蓄宣德炉，则务取精萃，曾见其拓本，殊多绝品。解放以来，京师文物几无人问津，价殊低廉，绚伯见古墨而好之，因遍访文物商店，大肆收罗，不数年间，居然逾千。因其用集古钱之法收墨，所以其所蓄网罗百家，遍及明、清两朝，代不乏精品也。此其1964年所手编藏目，洋洋大观，使人观之生羡。

文化大革命兴起，绚伯恐不易收藏，举其精萃捐诸故宫博物院，只留一些宫廷制品以供把玩。于1970年秋逝世。所撰论墨札记数十册，惜无人整理，今不知何如也。

《墨林史话》跋

尹润生著。1986年北京紫禁城出版社出版。

尹润生兄出自满族，深喜书法，因而集墨，颇有收藏。精鉴赏，故所蓄皆精品。此其遗著，共四章；

一、墨的起源；

二、墨的沿革变迁；

三、鉴定方面若干问题；

四、墨林人名、别名、室名一览表。

所述皆精到，无虚语。为指导鉴别必读之书，亦为治墨者必备之书。

此其遗著，尚未完稿，由其夫人张颖昭整理出版。

《墨林史话》(重编本)跋

重编本，尹润生著，张颖昭重编。1993年紫禁城出版社出版。

据书前《新版前言》：1986年，尹润生遗稿《墨林史话》由紫禁城出版社出版，以墨的起源、沿革、变迁、鉴定等方面为主要内容，另有少数附图。这次《墨林史话》改版重排，我从尹润生当年与张子高、叶恭绰、张绚伯三位先生合著的《四家藏墨图录》及《云烟过眼录》中选出四十二幅明、清两朝的墨品拓片，收进书中，并一一附注说明文字，对墨店、墨工、制墨者与时代背景等，加以概括的介绍。可见这次重编改动是很大的。

《清墨谈丛》序

我过去对于墨的收集，是相当有兴趣的，一则由于它不独具有实用价值，而且还具有艺术性，它体现了传统的木刻艺术，也体现在造型方面的艺术。如一些制墨家所制，不独在造型方面异彩纷呈，并且烟质细润，为书写者增加不少兴趣。其次是一些读书人甚或一些达官名宦，都各自有自用墨，颇具历史性。因之每有所获，总喜欢为它作一点记录或考证。岁月既久，积稿颇多，1978年，友人沈玉成见之，认为尚有一读价值，并且国内尚无讨论墨学的专著，因嘱送取一百条，交由文物出版社出版。

我的这些札记，大致可分为两类，一部分是关于墨史资料，一部分是文人自用墨的考证资料，当时编选是混合选择的，所以比较庞杂，没有什么系统可言。现在年岁日高，已无继续收集整理墨史之能力，因取往日所记，略予厘订，将有关文人自用墨部分，定名为《纪墨小言》，交燕山出版社出版，另外一些关于墨史资料，因为我所收集的都是清代制品，因名之为《清墨谈丛》，汇为一编。我相信这也许是墨学的一个小结，将来未必能再有人掌握这么多资料了。

事实我所收集的也只是当时的一部分，试想在过去，全国所需用的墨，全由徽岭供应，因之制墨家奚至千百，我这里仅只约三百家，可见挂漏实多。当然，由于过去记载有关制墨之书籍太少，资料贫乏，也是原因之一。

我所收集到资料已全部在此，收集的实物也已全部捐给故宫博物院，希望将来有人汇编一本墨谱，或全面地把中国的墨写一本研究著作。

为了便于读者查阅，本书以墨家姓氏的笔画排序；一些只有堂款而目前还不能确定归属的，也以笔画的多少排序，放在后面。

1998年7月10日

重印《程氏墨苑》序

程君房、方于鲁是明万历年间两大制墨家，他们两家制品目录《墨苑》、《墨谱》都是研究墨史的重要著作。方氏《墨谱》在过去还是容易找到的，而程氏《墨苑》则比较稀少，是一部难得的书。所以对程、方两家的制墨历史和他们的一些问题，要搞得比较清楚，始终由于程氏《墨苑》之难求，没法作深入的研究。

过去一些制墨家，为了推销自己的产品，总要请一些当代名人为他们所做的墨写一张题辞，印成仿单放在墨匣里。甚至一种墨有很多人题辞，放在各个不相同的墨匣里面。然后又汇集这些题辞，再复制了原墨形式，编印成一集，这就成了《墨谱》、《墨苑》一类的书。老实说，这也是中国最早的制墨家的销售目录，它产生在正所谓中国资本主义萌芽时期。这种经营方式，正与现代经济发达国家一些厂商所编销售目录是一样的，可是它却比现代经济发达国家的销售目录早了近三百年。在《墨谱》、《墨苑》上更有一种现代厂商销售目录上找不到的特点：我们不独可以从这里考察出各个产品制出的先后年代，并且从各家题辞中看到一些人对他制品之评价。

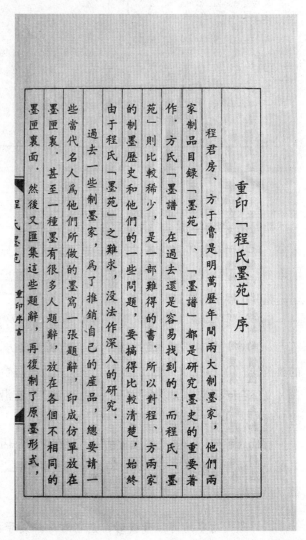

重印《程氏墨苑》

45

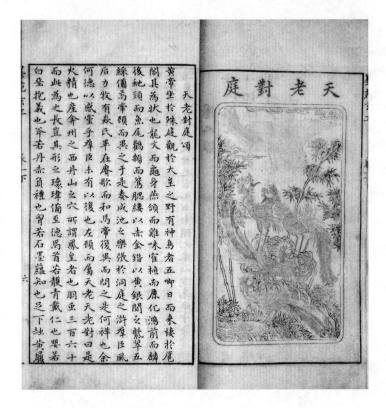

《墨苑》

墨是写字用的物品，经过工艺模制，不仅是一种实用品，而且进而成为一种艺术品。用炭屑和胶压制出各式各样的造型，本身已显示出艺术的价值，再加上用名手的木刻，就更体现工艺造诣的精湛，可以说艺术性已经达到相当的高度，《墨谱》、《墨苑》正展示出这点。

制墨在明代是一个创新时期，新的造型和命名，奠定了后来三百年来制墨之规范，一直被一些制墨家奉为典范，只有沿袭或模仿，很少有超越程、方两家所创造的典范的。由此可见，他们的制品，在实用上是适合于实际的使用，而从欣赏角度来讲，又适合于玩赏，所以会使后来一些制墨家只有沿用而不加变动。在这点上，程君房制墨型式视方于鲁的制墨型式有更大的影响。

程氏《墨苑》一书既然比较稀少，现在中国书店决定把它重印，以供研究墨史和木刻史者参考。求序于予，现在特将我所欲言者陈之如上。关于程君房的历史，则将故友王重民先生所作《程大约传》一文抄录于后：

　　程大约字幼博，号筱野，别字君房，又号玄玄子、守玄居士、墨隐道人、独醒客、鸿濛氏、鄣山放民、紫宸近侍，歙县岩镇人。兄弟三人，君其季也。随父贾昌江。二十四，以赀入太学，时嘉靖四十三年也。隆庆初，留滞京师，后往来南北，雅有文酒之会。嗣官鸿胪寺典客，万历二十一年，以京考黜籍，罢官归吴下，而遭公霖之难。公霖者，一宦家子婿，救人以诬。二十八年秋事白，大约在缧绁者凡七年。大约少负气，与长兄振卿不相得，而族弟大德、族侄嘉士并初受惠而终交恶，振卿馆甥洪光祖，振卿许婚复变，大约助成之，兄弟因益水火，而光祖终不与大约。及公霖难作，振卿、大德、嘉士及光祖父子，并欲假手于人，以死大约，故均助公霖。大约既归歙，作《续中山狼传》以记之。而方于鲁事尤为大约所愤恨。于鲁幼贫，客于大约，大约解衣推食，亲授制墨法，令助业墨。万历帝初即位，喜挥洒，歙人进墨者数家，程氏墨独邀睿赏，而于鲁居其名，不归大约。于鲁亦能诗，汪道昆招入丰干社，渐博名誉。既与大约相牾，遂独营墨业，辑《方氏墨谱》六卷。万历十一年，道昆序而刻之。大约益愤，于万历十六七年，复张肆业墨，十余年间，称誉遍海内外，辑刻《墨苑》十二卷，丁南羽绘图，诸黄刻梓，又多求宇内名公题诗作序，遂跃然驾方《谱》上。大约时与宗人程涓修净业，气稍敛，而万历三十年复又有程文登之讼。文登乘大约有内构，冒其名，授廛卖墨，于鲁助之讼，以致墨业中歇。三十三年复张。冬入都，与人有睚眦之中，幸未丧命。三十四年南还。余所见《墨苑》却三十四年所印者，故未能详其三十四年以后事。然以嘉靖四十三年大约年二十四推之，是时年已六十有六矣。论曰：自近人研究版画与利玛窦拼音文字，《程氏墨苑》顿为世人所称道。然大约之性行，未有能详言之者！沈德符《飞凫语略》称大约之死，由于进墨内廷，而遭于鲁之忌，然其事在大约死前三十余年，虽是远因，究有如风马牛之不相及。姜绍书《韵石斋笔谈》谓大约坐杀人系狱，疑于鲁阴唆之，故《墨苑》内绘《中山狼》以诋方焉。按系狱当指公霖之案，《续中山狼传》中明指大德、嘉士、光祖三人，不及于鲁；万历三十四年，大约始附刻《中山狼图》于《墨苑》之后，若果为于鲁而刻，当因万历三十年程文登讼案，亦非杀人系狱一案也。余以诸家所记与《墨苑》不相合，而按以年代，皆系传闻之误，因谱万历三十四年以前事迹为小传。大约尚有《程幼博集》六卷，《园中草》三卷，俟得新材料，当再改作，并补万历三十四年以后事。

程氏生平有待考证者甚多，这是王先生就《墨苑》排比而得出来的一些材料，但亦仅只是万历三十四年以前的事迹。王先生不是研究墨的，因之结合《墨苑》中对于程氏所治墨中一些问题没有称述，但这篇传文已大致勾稽出程氏的大半生。现在抄录出来，一则供研究治此书及整理程氏事迹者参考，也藉以免掉我再多饶舌。

附带要说的是《程氏墨苑》一书，由于其书付印时间有先后，所以有多少之不同，再加一些原因，当时曾有意地把某些篇章删除，如《补中山狼传》，在先就好像没装上，后来又剔出过，利玛窦拼音文字有的本子就没有等等。所以传世一些本子，并不是完全一样，现在重印，也是用两个本子，互相补充不同部分，整理成这部书。如果要研究《墨苑》内容一些问题，还得更检各个原书为准。

记《宝相图》

《宝相图》四幅，附明程大约(君房)《墨苑》后，这是中国最早以木刻复制西洋铜版画，也是唯一的；并且这也是中国最早刻制的天主教的宗教画。原画是天主教传教士利玛窦(1552—1610)送给程君房的，他在附记中说：

> 程子闻敝邦素习文，而异庠之士且文者殊状，欲得而谛观之。

从语气中可知这是程君房向他索取的。大概程君房得到这几张精细的铜版画后，感其雕镌之美，这时正好在编刻他的《墨苑》，于是教徽州木刻名手复制了放在他的画里。雕镂之工，不下原铜版之作。

这四幅图，原本是在日本复制的欧洲铜版画，它的名称是：

一、"信而步海，疑而即沉"，原Martin de Vos画，Anton us Wierix 刻，西司万哥尔发行。

二、"二徒闻实，即舍空虚"，画者不明，Anton us Wierix刻，西司万哥尔发行。

三、"淫色秽气，自速天火"，克立司汉·帕赛画，刻者不详。

四、古壁画复制，晒罗姆复刻。

第一图表现伯多在海中遇耶稣的故事，经王重民、小野忠重考证，为安提倭普市(Antevermp)弗拉茫(FIamont)名版画家Martin de Vos所画。Vos 长于画圣像，作品传世约六百余幅；刻版人Wireix(1552—1624)是名版画家，兄弟三人，属法国文艺复兴大师Durer派，曾在安提倭普市基督教会印刷所工作，曾为西班牙殖民者刻过不少

宗教宣传画。

第二图所绘为耶稣受难，二徒生疑，经耶稣化身教育而了悟改变的故事，和第一图同为画商兼美术出版商西司万哥尔发行。

第三图描绘锁多麻郡人落氏因坚持贞节而被挽救，免于火灾的故事。帕赛是画圣像专家，曾在安提倭普、伦敦、巴黎三市作画。

第四图是很重要的一张，徐景贤误指为利玛窦进呈给明神宗的作品，实际不然。进呈表上明白写着他所贡之物"贡自极西"，而这张图却在下面记有"Sem japo，1597"字样。这Sem是Sem maire的缩写，意为神学院，japo是萄葡牙诗人Luis de Camoes所首用的"日本"一字的拼音，其多数为japoes. 复制人为1583年(万历十一年，日本天正十一年)日本修士尼各老(Jepo NicoIas)。沙勿略入日本之后，至1579(万历七年、日本天正七年)，范礼安与四位日本教徒自罗马回日本，范礼安为展开教务而带了印刷机，开始设立印刷所与教育机关，办了四所学校：有马神学院、安士神学院、臼杵神学院、府内神学院，而最早设立的即有马神学院，教育科目即有制铜版画，所印的书被称为"有马版"。1597年(万历二十五年、日本长庆二年)，学校被迫停办，学生七十余人隐避到岛原半岛，这幅画即学院尼各老所作。画原为一张油画之铜刻版，图下文字记载说，这张画是国王(葡萄牙)菲尔男三世(300—350)在征服了西司巴利(西班牙)，自回教徒手中夺回这个教堂，因画此画。而铜版画的雕刻者乃Wireix之弟晒罗姆。这张画除了在《墨苑》里保存之外，在南洋也曾发现一张，可见这画是向外输出的。其如何得来中国而传到利玛窦手里? 很可能是由一个中国父亲、日本母亲名叫尼雅谷的教徒带，他曾在有马神学院学习画法，1601年(万历二十九年、日本长庆六年)他随人到澳门，给那里教堂画了一些壁画，1604年(万历三十二年，日本长庆九年)随季玛诺到了北京，1607年(万历三十五年，日本长庆十二年)才回日本去。他来时一定会带有一些画，而铜版画又便于携带，利玛窦由于地位便可能被赠送一些，于是遂由他而转送程氏。并且从事实说，《墨苑》一书流传于国外者极少，除法国、罗马各藏有一部外，而长崎大浦天主教堂偏藏有一部，很可能尼雅谷因为这画经利玛窦手流入程氏《墨苑》，随后又作为成绩而把《墨苑》带返日本；他到北京正是程君房向利玛窦索画之时，而离开中国又正是《墨苑》印出之后，在时间上也是符合的。

程氏所刻《宝相图》四幅，其第二幅"二徒闻实"一帧，在崇祯元年(1628)，即《墨苑》刻成后二十三年，歙人方澹玄又依之镌为"婆罗门"墨，有模本在所编《墨海》中间，虽已更名，但底本显然是出自《墨苑》的。

按：程君房和方澹玄(于鲁)都是明代徽州的著名制墨商，两家营业竞争剧烈，多次涉讼。《墨苑》和《墨海》都是他们各自刻印的墨谱，实质上是这两家所制墨的宣传广告图册，但当时已甚名贵，今天则更成为珍贵的明代版画名作。《墨苑》六卷的画者是当时著名的画家丁云鹏(南羽)。《宝相图》亦丁云鹏把利玛窦带来的铜版画缩摹下来的。刻工是有名的徽州黄氏之一的黄磷等。《墨海》的刻者也是徽州黄氏名工黄伯符。

陈垣(援庵)先生极重视这四幅《宝相图》，他说："明季有西洋画不足奇，西洋画而采于中国美术界，施之于文房用品，刊之于中国载籍，则实为仅见。"(陈氏《明季之欧化美术及罗马字注音》跋)

三、读稗杂识

李笠翁的《无声戏》

《无声戏》是清初李渔(笠翁)写的一部模拟话本的小说集，一向流传很少，罕为人知。现在北京大学中存一残本(原马隅卿藏)，它题名为《无声戏合集》，这是杜濬把《无声戏》初集、二集合起来印的，所以称为"合集"。在今日，《无声戏》初集、二集原本皆不可见，当初全貌如何已无从得知。孙楷第在日本曾看到尊经阁所藏一部清初刊本，经过考定，知道也不是原本；后来他又用大连图书馆所藏抄本《连城璧全集》与《合集》对勘，除《连城璧外编》四卷外，内容完全相同，于是假定《连城璧》就是《无声戏》后身，而定二集必与《连城璧外编》相当。这当然是推测的话。但近来谭正璧在《话本与古剧》一书中有《无声戏与十二楼》一文，考定十二楼就是《无声戏二集》，并举十二楼中《萃雅楼》篇评语中有"初集之尤瑞郎"一语，知即《无声戏》第六回男孟母教合三迁一事。以为既称前书为初集，自不难肯定《十二楼》为二集；又因拂云楼篇有"各洗尊眸，看演这本《无声戏》"之语，更可肯定《十二楼》即是《无声戏二集》了。

实在这种论断尚有商榷之必要。《十二楼》与《无声戏》作者评者既相同，当然可以随便提到初集。但是如果以《十二楼》作为《无声戏二集》，那么为什么《合集》中没收一篇《十二楼》文字呢？

我查得清王先谦《东华录》中所记御史萧震参张缙彦奏折一件，其全文是：

> 御史萧震奏："原任工部侍郎张缙彦，曾任明季兵部尚书，交通闯贼，开门纳款，士民切齿。我皇上定鼎后，缙彦投诚，不惟待以不死，且加录用。为缙彦者，正当洗心革面，以图报诚。乃守藩浙江，刻有《无声戏二集》一书，诡称为不死英雄，以煽惑人心。入为工部侍郎，又复包藏祸心，交结党类。今为刘正宗一案，已提至京师，伏乞皇上俯赐乾断，明正典刑。"得旨："此所参张缙彦事情，着于见议案内一并严察议奏。"

这里明白的说张缙彦曾刻过《无声戏二集》，并且在二集里有"不死英雄"故事，今以《无声戏合集》及《连城璧》回目核之，并无类似故事，又查《十二楼》中也没有类似故事。这样看来，《十二楼》就是《无声戏二集》之说就有问题了。

李伯元传

《官场现形记》在晚清小说中可以说是一部名著，在小说史上是有它一定的地位的。作者李伯元，他是一个作家，也是一个报人，虽然人以文传，但他的经历实鲜人知。幸而《二十年目睹之怪现状》作者吴沃尧曾在他死后给他写过一篇传记，虽对他的行事记述不多，但对他写作思想却有些说明，是对研究李伯元很重要的材料，现在已经很少人见到，特录之以供治小说史者之参考。传云："武进李征君，讳宝嘉，字伯元，一称南亭亭长。凤抱大志，俯仰不凡，怀匡救之才，而耻于趋附，故当世无知者，遂以痛哭流涕之笔，写嬉笑怒骂之文。创为《游戏报》，为我国报界辟一别裁。踵起而效颦者无虑十数家，均望尘不及也；君笑曰："一何步趋而不知变哉？"又别为一格，创《繁华报》。光绪辛丑（二十七年〔1901〕），朝廷开特科，征经济之士，湘乡曾慕涛侍郎以君荐，君谢曰："使余而欲仕，不及今日矣！"辞不赴。会台谏中有忌君者，竟以列诸弹章，君笑曰："是乃真知我者。"自是肆力于小说，而以主文谲谏为宗旨。忧夫妇孺之梦梦不知时事也，撰为《庚子国变弹词》；恶夫仕途之鬼蜮百出也，撰为《官场现形记》；慨夫社会之同流合污不知进化也，撰为《中国现在记》及《文明小史》、《活地狱》等书。每一脱稿，莫不受世人之欢迎。坊贾甚有以他人所撰之小说假君名以出版者，其见重于社会可想矣。使天假之年，其著作又何止于等身也！乃以愤世嫉俗之故，年仅四十，即郁郁以终。呜呼！君之才何必以小说传哉？而竟以小说传；君之不幸，小说界之大幸也。君生于同治丁卯（六年〔1867〕）四月十八日，卒于光绪丙午（三十二年〔1906〕）三月十四日。卒后逾七阅月，其后死友吴沃尧为之传。"

这篇传记似乎鲁迅写《中国小说史略》时并没看到，鲁迅所使用的材料当是另有来源。这篇传记所珍贵处就在是另一个谴责小说作家给他作的。

《镜花缘》前后五十回

《镜花缘》一书，从内容来看，实在有很多可以訾议的地方。尤其是前五十回与

《镜花缘》

后五十回之间，这里面互相矛盾、彼此抵触的地方更令人怀疑：如前五十回中反对迷信，反对僧道，而后五十回中，竟大谈因果，欢迎女道士。前五十回中反对纳妾与缠足，而后五十回中却有广置姬妾的人物嘲笑女子的"厥足维大，厥足维臭"的话。这种极端对立、扞格难容的描述，在一个人的思想上是不能并容的；即使思想有转变，也不能在同一写作时间里就转变得如此之大。因而有人怀疑这部书是两个人的手笔，甚至尚有更多的人作成的。因为书前萧荣修的题词中间有"此编一出真无价，半部先窥信有缘"的句子，原注并注明"此书百回，只作半部"。这就使怀疑的人更肯定了他对李汝珍只写了半部的推测。

　　《镜花缘》的后半部的确不如前半部，这是事实。但是这种极端对立的思想矛盾，如果经过了二三十年，即使在一个人身上也是可以有的。从这样看，联系起萧荣修的题词，我便相信《镜花缘》是李汝珍一个人的作品，只不过写作中间曾有长时间的搁笔，因而产生了自相矛盾的问题。《镜花缘》的前五十回，应该是李汝珍早年之作，他虽然起先只写了五十回，可是百回的题目是早拟定了的，所以萧荣修才会这样说。至于那后五十回，应该是李汝珍晚年所补，时间搁置太久，思想早已转变，草草补成，自然难于照顾周全，因而矛盾的地方也就暴露出来了。这是很可能的。

在许乔林所撰《七嬉》下卷"洗炭桥"条，就有这样的记载："顷见松石道人(李汝珍)作《镜花缘演义》，初稿已成，将付剞劂，其中有酉水、刀巴、才贝、无火四关。"关于这四关的事，正见于《镜花缘》第九十六回"施邪术关前摆毒阵"这章里。《七嬉》成书既晚，它的话和萧荣修的题词联系起来，正足说明《镜花缘》的后五十回是李汝珍晚年补成的。

《老残游记》中的"白妞"

《老残游记》第二回里，提到在大明湖说鼓书的白妞，它说：

> 这说鼓书，本是山东乡下的土调，用一面鼓，两片梨花简，名叫"梨花大鼓"，演说些前人故事。本也没甚希奇。自从王家出了个白妞黑妞姊妹两个，这白妞名叫王小玉，此人是天生的怪物，她十二三岁时，就学会了说书的本事。

底下就说到老残听书，白妞演唱的情形，对白妞的艺术，是很称赞的。但是白妞是不是有这个人呢？在刘大绅所作《关于老残游记》一文中的小注里，仅说到"黑妞白妞，当时济南人士视之，几如北京今日所谓之名生名旦，一经演唱，举城如狂。先君寓济时，曾招至家中奏技，绅亦见之。惟因齿稚，今脑中仅存模糊轮廓而已"之语，亦含混其词，未明究竟。

考游艺中原客师史氏《历下志游·外编》卷三《歌伎志》中，曾有一段记载：

> 郭大妮者，不传其名字，说者谓为武定人，善鼓词。……又有所谓黄大妮者，临清人，寄居平陵，欲继其响，……未几黄亦去。自是省垣乃不复有此曲。黄之姨妹王小玉者，亦工此，随其父奏艺于临清市肆。梦梅花生客过临清，于临行之前一日偕三五友人假座逆旅，招之来度曲数阕，亦颇悦耳。王年十六，眉目姣好，低头隅坐，楚楚可怜。歌至酣时，则又神采夺人，不少羞涩。

这里把王小玉的历史交代得很清楚，大概就是后来刘铁云所听到的白妞。《历下志游》据自序成于清代光绪八年(1882)，这时王小玉已经成名了，所以游艺中原客师史氏会特别提到她。刘铁云在济南时，是光绪十七年(1891)至十九年(1893)，王小玉盖已由临清来济南演唱了。《老残游记》中所记，当是其时实在情形。

评《金瓶梅》之张竹坡

世人多以"第一奇书"称《金瓶梅》，此名实由张竹坡加评所冠。张氏历史无可稽，据刘廷玑《在园杂志》卷二云：

> 深切人情世务，无如《金瓶梅》，真称奇书。欲要止淫，以淫说法；欲要破迷，引迷入悟。其中家常日用，应酬世务，奸诈贪狡，诸恶皆作，果报昭然。而文心细如牛毛茧丝，凡写一人，始终口吻酷肖到底，掩卷读之，但道数语，便能默会为何人。结构铺张，针线缜密，一字不漏，又岂寻常笔墨可到者哉！彭城张竹坡为之先总大纲，次则逐卷逐段分注批点，可以继武圣叹。是惩是劝，一目了然。惜其年不永，殁后将刊板抵偿凤遻于汪苍孚，举火焚之，故海内传者甚少。

这是唯一可以考见张竹坡历史的材料。从这里我们知道他是彭城人，年岁活得不大，《在园杂志》成于康熙乙未(1715)，竹坡当已先死。

宿迁徐用锡(画堂)《圭美集》十有"送张竹坡人都兼柬友"七绝一首：

> 霜华菊蕊一篱新，偏苦离情促去轮。
> 寄语主人花下别，可曾频忆海棠春？

这个张竹坡应该就是评《金瓶梅》者。徐为康熙时人，李安溪门人，时代相同，且地域亦近，那么张竹坡也曾到北京来过了。

《翠琅馆丛书》有张潮《幽梦影》二卷，书中每条下皆有时人评语，如曹秋岳、尤悔庵、冒辟疆、王丹麓辈，而张竹坡亦列其间，疑即一人。书中称张潮为"吾叔"，证以刘廷玑之言"其年不永"，似年少而多才者。

《幽梦影》卷上有"《水浒》是一部怒书，《西游记》是一部悟书，《金瓶梅》

是一部哀书"之语，此条竹坡未评，岂于长者前而讳言《金瓶梅》耶？

卷下又有"凡事不宜刻，若读书则不可不刻"之语，余淡心评曰："读书不可不刻，请去一读字。"张竹坡评曰："我为刻书累，请并去一不字。"证以刘氏"后将刊板抵偿夙逋"之语，可见其受累于刊行《金瓶梅》者盖亦深矣。

宋江词

杨慎升庵《词品拾遗》：

《瓮天脞语》载，宋江潜至李师师家，题一词于壁云："天南地北，问乾坤何处可容狂客。借得山东烟水寨，来买凤城春色。翠袖围香，鲛绡笼玉，一笑千金值。神仙体态，薄幸如何销得。　　回想芦叶滩头，蓼花汀畔，皓月空凝碧。六六雁行连八九，只待金鸡消息。义胆包天，忠肝盖地，四海无人识。闲愁万种，醉乡一夜头白。"小词盛于宋，而剧贼亦工如此。

按此词见袁无涯刻《水浒传》之第七十二回。《瓮天脞语》，《宋史·艺文志》、《千顷堂书目》、《补元史艺文志》皆不著录，各家藏书目亦不见。胡应麟《少室山房笔丛》卷四十一(庄岳委谈下)引《词品》此条论之云："此即《水浒》词，杨谓瓮天，或有别据。"则应麟亦未见其书。近人余嘉锡撰《宋江三十六人考》，据涵芬楼排印明钞本《说郛》卷五十七，录有邵桂子《雪舟脞语》，其书名下注云："一卷，先名《瓮天脞语》。"因定其出邵桂子之作，并谓："其人为宋末遗民，入元高蹈不仕者。故《说郛》录其书十条，多黍离故国之思。但无升庵所引宋江事"云云。

考余氏考订，实有疏漏，杨慎所引《瓮天脞语》，实非邵桂子之《雪舟脞语》。其书亦见杨慎《词品》卷五詹天游条：

詹天游，以艳辞得名，见诸小说。其送童瓮天兵后归杭《齐天乐》云，……此伯颜破杭州之后也。……童瓮天，失其名氏，有《瓮天脞语》一卷，传于今。

可见宋江之词，实见于童氏之《瓮天脞语》中；《雪舟脞语》既非杨氏所引之书，当然不载也。

李玄伯所藏百回本《忠义水浒传》

比较容易看到的百回本《水浒传》，只有李玄伯排印本，据说它是根据他所藏的一个明刊本复排的。原本如何，未曾目睹，不敢断定。不过用袁无涯刊百二十回本校勘一过，发现这部书实在是不足依据、毫无价值的本子。它只是把袁刊本从九十回的后半段起，一直到一百十回中间止，全部删去了；而别的则是完全跟袁刊本一样的。

从他删去的地方我们可以看出这部百回本的谬误处：它在"五台山宋江参禅，秋林渡燕青射雁"这回里删去二十回故事，可是在宋江回朝处，突然叙到陈瓘、侯蒙、罗戬这些人。它的文字是：

> 且说先是陈安抚并侯参谋中军人马入城，已将宋江等功劳奏闻天子，报说宋先锋等诸将兵马班师回京，已到关外，陈安抚前来启奏，天子闻奏，大加称赞。陈瓘、侯蒙、罗戬各封官爵，颁赏银两缎匹。传下圣旨，命黄门侍郎宣宋江等面君朝见，都教披挂入城。

陈瓘、侯蒙、罗戬在百二十回本里，都是参加征讨田虎、王庆的人物，百回本已经把整个故事删去，哪里又能教这三人出现呢？可见它是用百二十本作底本，在删除的时候，没有注意到，因而遗留这个痕迹下来。

删改的人是没见到真的百回本的，假如看到，他不会做如此愚蠢的加工。今以日本内阁文库藏复本容与堂百回本《忠义水浒传》核之，它的文字是：

> 且说先是宿太尉并赵枢密中军人马入城，宿太尉、赵枢密将宋江等功劳奏闻天子，报说宋先锋等诸将兵马班师回京，已到关外。赵枢密前来启奏天子，说宋江等诸将边庭劳苦之事。天子闻奏，大加称赞，就传圣旨，命黄门侍郎宣宋江等面君朝见，都教披挂入城。

那么删改的人是参考什么本子改的呢？我疑惑他是根据百十五回本来的。因为百十五回本的回目是"五台山宋江参禅，双林渡燕青射雁"。百二十回本增添了"燕青遇故"故事，把下联改作"双林镇燕青遇故"，它把燕青射雁事改作"秋林渡"地方，拉到征田虎王庆班师回朝之后。在由百二十回本改成百回时，删改人忘了"秋林"跟"双林"的不同，而改成"秋林渡燕青射雁"。如果看到真的百回本，那百回本正合百十五回本回目相同，怎么会改错了呢？这里正说明删改的人是参照了百十五回本而加工的，否则他不会从"双林镇燕青遇故"删起，而把"秋林渡燕青射雁"接回去，并且说明他看不到百十五回本，也不会发现两本叙述的不同，因而想到把田王故事删去。

近来研究《水浒》的人，多拿这个本子作依据，实在它毫无依据价值。

《古今小说》一刻四十卷 天许斋刊本

《三言》最早的定名，应该是统称作《古今小说》，据古今小说前绿天馆主人序称："茂苑野史家藏古今通俗小说甚富，因贾人之请，抽其可以嘉惠里耳者，凡四十种，俾为一刻。"封面上天许斋的说明，则云："本斋购得古今名人演义一百二十种，先以三之一为初刻云。"现在大家疑惑《喻世明言》或者就是这部《古今小说》，但确切的证据尚未能指出，今查原书影本，见其总目所题，乃是《古今小说一刻总目》，始知序题之中，所以珍重提到《一刻》与《初刻》，即为《警世通言》之为《再刻》及《醒世恒言》之为《三刻》张本，如此看来，《喻世明言》即与《古今小说》是一书而无疑了。

书是苏州人编选的，刊刻应该也在苏州，《梁武帝累修成佛》曾有题名，作"素明刊"，当与刻《李卓吾先生批评三国志》的刘素明是一个人。天许斋则是苏州一书坊，它家印行的《冯梦龙批评三遂平妖传》一书，现也存。

《石点头》十四卷 叶敬池刊本

题"天然痴叟著，墨憨主人评"，首龙子犹序，卷演一故事。根据书中标题，其第七卷标目上题是"感鬼恩三古传题旨"，但图中书口所刻为"报恩寺旅魂传"字眼，可见刻图与刻书，当非同一时间，不过其他各图，均不载回目，而此卷独有，希可怪也。

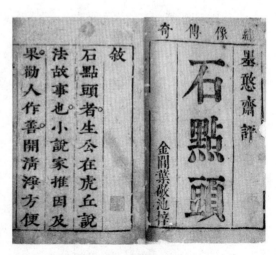

《石点头》

新刊《出像天妃济世出身传》二卷三十二回　潭邑书林熊龙峰刊本

海神天妃，相传为宋都巡抚林愿第六女，而此小说，渲染更为神化，谓系北天妙极星君之女玄真化身，受西王母之灵丹，得成佛仙，下界投胎，而致诸灵验之迹云。

新刻《全像牛郎织女传》四卷五十七则　余成章刊本

书凡四卷，前题"儒林太仪朱名世编，书林仙源余成章梓"。共五十七则，其全目见：

卷一：

一、牵牛出身　二、织女出身

三、织女献锦　四、织女训织

五、天孙论治　六、牛女相逢

七、月老佥书　八、天帝稽功

九、天帝旌□　十、陈□激内

十一、玉皇阅女　十二、太上议亲

十三、牛郎纳聘

卷二：

一、成亲赐宴　二、牛女交欢

三、凤城恣乐　四、天孙拒谏

五、星桥玩景　六、歌叟导淫

七、汉渚观奇　八、行童进直

九、遣使谏淫　十、玉皇阅表

十一、拘禁牛女　十二、牛女上书

十三、圣后救女　十四、谪贬牛女

十五、牛女泣别

卷三：

一、星官窃婢　二、二婢谐像

三、七姑结义　四、七姑助织

书大约刻在隆庆、万历时代(约1572)，郑振铎《中国版画史图录》载之。

《鼎锲全相唐三藏西游传》十卷　刘莲台刊本

书前题"羊城冲怀朱鼎臣编辑，书林莲台刘永茂绣梓"，刊刻年代，应当属于万历年间产物，但从其字体行款形式来看，或者还是建安书坊所刻的。因为日本尊经阁所藏《鼎镌徽池雅调南北官腔乐府点板曲响大明春》一书，题"教坊掌教司扶摇程万里选、后学庠生冲怀朱鼎臣集，闽建书林拱塘金魁绣"，以二书互证，《大明春》确是万历刊本，朱鼎臣虽为广东人，而确是客寓闽建的。原书藏北京图书馆，载于郑振铎《中国版画史图录》中。

新刻《全像水浒传》二十五卷一百十五回　富沙刘兴我刊本

这是简本水浒的一种，从字体、风格、形式各方面来看，大概是崇祯时期的产

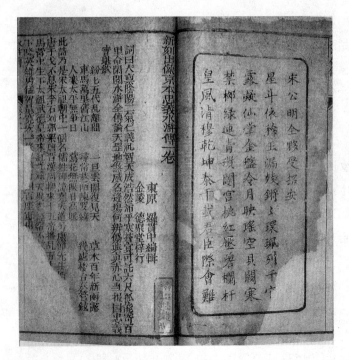

新刻《全像水浒传》

物。所可珍贵的地方，则因为它是富沙刘兴我所刊，而富沙是广东省内地方，今天明代广东小说带图的，恐怕只有这本了。《明清插图本图录》载之。

李卓吾先生批评《忠义水浒传》一百卷一百回 容与堂刊本

日本内阁文库藏有此本全部，无图，从其内容看来，剜补之处甚多，可见是一复刻本。现藏日人仓石武四郎处，的确是容与堂原刻，图板极精，后来天都外臣序本也是根据它翻刻的，《明清插图本图录》载之。

《剪灯余话》四卷 新安黄氏刊本

这本传奇集也残存三卷，缺末一本，根据它书里的刻工题名，有"黄镂"、"黄一木"、"黄一林"、"黄一森"，知道这是新安黄氏一家刻工的集体作品；从形式上来讲，可能是他们弟兄一家合作了这部传奇集，可惜新话只剩了一册，余话剩了三册，否则将有更多黄家艺人为我们所知道。此乃赵元方先生藏本。书前题"新安黄正位订定"，知也是新安黄氏的一家人。

现归国家图书馆收藏。

《剪灯新话》四卷 新安黄氏刊本

这本传奇集为明瞿佑所撰，全书四卷，现残存仅末一卷。每篇传奇之中，参夹插图两面，这是各种传奇刻本中所没见过的。我们从郑振铎选录的《中国版画史图录》中，知道日本藏有新安黄氏刻的《剪灯余话》，是否全书不得而知，但从这个残本里，知道黄氏是把新话和余话都刻过的。其雕工之精，为徽派之绝品，现在借赵元方先生所藏，观其题名，知是"黄守言"。书前题"新安黄正位黄叔校"，当是雕板之主持者，盖也黄氏一家人也。现已归国家图书馆。

冯梦龙的身世

冯梦龙在我国文学史上，应占有重要位置，已不待言。遗憾的是他的历史却很难稽考，尤其是他的前半生的史料，更为缺乏。

近读张大复《梅花草堂集》卷四，发现它记载冯氏家世甚详，其大略称：

> 冯钺，字仲举，……天顺壬午乡荐，以乙榜授永州东安县教谕。……左迁贵溪训导。……子琨、玠。琨字君美，以成化丙午举人，授永康县教谕，迁知蓟州，……寻迁杭州府同知，再迁两浙运副，擢登州府知府。……弟玠，癸酉乡荐。子梦龙，字翔甫，敏而好学，不减其祖父，提学御史黄公亟赏之，升上等。同舍生陈吉甫、顾茂仁、夏九范辈，待公师友之间。偃蹇秋闱，十年不第。用万历丙子岁荐，选应天府训导，署知六合，凡半岁，携两奴鼓箧而归，迁凤阳府颍上县教谕，再升山西平阳府吉州学正，遂赋归来。蔡宪长国熙为护送抵舍，老屋萧然，藜藋不

糁。……公既明德之后，飘须玉立，美文藻，不可犯以非义，学者凛凛严事之。

这里的叙述正可以弥补我们的遗憾，冯氏前半生史实总算有着落了。

冯梦龙生卒年月，现在也是未经考定的一个问题。按"乙酉(清顺治二年〔1645〕)难作"，冯著《中兴伟略》与《中兴实录》两书，恭迓唐王监国，固守闽广，末署"七十二老臣冯梦龙撰"。考思文大纪，唐王入闽在顺治二年六月初，即皇帝位在闰六月二十七，《伟略》书中，但书王而不称皇帝，可见著书时犹在六月之前，正福王被获之后。依此上推冯氏生年，当是明万历二年(1574)。证以钱谦益《初学集》卷二十下《东山诗集》，有"冯二丈犹龙七十寿诗"七律一首，《东山诗集》为谦益癸未(明崇祯十六年〔1643〕)所作，其年梦龙正七十岁。钱诗有"莺花春日为君长"之句，可见梦龙生日是在二月中。寿冯诗后四首，有题"癸未三月十六日"者，推为二月当不诬。

至于冯氏卒年，据一般记载，都说他是乙酉之难殉国的，但沈自晋《重订南九宫十三调曲谱》卷首有"和子龙辞世原韵"二律。沈氏《重订九宫谱》，成于顺治五年，今沈氏既录和诗于卷首，似冯氏之死与《九宫谱》成书的距离当不甚久，依照这样推算，则冯氏死时，似在顺治四五年之间，大概在他七十五六岁的时候。

"三言"作者的疑问

明代短篇平话集的"三言"——《喻世明言》(《古今小说》)、《警世通言》、《醒世恒言》——由于《今古奇观》的序文里有"墨憨斋增补平妖，穷工极变，不失本来。……至于纂《喻世》、《醒世》、《警世》三言，极摹世态人情之歧，备写悲欢离合之致"数语，遂被认为冯梦龙的作品。后来日人盐谷温又据《古今小说》前绿天馆主人序里提到作者是"茂苑野史氏"，遂考定"在左太冲的《蜀都赋》里有'佩长洲之茂苑'之句，所以茂苑不妨看作长洲的异称。长洲为吴县，即今之苏州，又称为古吴或姑苏"。那么茂苑野史氏当然"就是冯梦龙"了。从此，"三言"的作者似已成为定论，世人皆无异词。

实在这里依然存在着可疑之处。第一，把"三言"属于墨憨斋的，除了《今古奇观》外，尚未见别书提过。第二，《古今小说》绿天馆主人序里，明白的说是"茂苑野史氏"的作品。衍庆堂本的《警世通言》题款是"可一居士评，墨浪主人校"(兼善本和三桂堂本则题"无碍居士校")，但书前无碍居士序里说："陇西君海内畸士，与余相遇栖霞山房，倾盖莫逆，各叙旅况，因出其新著数卷佐酒，且曰：'尚未成书，子盍先为我命名。'余阅之，……遂命之曰《警世通言》，而怂恿其成。"据他的说法，似乎《通言》就是陇西君的作品。至于《醒世恒言》，也题"可一居士评，墨浪主人校"，卷首有陇西可一居士序，他说："《醒世恒言》四十种……继《明言》、《通言》而刻。"不单题款和《通言》一致，而且可一居士上有"陇西"二字，那么两书联系起来似乎是一人的作品了。第三，郡望的使用，明代人区分很严，我们据《曲品》及《四库全书总目提要》，知道冯梦龙是苏州人。不过苏州是一府，它占有两县，一个是吴县，一个是长洲，但冯梦龙却是吴县人而不是长洲人。我们从墨憨斋一些著作里看他自己题的郡望，都是"姑苏""东吴""吴门""古吴""吴国"一类的代名词，自己从没有错用到长洲有关的名词上面，并且别人也没以长洲人称他的。这里举一反证，像文征明就是苏州人，而属长洲籍，他从来只用茂苑这名词，而不用姑苏或东吴等代名，可见郡望使用是严格区别的。所以，今天把"茂苑""看作长洲的异称"虽是不错，可是以"长洲为吴县"，"又称为古吴或姑苏"，那就大错了。第四，《明言》、《通言》、《恒言》三书，它在文学上绝不低于《智囊》、《古今谈概》等书，更不低于《平妖传》、《新列国志》和他作的一些传奇与山歌等书，为什么这些书不讳言是他作的，这三部书他反倒怕提是他的作品呢？

法国巴黎图书馆所藏《觉世雅言》一书中，也有绿天馆主人一序，谭正璧在《中国小说发达史》上引称，有"陇西茂苑野史家藏小说甚富，有意矫正风化，故授之贾人"之语，照这样说法，似乎"陇西君"就是"茂苑野史氏"，可与《恒言》序上的"陇西可一居士"联系为一人，那么，"三言"的作者或者正是可一居士而非冯梦龙了。

《品花宝鉴》的成书年代

鲁迅先生在《中国小说史略》上对于《品花宝鉴》成书的年代，曾说：

少逸，道光中寓居北京，出入菊部中，因拾闻见事为书三十回，然又中辍，出京漫游。己酉(道光二十九年〔1849〕)，自广西复至京，始足成后半，共六十回。好事者竞相传钞，越三年而有刻本。(第二十六篇：《清之狭邪小说》)

这是根据杨懋建《梦华琐簿》来的。查杨氏原文：

　　常州陈少逸撰《品花宝鉴》，……余丁酉(道光十七年〔1837〕)夏，从严州友丁立臣达案头见之，迫欲借钞，未得其便。……《宝鉴》是年仅成前三十回，及己酉，少逸游广西归京，乃足成六十卷。余壬子(咸丰二年〔1852〕)乃见其刊本。

这里叙述得很明白，好像杨懋建对于《品花宝鉴》的写作经过知道得很清楚似的，但是稽之《品花宝鉴》书前石函氏自序，他说：

　　余前客都中，馆于同里某比部宅，曾为《梅花梦传奇》，……比部赏余文，……遂嘱余为说部。……秋试下第，……遂窃拟之。始得一卷，仅五千余言，而比部以为可，并为之点窜斟酌。继复得二三卷，笔稍畅，两月间得卷十五。……明年，有粤西太守聘余为书记，偕之粤。……此书置之长敞筐中八年之久。……及居停回都，又携余行，……遂督余续此书。……舟行凡七十日，……共得十五卷。……至都已七月中旬，检出时文试帖等，略一翻阅，试事毕，康了如故。……有农部某氏，十年前即见余始作之十五卷，今又见近续之十五卷，甚嗜之，以为功成已得半，弃之可惜，属余成之，且日来呶呶，竟如师长之督课。余喜且惮，于腊底拥炉挑灯，愤发自勉，五阅月而得三十卷。

事实的叙述，和杨懋建《梦华琐簿》所记已有出入。据石函氏自序，我们知道，他着手写《品花宝鉴》一书，是在完成了《梅花梦传奇》之后，他应过那年的乡试才开始的。最初《品花宝鉴》只写成十五卷，第二年就到广东去(是广西人找他去的，并非去广西)。中间搁置八年，重回北京，在旅途船上又续了十五卷。所以这书的前三十卷，根据序文，是前后花了十年功夫。作者回京这年又值乡试，依然没有考中，在"腊底拥炉挑灯"，又费了五个月的时间，才把后三十卷写成。这里，显然不是像杨懋建所说先成三十回，归京乃足成六十卷的。

　　后来赵景深先生撰《品花宝鉴考证》一文，也是依据《梦花琐簿》的说法，考定《品花宝鉴》的前三十回是道光十七年写成，后三十回补足于道光二十九年，也就是说十二年后才完成全书。

　　周作人在他的《书房一角》里有《品花宝鉴》一条，曾考虑到赵景深先生文章里所举的年岁和幻中了幻斋刻本《品花宝鉴》扉叶次面所题那条标识，其文是："戊申年(道光二十八年〔1848〕)十月，幻中了幻斋开雕，己酉六月工竣。"是与杨氏所说"己酉，少逸游广西归京，乃足成六十卷"的说法是不符的，因照《梦华琐簿》与《品花宝鉴》石函氏自序重行核对，他以为：

自序言某年秋后著手，是年有顺天乡试，可知是道光丁酉，两月间得十五卷。明年往粤西，稿置敝筐中八年之久。及后北返，自粤至楚舟行七十日，又写得十五卷，是年应顺天乡试，当时丁未(道光二十七年〔1847〕)。故前三十回之成前后盖十年，不得云成于丁酉也。后三十回则在道光丁未腊底续写，五阅月而成，已是戊申的夏天，到冬天付刊，是很近情理的事。

他发现了《梦花琐簿》和《品花宝鉴》自序里相互抵牾的地方，但是仍然不能摆脱《梦华琐簿》的羁绊，因而依据道光年间乡试的年份来重行考定《品花宝鉴》成书的年代，实则道光年间，丁酉那年是有顺天乡试，而丁未一年却没有顺天乡试，倒是己酉年是有顺天乡试的。这在《顺天府志》的《选举志》中可以查到的。且按清代考试成例于子、卯、午、酉为乡试之年，丑、辰、未、戌为会试之年，更可说明丁未之不能有乡试。这就显然说明如果强引自序的说法来解释《梦华琐簿》，来说明《品花宝鉴》的成书是在丁未的年底续写，到戊申年夏天书成，都是绝不能合拍的。

幻中了幻斋刊《品花宝鉴》前面幻中了幻居士序说：

石函氏本江南名宿，半生潦倒，一第蹉跎，足迹半天下，所历名山大川，聚为胸中丘壑，发为文章，故邪邪正正，悉能如见其人，真说部中之另具一格者。余从友人处多方借抄，其中错落不一而足。正订未半，而借者踵至，虽欲卒读，几不可得。后闻外间已有传刻之举，又复各处探听，始知刻未数卷，主人他出，已将其板付之梓人。梓人知余处有抄本，是以商之于余，欲卒成之。即将所刻者呈余披阅，非特鲁鱼亥豕，且与前所借抄之本少有不同。今年春，愁病交集，恨无可遣，终日在药炉茗碗间消磨岁月，颇觉自苦，聊借此以遣病魔。再三校阅，删订画一，七越月而刻成。

这里明白指出他先已抄得《品花宝鉴》的全书，随后就知道有人在那里刊刻，到第二年春天，才接过手来，重新校正，删订画一。如果依据他在扉叶上的记载，该是在"戊申年十月"里开始付刊，到"己酉六月"刻成，前后至少该是三个年头。依照周作人的推算，如何能在正在"拥炉挑灯"之前，已经有人"从友人处多方借抄"到全书，并且"已有传刻之举"，这如果不是幻中了幻居士记载失实，《梦花琐簿》的说法必然可以决定它是靠不住的。

查《品花宝鉴》石函氏自序中并没有详细记载纪元的年数和干支，但据他另一作品《梅花梦传奇》书前附有《梅花梦事说》，上面作者自记："道光癸未(三年〔1823〕)，余游京师。"以之证石函氏自序所谓"余前客都中，馆于同里某比部宅，曾有

《梅花梦传奇》"的说法，他的年代应该是道光三年。查《顺天府志·选举志》，最近于道光三年的顺天府乡试为道光五年(乙酉〔1825〕)，大概自序中所指的"秋试下第"似即这次。那么《品花宝鉴》前十五回的写成，可以断定是这年冬天的事。如果依照石函氏自序推算，次年丙戌(六年〔1826〕)出京去广东，八年之久，则为道光甲午(十四年〔1834〕)，这年顺天是有乡试的，于回京途中，重续第二个十五回，前后共完成了三十回。到京后就试落第，于"腊底拥炉挑灯，发愤自勉，五阅月而得三十卷"，其时已是道光十五年乙未(1835)了。这里下距道光丁酉，尚有一年之隔，杨懋建在丁立臣处看到半部《品花宝鉴》抄本，当然是可能的。他把自己看到的年份误记成作者前半部成书的年份，因而导致后来考订《品花宝鉴》成书年代的说法错乱起来，无法使自序和幻中了幻居士序言与《梦华琐簿》合拍，这种信笔而书的记载，着实误人匪浅。

关于作者问题，鲁迅先生在《中国小说史略》里这样提到：

> 书中有高品，则所以自况，实为常州人陈森书(作者手稿之《梅花梦传奇》上自署"毗陵陈森"，则"书"字或误衍)，号少逸。

查近人赵震辑《毗陵诗录》卷五收庄缙度诗，载有七古一首：

《题〈梅花梦〉乐府，为采玉山人陈森赋》

罗浮夜雪梅花落，中有仙人旧楼阁。黄鹤飞来问玉京，红罗谁肯贴金错？海上巫云更渺茫，梅花不作返魂香。投壶玉女盘丝重，夜漏初开碧瓦房。仙人晓起烧吟烛，双股凤钗敲折玉。晶奁盦粉镜梁空，隐约修眉贴寒竹。曾经箫史泣青门，缟袂风鬟抱露痕。药店只余龙骨在，舞衣重觅鸭炉温。一曲《梅花》携院本。闲情不断银瓶绠。绿罗石屋古苔封，残月暗藏蝙蝠影。红牙檀板忆婵娟，胜有乌丝界锦笺。才子名传何水部，女郎歌爱柳屯田。

于此可证作者实单名"森"，《品花宝鉴》序上多一"书"字，乃"书写"之意，与名无关也。

从《梅花梦传奇》书前所附刘承宠序，我们可以考见石函氏《品花宝鉴》自序中所提到的"余前客都中，馆于同里某比部宅"，这"某比部"可能是指刘承宠，刘序云："漫有颍川侠客，三河少年，借此牢愁，工为戏谑，虽无参于乐府，弥有激夫闲情。"这和自序里说的"比部赏余文，曲而能达，正而能雅，而又戏而善谑。"正是一致的，并且刘承宠在《梅花梦传奇》序言上，落款自称"同里"，可见这"某比部"不是他是谁呢！

四、话本与唱本

《如意册》跋

誊清稿本，竹纸抄。无栏，半叶九行，行二十二字。全书应为六卷六册，共一百出，首、末两册失，仅存四卷四册，此剩自第十八出起至第八十三出，共六十六出。每册卷首有"尼防洙泗"朱文印，"昌平山人"方形白文印。书题"梦鹤居士编"。

梦鹤乃无锡人顾彩，曾撰有传奇《小忽雷》，又曾据《桃花扇》重写《南桃花扇》，为清康熙年间一大剧作家。《江苏诗征》引《江苏诗事》载其小传云：

> 彩七岁能诗，十二已斐然成集。父修远，交满天下，四方名士至，见彩总

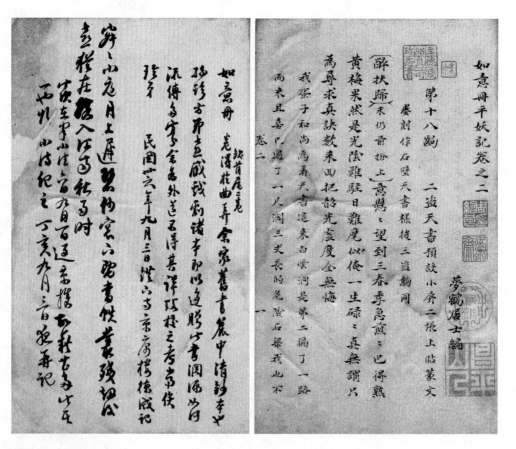

《如意册》

角负异才，莫不嗟叹。既贡成均，名噪都下。时方开博学鸿词科，三亲王欲共举彩，彩深致谦让，荐潘次耕自代。至徐立斋以科举招致之，欲令出门下，乃曰："嘻！彼不师我，而欲弟我。以弟博第，吾实耻之。且徐氏安得以声利轻天下士耶！"绝不往。既为朱门馆师，小不适，辞去。朱门者惭曰："吾诚不能客先生，然度诸贵人中无能礼先生者。"乃作书致衍圣公，走币聘延。至曲阜，深相得。衍圣公为梓其所著《往深斋》等集。

从这里可见他是颇为倔傲不群者。

这本《如意册》传奇过去从来没有人知道过。孔德成从他家中旧书堆中搜出，并不知为何人作，当初只因其纸墨陈旧而珍视之，于一九四七年以赠孙珍方。解放后，珍方复以贻余，审视之下，不禁大惊，固一人间未见书也。从书的形式观之，乃一誊清稿本，可能是顾彩当日客衍圣公府时所作，似曾预备付印而未成，遂留于衍圣公府中，以迄后来。设非孔德成无意中检获携出，恐已随其他诸物早已毁于兵燹之际矣。

《如意册》所演即《平妖传》故事，兹将其现存目录于下：

(上缺)

以一本传奇而写至百出，也可算是长戏了。

根据《平妖传》改编成传奇，明无名氏有《平妖记》，见《远山堂曲品》，列入能品，《祁氏读书楼目录》、《鸣野山房书目》均予著录，今已不传。清人无名氏别有《平妖传》一本，见傅惜华《清代传奇全目》卷六《清代无名氏传奇家作品》（页506）提及。

顾彩是一位大作家，据《江苏诗征》知有《往深斋集》，估计是一部诗集，惜未见传本。《江苏诗征》卷一三一录存十三首，其目为：《梅花驹》、《仙霞岭》、《庚申春日记所见》、《杂拟》、《拟古》、《沙岸行》、《海陵徐孝子夫妇歌》、《折杨柳》、《别云来庄》、《和吕子郊闻鹧鸪》、《建宁道中夜泊》、《西阁》、《春日竹枝词》。这些诗颇能在一般中显出新意，如《海陵徐孝子歌》，本来是劝孝说教，他却一直说到底，在结束时偏偏提到进一步境界，把母子之爱扩大到国家之爱，使一首平凡的内容即刻不平凡起来，这是他的艺术手法。又如《折杨柳》，本是伤情之诗，直到末一句才触及本意，也可看出他的创作是不落一般窠臼的。可惜他的全部诗集现在已不易得见了。

顾彩能写诗又能写曲，当然词也是拿手，在蒋景祁编《瑶华集》中就录有三阕：〔河满子〕《吊古》、〔御带花〕《感忆》、〔玉女摇仙佩〕《题〈岳阳楼听笛图〉》。蒋重光辑《昭代词选》也收录他一首〔南歌子〕。可见顾彩也有词集流传的，因之选家得以依之采录，现在他的词集已经无从踪迹，仅从这里看到他的四首词，也只见尝鼎一脔之意。

在《如意册》传奇第三十七出《王则出身》目下注云"王则须似李自成打扮"。殊使人费解。何以必"须似李自成打扮"？而李自成又是哪样打扮？顾彩时代上距李自成时期不远，难道这时李自成已经塑造有一种标准典型吗？附识于此，以待研究。

《万年欢》跋

清抄本，存上卷六出，半面九行，行二十四字。

不知撰者姓名，应是清乾隆前作品，亦未见各藏曲目著录。原为曲阜孔氏旧藏，孔德成以贻孙珍方，珍方转以贻余者。

故事述明正德皇帝(武宗朱厚照)宫居烦闷，欲出私游，遂将许进升任文渊阁大学士，子许瓒任吏部尚书，使其留守；命刘瑾主持宫内事务。遂携朱(江)彬不别而行，出居庸关至太原府。时有雏妓刘倩倩貌美，正德闻之，先遣朱彬往看。全剧所存至此。据书首《排场始末》，全剧情况：

> 太平天子忒风流，几遍微行到处游。青楼有女情贞洁，一见心同两欢悦。既订深盟车马迎，何期已失美人簪。最巧音同范纬武，跋涉相投却认左。宁藩宗室起兵强，此际忠臣几丧亡。官家反要做将军，又亏相国统雄兵。一战巧成擒叛首，两个佳人都到手。二百年前奇异言，今朝偏作《万年欢》。

从这里大体可以知道整个故事情节。文中谓"二百年前奇异言"，由正德下算二百年，可见此剧是康熙末年作品。

剧名《万年欢》，本于正德微行，不愿暴露身份，不料被朱彬误呼"万岁"，为马夫听行。朱彬解释为姓"万"名"遂"，意乃"万事遂心"。正德又自取表字为"年欢"，是剧遂以《万年欢》为名。

全剧颇近皮簧剧《游龙戏凤》，不知是否即从此本出？

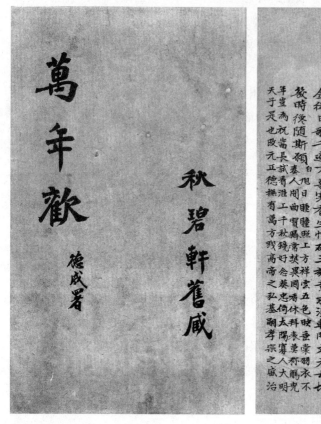

《万年欢》

《银河曲》跋

旧抄本，未见诸家著录。

首清晖阁主人张兴载坤厚甫记。卷端题："《缪雪庄乐府》一卷，华亭缪谟著，清晖主人读。"据张兴载书后跋："缪先生讳谟，华亭人，曾应《律吕正义》馆聘。家大人暨从伯父、先叔父皆受业焉。"张兴载不知何许人，根据他所述，其上辈俱从缪谟游，似在张家处馆者，而此本即张所抄录。

縐雪莊樂府一卷

華亭繆謨著　清暉主人讀

銀河曲

〔丑扮牧童筋斗上〕〔跌撲一回畢〕〔唱〕

〔北點絳唇〕萬里長空涵然秋送銀河漾俺則是橫笛西風那咎兒走馬紅塵動

〔牧牛詞〕朝牧牛牧牛天河曲不見釣魚人水邊水濯足暮牧牛牧牛天河尾不見打柴人水邊水洗耳我乃元武七宿躔中牽牛八度舍裏一點螢火

《銀河曲》

缪谟经历，见清冯金伯《国朝画识》卷九引《娄县志》：

> 缪谟字虞皋，幼贫废书，焦征君袁熹见其诗，劝之学，遂从征君游，补诸生。晚年，张文敏公荐入《律吕》馆，旋告归。诗文清丽，尤工乐府，论者比之姜白石。

他"尤工乐府"，且被"荐入《律吕》馆"，盖颇深于曲学者，但今只见此《银河曲》，且属仅传之作，不知尚有其他作品否？

故事叙七夕牵牛、织女年年一度鹊桥相会，经年捱尽凄凉，后得玉帝特降殊恩，赐予团聚，"使数千载相思不了之案，一朝归结"。故事极其平常，但写作颇尽人情，宛转缠绵，无勉强捏合痕迹，毫无庸俗之态，且文采也颇动人，可见作者文学修养功夫。

缪氏诗文集未曾见过。他似与沈德潜相识。沈氏曾将友朋投寄之作编为《国朝诗别裁集》，缪诗两首：《出门》、《舟次》，即载在卷二七。但后来沈德潜重新整理《国朝诗别裁集》，两诗俱被删除，可见在沈德潜仔细审察之下，两诗是不够"别裁"的，所以在重刻本(忠孝堂本)上即不见。后来王昶编《国朝词综》(卷二七)，则收有缪所作词六首。据王昶所撰小传："缪谟字虞皋，江南华亭人，贡生。有《雪庄词》二卷。"是王昶曾得其词集。

从缪氏作品审之，诗是此较呆板的，如果说他词"比姜白石"似有过誉，倒是他的曲作典雅华丽，叙述入微，是一位高手，在清人所撰杂剧中，《银河曲》是一部好作品。

《双真记》

张次璧撰。清毛祥麟《对山书屋墨余录》卷十：

> 朱云莱国盛，天启时为漕储运，复藉魏阉援，捷擢北太常。后阉败，私心日惴惴。幸值钱机山当国，始免于祸。然从此势亦不振，家居惟声伎自娱，诒诶士类。有张次璧者，方伯所望子也。方伯最善音律，次璧承家学，尝作《双真记》传奇。生名京兆，字敞卿，盖以自寓，旦名惠元霜，净则佟遗万，盖以朱为东乡人，遗万者，谓其遗臭万年也。其间诋斥无所不至。云莱大恨，致讼次璧于官。方伯公舐犊情深，力为之辩，后得陈眉公解纷，致书当事，请毁此板，事置

勿问。而持苛议者，并谤及眉公矣。及云莱殁后，其子欲跻乃父于乡贤，时论哗然，将传檄为鸣鼓攻，议遂寝。按云莱托足权门，诚不自爱。但其挽漕时，郡中每岁以粮北上，必严禁漕艘凌压。而京卫枭骑赵思塘，凤为松人患，云莱廉得，即毙杖下。平心而论，亦有造于桑梓，而未可尽没云。

《掷杯记》

许令则撰。清毛祥麟《对山书屋墨余录》卷十：

朱文石大韶，嘉靖丁未(二十六年〔1547〕)进士，官司业，饶于财，好藏古器。家建一楼，颇壮丽，颜曰朝珍，商彝周鼎，充牣其中。有玉杯一，尤所宝贵。晚年苦无子，以弟大英子为嗣。公配平湖陆氏，庄简公族女也。文石殁，而陆之子姓来唁，谓夫人曰："吾辈外姓，不敢冀田园。闻有玉杯，愿以见赠。"夫人艴然，竟不与。恨恨而去。后乃假逋欠册粮讼嗣子于官。且置逻卒于途，擒而要之曰："杯朝至，人夕释矣。"夫人不得已，始以杯献。然讼事究居负局。两家之怨，遂不可解。后嗣子生本洽，中万历癸丑(四十一年〔1613〕)进士。是时陆势已衰，洽乃具疏鸣父冤，而事隔远年，惟以空文了事，开释原拟罪名。及岁壬戌(天启二年〔1622〕)，有妖人马道、威泰水等谋不轨，陆之子钟奇与焉。迨二孽被获，骈首南郊，钟奇免脱出狱，朱仆闻，亦擒于途，一如前陆之所以挟朱者。不三日而杯至。洽乃悬父遗像，以杯奠酒，三献三酹，随于阶前碎之。此杯即名"教子升天"，上镂母龙一，子龙九，制作精巧如鬼工。碎后，有人拾得一片，熟玩之，质坚泽润，古色淋漓，真为希有。诸生许令则尝作《掷杯记》传其事云。

《伸都头威震河阳山，斗巡检拦截田庄道》

失名撰。《虞阳说苑甲编》收《张汉儒疏稿》内一条载：

一恶：钱(谦益)祖居田庄地方，一登科第后，托侄钱斗、钱伸兜揽百事，酷许一方，有田谋占，有女谋奸，以致乡人有《伸都头威震河阳山，斗巡检拦截田庄道》杂剧。

以此剧从未见各曲目著录，录之以补剧目之阙。

《振古奇哭》、《鱼腹斗龙舟》

张承宇撰。近人甘鹏云纂《潜江书征》卷一载：

张承宇，字幼宁，号启尔，崇祯间以贤良方正征，不就，仍就岁贡。己卯(崇祯十二年〔1639〕)科，中副榜，抑郁以卒。《县志》有传。《三传合钞》，佚。《二十一史酿》，佚。《墙东楼集》，佚。四十以前诗集，佚。《秋词集唐》，佚。《历代诗文选》，佚。《振古奇哭》，佚。《鱼腹斗龙舟》，佚。以上八种，《县志》、《湖北通志》均著录，《振古奇哭》及《鱼腹斗龙舟》二种，则传奇也，按张幼宁负经世之才，屡困棘围，不获展其骥足，赍志以殁。生平为诗至工，惜其书不传，《县志》仅载其诗数首，特吉光片羽耳。

《泗水鼎》

华□□撰，清董沛辑《四明清诗略》卷十七载王堃《准提镜歌》：

嗜古近推郑使君，家藏青铜多灿纹。带钩十二足珍贵，复储宝镜开晴云。奇芒映射兼细巨，影夺蟾光失兔杵。背阴有像镌准提，谛视旁文皆梵语。我闻此物留草堂，忠英耿耿发灵光。施家公子丧先职，仅遗小鉴余星霜。缅昔甬上多耆旧，管江人集如车辏。漏师中道即被擒，泗鼎沈渊乐停奏(华公于难中作《泗水鼎》乐府，今失传)。寒宗评事共军屯(五君子中，华、王为首，王固与施同主瓯东者也)，迄今往事难具论。屈指同时五君子，或受表示昭忠魂(华、屠、董三公已蒙恤典，王、施二公不与焉)。石雁山房久焦土，图书彝鼎空村坞(余家旧宅石雁山房故址)。难教遗址等清风，未及芳踪留鹤浦。故家乔木多霜洞，难得百年如一朝，渭阳五世保先泽(主人五世祖宪副公实施出也)，何论投报及琼瑶，我为摩挲更拂拭，想见当时照颜色。物以人重故流连，不为铭书来异域。况乎历劫超尘已百秋，未随灰烬同悠悠。为语主人善珍护，好与秦龙汉凤并长留(秦龙、汉凤，十二钩名)。

《补山园曲稿》、《雏莺阁曲稿》

张云鹏撰。清王豫《江苏诗征》卷五十载：

张云鹏，字子万，号快园，江都诸生。《江苏诗事》：子万学于华亭陈征君，负盛名。明季监军御史王雷臣征授参谋，有奇策。国初，历为浙、闽、豫、楚诸督抚参军，建善国泽民条议，成书，即拂衣归。子霄居、最庵，皆成令器。著有《香缘阁》、《青来亭》诗集，《飞笔斋》、《爱秋轩》文集，《补山园》、《雏莺阁》曲稿。

《笔梦传奇》

清郑光祖《一斑录杂述》一：

吾邑(琴川)前明有岱山和尚，真实修行之僧也。钱侍御秀峰之生，其父梦岱山来家，因名之曰"岱"。好事者遂著为《笔梦传奇》。谓泰山之巅，有高行僧，为土豪欺侮，占其庙田。僧忿而形化。将化，描容以授其徒，嘱令二十年后，有贵官来，须悬此使见。其化之时，即吾邑秀峰所生之时也。其父梦有高僧来家，谓我泰山僧也，有缘汝家，将了宿愿。后岱成进士，为张江陵门下。万历初，江陵秉政，偶告岱曰："我江陵县近年竟无科第，何也?"岱对曰："今岁秋闱，两位令公子定当高中。"不数日，岱即奉朝命为湖广主试。江陵两子并中。自是张与钱深相契，故得两持使节。其出按山东也，上泰山，入庙，如游熟地。及见所描之容，询得前情，立饬严拿土豪。土豪至而岱父劝解之书亦至矣。土豪手段竟至是也。……传奇者，均藉托梦再生之说，以动人之听，以入人之心。读书君子，凡事须有识见，不可与庸流附合也。

《风月窟传奇》

朱衣点撰。清丁申、丁丙辑《国朝杭郡诗三辑》卷二三收朱衣点《六十初度》七律一首：

> 自笑居然六十翁，桑榆晚景一林红。好培兰玉森阶砌，懒学痴聋作妇翁。大地文章根性海，名山著述薄雕虫。年来绮业从头忏，风月传奇愧未工(余撰有《风月窟传奇》，有《忏绮》一出)。

《风月窟传奇》，各曲目无著录，似已失传。朱衣点，《杭郡诗三辑》载其小传云：

> 朱一点，号笛村，海宁诸生。有《春雨楼诗稿》。笛村工倚声，著有《香草词》一卷。

《双鱼谱》

曹重撰。清王豫《江苏诗征》卷四十载：曹重，字十经，号南陔，华亭人。《松江诗话》：十经以父烺乙酉(顺治二年〔1645〕)遇害，乃绝意进取，风雅自耽。博学工诗，善绘事，尤长于词，著《濯锦词》一卷，并好度曲，著有《双鱼谱》流传。弦索千里生，其自号也。

清彭蕴璨《历代画史汇传》卷九所载亦大略相似：

> 曹重，初名尔垓，字十经，号南垓，自号千里生，娄县人。画花，远视作凹凸状，近看却平，所谓张繇笔也。父诸生烺，乙酉遇害，绝意进取，才华溢发，诗文绚烂如赤城霞，或坚洁如蓝田玉。著《濯锦词》。好度曲，有《双鱼谱》留传弦索，炉香茗碗，古色斑然，至今风流犹可想见。

但据清顾福仁纂《嘉善县志》，以《双鱼谱》归之曹妻李玉燕，惜原书未得见，无从按之。

《莲花报》

失名撰。清王钟霖《国朝历下诗钞》卷二：

> 余肇松，字茂嘉，光德从子，官江南太仓州知州。《县志》：太仓开觉寺僧无念者，多为不法，乡民无敢忤。茂嘉到官，召至，杖杀之。士民欢呼。好事者为作《莲花报》传奇。

《蕙江缘》、《返魂香》

黄百谷撰。清吴振域《国朝杭郡诗续辑》卷四四：

> 黄百谷，字农师，余姚人，有《稼轩诗稿》。农伯为黎洲先生仲弟晦木先生宗炎子，幼明敏，能文，不应世，业医，钞注《素问》、《难经》盈尺。然性拓落，不能为逢人之术，医亦不行，穷饿无以自存，东迁西播。尝居西湖之滨，吊古感伤，发于吟咏，卒以穷死。所著有《素问》、《难经》、《〈本草〉注》，《蕙江缘》、《返魂香》词曲，见《黄氏续录》。

按今传《返魂香》传奇四卷，有光绪三年(1877)《申报》馆排印本，作者署"香雪道人"，或即黄之作。

《白云楼传奇》

吴钦撰。清丁申、丁丙辑《国朝杭郡诗三辑》卷二：

> 吴钦，字允哲，仁和诸生，有《叩壶集》。允哲于康熙壬申(三十一年〔1692〕)始为邑诸生，年五十七矣。馆于临平最久，故多与沈东江及宏宣唱酬之作。早年有《白云楼传奇》行世。

《揭钵词传奇》

宋廷霖撰。清张鹏展《国朝山左诗续钞》卷二十二："宋廷霖，字雨苍，号简斋，胶州监生。"宋绳先云：先从叔祖少秉异才，长好读书，藏书富甲一邑，卒艰于遇，乃放浪于诗酒。中年无子，著《揭钵词传奇》以写其愤，至今人犹悲之。

《鸳鸯镜》

李滋圃撰。清沈祖禹辑《吴江沈氏诗录》附载沈钦霖《织帘居士诗钞》，有《题〈鸳鸯镜〉传奇为李滋圃太守》七绝四首：

> 罗敷生小怯空房，那许闲情陌上桑。却怪萧郎太唐突，枉将雀鼠误鸳鸯。
> 赖有神君照覆盆，女婴无计詈申申。忽传羽檄从军去，未了氤氲凤世因。
> 杀贼归来判旧盟，诗张诡计费经营。使君自是心如铁，亲向平康院里行。
> 琴堂春永赋催妆。梦里分阴宝镜光。银烛两行人似玉，合欢花朵是甘棠。

沈钦霖为乾隆己丑（三十四年〔1769〕）至道光癸巳（十三年〔1833〕）间人，诗题"为李滋圃太守"，当是同时人。

《环影阁》

亦斋撰，清刘嗣绾《筝船词》载《水龙吟》一阕，题作《题亦斋〈环影阁〉乐府》，词云：

> 广陵吹下霓裳，曲中再识春风面。马嵬坡下，香消人去，袜尘犹恋。白发梨园，红牙菊部，一般哀艳。倩雪衣学舞，金衣学语，重缛出，《长生殿》。当日清平应制，问宫中，几回欢宴？海棠睡足，荔支笑后，梨花泣遍。雨歇霖铃，风高羯鼓，旧愁成片。向旗亭唤取，银尊檀板，夜深相见。

《环影阁》乐府，今不传，吴晓铃同志藏一抄本，封面题《环影》，内曲一折，题《杨妃春睡》，当即此剧残帙。就刘氏曲文"海棠春睡，荔支笑后……"等观之，全曲当系重点描叙唐明皇、杨贵妃故事之杂剧。

《翰墨缘》

施英藁撰。近人董沛辑《四明清诗略》卷二一：

> 施英藁，字日初，号蕙田，鄞人，诸生。著有《琴韵茶烟馆诗稿》五卷。《鄞县志》：英藁早慧，每角艺，辄冠其曹。博稽百氏，兼工词曲。伯兄箦村殁，哭之痛，作《翰墨缘》传奇，日夕悲歌，不逾年亦卒，年二十四。

《锦香亭》

方九韶撰。清吴振棫《国朝杭郡诗续辑》卷七：

> 顾士敏，字肤功，号青烛，钱塘人。青烛丰神萧散，恂恂谦退。与同里沈晴山璿交善，衔毫赋诗，互相酬答。年四十余卒。无子，一女适方氏，名九韶，字凤仪，号崟山，能诗、善词曲，有《锦香亭》传奇行世，其后潦倒老病以死，亦无嗣。详见沈梅《青烛遗稿跋》。

清姚燮《今乐考证》著录九载石琰(恂斋)《锦香亭》一目，或是同本而记作者有误耶？

《吊荆卿》

管世灏撰。清吴振棫《国朝杭郡诗续辑》卷二二六载：

> 管世灏，号月湄，海宁人，应祥从子。月湄性孤傲，不谐于俗。尝薄游燕

台，作《吊荆卿》乐府，深为汪云鏊殿撰所赏，遂订交。诗学西昆，运笔轻倩，颇近于词。著有《影谈》四卷。

《吊荆卿》今不传，亦不见各曲目著录，想已佚失。管氏所著《影谈》今有《申报》馆排印本，书前有管题雁及蛰庵居士序，似即吴氏所本。管序云：

> 从孙月楣，少负隽才，然性孤傲，深为缝掖者所恶。独随余客燕台者，三易寒暑。尝匹马过易水，作《吊荆卿》乐府，淋漓沉痛，如闻击筑变徵声，深邀汪云鏊殿撰所赏。及余应从弟阆风苹井之聘，束装就道，浮湘而南，过衡阳，登匡庐，涉昭君故里，眺白帝废城，莫不怀古兴思，怆然有作，月楣和焉。……迨予为阆风弟撰《夜郎神庙碑》，月楣涤笔拟构，体逸而旷，大似晋唐小品，合署击节，始知兼工为工。未期年，弟卒于官，余与月楣扶榇回籍，退居心亨书屋中，……闲则与儿曹读于豆花棚下，月楣亦抵掌滑稽，必至月上苔阶乃已。日以为常。申酉之岁，月楣安砚梧桐泾上，余亦寄迹鸳湖。……嘉庆壬戌（七年〔1802〕）春暮，柳衣管题雁书于南湖寓馆之柳风荷露草堂。

蛰庵居士序亦大致相似，文云：

> 月楣先生家淳溪，与先曾叔祖玉度公交最洽，时相过从。余少日犹及见之。身长玉立，口若悬河，望而知为绩学之士。然性谐俗，负奇任侠，颇为逢掖者所疾，以故名不出里巷，乡人鲜知之者。初游京师，撰《吊荆卿》乐府，为桐乡汪云鏊殿撰所赏识。然久无所遇，因依其仲父阆风明府萍井县署，凡所擘划，悉中机宜，明府极倚重之。亡何，明府卒于官，遗孤尚幼，人共危之。先生慨然任扶榇之役，间关数千里，护持尽善，卒得归葬故乡，而绝无劳苦之色，尤人所难能者。自此境益困顿，仅为童子师，往来于荒村穷巷间，郁郁而殁。良足慨矣。……同治二年岁次癸亥（1863）仲冬中浣，蛰庵居士记于抱山阁。

《牡蛎园》

江雪樵撰。清捧花生《画舫余谭》载：

> 继余《画舫录》而作者，有《青溪风雨录》二卷，雪樵居士所著，盖述其

近年狭邪之游，间缀小诗，斐然有致，第未详为何如人？或曰居士姓江，江右产也，所悉多钓鱼巷中人，而与胡七家双喜尤为密契，纪述甚多，唯各掩其真名，易以雅号，阅之殊费摸索。又谓"邀笛步在钞库街，与黄公祠相近"，乃是臆说。按《志》，邀笛步在青溪桥右，当距今大中桥不远，青溪桥即大中桥也。《录》后附杂剧四出，似形枝赘。

《磊落杯》

周良劢撰。近人董沛辑《四明清诗略》卷十六载：

> 周良劢，字友高，号抑斋，鄞人，诸生。著有《新雨山庄诗草》、《浮石山房诗存》各一卷。董沛曰：先生最长词曲，悲歌慷慨，有不少一世之概。所著有《无可奈何词》一卷，《葆真轩词余》一卷，《磊落杯》杂剧一卷。诗亦伉爽，惜所存不多。

《痴情记传奇》

荆珽撰。清刘会恩辑《曲阿诗综》卷二三载：

> 荆珽，字凌云，号望溪，邑文生。才情绝世，长于词曲。著有《江上峰青集》、《痴情记传奇》。

《天开眼》、《齐眉案》

万邦宪撰。清丁申、丁丙辑《国朝杭郡诗三辑》卷四：

> 万邦宪，字禹畴，钱塘人。禹畴居螺峰之沈洲巷，博识古今，工诗文，亦长词曲，与赵瑜善。所撰有《天开眼》、《齐眉案》传奇。终身布衣，而欵吐珠

玉，笑傲烟霞，亦一时韵士也。

《谑墨樵传奇六种》

马骕撰。清刘会恩辑《曲阿诗综》卷十七载：

> 马骕，字彪仲，号西青，字阳子。积学著书。所著有《易经释文绎》、《史册纂要》、《姓氏人物考补》、《唐诗确解》、《问耕堂诗草》、《谑墨樵传奇六种》、《谑墨山樵文集》。

《天涯梦传奇》

冯铠撰。清丁申、丁丙辑《国朝杭郡诗三辑》卷五八：

> 冯铠，字少蘅，沅子，仁和人，官广东黄冈同知。道咸间，洋商通市，尽萃广州，故南海之富盛繁剧甲天下。少蘅尊人西镡大令，宰是邑者八年，循卓交称，宦橐自厚。少蘅承其余荫，性豪才俊，尤精音律。著有《梦雨楼词草》、《天涯梦传奇》。顾不解治生业，万金挥霍，一朝立尽，虽葛帔棘裙，未尝自耻。故交逋券，雅不责偿，人尤重之。为贫始仕，以别驾摄饶平令，权潮州丞，颇著循声。年四十，遽卒，至无以为殓。子祖培，聪颖工书画，逾年亦夭。仅有聘媳河南张氏，过门守节，吁！可伤矣。

《凤凰媒传奇》

饶璟撰。近人石国柱修《歙县志》卷十《人物志·方伎》载：

> 饶璟，字景玉，号石曜，北关(歙县)人。父病，刲股，隐居不仕。精书画，片

纸寸笺，人珍藏之。与施愚山往还。著有《山居雪课》、《贝研斋诗集》、《凤凰媒传奇》。

《忠烈传》

梁法撰。清王锡祺《山阳诗征续编》卷四四载梁法《题〈忠烈传〉传奇》诗一首：

炮火□天阵云紫，营门角声吹不起。三军痛哭烟霾昏，天狗坠地华烽圮。军门訾訛游吾乡，觅枣争梨凡童耳。一朝束发建奇勋，肘悬金印捷若此。襄邓耆宿老畏友(记王子鸿)，韬钤秘授淮阴里。所叹凌烟阁上人，竟从落凤坡前死(君姓陈，死于陈滩)。裹尸马革足千秋，萎玉摧兰节与侔。翻恨璇闺弱女子，未能手刃子章头！

《山阳诗征续编》载梁小传：

梁法，字审之，号小廉，盐津人，寓居山阳东桥镇。道光甲申(四年〔1824〕)诸生，咸丰间恩贡。著有《诸经浅释》、《聊寄斋诗草》。

《香冢记》

沈锽撰。清勒方锜《太素斋词》有《摸鱼儿》一阕，题作《乙卯(咸丰五年〔1855〕)二月，同年沈笠湖赵官东河，行有日矣，同人设筵相饯，余赋此解，即题〈城南送别图〉》。词云：

最销魂，绮筵华烛，清宵偏照离绪。惊心走马燕台客，都是异乡羁旅。君记取：算眼底貂蝉，谁竟封侯去？流年过羽，好载酒裁笺，谪仙楼上，和我问天句。　萦怀处，满地征战鼓，家山迢遆何许？春兰秋菊灵均泪，闲寄玉英瑶圃。添乐府，把锦字凄声，分付昭华谱。新图试补，怕枨触东阳，腰围瘦损，悉对杏花雨。(笠湖有《香冢记》传奇，张春陔侍御拟为作《填词图》)。

《红拂妓》

凌濛初撰。凌氏亦即两刻《拍案惊奇》作者。关于凌氏经历，知者殊鲜，过去曾于《凌氏家谱》抄得《别驾初成公墓志铭》一篇，叙述凌氏生平颇详尽，实为治文学史者重要参考资料。作者署名"天启辛酉进士婺川知县郑龙采"。其文云：

> 公讳濛初，字元房，别号初成。粤稽姓始，上右(古)朱襄氏之苗裔，为周凌人，因以官为氏。自三国至元季，伐(代)有闻人：仕吴者曰操，曰统，为车骑将军；仕唐者曰准，为度支尚书；仕宋者曰景夏，为平章；曰哲，为华文阁待制；仕元者曰时中，为秘书监少监。时中生懋翁，为翰林直学士。世居吴兴安吉。懋翁之孙均德，始自安吉迁归安。均德生贤，洪武戊辰中式，仕至应天府治中，以直言忤旨，谪居均州。宣庙时，以隆平侯张信荐，御制《招隐歌》，遣行人轩轾召还，命为大司马、都掌院，皆不受。上高其志，书"赐老堂"三字褒之，命如子晏如官驰驿还乡。晏如起家中书，为吏科给事，随驾北征，累官至都察院右佥都御史，掌院事；历事三朝，所建明甚多。晏如生敷，出赘晟舍闵氏，遂为乌程人。敷生震，有文名，以贡为黔博士，有《练溪集》行于世。震生约言，嘉靖庚子中式，仕至南京刑部员外郎，有《凤笙阁简抄》、《椒沜集》行于世。约言生迪知，嘉靖丙辰进士，授工部营缮司员外，与时相不合，即归里，年三十八耳。所著有《名公翰藻》、《名世类苑》、《万姓统谱》等书行于世。迪知生五子，其四即公。生而颖异，十二游泮官，十八补廪饩，二十而膳部捐馆。服阕，上书于刘大司成。刘甚奇之，以其书示少司马定力耿公曰："此予年家子也，先孟恭简公尝目为天下士，君未之识耶？"一时公卿无不知有凌十九者。公试于浙，再中副车；改试南雍，又中副车；改试北雍，复中副车。乃作《绝交举子书》，为归隐计，将于杼山、戴山间营一精舍，以终老焉，作《杼山赋》、《戴山记》、《戴山诗》以见志。时沮溪潘昭度公为赣府抚军，聘公为幕，适天下方荒乱，寇贼蜂起，潘公帅师勤王，公慨然有出楫澄清之志。尝抚膺而叹曰："使吾辈得展一官，效一职，不出其生平筹划以匡济时艰，亦何贵乎经笥之腹、武库之胸耶！"遂入都就选。时朱文肃公方大拜，招诣同舟，访以经济之术。后选得上海丞，司李公为闽人李宝弓，欣然相接曰："子我师也，而屈于是耶！"盖公尝游闽，李尚未达，阅其文，许以必售。李心感慕之，故款洽至此。未几，署令事，凡八月，催科抚字，两无失焉。迄今海滨故老犹能称述之。既而有北输之

役。先是任役者辄罹于法，邑之绅袊耆庶皆欲请于漕院，以他官代。公曰："是吾职也。彼皆不得其肯綮耳，我能辨之。"遂输粟入都。果竣事。归作《北输》前、后两赋，呈上官，佥曰："是可为松郡良法矣。"又署海防事，其盐场积弊甚多，灶户奸商，交相蒙蔽，而吏胥弄法，莫可究悉。公为井字法，每盐作九堆为一井，其大小高下如一。每一井场官守之，较其一而知其八，一日可毕数十井，锱铢无爽也。沿海设防，皆以为法，直指使者屡嘉奖之。在上海八年，擢为徐州判。去任之日，卧辙攀辕，涕泣祖道者踵相接也。公就道，由淮抵徐，河水涸竭，能通车马，公太息久之，以为天下不能无事矣。乃分署房村，料理河事。房村对岸为吕梁洪，河之要害处也，桃花水发，民胥栗栗焉。公与防河主事方允立公昼夜图维防，防筑有法，淮抚振飞路公表奖者再。时有流寇陈小一，自号萧王，拥众数万，据有丰城，多储粮。其党扫地王等，出入山东傍郡及归德、萧、砀等地，沿河数百里，受其绎骚。其渠魁三十六，分屯徐境。会何公腾蛟奉命兵备淮、徐，既莅任，即秣马厉兵，誓师于吕梁洪上汉协帝、唐鄂公庙中，将灭此朝食。适大风扬沙，战复不利，乃聚众会议于城西左卫。或言请兵剿者，或言招之降者，或言檄远近卫所募骁勇会计者，或言咨南司马约诸道各处掩截遮其饷道者，议论纷纷，至夕而散。公独无一言，揖而退。寓卧佛寺，夜将半，方燃炬搦管，何公忽遣人来召公。公语家人曰："我固知何公之见招也，故篝灯属草以待耳。"及见，何公降阶迎之，俾长揖勿揖，目延之坐，曰："子非浙西凌十九耶?慕子才名素矣，何无一言开予也?"公对曰："某人微而位卑，向不敢阻挠众议。然知明公必有以询及者，谨已具稿呈览，惟明公留意焉。"于是献《剿寇十策》：一曰宽抚宥；二曰行疑间；三曰据行胜；四曰练卿(乡)勇；五曰信赏罚；六曰出奇兵；七曰置弩车；八曰伏地雷；九曰广应援；十曰出滞狱。何公阅竟，把臂呼曰："诚如君策，虽陇、蜀积寇，不难荡平，奚有徐方之小丑哉!"遂与公盟于私室，呼为十九兄。公曰："明公不以拙谋见摈，脱略尊卑，待以诚赤，此身已许公死，敢不执鞭弭以从!"何公大喜。次日，将行事，祷于黄石公祠，卜筮皆吉。时天雨十日，何公曰："天赞我也。"欲署公为监记，公曰："侍左右可也，何必专衔。"乃先行抚宥、疑问、应援、奇兵、赏罚五策，贼果败，望风而降者不计数，公曰："贼已破胆矣。某请单骑诣陈小一营，谕以祸福，使早降。"何公惊曰："何轻身乃尔耶!子诚义勇莫及，如不测何?"公曰："某之忠信，著徐久矣，贼必听我。倘不济，当以死报知己，明公图其后可也。"翌日，天甫明，单骑至丰，诣贼营。彼萧王者，踞高坐，左右执戟列侍，叱公曰："尔来畏死乎?"答曰："畏死不来矣!"贼呼左右缚公，公叱之曰："杀则杀耳，缚何为!"延颈就刃无惧色。左右皆辟易。贼曰："尔果不畏死，来说吾降耶?"公厉声曰："有言直言，奚用说也。"言辞侃切，晓以祸福，贼俯首感悟，稽首惟命。公与之盟而还。何公大悦。次日，陈小一、扫地王等率众来降。公乃令僚佐郡邑文武各官于燕子楼，何公命酒觞公曰："二十逋逃薮，一旦廓清，凌别驾之力也。"公避席而辞。众皆起觞何公，复觞公曰："别驾凤瞻倚马才，今日之事，不可无吟咏以志之。"何公曰："善。"公谦让未遑，乃即席赋《砀山凯歌》三十章，《燕子楼公宴》诗五十韵。防河方公亦即席赋长歌一篇赠公，有"小范胸中兵百万，大苏笔阵学三千"之句。酒酣，命军士能歌者各授《凯歌》一章，歌一阕，行酒一巡，尽醉极欢，达□而罢。荐绅之士，咸歌咏其事，其征诗启有曰："分阃壮猷，勋纶绰于常卤之上；别骖奇计，镌歌颂于枣梨之中。"至于彭城之民，讴吟公德者，遍道路也。既而上其功于朝，何公随陟楚抚，甫之官，即疏平寇巅末，且以军中之才，题请军前效用。随有部札，授公为监军佥事，星夜赴楚。上官以萧寇初平，河上方起，吕梁洪、百步洪一带，尤为要地，非凌某不能料理。仍居房村料理河事。明年为甲申，正月，李自成僭大顺，势甚汹涌，忽初七夜，流寇来薄徐城，统一队掠房村。先是，公与各村分署练习乡兵，相约贼攻一处，放鸽鸽为号，则近处来援；有大寇至，举烽燧，则各处来援。斯时寇攻州城，各处乡丁皆畏贼猛锐，无来援者。初九日黎明，贼大呼曰："我辈欲见凌□。"公在楼上叱之曰："汝等欲说我降耶!诚目我为何如人!我岂鼠辈偷生者比耶!"发鸟铳毙数人。贼大怒，攻之益急。公谓百姓曰："岂可为我一人害合村百姓!我将坠楼而死，以保全汝众。"百姓俱号哭。愿同死守。公曰："我在此三载，无德于汝，讵可遗尔荼毒!我死，汝辈得全。"遂勺饮不入口。其仆皆劝公食。公曰："今干戈满地，他日觅一死所亦不可得；今没于此，得死所矣!"仆以职小为解，公曰："我自全我节耳，岂以爵之崇卑计耶?"即呕血数升，谓众曰："观贼呼我为凌公，彼有人心者。可扶我与贼面语。"乃呼贼，语之曰："我力已竭，明日死矣，万忽伤我百姓。"贼唯而退。十二早，呕血不止。公呼百姓谓曰："生不能保障，死当为厉鬼殛贼!"言与血俱，大呼"无伤吾百姓"者三而卒。众皆恸哭。自死以殉者十余人。次日，贼入楼，见公面色如生，咸叹异之，遂示众曰："我与凌公约，勿伤百姓。"乃斩一人，贯三人耳，余皆秋毫无犯。适淮抚援公至，贼皆宵遁。何公闻之，大恸，遣官致祭。其文有曰："文辞播宇宙，比眉山而多武略；忠义贯日月，媲睢阳更著蚩声。"

斯时村落俱被烽烬，惟房村焚而遇雨者数次，民皆谓公神之所呵护，谋建祠而奉之。公为人豪爽俊逸，倜傥风流，学富五车，才雄八斗；乃至竺乾之学，无不精通，声技之微，无不究悉；稗官之说，可以为经史笑谈之柄，可以为箴规。一时名公硕士，千里投契，文章满天下，交与遍寰区。莅事而忠信明决，临义而慷慨殉身。洵三吴之杰彦，百世之英烈也哉！所著书有《国门》一二集、《诗逆》、《诗经人物考》、《古诗翼》、《傅诗嫡家（冢）言》、《左传合鲭》、《赋选》、《后汉纂评》、《国策纂评》、《十六国春秋删正》、《宋史补逸》、《苏黄尺牍》、《禅喜集评》等行于世。至若《赢滕三札》、《燕筑讴》、《己编蠹诞》、《荡栌后录》等稿，《南音三籁》、《红拂妓》诸北曲，《拍案惊奇》一二集，皆其余绪耳。公生于万历庚辰五月初七日，卒于崇祯甲申正月十二日。元配孺人沈氏，生于万历庚辰五月初一日，卒于顺治丁酉十月初十日。子五：琛、（葆）、楚、椠、棨，俱配名族。卜兆于□月□日，葬于戴山之阳。归安郑龙采，为婺川令，道遇楚时，何公为楚抚军，以同举辛酉，相友善，因就谒焉。谈及凌十九同破丰寇事，津津不置。既而伤其节烈，悼惋再三，继之以泣。因欲留采为监纪，采辞曰：“朝廷命合（令）婺川，不命参公军事也。”遂慨然惜别。及采解组归，何公已殉难死矣。采随蕹发入弁山，不复与闻世事。忽凌公令嗣入山见访，袖中出一编，乃彭城殉节行略，属余为之志。余思焚笔砚已久，且菲材不足以述公之万一，然非余又无以为公述者。因不揣固陋，而为之志。且作诏曰：维公之神，游于彭城；戴山之穴，实维公宅。生而徜徉，叱石成羊，没而英烈，埋江化碧。风清月白，鸾骖仿佛；万岁千秋，安于斯丘。

《十五贯》、《一文钱》

徐复祚撰。清郑光祖《一斑录杂述》一：

明南京工部尚书徐栻，一子某，曾官鸿胪卿。孙六，皆骄纵乡里。长名昌祚，荫刑部主事，升郎中，以沉姑事死于狱。三名名儒，俗称"徐三败"是也，挥金如土，多行非礼，以恣豪乐。《柳南续笔》移其事于汝让（尚书从侄），非也。如塔上放飞金而观其飘扬，桃源涧踏杨梅而观其瀑布，尽碎瓷铺之器聆其好音，千金买善斗黄头而烹为美味，皆三败事。人言或过实，而其败尽家产，

《绘园》载其隐恶非常，皆不诬也。四名复祚，曾著《村老委谈》小说及《十五贯》、《一文钱》等戏文。六名鼎祚，余未考。

《花舫缘》

卓人月撰。清姚燮《今乐考证》著录三《明杂剧》收卓珂月《花舫缘》，是视人月为明人。清阮元《两浙辋轩录遗稿》卷一：

> 卓人月，字珂月，仁和人，贡生。有《胆台》、《蕊渊》等集。《池北偶谈》：武林卓珂月，崇祯初，作《千字文大人颂》，错综成章，甚有理致。俞宝华曰：珂月，《杭府志》虽载之胜国，钟竟陵《诗归》亦选其诗，但尊甫莲旬，已登前录。

阮元《两浙辋轩录》卷三载：

> 卓发之，字左车，号莲旬，仁和副贡生，瑞安人，著《漉篱堂集》。陈焯曰：莲旬为前明卓忠贞公六世孙，淹博群书，兼精内典，构传经堂以延四方贤豪。子人月，孙天寅，皆士林之望。莲旬本瑞安人，寄籍仁和，而子若孙，又迁居武康。

是人月之父，入清犹存，然则人月应列之清代为是，固不应因其少年之作被钟惺选入《诗归》而系之明也。

《人天乐》

黄周星撰。《明诗综》卷七五载：

> 周星字九烟，上元人，育于湘潭周氏，中崇祯庚辰（十三年，一六四〇）进士，除户部主事，疏请复姓。晚居湖州。有《刍狗斋集》。《诗话》：九烟晚变名曰黄人，字曰略仙，又号圃庵，又曰汰沃主人，又曰笑苍道人。布衣素冠，寒暑不易。人有一言不合，辄嫚骂。……年七十，忽感怆于怀，仰天叹曰："嘻！而今可以死乎？"自撰墓志，作《解脱吟》十二章，与妻孥诀，取酒纵尽一斗，大

醉，自沉于水，时五月五日也。

清陈焯《国朝湖州诗录》卷三载董说《黄九烟居士重过宝云》七律一首，自注云："（九烟）自言将制《北俱卢传奇》，又有《梦史》，高一尺。"所谓《北俱卢传奇》，当即《人天乐》，此剧写轩辕战事，极光怪陆离之致，中有北俱卢州情节，似非另有一本。

《五鼠大闹东京记》跋

过去民间流传的故事里比较广泛的大概是包拯——包龙图的故事，他被塑造成正直、公平、清廉、刚毅的形象。他不仅只是为人平冤、报仇，而且敢于和一些有权有势的坏人斗争，甚至敢于触及皇帝头上；他不仅在阳间除暴安良，而且还到阴曹地府办公。他是实有的历史人物，但这些故事基本上全是编造出来的。人们为什么偏偏要这样装点他？答案是：说明人们是多么需要这样的人物！

包拯的传记当然载入《宋史》，但在一些文人笔下却很少有描述他的。他的故事大都保存在戏曲、小说里：早的如元曲就有很多出，一直流传到近代皮簧戏，可以说遍及各个剧种，几乎全有以他的故事为脚本的戏；小说方面，保存有《龙图公案》、《包公案》等，都是专写他的故事的。这些戏曲、小说的对象，老实说在过去时代，主要是市民阶层。

现在发现包龙图故事并不仅止保存在戏曲和小说里。1967年，上海市嘉定县在一座明代坟墓中找到一批说唱词话，共十五本，其中八本是演说包龙图故事的。说唱词话是介于戏曲、小说两者中间的一种文艺作品，它不需要表演，也不需要识字阅读，它的对象——听众，必然也是一些没文化的市民阶层。这就说明包龙图这一人物在这一阶层的心目中占有如何重要的地位。

上海所发现的八种词话唱本是：《新刊全相说唱包待制出身传》、《新刊全相说唱包龙图陈州粜米记》、《新刊全相足本仁宗认母传》、《新编说唱包龙图公案断歪乌盆传》、《新刊说唱包龙图断曹国舅公案传》、《新刊全相说唱张文贵传》、《新编说唱包龙图断白虎精传》、《全相说唱师官爱妻刘都赛上元十五夜看灯传》。这些故事，有的见于元曲，如《陈州粜米》、《盆儿鬼》等；有的还存在于今日皮簧戏中，如《打龙袍》，在《龙图公案》中也有一些，如《狮儿巷》（《断曹国舅公案》）、

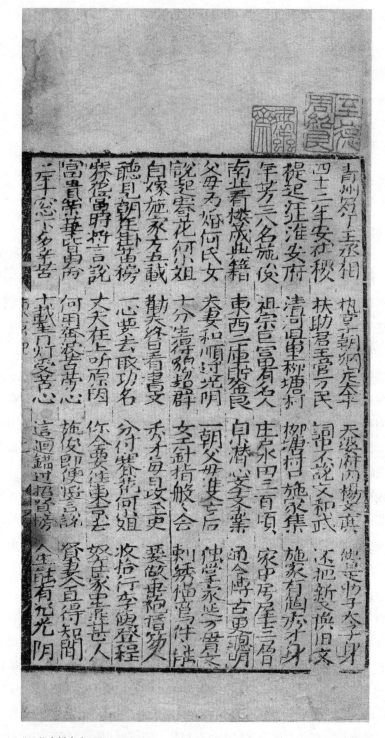

《五鼠大闹东京记》

绍良先生与余同参加國家文物鑒定委員會成立
大會：餘談菽甚樂承攜示所藏善本三種皆屬罕
覯此明萬曆間廊房胡同費氏新刊宋朝故事五巖
大鬧東京記其一寫審與上海嘉定縣出土成化唱本款式
之
相類可見唱本之編印六代：相傳然人民喜聞樂見之通
俗讀物向不為藏書家所重視麻時罕年遂成星鳳此
冊彌足珍貴矣一九八六年三月九日顧廷龍展閱一遍欣志
眼福時年八十有三

《黄叶菜》(《看灯传》)。这批词话，刊刻在明代成化年间，可见明代初期这种词话即已流行，只是由于过去对于这类文艺很少著录，藏书家把这些不当作书看待，读书人鄙视其为通俗读物而不予理睬，因此没有流传下来，论者遂以为产生较晚，如《大唐秦王词话》，事实上这已经是文人作品，而不是像这些词话是市民文学。

从这里我们可以知道包龙图故事是市民阶层所喜好的，上海墓葬中所发现的虽占了所发现的一些本子中的一半，估计应该还不止这些，其不传的必然更多。箧中也藏有一本《新刊宋朝故事五鼠大闹东京记》，也是一本包龙图公案故事的词话，书前首叶已残，估计首叶前面应为一图，开头部分大约只占一面，残失不会过多。

故事叙述淮安府书生施俊，娶妻何氏。时西天雷音寺牟尼佛座下五鼠因惧怕玉面狸猫，逃去在太行山下，化作店主，迷惑往来客商。施俊赴东京赶考，路经其地，被鼠辈暗下迷魂药，饮之中毒，幸遇和尚解救，得全性命，权在庵中将息。当鼠精与施俊相谈时，已得知家中底细，鼠五乃幻化为施俊，诡称因念娇妻独处孤寂，遂罢考返家。不料施俊将息二十余日，功名心冷，也不去应考，转程回家。抵家后真假施俊相遇，举家莫辨，遂投诉于淮安镇守王丞相。鼠四复幻化为王丞相，使审理工作无法进行，只得入京面圣。鼠三又幻化为当朝仁宗皇帝。太后出殿审视，鼠二又变为太后，举朝混淆莫辨，只得由包公处理。鼠一又幻为包公，使案情无法进行。后来包公了解底蕴，从雷音寺借来玉面狸猫，始将五鼠除去。施俊由包公举荐，除授按(安)丘县尹。

这是一桩神怪故事，编造得可谓离奇，但它反映了当时社会上一些鼠辈到处侵占妇女，人们莫可奈何，而鼠辈同党又可以欺上瞒下，非得有如包公这样人能讨得玉面狸猫，始可将鼠辈除去。这也是借"鼠辈"影射那些不法分子的意思。

故事亦见《龙图公案》，题作《玉猫》，情节全同，只末尾作开释施俊宁家，无授官之事。这个故事流传还是比较广泛的，曾被吸收入《三宝太监西洋记》第九十五回：《玉鼠精光前迎接，五个字度化五精》。皮簧戏删节五鼠为一鼠，留下两个老包成为《双包案》，等到清代道光、咸丰年间，说书艺人石玉昆又吸收入所编《三侠五义》，这些鼠精一个个都变成了行侠仗义的英雄了。

根据发现的这些成化刊本，可以知道这种文艺形式应该叫作"词话"。在《新编说唱全相石郎驸马传》的封面，明白题作"说唱词话传"，《新编说唱包龙图公案断歪乌盆传》封面题作"全相说唱词话"，《新刊全相说唱张文贵传》封面题作"包龙图公案词话"，《新刊全相莺哥孝义传》封面题作"新刊说唱足本词话"。所以从文艺形式说，这是"词话"，但对这种唱本，当时也有一种专门的称呼，见明刻本《酉阳杂俎》书首赵琦美序：

> 吴门廛市闹处，辄有书籍列人檐部下，谓之"书摊子"，所鬻者悉小说、门
> 事唱本之类。所谓"门事"，皆闺中儿女子所说唱也。

门事唱本当即这种词话。说唱者是闺中儿女子，听者自然也是妇女，正说明是哪一阶层人物。

上海发现这十几本词话，为成化年间(1465—1487)北京永顺堂刊行，这本《五鼠闹东京记》书尾署"廊房胡同费氏刊行"，应即现在前门外廊房头条一带。费氏亦明代万历年书坊，我藏有其所刊具有纪元干支之佛经。可见明代北京地方刊刻过大量这类词话，而这类词话，乃北方一带的说唱文学，它由北方辗转传至南方。

《新列国志》跋

郑振铎《插图本中国文学史》第四册第六十章。

《新列国志》完全撇开了旧本的《列国志》而另起炉灶，杂糅《左传》、《国语》、《国策》、《史记》诸书而冶为一块，几无一事无来历。他恣意攻击着旧本《列国志传》的浅陋，把什么《临潼斗宝》、《鞭伏展雄》诸无根故事皆一扫而空，诚然是一部典雅的讲史，而小说的趣味却便也为之一扫而空。

《三国志演义》跋

所谓遗香堂本，首有壬申(明崇祯五年，1632年)梦藏道人序：

> (前缺)陈寿□□□□□□□许其能□□□□□□□考不免□□□□□□识少其本，意自有所属耳。罗贯中氏取其书演之，更六十五篇为百二十回。合则珠联，分则辨物，实有意旨，不发跃如。其必杂以街巷之谭者，正欲愚夫愚妇共晓共畅人与是非之公，而不谓遭一剞劂，即遭一改窜也。今夫《齐谐》、《虞初》、《夷坚》、《诺皋》并隶小说，苟非其人，亦不成家。而今欲以目不识丁之流，取古人更置者再为更置，何怪眉目移，父脉绝，令读者几以贯中为口实。

夫贯中有良史才，以小说自隐耳。而致为后人代受嗤鄙，冤哉！吾安得不为贯中一洗之。因特求名藩古本，大加订正，间犹有词赋未合者，悉取著作原本定之。于是罗君所演，忽还故物。然其指归，虽跃如而未发矣。今不明，恐更有俗子之附会矣。按国史创于著作，而意有偏属，故于正闰贤愚之评断，屡为昔贤所纠。晋习凿齿作《汉晋春秋》，谓蜀以宗室为正，至晋文平蜀，乃为汉亡晋兴。唐李德林谓曹贼罪百田常，祸千王莽，而陈寿依违其事，遂以魏为正朔之国。合参二家，寿之正闰失归已大略具见矣。北魏毛修之谓陈寿曾为武侯书佐，得挞百下，故其论武侯言多挟恨，即德林亦谓陈寿由父辱受髡，故厚诬诸葛。合参二家，寿之贤愚失品，又大略可见矣！贯中合三而一，而模写诸葛独至，盖其意明以古今之正统属章武，以古今之一人属诸葛也。能作是观，思过半矣，愚夫妇与是非之公矣。不者，正其舛论，不发其意指，吾安知世之肉眼不以良史许寿，而以说家薄贯中也。

壬申午日梦藏道人书于蒲室。

《新编批评绣像后七国乐田演义》跋

讲史小说，自开辟以来以迄宋代俱有志传，如《新刻按鉴编纂开辟衍绎通俗志传》至《大宋演义中兴通俗演义》皆有明刻本见于著录，唯《后七国乐田演义》一书，亦属清代以前作品，却迄未见明刻本传世。友人陈迩冬兄，诗人也，教授山西大学，于太原市上获一旧刊本，书品极不佳，卷折狼藉，几乎无法展视。只以其形制颇旧，遂留之，初未甚重视也。1959年春，反右已近结束，承邀至其书斋观所得吴梅村书联，因出旧书一包，其中即此书也，以余熟于琉璃厂诸书肆，托为重装。因携归嘱文禄堂王君以金镶玉法整治之。既卒工，展现之下，精彩倍甚，乃明刻之佳制，而为世所未见之《新编批评绣像后七国乐田演义》也。

《新镌徐文长先生批评隋唐演义》跋

清覆明刊本，十卷一百十四节。自第九节以上，即袭杨慎评本《隋唐志传》，标目亦全采之，但增下联，足成二句。自第十节以下至九十八节则全同熊钟谷编集《唐书志传通俗演义》，而杨慎评本所增益情节皆无之，全依武林藏珠馆刊《新刊徐文长先生评唐传演义》（日本内阁文库藏）原式，显系自藏珠馆出者。第九十九节以后，则又全同杨慎评《隋唐志传》，但并二回为一节，标目亦一字未改。其采熊书之全部，而开首数节及九十九节以后，以杨慎评本《隋唐志传》补之，以符"隋唐演义"之称，至为显然。

《新刊出像补订参采史鉴南北宋志传》跋

日本内阁文库藏"南北宋志传"有两目，一名《新刊出像补订参采史鉴南宋志传通俗演义题评》十卷五十回，一名《新刊出像补订参采史鉴北宋志传通俗演义题评》十卷五十回，俱明唐氏世德堂刊本，见孙楷第先生《日本东京所见小说书目》著录。书题"姑苏陈氏尺蠖斋评释，绣谷唐氏世德堂校订"。正文半叶十二行，行二十四字，有插图，图记刻工姓名"上元王少维"。二书分刻，无"南北两宋志传"或"南北宋传"总题。版心上南宋题"南宋志传"，北宋题"北宋志传"。

按万历四十年(1612)周氏大业堂刊本《东西两晋演义》题"秣陵陈氏尺蠖斋评释、绣谷周氏大业堂校梓"。

《新刊校正古本大字音释三国志通俗演义》跋

十二卷二百四十则。明万历辛卯(十九年〔1591〕)金陵万卷楼周曰校刻本。但版心下题"仁寿堂刊"。署作者与出版家为"晋平阳侯陈寿史传"，"后学罗本贯中编次"，"明书林周曰校刊行"。有"庸愚子"序，"关中修髯子"引。引后有字一行："万历辛卯季冬吉望刻于万卷楼。"按此一序一引皆录自旧本。先于此书的嘉靖壬午(元年〔1522〕)二十四卷二百四十则本《三国志通俗演义》，首为弘治甲寅(七年〔1494〕)庸愚子序，章二："金华蒋氏"、"大器"；次为嘉靖壬午关中修髯子引，章一："关西张尚德章"。明著二人籍贯姓名。嘉靖壬午本为现传《三国志通俗演义》最早的刻本，蒋氏序，不知嘉靖本自前此何本转录；张氏引，则似专为嘉靖本所作。万历辛卯本则自嘉靖此本(或其后另一刻本)转录，删去印章以掩沿袭之迹(或所据之另一刻本已无印章)。

出版家周曰校，为明代南京书贾，书坊名"万卷楼"。以此楼名义刻印的通俗小说，现存约九种。具年代者始自万历十五年(1587)的《国色天香》，终于崇祯八年(1635)的《新编扫魅敦伦东度记》，前后约五十年。与万历年间同在南京的周如山书坊"大业堂"、周希旦"大业堂"可能同族联号。大业堂亦以出版通俗小说著称。

此书所附插图既多且精，为明刊本中流传比较多的一个本子，平妖堂一部，现在北京大学图书馆，李一氓氏藏有残本。据孙楷第《日本东京所见小说书目》，文求堂田中氏、村口书店各有一部。北京大学图书馆藏本现存一百九十三幅。双面连式，保持了当时已成为古典类型的建安插图版式。但每幅左右均附对联一副，又是明代中晚期对联盛行时的流行格式。从中似乎显示出行业竞争中不惜工本力求新颖突出的姿态；同时的万历二十八年(1600)福建书坊"萃庆堂"余氏所刻对联汇编《大备对宗》，仅附单面左右附对联文字插图五幅，持以较此，寒酸甚矣。插图附刻绘图人姓名为"上元泉水王希尧写"，说明王氏是当时南京画工。这本书中的插图大概都是他的手笔；刻工姓名标明"白下魏少峰刻"，镌刻带有三国金戈铁马的遒劲奔放气势，人物绘声绘色，线条洒脱工细，刀法老到精练。乃是明代小说版画中最可称为上乘之作。这两位都是南京人，正体现当时江浙地方板画的成就。

修绠山房梓《宣和遗事》跋

一、《宣和遗事》的版本

《宣和遗事》一书，最早著录于明高儒《百川书志》，见史部传记类，云："《宣和遗事》二卷。"其次即见于清钱曾《述古堂书目》，著录于宋人词话门，有"《宣和遗事》四卷"，从这两条记载，可见《宣和遗事》一书，在流传上是有两种不同的版本，现在这两种版本都尚在流传，可考见的共有四种刻本。

甲、旌德郭卓然刻本。此本未见，原藏中国科学院图书馆，于一九四九年被掠往台湾，仅见复制书影。据孙楷第《中国通俗小说书目》卷一宋元部：

潢川吴氏旧藏明本，二卷，九行，行二十字。卷首有图，题"旌德郭卓然刻"。……日本长泽规矩也云：叶敬池本《醒世恒言》记刊工有郭卓然之名，则此明季刊本也。

乙、《士礼居丛书》本。黄丕烈刊本，扉页题："《宣和遗事》宋本重刊。"分上、下两卷，与《百川书志》所载卷数合。每面十三行，行二十三字。书末有学山海居主人跋：

> 余于戊辰（嘉庆十三年〔1808〕）冬得《宣和遗事》二册，……己巳（嘉庆十四年〔1809〕）春，登城隍山，于坊间又获一本，与前所得本正同，而前所缺失一一完好。因动开雕之兴，用宋体字刊之。原本多讹舛，复赖旧钞校之，略可勘正。版刻甚旧，以卷中"惇"字避讳作"惇"证之，当出宋刊。敢以质诸好古者。

修绠山房梓《宣和遗事》

是黄氏所据，乃二残刻与一旧钞参校而成，并非依一完整原本而刻者。因为书经校补，所以无从知其优劣所在。但从跋文中可以体会到，原书并非宋体字刻的，而他认为是宋本，只不过由于避讳缺笔而定，设如缀拾成书的人在钞录原书时即依照原书而缺笔，那又何从知道？所以"证之当出宋刊"之语实非确，而扉页所题"宋本重刊"也不完全可信。

丙、金陵王氏洛川校正重刊本。这是四卷本的系统，每面九行，行二十字，按元、亨、利、贞分卷。书前无目录，当是删削所致。分卷处颇不当，如将水浒事分列于元、亨二集中，而且是在宋江杀阎婆惜故事中间分割于二卷之前后，这是极不接气的。文字与《士礼居丛书》本差异不大，审之似乎是用两卷本强行割裂而成。

丁、吴郡修绠山房刊本。吴郡修绠山房刊本《宣和遗事》，属于四卷本系统，但并不以元、亨、利、贞分卷，而以一、二、三、四为序。书的祖本已无从考见，显然和金陵王氏洛川校正重刊本不同，扉叶题作："悉照宋本重刊，《宣和遗事》。吴郡修绠山房梓。"是否果真"照宋本重刊"已无从证明，不过这样题法，可能是受《士礼居丛书》本题法之影响而来。书作巾箱本，目录分装于每卷之前，每面九行，行十八字。书前后均无序跋，刊刻并不考究，破字、坏字触目皆是，甚至有整行落去地方。这是一本普通坊刻本，大约刊刻在清道光年间，因为书中提到："是岁女真阿骨打称帝，姓王名做旻。""旻"字空缺，显然是避清道光帝旻宁名讳而空缺的。

书中最值得注意之处为书末尾题为"新镌平话《宣和遗事》终"。这是各本所没有的，这条尾题正证明《宣和遗事》是一部平话话本的重要证据。

从这个本子可以知道原书每段是有小题的，它的小题应与书前目录相同。现在这个本子里，仍保留有两处，一处在卷二开始处，存有《金国遣使誓为兄弟国》一题，一处在卷四开始处，存有《郑后死路旁林下》一题，其余当是悉遭删落。这样小题大概是当日说话人使用的题目。

书中所记水浒三十六人姓名，"李进义"有作"李俊义"处，"吴加亮"有作"吴加谅"处，"大刀关必胜"作"大刀手关必胜"，这是与《士礼居丛书》本、金陵王氏洛川校正重刊本不同的地方。

全书分卷，首卷至《邓肃进十诗讥切朝政》止，第二卷至《童行指斥至尊因罢灯夕之乐》止，第三卷至《金国移二帝入五登城》止，以下为第四卷。这样分法，似乎视金陵王氏洛川校正重刊本分法为妥帖些。

二、《宣和遗事》不是拟话本

《宣和遗事》著录于明高儒《百川书志》，注云："载徽、钦二帝北狩二百七十余事，虽宋人所记，词近鄙史，颇伤不文。"他首先肯定这部书是"宋人所记"，接着又说这部书是"词近鄙史"，鲁迅撰《中国小说史略》，基本是根据这说法的：

> ……则今尚有《大唐三藏法师取经记》及《大宋宣和遗事》二书流传，皆首尾与诗相始终，中间以诗词为点缀，辞句多俚，顾与话本又不同，近讲史而非口谈，似小说而无捏合。钱曾于《宣和遗事》，则并《灯花婆婆》等十五种并谓之"词话"（《也是园书目》十），以其有词有话也。……盖《宣和遗事》虽亦有

词有说，而非全出于说话人，乃由作者掇拾故事，益以小说，补缀联属，勉成一书，故形式仅存，而精彩遂逊，文辞又多非己出，不足以云创作也。——第十三篇：《宋元之拟话本》

鲁迅又说：

《大宋宣和遗事》世多以为宋人作，而文中有吕省元《宣和讲篇》及南儒《咏史》诗，"省元"、"南儒"皆元代语，则其书出于元人，抑宋人旧本，而元代又有增益，皆不可知，口吻有大类宋人者，则以钞撮旧籍而然，非著者之本语也。——第十三篇：《宋元之拟话本》

从这里我们可以知道，鲁迅因为它是"掇拾故事，益以小说，补缀联属，勉成一书"的，并且"文中有吕省元《宣和讲篇》及南儒《咏史》诗，'省元'、'南儒'皆元代语，则其书出于元人"，所以不肯定它是话本而认为是拟话本，于是这种说法遂被大家一致公认而无异辞。郑振铎《中国文学史》虽然把它置于话本之列，但是他说：

……又有《大宋宣和遗事》者，世多以为宋人作，但中杂元人语，则不可解。……大似"讲史"的体裁，惟不纯为白话文，又多钞他书，体例极不一致。——第三十九章：《话本的产生》

仍然是依据鲁迅而模棱其辞。孙楷第《中国通俗小说书目》注称：

此书记徽、钦事多取《南烬纪闻》，唯宋江三十六人事出于话本。虽掺合评话语气，实书肆杂凑之书，非纯粹通俗小说也。——卷一：《宋元部》

他不承认它是话本，也不承认它是拟话本，只承认它其中一部分"出于话本"，是一部"杂凑书"。

实在，这本书的体制，从内容一直到语言，就形式上来看，它不仅不是拟话本，而且正是一部地地道道的话本。由于本身是一部讲史的东西，所以才从各种史部记载里吸取一些材料，掇拾成为一部话本，怎么能说"多钞他书"，"非纯粹通俗小说"呢？

我们从本书来看，在一开始叙述《历代君王荒淫之失》一段里，叙述到唐明皇之后，它说：

今日说话的也说一个无道的君王，信用小人，荒淫无度，把那祖宗浑沌的世界坏了，父子将身投北去也。

这明明是说话人口气，如果用一百二十回本《水浒传》来比较：

> 说话的，为何先坐了不走了？原来都有士兵把着门。——第二十六回
> 休道是两个丫环，便是说话的见了，也惊得口里半舌不展。——第三十一回
> 若是说话的同时生，并肩长，拦腰抱住，把臂拖回去，便不使宋江要去投奔
> 花知寨，险些儿死无葬身之地！——第三十一回

都是一样用"说话的"，并且是当作第一人称用的。还有，从全书中的分合痕迹，也足见说话人吞吐情形，如叙述董平奉命往碣石村捉晁盖事，书中是这样：

> 宋江天晓，却将文字呈押，差董平引手三十人，至石碣村捉捕。不知那董平
> 还捉得晁盖一行人么？真个是：
> 网罗未设禽先遁，机阱才张虎已藏。

又如描绘贾奕看徽宗留与李师师的交绡直系时：

> 贾奕觑了，认的是天子衣，一声长叹，忽然倒地。不知贾奕性命如何？
> 三条气在千般用，一日无常万事休。

又如叙述高俅遇贾奕事：

> 高俅见了大怒，遂令左右将贾奕执了，使交送大理寺狱中去。贾奕正是：
> 才离阴府惶难，又值天罗地网灾。
> 看贾奕怎结束？……

像这样情形书里有好几处，这些正是说话人提破捏合的地方，宋人话本中是常见的，如《雨窗集·戒指儿记》：

> 那阮三回复道："我嫌外人耳目多，不好进来上复小姐。"必(毕)竟未知进
> 来与小组相见也不相见？正是：
> 雪隐鹭鸶飞始见，柳藏鹦鹉语方知。
> ……
> 张远把了脉息，口中不道，心下思量：他这等害病，还带着这个东西。况
> 又不是男子带的戒指，必定是妇女的表记。低低用几句真言挑出，挑出他真情肺
> 腑。必(毕)竟那阮三说也不说？正是：

人前只说三分话，未可全抛一片心。

两相印证，可见体制是一样的。

其次，我们还可从一些引诗和摘句相印证。鲁迅曾说它"首尾与诗相始终，中间以诗词为点缀"。这正是话本的体制，长篇如《五代史平话》，短篇如《清平山堂话本》等，都是这样。并且从引诗方面，更可考见这书是说话人用的话本，如一些引诗，内中就有唐胡曾《咏史诗》，这正是当时说话人所习用的。在摘句方面，叙林灵素事，引："鹿分郑相终难辩，蝶化庄周未可知。"这两句如《五代史平话·汉史》卷上、《清平山堂话本·陈巡检梅岭失妻记》、《雨窗集·戒指儿记》等篇都运用过，叙《徽宗与林灵素游月宫见二人奕》事，引："金风未动蝉先觉，暗送无常死不知。"更是话本上习用的句子，《雨窗集·曹伯明错勘赃记》等篇里都使用过。像这样诗句是很多的。

还有，在描绘景致方面，说话人是有一套现成词句的。如叙《徽宗宿李师师家》事，用：

天气渐晚，则见：

窗外日光弹指过，席前花影座间移，

一杯未尽笙歌送，阶下辰牌又报时。

是时红轮西坠，玉兔东生。江上渔翁罢钓，佳人秉烛归房。

这和《清平山堂话本·洛阳三怪记》中的：

天色渐晚，但见：

金乌西坠，玉兔东生。满空□雾照平川，几缕残霞生远汉。渔父负鱼归竹径，牧童同犊返孤村。

不都是相同的套子吗？

全书细检起来，两相比拟，相似地方是很多的，这些尽是说明《宣和遗事》是部话本。就是拿它的目录编制的方法而论，也正和《五代史平话》的目录编法是一样的。这不单说明是一部话本，而且可以证明是一部讲史的话本。

除了从内容上提到的这些相似的证据外，另外还有在版本上可以证明它是一本话本的地方。修缮山房刊本《宣和遗事》在书尾这样题着：

新镌平话《宣和遗事》终。

这里明白指出"平话"两字，可见它本来的确是一部话本，如果认为拟话本那就错了。并且更深入一步探讨，"拟话本"一词也是可以商量的，宋元时代，说话盛行，凡属为说话创造的一些底本，应该统称之为"话本"才是，即属后来模仿话本而写的短篇，也不应名之为"拟话本"，犹如对唐诗我们称之为诗，而后代的作品是"拟诗"，这是不通的，因为这是一种体裁的名称。

鲁迅曾说，这本书"似小说而无捏合"，这也值得商量。书前有八句七言诗说：

> 暂时罢鼓膝间琴，闲把遗编阅古今。
> ……
> 说破兴亡多少事，高山流水有知音。

根据《梦粱录》（二十）《小说讲经史》条下说：

> 盖小说者，能讲一朝一代故事，顷刻间捏合。

这八句七言诗中已经明白表示企图，正是要"顷刻间捏合"，"说破兴亡多少事"的。

书是元代作品是肯定的，在书的开头叙述《宋太宗问定都于陈希夷》里面提到陈希夷说：

> 卜都之地：一汴，二杭，三闽，四广。

这里虽然说明是预言，但却正说明作品时代已经入元，否则"闽"、"广"两字从哪里找根据呢？至于鲁迅指出书中提到吕省元《宣和讲篇》，似指吕中《皇朝大事记讲义》而言，此书收入《四库全书》，据《钦定四库全书总目提要》卷八八史部史评类载：

> 《大事记讲义》二十三卷，宋吕中撰。中字时可，泉州晋江人，淳祐中进士，迁国子监丞兼崇政殿校书，徙肇庆教授。其书卷一论三篇，卷二纪宋太祖事，……卷二十一至二十二记徽宗事，卷二十三记钦宗事。事以类叙，间加论断，凡政事制度及百官贤否，具载于编。

《宣和讲篇》应即此书卷二十一至二十二这部分，然则吕省元固宋人也。

三、本事的来源

《宣和遗事》今已可确定为话本，它的故事来源，据鲁迅考证：

……口吻有大类宋人者，则以钞撮旧籍而然，非著者之本语也。书分前、后二集，始于称述尧、舜，而终以高宗之定都临安，案年演述，体裁甚似讲史。惟节录成书，未加融合，故先后文体，致为参差，灼然可见。其剽取之书，当有十种。前集先言历代帝王荒淫之失者其一，盖犹宋人讲史之开篇；次述王安石变法之祸者其二，亦北宋末士论之常套；次述安石引蔡京入朝至童贯、蔡攸巡边者其三。首一为语体、次二为文言，而并杂以诗者其四，则梁山泺聚义本末；……其五，为徽宗幸李师师家，曹辅进谏及张天觉隐去；其六，为道士林灵素进用及其死葬之异；其七，为腊月预赏元宵及元宵看灯之盛，皆平话体。……后集则始自金人来运粮，以至京城陷为第八种；有自金兵入城，帝后北行受辱，以至高宗定都临安为第九、第十种，即取《南烬纪闻》、《窃愤录》及《续录》而小有删节。——《中国小说史略》第十三篇《宋元之拟话本》

先谈到"剽取之书当有十种"，但接下去历叙前集故事之次第共得"其七"，并没有举出剽取之书名，然后又接述后集，改用"第八种"、"第九、第十种"，始举《南烬纪闻》、《窃愤录》及《续录》三书，所以在前段里，使人无法明白其所说"其一"至"其七"是只叙故事次第，还是已经查得故事来源是分别出自七种书中，抑只从推测而来?不过像其中梁山泺故事出处，即使有所根据，似乎今天已无从考出了，其他应也大致相同。但可相信，这些必然是有来历的，如记徽宗行幸至李师师家，其母不悉何人，"慌心走出，告报与左右二厢捉杀使孙荣、汴京里外缉察皇城使窦监"。窦监即见关汉卿《绯衣梦》杂剧，另宋洪迈《夷坚广志》卷十二《蔡河秀才》也载开封府有贼曹窦鉴，当即其人。可见并非杜撰者。又如记赏元宵，教坊大使袁綯作《撒金钱》词，考宋朱弁《续骫骳说》（《说郛》卷三八）载："政和中，袁綯为教坊判官，制撰文字。一日，为蔡京撰《传言玉女》词，有'浅淡梳妆，爱学女贞梳掠'之语。上见之，索笔改'女贞'为'汉宫'。""綯"作"綯"。又《三朝北盟会编》卷三十载靖康元年(1126)正月圣旨，应有官无官诸色人，曾经赐金带，各据前项所赐条数，自陈纳官。下尚书省。所列名单有李师师及袁綯五人，正作"袁綯"。綯所作《传言玉女》见《乐府雅词拾遗》，至《撒金钱》词，则仅见本书。可见所本久佚，鲁迅所言"其一"至"其七"，当是指故事次第而言，"其剽取之书当有十种"一语，恐是推测语也。

鲁迅指出《宣和遗事》部分故事取自《南烬纪闻》、《窃愤录》及《续录》，这是不错的，但主要本书故事来源，最重要的是来自宋赵与时《宾退录》中，他从这里吸取了一些材料，演绎成了许多条：

> 林灵素初名灵噩，字岁昌，家世寒微，慕远游，至蜀从赵升道人。数载赵卒，得其书，秘藏之，由是善妖术，辅以五雷法。往来宿、亳、淮、泗间，乞食诸寺。政和三年，至京师，寓东太一宫。徽宗梦赴东华帝君召游神霄宫，觉而异之，敕道录徐知常访神霄事迹。知常素不晓，告假，或告曰，道堂有温州林道士，累言神霄，亦作神霄诗题壁间，知常得之，大惊以闻。召见，上问有何术，对曰："臣上知天官，中识人间，下知地府。"上视灵噩风貌如旧识，赐名灵素，号金门羽客通真达灵元妙先生，赐金牌，无时入内。五年，筑通真宫以居之。时宫禁多怪，命灵素治之，埋铁简长九尺于地，其怪遂绝。因建宝箓宫、太一西宫，建仁济亭，施符水，开神霄宝箓坛，诏天下天宁观改为神霄玉清万寿宫，无观者以寺充，仍设长生大帝君、青华大帝君像，上自称教主道君皇帝，皆灵素所建也。灵素被旨修道书，改正诸家醮仪，校雠丹经灵篇，删修注解。每遇初七日升座，座下皆宰执、百官、三衙、亲王、中贵，士俗观者如堵，讲说三洞道经，京师士民始知奉道矣。灵素为幻不一，上每以"聪明神仙"呼之，御笔赐"玉真教主"、"神霄凝神殿侍宸"，立两府班。上思明达后，欲见之，灵素复为叶静能致太真之术，上尤异之，谓灵素曰："朕昔到青华帝君处，获言改除魔髡，何谓也？"灵素遂纵言佛教害道，今虽不可灭，合与改正，将佛刹改为官观；释迦改为天尊，菩萨改为大士，罗汉改尊者；和尚改德士，皆留发顶冠执简。有旨依奏。皇太子上殿争之。令胡僧一立藏十二人并五台僧二人道坚等与灵素斗法。僧不胜，情愿戴冠执简。太子乞赎僧罪。有旨胡僧放，道坚系中国人，送开封府刺面，决配于开宝寺前令众。明年，京师大旱，命灵素祈雨未应，蔡京奏其妄，上密召灵素曰："朕诸事一听卿，且与祈三日天雨，以塞大臣之谤。"灵素请急召建昌军南丰道士王文卿，乃神霄甲子之神兼雨部，与之同告上帝。文卿既至，执简救水，果得雨三日。上喜，赐文卿亦充凝神殿侍宸。灵素眷益隆。忽京城传吕洞宾访灵素，遂捻土烧香，气直至禁中。遣人探问香气，自通真宫来。上丞乘小车到宫，见壁间有诗云："捻土焚香事有因，世间宜假不宜真；太平无事张天觉，四海闲游吕洞宾。"京城印行，绕街叫卖，太子亦买数本进。上大骇，推赏钱千缗开封府捕之。有太学斋仆王青告首，是福州士人黄待聘令青卖。送大理寺勘招："待聘兄弟及外族为僧，不喜改道，故云。"有旨斩马行街。灵素知蔡京乡人所为，上表乞归本贯，诏不允。通真有一室，灵素入静之

所，常封锁，虽驾来，亦不入。京遣人廉得有黄罗大帐、金龙朱红椅桌、金龙香炉。京具奏："请上亲往，臣当从驾。"上幸通真官，引京至，开锁同入，无一物，粉壁明窗而已。京惶恐待罪。宣和元年三月，京师大水临城，上令中贵同灵素登城治水。敕之，水势不退，回奏："臣非不能治水，一者事乃天道；二者水自太子而得，但令太子拜之，可信也。"遂遣太子登城。赐御香，设四拜，水退四丈。是夜水退尽。京城之民，皆仰太子圣德，灵素遂上表乞骸骨，不允。秋九月，全台上言："灵素妄改（原注：改字疑是议字）迁都，妖惑圣听，改除释教，毁谤大臣。"灵素即时携衣被行出官。十一月，与官祠温州居住。二年，灵素一日携所上表见太守间丘颚，乞与缴进，及与州官亲党诀别而卒。生前自卜坟于城南山，戒其随行弟子皇城使张如晦："可掘穴深五尺，见龟蛇便下棺。"即掘，不见龟蛇，而深不可视，葬焉。靖康初，遣使监温州伐墓，不知所踪，但见乱石纵横，强进多死，遂已。此耿延禧所作《灵素传》也。灵素本末，世不知其全，故著之，不敢增易一字。今温州天庆官有题衔云："大中大夫冲和殿侍宸金门羽客通真达灵元妙先生在京神霄玉清万寿官管辖提举通真官林灵素。"

显然，这就是《宣和遗事》所根据的，虽然内容上是增添了一些枝节的演绎，或者事实有前后的移动，像太子拜水事，《遗事》中就多了行童拿着小红葫芦一段神话；道士王文卿祈雨事，《遗事》把它挪移在林灵素得幸之先；但从总的说来，它是没有离开《灵素传》的范围。

姚平仲事，宋陆游曾详记之，但《宾退录》卷八也载着：

姚平仲，字希晏，世为西陲大将，幼孤，从父古养为子。年十八，与夏人战臧底河，斩获甚众，贼莫能枝梧。宣抚使童贯召与语，平仲负气不少屈。贯不悦，抑其赏。然关中豪杰皆推之，号"小太尉"。睦州盗起，徽宗遣贯讨贼，贯虽恶平仲，心服其沈勇，复取以行。及贼平，平仲功冠军，乃见贯曰："平仲不愿得赏，愿一见上耳。"贯愈忌之。他将王渊、刘光世皆得召见，平仲独不与。钦宗在东宫，知其名。及即位，金又入寇，都城受围，平仲适在京师，得召对福宁殿；厚赐金币，许以殊赏。于是平仲始出死士斫营，擒虏帅以献。及出，连破两寨，而虏已夜徙去。平仲功不成，遂乘青骡亡命，一昼夜驰七百五十里，抵邓州，始得食。入武关，至长安，欲隐华山，顾以为浅。奔蜀，至青城山上清官，人莫识也。留一日，复入大面山，行二百七十余里，度采药者莫能至，乃解纵所乘骡，得石穴以居。朝廷数下诏物色求之，弗得也。乾道、淳熙之间，始出至丈人观道院，自言如此，年八十余，紫髯郁然，长数尺，面奕奕有光，行不择地，崖堑荆棘，其速若奔马，亦时为人作草书，颇奇伟，然秘不言得道之由云。此陆放翁所作《平仲小传》也。放翁亦尝以诗寄题青城山上清宫壁间云："造物困豪杰，意将使有为，功名未足言，或作出世资。姚公勇冠军，百战起西陲；天方覆中原，殆非一木支！脱身五十年，世人识公谁？但惊山泽间，有此熊豹姿。我亦志方外，白头未逢师，年来幸废放，傥遂与世辞。从公游五岳，稽首餐灵芝；金骨换绿髓，欻然松杪飞。"后守新定，再作诗托上官道人寄之云："太尉关河杰，飞腾亦遇时，中原方荡覆，大计易差池。素壁龙蛇字，空山熊豹姿；烟云千万叠，求访固难知。"

《遗事》也载姚平仲事，从它使用陆游诗的形式上来看，可见是由《宾退录》转录的。

邵康节天津桥闻杜鹃事，宋人小说多记之，但《宾退录》卷十也引《邵氏闻见录》转载在那里。

《遗事》记大观二年《康王生上梦钱镠挽御衣》事，《宾退录》卷五也有记叙：

> 淳熙十四年冬十一月丙寅，宰执奏事延和殿，宿值官洪迈同对，因谕高宗谥号。孝宗圣谕云："太上时，有老中官云：太上临生，徽宗尝梦吴越钱王引徽宗御衣云：'我好来朝，便留住我，终须还我山河！待教第三子来。'"迈又记其父皓在虏买一妾，东平人，偕其母来。母曾在明节皇后阁中，能言显仁皇后初生太子时，梦金甲神人自称钱武肃王，寤而生太上。武肃即镠也。年八十一，太上亦八十一。卜都于此，亦不偶然。张淏《云谷杂记》仅载其略，且不记其语之所自得，独周必大《思陵录》备载其详如此。上所谕钱王指俶，俶第三子惟渲，终团练使。

《宣和遗事》征引诸诗，见于《宾退录》的也有两处：一首是毛麾《过龙德故宫》诗，见卷二；一首是邵康节《左衽吟》，见卷九。

从这些事实，可见《宣和遗事》征引的材料，有一部分是从《宾退录》上来的。同时，《宣和遗事》本书中间也提到《宾退录》，在记载林灵素事中，引证《宾退录》载祥符观道士何得一事，但今本《宾退录》中不见，是有误记抑今本《宾退录》已有佚失，那就无法知道了。还有林灵素放归温州，本宣和元年事，而《遗事》却误列于五年，这大概是说书人编次不慎罢？不过由于本书中自己提到《宾退录》，这更可说明《宣和遗事》的来源是征引了《宾退录》，这是不错的，并且还是很重要的。

至于《宣和遗事》里的故事之见于他书的，如载道士刘混康事、筑艮岳事、玉真轩有安妃画像事，均见宋王明清《挥麈后录》中"徽宗御制艮岳记命李质曹组为古赋并百咏诗及诏王安中赋诗"条。至于其余一些事，因为未加寻检，这里也没法再举了。

至于说到它某些部分"却取《南烬纪闻》、《窃愤录》及《续录》而小有删节"一点，似乎也未必尽然，可能俱同出一来源。因之很相似而不全同，也是可能的。

四、《水浒传》的原始雏形

《宣和遗事》的完成大约是在元代初年。这时《水浒传》故事纵然已经有许多流传，但是这些流传应该尚没来得及形成文字记载，而记载最早的就要数《宣和遗事》了。

《宣和遗事》所记《水浒》故事仅只有六个节目，从全书约近三百个节目讲，只占百分之二的地位，字数也只有三千字左右，比例是很小的。这当然只是一个《水浒》雏形。据书前目录：

> 杨志等押花石纲违限配卫州
>
> 孙立等夺杨志往太行山落草
>
> 宋江因杀阎婆惜往寻晁盖
>
> 宋江得天书三十六将名
>
> 宋江三十六将共反
>
> 张叔夜招宋江三十六将降

实际只是三个故事：(1)扬志押送花石纲，(2)晁盖路劫生辰纲，(3)宋江怒杀阎婆惜得天书聚义。故事可以说是极为简单的。而且杨志的落草是在太行山，晁盖他们是在山东地方，因宋江得到天书才把这两股捏合在一起。

在《宣和遗事》中，故事虽然简单，但是可以看出这是一个说话人使用的提纲，这里所记载的只是故事的主要部分，说话人可以根据自己安排把它引伸和发挥，我们从书前目录就可看得很清楚。这些目录也就是说话人的节目，比如全书开始部分，目录上一连七节：

> 神宗用王安石为相
>
> 王安石行青苗钱法
>
> 范镇、韩琦奏青苗钱扰民

　　贬王安石安庆府

　　安石男王雱病痛死

　　王安石见男雱担铁枷

　　安石舍宅为寺求福荐男雱

这七个节目说明说话人是分七次讲说的，可是字数仅只一千字左右，当然不会够用，势必增加不少内容才适合事实上的需要，这是可想像得到的。《水浒》故事这六节当然也是这样。并且我们从像《醉翁谈录》这样书上，知道在宋代已经有像《石头孙立》、《青面兽》、《花和尚》、《武行者》等故事成为说话人所经常讲说的故事，而元曲中《水浒》故事则更多。这些显然并不是作者有意编造的，而是根据一些传说谱写出来的。那么也就说明一些有关《水浒》传说都可以掺加进去，而成讲说《水浒》的随时补充材料。所以《宣和遗事》中虽只仅仅六个节目三个故事，但不排斥说话人把一些有关故事随着讲说增加进去。

　　《宣和遗事》中只有三十六将，而且一些后来《水浒传》中的重要人物如林冲、李逵等仅只见了名字；武松是怎样上的梁山也不知道，只在天书里才标出来。这些问题说明说话人拿着这本提纲不知要增加多少内容在里面才够用。

　　从书中所载天书，也可以证明《宣和遗事》中载《水浒》故事是最原始的，如劫生辰纲一事，本来是作阮进、阮通、阮小七，可是在天书中偏偏作阮小七、阮小五、阮通。这显然是矛盾的，假若这部《宣和遗事》已经教人加工过，像这样漏洞必然不会存在。

　　由于这样，我们从《宣和遗事》可以看到《水浒》故事的原始雏形，经过说话人不断的加工，才形成今天所能见到的《水浒传》。

《翻西厢》、《锦西厢》辨

　　《翻西厢》两卷，首题《识间堂第一种翻西厢》，下署"古吴研雪子编，燕都傻道人评"，书前有《翻西厢本意》一篇，末署"癸未花朝，研雪子识"，下钤二印："研雪子"、"冰淼"。

　　按此书见清笠阁渔翁《笠阁批评旧戏目》、黄文旸《重订曲海目》、支丰宜《曲目表》、姚燮《今乐考证》诸书著录，俱作研雪子作，惟王国维编《曲录》，始列

《锦西厢》而注称"一作《翻西厢》",并题为明人周公鲁作,盖因清无名氏《传奇汇考标目》而来,原因是它在《翻西厢》条注作者:"周公鲁,字公望,昆山人。"因之遂混二书而一了。

此书《古本戏曲丛刊》收入第三辑中,原本北京图书馆藏,末有朱希祖跋,据清初沈谦《东江别集》疑为沈作,实也非是。但《古本戏曲丛刊》编者于书前目录中,仍题"明周公鲁撰",这显然是沿袭了《曲录》的说法而不知它是错的原故。

考清黄文旸《曲海总目提要》卷十一《锦西厢》条:

> 《锦西厢》,周公鲁撰。据《会真记》莺莺委身于人,张生往访,莺莺作诗以绝之云:"自从消瘦减容光,万转千回懒下床。不为旁人羞不起,为郎憔悴却羞郎。"他书亦有云莺莺所嫁即郑恒者。乃截《草桥》以后数折不用,言红娘代莺莺以嫁于恒,其诗亦红所作,而嫁名于莺莺者,翻改面目,锦簇花攒,故曰《锦西厢》也。

根据《提要》,知道黄文旸所见的一本《锦西厢》,其前半应该尚是《西厢》原本的本来面目,只到后头《惊梦》起才改换情节,把红娘代莺莺嫁给郑恒,保存了崔、张的团圆。今以这本《翻西厢》故事情节核之,完全是另一回事,张生成了张方假投身做了强盗,郑恒仗义救了莺莺团圆起来,我们从它的题目正名里就可以很概括的了解这整个故事:

> 郑公子重姻亲孤身翊难　张方假忘瓜葛百计怀淫
> 崔小姐痛留诗清贞自矢　杜将军大破贼作媒成亲

情节和《提要》所叙显然不同,那么说《锦西厢》一作《翻西厢》根本是错误的了。应该是《锦西厢》为周公鲁作,而《翻西厢》则为研雪子作,两书两人,各有其故事情节的。

两书固非一本,而作者也都是清人,这点上《古本戏曲丛刊》编者和近人傅惜华《明人传奇全目》也是搞错的。本书第十八出《作记》一折中"当时玄宗皇帝在位"句和第二十三出《惊梦》折中两见"玄香太守"字样,三个"玄"字俱已"敬阙末笔",可见是避清圣祖"玄烨"讳的,那么这就说明书前《翻西厢本意》末尾所题"癸未花朝",自应是清康熙四十三年(1703)的癸未,而不是明崇祯十六年(1643)的癸未了。考《丹徒县志》卷三二,知雪研子为秦之鉴,并著录《翻西厢》、《卖相思》两剧。

《锦西厢》作者，据《传奇汇考标目》著录：

> 周果庵，名里未详。
>
> 《太白山》《竹溅篱》《八仙图》《火牛阵》《锦西厢》《福星临》《指南车》《绨袍赠》《万金资》《镜中人》《金橙树》《玉鸳鸯》《后西国》。

黄文旸《重订曲海总目》也列《太白山》至《玉鸳鸯》十二剧，而作者题为"周坦纶"。考清王豫编《江苏诗征》卷八十二：

> 周恒综，字公鲁，一字杲庵，苏州贡生，官司理。茅清源云：司理著《八仙图》《指南车》《锦西厢》传奇，为词苑所称。

茅清源说的三个剧目，正是《传奇汇考标目》和《重订曲海总目》中所举的，那么可见"果庵"盖即"杲庵"之误，而"垣纶"则是由"恒综"错来的。至《传奇汇考标目》以《翻西厢》为周公鲁作，恐也是由《锦西厢》致误的。

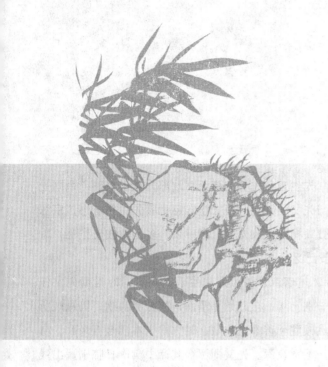

五、宗教典籍

1. 宋元本

记宋刊本《金刚经感应传》

　　南丰赵氏与余家有世交，赵世棻先生曾与先祖共事于财政部，其子令瑜与余同受业于刘保慈先生门；赵世暹先生则与先父同肄业同济大学；赵世骏先生精于书，宗法褚遂良，当代称隽品，则与先伯叔绂颇相熟，故先曾祖诸碑碣，多出世骏先生笔，盖由先伯相托之故。可见交谊固非一般泛泛者比。

　　一九四八年夏，先父因事南行，过南京，访世暹先生于其寓庐。时世暹先生任职黄河水利委员会，自抗战军兴，一别十年，至此始重晤面，故相见甚欢，因纵观所藏书。世暹先生乃工程技术人员，然颇耽于善本之收藏，时方得宋本《金石录》，自欣为奇遇，故兴致甚高，展卷共赏，不觉夜深。先父即留宿其斋中。次日临别，出残经一包相赠云："此宋刊佛教板画也，惜不知何书，且已散为乱叶，我无法整理，君熟于释典，故举以相赠。希为编次而藏之，庶免散失，则功德大矣。"先父受之，归来细检，乃集有关《金刚经》及注文之合刊本，书虽缺佚，但所幸残失不多。其珍贵处，此书在中土久已失传，且为宋刻宋印。

　　书为梵夹本，全书应有《金刚般若波罗蜜经》、《六祖口诀》、《金刚经要略》、《金刚般若波罗蜜经纂》、《金刚经感应传》，凡五种，合刊一帙。现已缺《金刚般若波罗蜜经》及《六祖口诀》，只存宋元丰七年天台罗适《重刊六祖口诀序》一篇。此帙所可贵处在《金刚经感应传》全部为插图本，每一故事有一插图，若今之连环画然。宋板书之有插图者不多，而插图之多若此书者则更未前见，实希世宝也。先父细为检点，加以排比编次，重新装池，当时曾有一跋，倩柯昌泗先生书之。跋云：

　　　　此书乃南丰赵敦甫兄所赠，原残破为散页，因就各板号数及文字句义逐一排比，重为装池。此间应有《金刚经》正文及《六祖口诀》，想为人割裂去矣。

细绎各板号数，此书应是两帙，上帙为《六祖口诀》及《金刚经要略》，下帙为《金刚经纂》及《金刚经感应传》。《六祖口诀》及《金刚经感应传》同见于日本《续藏经》中。《六祖口诀》为伪书，不足道；《金刚经感应传》，《续藏》本不著撰人，有文无图，其次序亦与此本不同，以是对勘，知此本后缺杨琰一传及周伯玉、司马乔卿、释明浚三图及传也。以文义言，此书无足贵，所在珍者，宋本之图绘耳。民国戊子(1948)立秋日，周叔迦识，柯昌泗书。

这时先伯从天津来北京，他是极为好书的，先父即携之往视，先伯见之，赞美无已。先伯集书有几条要求，其由一条即好书也须完整如新始可入格，所以他的藏书，即属宋、元本，亦俱为刻印精良纸白板新者。但他看到此残帙，虽已大有缺佚，但仍欣赏不已，叹为仅有，当即题一跋于后。跋云：

> 我国板画不知始于何时，余所知者，当以唐咸通九年(868)王玠施刊《金刚波若经》卷端之扉画为最古；宋、元佛典多沿此例。若每事插图，唐代无所闻，宋刻传世亦罕。临安府贾官人印造《佛国禅师文殊指南图赞》，今在日本。余所得为宋、元之际日本覆刻本，已自矜为神秘。若此刻宋刻宋印，为中土仅有之孤本，其可珍贵为何如耶！戊子七月，叔迦三弟携以见示，因漫记之。敩翁。

先伯藏书极富，但不轻加题识，此本得其跋识，可见是如何重视之。原因是他对宋、元版本之看法与当时一般藏书家不同之故。

在过去藏书家，对于宋、元版本，因俱加重视，但内中颇有偏重，即以正经正史为首选。而先伯则兼收并蓄，尤好子部、集部书，收藏为多。佛典在子部，他收藏善本不少，如：

> 《华严经》　宋湖州刻本
>
> 《法华经》　宋杭州贾官人刻小字本
>
> 《五灯会元》　宋刻本
>
> 《注心赋》　宋刻本
>
> 《雪堂行和尚拾遗录》　宋刻本
>
> 《庐山复教集》　元刻本
>
> 《观音偈》　金刻本

所以当时看到这部宋刻宋印之《金刚经感应传》，便许其珍贵，识为"中土仅有之孤本"，遂加以题跋也。

跋文中所云《佛国禅师文殊指南图赞》，乃先伯于一九三六年(丙子)从日本东京文求堂田中庆太郎处购得。当时中国善本颇多流落东瀛，先伯尤注意国宝之流散海外者，常不惜节衣缩食购回，此即其一。不料买来之后，始发现有真宋刻，乃疑此本为日本翻刻本，当时曾驰书田中氏声明云：书已买来，不拟退回，但希望知道此本是日本何时所刻。渠复信一口咬定是真宋刻，但先伯固未信，故跋文云然。此书现赠予天津图书馆。

先父逝世于一九七〇年，此《金刚经感应传》生前已捐与佛教协会，现藏中国佛教图书文物馆，先伯自庄严堪藏书，则全捐在北京图书馆，而伯父又于上月仙逝，回首兄弟二人，聚首谈书，共为此编题跋，于今近四十年，展卷重睹先泽，实不胜孺慕之思焉。

宋刊本出相《弥陀经》跋

此出相本《弥陀经》极少见，乃宋刻本也，虽无纪元干支可稽，但观其字体，与《碛砂藏》极相类，望而知是南宋刻。店铺名称已被割去，想是由店铺易主，书板已改主人，故被除去。

《弥陀经》有出相者从未见过，盖因该经乃信徒必读之书，无需出相以作宣传，且按叶绘图命题亦颇难，不若《普门品》之易为题。此经文上端每图均题作《庄严》，可见非一般通俗佛教读物之比。

岁次乙亥，得于山西估人之手，因记之以俟同好者。

至德周绍良识

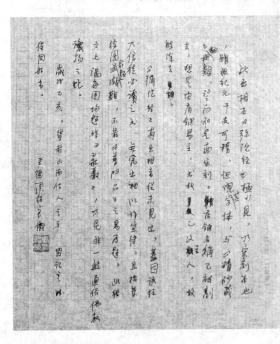

宋刊本《弥陀经》跋手稿

元刊本《金刚般若波罗蜜经》跋

元刊本《金刚般若波罗蜜经》一册，梵夹本，已残，缺卷首扉画一面，现仅存四面。佛居高座，阿难、迦叶侍立左右，应有四天天护卫，现缺右侧一员。佛前须菩提偏袒右肩，布席于地，合掌白佛之象。每面六行，行十七字。开首即经题，第二行署"姚秦三藏法师鸠摩罗什译"，即入经文，用三十二分本。共三十二叶(六十四面)。卷末有"《补阙陀罗尼》"。全书软体仿赵字，无刊刻年月，以扉叶画图审之，应是复元刊本，文字似与巴黎国民图书馆藏晋天福十五年(949)曹元忠刊《金刚般若波罗蜜经》(P4515)相同，但前无《净口真言》及《安土地真言》等，而直入经文。

1934年得此本于德胜门晓市一商贩处，当时颇认为精好，归来细审之，觉书末所镂五宝刀痕不甚整齐，似是复制者，且图画拘谨致失形。前面扉叶画亦似同此病，因无原书，无从比较。

元刊本《金刚般若波罗蜜经》

2.明永乐年间内府刊本典籍

《诸佛世尊如来菩萨尊者名称歌曲》跋

中国的歌曲与音乐，在过去，是联系在一起的，彼此相辅相成。如果单独只是歌曲的吟唱，会使听者感到有意义而少韵味；如果只是音乐的演奏，则又会使人感到有韵味而缺乏意义。所以在唐代，不论是歌诗抑或是曲子词，总是要用音乐伴奏，而单纯作音乐演奏则是稀有的。除了琴、瑟之外，其余似乎不多。原因很简单，中国一些音乐，它是先有演奏的曲谱，这就是固定的曲调，作家依照固定方式的曲调，填写文字成为歌曲，然后始予演奏。一个曲调，由于歌曲文字不同，它可以翻来覆去地使用和演奏，听者并不厌其重复。假如这曲调单独用作演奏，这种重复是不可能的。因之，中国在过去，只有撰词的作家，从来不知曲调的创作者是谁。可以想像，这些曲调基本是从民间产生的，它没有创作者。歌曲的吟唱却千变万化，各有不同，而曲调总是那么简单地在重复着。

从元代起，中国音乐开始分为南曲、北曲，所有曲调，总数大约有数百个，在南曲、北曲中，有某些曲调又是彼此相同的。虽然有这些数目，但这中间还有一些是不经常使用的，习惯使用的只是其中一部分曲调。

既然音乐限制在一些曲调上，所以支撑音乐的演奏是靠文词来发舒，而很少能使音乐自己独立地靠器具发挥所长，像欧洲的音乐用小提琴、钢琴、小号、口琴等演奏作曲家专作的乐章。这是中国音乐与欧洲音乐不同之点。因之它的功能，只是利用这些曲调，如果为朝廷祭祀或某种庆典撰写出诗歌乐章，它即成为宫廷音乐或殿堂音乐；如果是与道教拜忏、荐醮的歌词配合，则成为道教音乐或宫观音乐；佛教自魏、晋以来，就讲究唱诵，首先开辟的鱼山梵呗，随后经忏流行，因之僧徒吟唱也靠音乐来配合，就成为佛教音乐或寺庙音乐。另外还有民间流行的作品，从婚丧喜庆所歌唱，一直到妇女小儿所欢喜的俗曲，这是民间音乐。虽然种类大致可分为四种，但所使用的曲调都是固定的。

称诵佛菩萨名号，在佛教修持上是一种功德，所以在佛经中，即有好几本佛名经，在中国撰述中，也有如辽释德云所撰《大藏诸佛菩萨名号集》等著作。明成祖在永乐年间，也利用当时流行的曲调编撰了一部称诵一些佛、世尊、如来、菩萨、世尊名号及劝人行善的歌曲集，名曰《诸佛世尊如来菩萨尊者名称歌曲》，他是利用固定的曲调编撰了这些歌曲，用意是使人们加深信仰，舍恶从善，以之代替一些市井流行的庸俗歌曲。

全书分两组，北曲一组，南曲一组。北曲一组为五节，佛名称歌曲、世尊名称歌曲、如来名称歌曲、菩萨名称歌曲、尊者名称歌曲；南曲一组四节，少世尊名称歌曲一节。书的最后一部分用〔四季莲花乐〕和〔频伽音〕(又名〔叫街声〕)编撰了大量〔普法界之曲〕和〔弘利益之曲〕，劝人行善修德。

因为这些曲调在当时是极为流行的，所以书中只有曲词而无曲谱，曲调名称也被改成具有佛教意义的，如〔清江引〕被改为〔证圆融之曲〕，〔水仙子〕被改为〔广善世之曲〕，〔满堂春〕被改为〔仰鸿慈之曲〕等。不过它还是把原来南曲、北曲旧名附注于下，以便使用时识别。

这里总共使用了南北曲调三百四十多个，北曲调名有二百二十七个，南曲调名一百二十一。有的是单独的，但也有几首套曲，如南曲之〔法威德之曲〕、〔信本觉之曲〕、〔冥寂照之曲〕、〔超无漏之曲〕、〔断知见之曲〕、〔示法空之曲〕、〔成善趣之曲〕、〔一乘圆之曲〕，即南曲〔合笙〕、〔调笑令〕、〔道合〕、〔秃厮儿〕、〔鲍子令〕、〔圣药王〕、〔梅花酒〕、〔余音〕组成的套曲；如北曲〔广善缘之曲〕、〔利一切之曲〕、〔普尘刹之曲〕、〔朗混融之曲〕，即北曲之〔后庭花〕(又名〔雨天花〕)、〔青哥儿〕、〔调觉儿序〕、〔尾声〕套曲。我们从排列上即可看到散曲与套曲安排是不同的。

在北曲部分，内中有些是从未一见的曲调名，如〔底里曼〕、〔忽赛尼〕、〔阿纳恕〕、〔忽都白〕、〔倘古歹〕、〔兀沙格〕、〔也不罗〕、〔木海叶儿〕、〔葛儿打你叶〕、〔纳木儿赛罕〕、〔哈剌那阿孙〕、〔尔木儿塔塔〕、〔拍儿答亦剌思〕、〔兀出千底里曼〕、〔也都苦巴里迷失〕等，显然都是元代北方流传的蒙古地方的俗曲调名，据刘欢民《佛曲遇见记》(《文物》1987年第10期)记载，云〔也不罗〕应译为〔去也〕，其他尚未得其解。由此可见，元代一些民间俗曲流行于北京地方的，并不仅止汉语曲调。所可惜的，这些曲调并没因为这本佛曲集而把谱子传留下来。

《诸佛世尊如来菩萨尊者名称歌曲》中使用了大量南北曲调，这些都属于民间曲调，但也保存了佛教专用曲调，就是在开头使用的〔华严海会之曲〕及〔金字经之曲〕两个。这两个曲调，在本书中并不像其他一些曲调，在使用新定名之"×××之曲"后，注有"即×××"字样，而是光秃秃的未加注脚。可见这两个曲调，是佛教音乐专用的，并且在书的后部〔五供养〕标题下，注明"即〔华严海会之曲〕"，虽然后来〔金字经〕在一些宝卷中看见使用，但由此证明，像〔华严海会之曲〕及〔金字经之曲〕，在明代初年，是佛教专有的曲调。这是值得注意的。

《诸佛世尊如来菩萨尊者名称歌曲》一巨册，未题编人姓名，书前序文亦未署名。此书后来收入《北藏》，改名为《诸佛世尊如来菩萨尊者神僧名经》，列于"云"字至"门"字号，析为四十卷。崇祯年间编刻《嘉兴藏》，也收入第一八八函。近代《频伽藏》、《弘教藏》俱收入，都列在"霜"字帙。书前序文署作"永乐十五年(1417)四月十七日"，盖即成书之日。

明成祖很重视这部书，曾经几次刊刻刷印，并累次派人赍书分赴各地散施，实际是为推广这部书。第一次是永乐十七年(1419)五月，派人去五台山散施，据说当时曾有祥瑞感应，明成祖为此特别编制了长篇《感应歌曲》以记其事，并还特别作了《御制感应序》。第二次是当年十一月，又派人赍书至淮安散施，也获有瑞应，他再一次编制《感应歌曲》，第二次撰写了《御制感应序》，一齐补刻在书后，刷印散施。第三次刷印是永乐十八年(1420)初，明成祖于正月初一重写了《后序》。第四次是这年四月，派人赍书往河南、陕西散施；又在他生日那天，在北京宫中大善殿散施，也有瑞应，于是第三次编撰《感应歌曲》，写了第三篇《御制感应序》，一齐刊印在书后。这是根据这些《御制感应序》知道的。以这么一本歌曲集，乃如此再三再四编撰《感应歌曲》并前后写了六篇序文，其重视可知。

这部佛曲，刘欢民同志曾在《文物》1987年第10期中把他在张掖大佛寺所见大、小两种版本加以介绍，从书影审之，是与这版本不同的，张掖本最后部分〔四季莲花乐〕只二十篇，八十首，而此本则为五十八篇，一百三十二首，〔频伽音〕下则未注篇数，只云为三百三十首，而此本则标明为一百九十九篇，一千七百九十四首，可见张掖藏本应在此本之前，估计是永乐十五年至十七年间之初刻的两种版本。

这本佛曲，虽经明成祖大力推广，但这些曲文终究既无意义，又颇难上口，有的又颇冗长而且是说教，因之无法保留于寺庙或民间，所以不久也就绝迹，也不见于各处传习，消灭而无闻。不过它虽不再被人们提起，可是北方寺庙佛教音乐，实有赖于它的影响而保存下来，北京智化寺以及山西五台山的佛教音乐，应该和它有密切关系。因之，《诸佛世尊如来菩萨尊者名称歌曲》实为研究佛教音乐一本重要的书，也是一本明代早期的佛教歌曲的结集，从这里可以考见佛教音乐在元末明初时期一些实际情况。

《大悲观自在菩萨总持经咒》跋

袖珍梵夹本，每面四行，行十四字。白棉纸印。首永乐十年(1412)五月初六日《御制大悲总持经咒序》，次《御制经牌赞》，全同《圣妙吉祥真实名经》所镌，惟尾部纪年改为"永乐十年五月初六日"，与前面《序》文同年月，可证此本刊刻于十年。次图一帧，占两面，极精细，所镂绘即经文"一时佛在波怛嗻山圣观自在宫与无量无数大菩萨俱。乐时圣观自在菩萨于大众中起，合掌恭敬白世尊言"之像。次经文。末尾镌韦驮像。

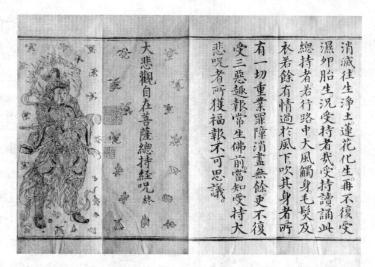

《大悲观自在菩萨总持经咒》

《仁王护国般若经陀罗尼》跋

　　袖珍梵夹本，每面四行，行十四字。与《敬礼圣佛母般若波罗蜜多心经》、《吉祥赞》同卷。《心经》卷前似应有图像，已佚。《陀罗尼》在《心经》后，前有图像，占四面，镂绘佛为波斯匿王说法图。最后为《吉祥赞》，赞前无图像。最后卷末镂韦驮像。

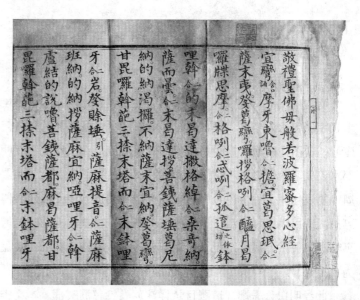

《仁王护国般若经陀罗尼》

《妙法莲花经》

《妙法莲华经》跋

梵夹本，残存首册。每面五行，行十五字，白棉纸印。首永乐十八年(1420)四月十七日《御制大乘妙法莲华经序》，次《御制经牌赞》，亦即《圣妙吉祥真实名经》中所镌者，但署款年月"永乐九年七月十五日"改为"永乐十八年四月十七日"，盖刻经年月。次图像，占五面，绘如来于耆阇山中与大阿罗汉阿若恃陈如、摩诃迦叶、无量等众演说大乘真经之像。次经文。

这些图像，当是宫廷中画师高手作品。自从唐代吴道子创造了细纹白描，使画的艺术在石刻、木刻上都能表达出来。这种画法与泼墨画法成为中国画法上两大技艺。

《灵宝天尊说洪恩灵济真君妙经》跋

明内府刊本《灵宝天尊说洪恩灵济真君妙经》，经折本，一帙。每面五行，行十五字。首永乐十八年(1420)正月初一日明成祖《御制灵宝天尊说洪恩灵济真君妙经序》。次图像两面，据经中所叙即"灵宝天尊在大罗天上五明宫中，……时有斗中、都水二使者，左执青节，右仗黄钺，侍立帝前"。及二仙"下降人间，……甲子一周，复还任职，……锡号……'九天金阙明道达德大仙显灵溥济清微洞玄冲虚妙感慈惠护国庇民洪恩真君江王'、'九天玉阙宣化扶教上仙昭灵博济高明弘静冲湛妙应仁惠辅国佑民洪恩真君饶王'恭对圣慈"之像。镂刻精细，具见当时工艺水平。经卷末为灵官像。

此经明白云霁撰《道藏目录详注》卷二《洞玄部·本文类》"人"字号著录，但注文云："永乐十八年正月十一日颁有《御制灵济真君序》文。""十一"当是"初一"之误。

奉祀灵济真君在明代是一桩大典，见《明史》卷五十《礼志》四"京师九庙"条：

> 京师所祭者九庙：……洪恩灵济官祀徐知证、知谔。永乐十五年(1417)立庙皇城之西，正旦、冬至、圣节，内阁、礼部及内官各一员祭；生辰，礼部官祭。

此事又见同卷载弘治元年(1488)礼科张九功奏：

> 金阙上帝、玉阙上帝者，志云：闽县灵济官祀五代时徐温子知证、知谔，国朝《御制碑》谓太常尝弗豫，祷神辄应。因大新闽地庙宇，春秋致祭。又立庙京师，加封金阙真君、玉阙真君。正统、成化中，累加号上帝，朔望令节俱遣官祀，及时荐新，四换袍服。……神父圣帝、神母元君及金、玉阙元君者，即二徐父母及其配也。宋封其父齐王为忠武真人，母田氏为仁寿仙妃，配皆为仙妃。永乐至成化间，屡加封今号。

此事又见《明史》卷二九九《方伎传》：

> 礼部郎周讷自福建还，言闽人祀南唐徐知谔、知海，其神最灵。帝(成祖)命往迎其像及庙祝以来，遂建灵济官于都城，祀之。帝每遘疾，辄遣使问神。庙祝诡为仙方以进，药性多热，服之辄痰壅气逆，多暴怒，至失音，中外不敢谏。忠彻(袁珙子)一日入侍，进谏曰："此痰火虚逆之症，实灵济官符药所致。"帝怒曰："仙药不服，服凡药耶？"忠彻叩首哭，内侍二人亦哭。帝益怒，命曳二内侍杖之，且曰："忠彻哭我，我遂死耶！"忠彻惶惧，趋伏阶下，良久始释。

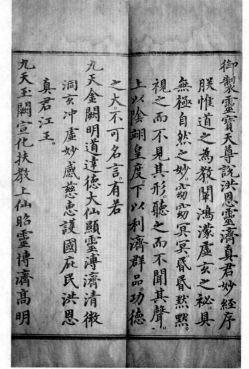

《灵宝天尊说洪恩灵济真君妙经》

至于灵济真君的历史，则见于《明大

政纂要》卷十五永乐十五年(1417)三月，载之颇详：

> ……建洪恩灵济宫于北京，祀徐知证及其弟知谔。初，其父温事杨行密。及温没，养子徐知诰代杨氏有国，封知证为江王，知谔为饶王。尝帅兵入闽靖群盗。闽人德之，为立生祠于闽县之鳌峰，累著灵应。宋高宗敕赐额曰"灵济宫"。入国朝，灵应尤著。上闻之，遣人以事祷之，辄应。间有疾或医药未效，祷于神，辄奇效。至是命立庙北京皇城之西，赐名"洪恩灵济宫"，加封知证为"九天金阙明道达德大仙显灵溥济清微洞玄冲虚妙感慈惠护国庇民洪恩真君"，知谔为"九天玉阙宣化扶教上仙昭灵博济高明弘静冲湛妙应仁惠辅国佑民洪恩真君"，王爵如故。仍命礼部新鳌峰之庙，春秋致祭。给洒扫五户。

这里说明神的来由，所记与《明史》有所不同，不是由周讷建言，而是由"上闻之，遣人以事祷之，辄应"而来的。但据《英宗实录》正统元年(1436)正月《御制洪恩灵济宫碑》文，则是这样说：

> 神之先，……盖出颛顼之后，封国于徐，至偃王，修行仁义，得国人心，致子嗣之繁。逮神伯仲，皆南唐义祖忠武皇帝之子，伯封江王，仲封饶王。初奉命守金陵，后俱奉命帅师入闽。爱民之至，民用慕戴，建生祠于金鳌峰之北，图像致敬，如严父焉。……我皇曾祖太宗文皇帝临御，常梦二神言：南处海滨，来辅国家。上异之，明日，适有礼官言闽中灵济二真君事，正符所梦，遂专使函香迎请神像至于北京，而于皇城之西南作洪恩灵济宫以奉祀事，因神旧号，加以徽称。惟神至仁，有祷辄应，岁时荐祭，式丰以严。

上文所言"礼官"盖即周讷。《明史·方伎传》所载前段少"常梦二神"一事。

据明英宗正统元年《御制洪恩灵济宫碑》文，谓为"因神旧号，加以徽称"，应是指《明大政纂要》所载加封知证为"九天金阙明道达德大仙显灵溥济清微妙感慈惠护国庇民洪恩真君"，知谔为"九天玉阙宣化扶教上仙昭灵博济高明弘静冲湛妙应仁惠辅国佑民洪恩真君"事，但此徽号实见于经文之中：

> ……蒙天尊嗟悯之仁，体太上好生之德，使一切善男善女，知身性命，皆凭道生，忠孝仁义，了悟此因。能于三元八节、三会五腊、庚申甲子、本命之日，焚香修斋，如法供养，冥心向北，稽首礼念：九天金阙明道达德大仙显灵溥济清微洞玄冲虚妙感慈惠护国庇民洪恩真君江王、九天玉阙宣化扶教上仙昭灵博济高

> 明弘静冲湛妙应仁惠辅国佑民洪恩真君饶王，恭对圣慈，依经忏悔，不违真君之誓愿，各以忠孝仁义而立身，内可以增福延年，外可以消灾度厄。

以这样的"妙经"，必然是原有的经文，而偏载有明代所锡封的徽号，这就明显的是当时编造的伪书了。编造人之蠢，未免似乎无知！以成祖之英明，不会不明白这是一部伪经，如果不然，就是他授意编造的，但竟没发现用了新封的徽号，实在不可思议！成祖在《御制灵宝天尊说洪恩灵济真君妙经序》中除载有全部徽号，还说：

> 朕感神之惠，夙夜弗忘，万几之暇，因阅《灵宝天尊说洪恩灵济真君妙经》，显微玄奥，神化莫测，方便利益，拔济旷劫，诚烛幽之日月，而济海之舟航也。

《序》文居然如此为之宣扬鼓吹，难道故作此语以愚弄百姓？

《万历野获编补遗》卷四《真君封爵》条亦载二真君封爵徽号，全衔末作"……护国庇民崇福洪恩真君"、"……辅国佑民隆福洪恩真君"，比经文、御制碑文、《明大政纂要》多"崇福"、"隆福"字样，不知何时所增？不过正统时尚未见用，说明是在正统以后所加的。

明代祀灵济真君是大典，其灵济宫所在地必然遐迩闻名。据蒋一葵《长安客话》卷二《朝天宫》条：

> 庆寿寺，亦名大兴隆寺，在禁墙西。……灵济宫与庆寿寺前后相望。……宫祀灵济二真君，一号"金阙真君"，为徐知训；一号"玉阙真君"，为徐知询；即五代徐温二子。世传成祖有疾，尝梦二真君进药，故崇祀之。其像木胎，有机可以伸缩。其配号"金阙仙妃"、"玉阙仙妃"。每岁圣诞及元旦、冬至，并遣太常行祭。及仙祀(妃)诞辰，祭如之。月朔、望则本宫住持祭焉。四季更换袍服。每六年，太常寺属官一员赍袍服至福州灵济宫披挂。闽闽县城外旧有灵济宫，创自前代，则二真君之祀，固不自国初始也。

这里二真君一名"知训"，一名"知询"，又与前文不同，大概是辗转抄录之讹。所谓"禁墙西"，乃指宫城外围之宫墙，其地点当在今中南海墙外稍西地方，原有双塔，即庆寿寺故址，文中"与庆寿寺前后相望"，则灵济宫当在其北，与《明史·礼志》及正统《御制碑》文所述合。今西城区府右街中间路西有灵境胡同，旧名灵清宫，近人陈宗蕃《燕都丛考》引《顺天府志》："灵清宫即灵济宫，济呼为清，声之转也。"灵济宫既占如此重要的地位，其建筑自必宏伟壮丽，据明沈榜《宛署杂记》卷十八载：

> ……正为玄都紫府，前后二殿，中为穿堂，前为轩。后殿左右为无极、通灵二殿，前殿东西列威灵、明阐、显佑、高玄四殿，殿各翼以画廊。殿之前为大阐威门，旁东西又辟门二，前列碑亭四、钟鼓楼二；琉璃砖纸楼二，又前为天枢总门，旁东西亦辟门二。又前为山门，匾曰"洪恩灵济宫"。旁东西亦辟门二，内列云板、钟亭二、旛竿二、井亭二、门房二、神库二、厨一，法堂、道房、方丈，东西以间计，总三百五十有奇。周围缭以坚垣，以丈计，长八十三又五丈，广五十七又八丈。山门外"蓬莱"、"阆苑"二牌坊东西对峙。南蔽高垣，延袤五十七丈许。垣之南为灵济、桃源堂，堂庑房舍若干楹，亦缭以垣。凡幢、法器、供具所宜有者，莫不完备。

建筑如此宏敞，自非一般寺观庙宇所可比拟。而这部经更由内府刊刻，显然是与众不同。

从刊本来说，这个本子应该是这部伪经的最早刊本。板刻精好，尤以书前扉画为最，其工致自与明代一般书坊所刻迥然不同，具见内府工艺之精湛焉。

《新刊武当足本类编全相启圣实录》跋

这是一本很珍贵的书，板刻之细，印刷之精美，审之当是明内府刻本，在明刻一些书籍中，允推上选。现存只北京图书馆藏一本，见1952年《中国印本书籍展览目录》，内容是道教徒为宣扬武当山玄天真武之神的灵迹而编造的，分前、后、续、别四集。

此书当刻于明永乐年间，应该在明成祖营造武当山道观工程完成的时候。在《永乐大典》卷二八一〇梅字韵中已收有《启圣实录》，可见成书颇早。全书共百面，前十八面前图后文，所绘为永乐十年(1412)七月十一日(见书首《黄榜争辉》所绘黄榜，王棨等纂《大岳太和山纪略》作十一年)敕命隆平侯张信、驸马都尉沐昕率领军夫二十万修建工程这一段期间所出现的一些灵异事迹，其目次如下：

(1)黄榜争辉
(2)黑云感应

(3)骞林应祥

(4)榔梅呈瑞

(5)神留巨木

(6)水涌洪钟

(7)玄帝圣号

(8)天真显现　　　　永乐十一年(1413)五月二十有五日

(9)天真显应　　　　永乐十一年五月二十有五日

(10)圆光显应　　　　永乐十一年五月二十有六日

(11)天真显应　　　　永乐十一年六月二十有一日

(12)天真显应　　　　永乐十一年八月十有七日

(13)天真显应　　　　永乐十一年八月十七日前光中再现

(14)天真显应　　　　永乐十一年八月十七日日光中三现

(15)天真显应　　　　永乐十一年八月十七日日光中四现

(16)天真显应　　　　永乐十一年八月十七日日光中五现

(17)天真显应　　　　永乐十一年八月十九日

(18)天真显应　　　　永乐十一年八月十九日复现

　　图十八幅，列于前集之首，后来单行编为《大明玄天上帝瑞应图录》一卷，收入明正统《道藏》"流"字号，删去《玄帝圣号》一品，共十七图。余八十二面为上图下文，形式全同元至治刊本《全相平话五种》，故事历叙玄天上帝真武之神从出生以迄后来各种灵验事迹，盖仿《释氏源流应化事迹》而编造的，以二十面或二十一面为一集。这一部分后来改编为八卷，名《玄天上帝启圣录》，亦列在《道藏》"流"字号，但在《道藏目录详注》中误为六卷。

　　图刻极精，字作软体，白棉纸印，作蝴蝶装。因背脊散裂，被人从书脑处以线重钉，而由书口处两分之，遂使全书无一整叶。经重新修复，始得恢复原貌。

　　武当山是湖北地方名山，古称"太上山"、"太和山"，北通秦岭，南接巴山，绵亘四百余里，道教认为左青龙而右白虎，前朱雀而后玄武，武当山适在玄武之位，所以它是一处圣地。据《大岳太和山志》载，早在唐贞观年间，即于山中修建五龙祠，宣扬道教。道教形成于东汉晚期，尊张道陵为创始人，奉老聃为教主，但武当山则祀玄天上帝真武之神，据说武当山就是由"非真武不足以当之"而得名的。宋、元时期，道教建筑逐渐增多，到了明代，在成祖(朱棣)靖难誓师祭纛时，只见"被发而旌旗者蔽天"，成祖以问道衍，道衍答是北方之神玄武帝，"于是成祖被发仗剑相应"(明李贽《续藏书》卷九)，后来靖难功成，特为之修建武当山道观，首先在"黄榜"上详细提出：

> 皇帝谕官员军民夫匠人等：
> 武当天下名山，是玄天上帝真武之神修真得道显化去处，历代都有宫观，元末被乱兵焚尽。至我朝，真武阐扬灵化，荫佑国家，福庇生民，十分显应。我自奉天靖难之初，神明显助威灵，感应至多，言说不尽。那时我已发诚心，要就北京建立宫观。因为内难未平，未曾满得我心愿。我即位之初，思想武当正是真武应化去处，即欲兴工创造，缘军民方得休息，是以延缓到今。如今起发军民去那里创建宫观，报答神惠，上资建扬皇考皇妣，下为天下生灵祈福，……

还有他两次为真武庙作的碑文上也提到：

> 北极玄天上帝真武之神，其有功德于我国家大矣。朕肃清内难，虽亦文武不二心之臣疏附先后，奔走御侮，而神之阴翊默赞，掌握枢机，斡运洪化，击志鞭霆，……迹尤显著，神用天休，莫能纪极。(永乐十三年明成祖《御制真武庙碑》，《道藏》洞神部记传类)
>
> 朕起义兵，靖内难，神辅相左右，风行霆击，其迹甚著。暨即位之初，茂赐景贶，益加炫耀。(永乐十六年成祖《御制大岳太和山道宫之碑》，《道藏》洞神部记传类)

为报答神庥，所以在武当山大兴土木，据《永乐实录》，凡为殿堂、门庑、享堂、厨库千五百余楹，拥有八宫二观、三十六庵堂、七十二岩庙、三十九桥、十二亭的宏伟壮观的庞大建筑群，中心的"天柱峰顶冶铜为殿，饰以黄金，金范真武像于其中"。这座真武大帝的铜铸鎏金像竟达一万余斤。武当宫的造成，《明史·方伎传》说"费以百万计"，可见是花了多大力气修建这座宫观的。据《酌中志·内府职掌纪略》载，武当山还派有镇守太监"经营本山香火、羽流"。镇守太监，明代在全国只设有六处(南京、天寿山[明代陵寝]、凤阳、湖广承天府、北京各城门，此外就是武当山了)，可见对之是何等重视。显然这本书就是配合这次修建编造刊刻的，所以可以定为永乐年间刊本。

武当派由于成祖这样大力崇奉，遂一跃而在道教中占一重要流派地位。这位玄天上帝真武之神的源流，据《明史·礼志》载周洪谟疏：

北极佑圣真君者，乃玄武七宿，后人以为真君，作龟蛇于其下。宋真宗避讳，改为真武。靖康初，加号佑圣助顺灵应真君。《图志》云："真武为净乐王太子，修炼武当山，功成飞升，奉上帝命镇北方，被发跣足，建皂纛玄旗。"此道家附会之说。

这前、后、续、别四集《启圣实录》正是宣扬这些附会之说的。

不过从一些迹象来说，这部《实录》并不是随便任何人可以编造出来的，它没有一定之背景是不能的，尤其这样的刊刻，显然得到大力者的支持。从刻工审之，颇类内府刻本。

3.明代皇帝、贵妃、公主所印佛教典籍

《佛说观世音菩萨救苦经》(等五种)跋

经折本，一帙，黄绢面，帙面题签作"佛说观世音菩萨救苦经"，下有注两行"《解百年冤经》、《消灾经》《宝积经》、《高王经》"。

开卷镂观音解救各种灾难之像，大概可以算作《观音变》，虽然雕刻很粗糙，却是很少见的。占三面。次"皇帝万岁万万岁"龙牌。所刻内容为《佛说观世音菩萨救苦经》、《佛说解百生冤结陀罗尼经》、《佛说消

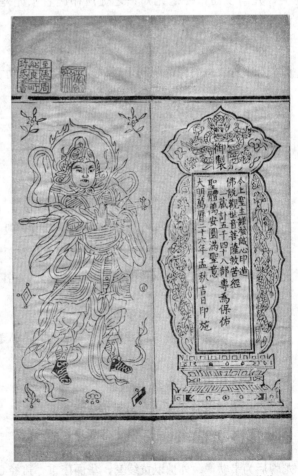

《佛说观世音救苦经》

131

灾吉祥陀罗尼经》、《佛说大藏宝积经》、《佛说高王观世音经》、《消除万病神咒》、《断温(瘟)神咒》，每面五行，行十五字。末后一龙牌，题作：

> 今上圣主谨发诚心印造
> 佛说观世音菩萨救苦经
> 　一藏计五千四十八部专为保佑
> 圣体万安圆满圣意
> 大明万历二十六年孟秋吉日印施

最后韦驮像一帧。

既然是"圣主谨发诚心印造"，不知为什么不安排经厂刻印，而且所选刻经文，几与乡曲市民毫无知识之徒所印施者了无差别，以"今上圣主"论，则未免陋而又陋矣。

从卷后所附两咒语审之，大概当时圣体欠安，可能认为是秋瘟，于是由亲近人动议倡印此经，并将咒语附刊于后，以为向皇帝邀功之证。

《出相观世音菩萨普门品经》跋

梵夹本，每面四行，卷首有《如来说法图》，占六面；次为二金刚力士像，占两面。卷中有大小插图四十幅，雕镂颇精，不取一般上图下文形式，而为图置文中，颇具宋代风格。其"咒诅诸毒药"面，其左下角有题款作"优婆塞沙福智"，疑是镂板人名氏。经后有《劝念〈普门品经〉记数图》，占四面。末有龙牌一，文云：

> 当今皇帝谨发诚心印造出
> 相观世音菩萨普门品经一藏计五千四十八卷
> 专为保佑
> 圣体万万安增延
> 万万寿消灾保安凡向时中吉祥如意
> 大明万历壬寅年二月吉日印施

龙牌后为韦驮像。外护以黄绫套，华丽庄重，盖经心之制也。

《观世音菩萨普门品经》又称
《观音经》，一作《普门品经》，它
是将《妙法莲华经》第七品《观世音
普门品》抽出别行的，主要是宣说观
世音菩萨之示现神通，宣导人们相信
佛、菩萨之功力，在过去一向有人捐
资刊刻，偏重于劝善及相信因果报
应，在一些"善书"中最为上品。印
施者号为"做功德"，出资者或为祷
求子息，或为祈免灾殃，或为祝愿长
寿，或为求财发福，都在刊本尾部记
之。他们以市民阶层为多，在社会上
层人物中已经少见，像这样出于"当
今皇帝"可以说绝无仅有，因为他无
求而不得，何希求于此渺茫之神祇。

　　过去皇帝并不是不刊刻经书。历
代一些"大藏经"，几乎全是皇帝诏
旨刊刻的。在明代尤其重视，所刻经
书极为典雅，开卷扉画工细异常，字
体端丽。扉画之后继之以韵语赞词，
以祷祝风调雨顺、国泰民安，而从无
像此卷近于市民祈愿式之题记。盖中
国传统封建君王所祈求者，应是对于
国家、臣民有利之事，至于皇帝本身
之安康，只能出于臣民之祈祷，始为
得体。这种作法即封建时代所谓"君
君、臣臣"的道理。像这卷《观世音
菩萨普门品经》本是一本市民阶层印
施的善书，且用"出相"是为乡愚而
设者，尤为失体。加以所企求者乃自
身平安长寿，则与一般市民又复何异！

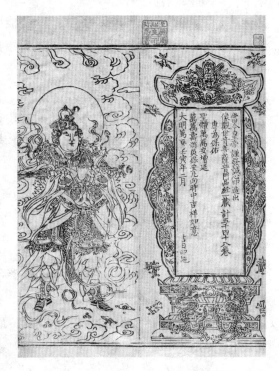

《出相观世音菩萨普门品经》

《出相观世音菩萨普门品经》

133

皇帝对于臣下分发物品，统称为"赐"，不能用"施"，所以这篇题记，实为大失体统。其中还有错误，如"像"字是不应转行抬头的，更说明经办者连封建制度的常识也毫无所知。也许是奉承阿谀之徒，偶因皇帝一时不豫，遂倡议印经乞佑，以致造成这个不伦不类的样子。

"万历壬寅"为三十年(1602)，当时佛教盛行，尤其在李太后的倡导下，很多人会想出一些主意来阿谀奉承皇帝的。北京很多寺庙都是在这一时期兴建的。

《太上玄灵北斗本命延生真经》跋

明万历四十三年(1615)九月御制印造本，经折装，每面六行，行十七字。

首太上老君授张道陵《北斗延生经》图，次"皇帝万岁万万岁"龙牌，次《持经诀要》，次《延生真经》经文，末又有龙牌，最后为赵、王两灵官像(一般只一灵官，此式不多见)。

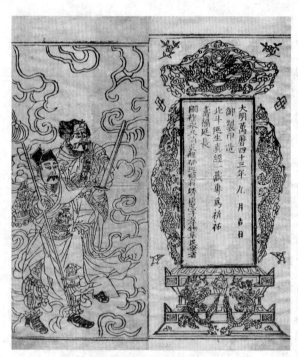

《太上玄灵北斗本命延生真经》

此道家经，见明白云霁撰《道藏目录详注》卷四洞神部本文部"份"字号著录：

> 《太上玄灵北斗本命延生真经》，与《清静》四经同卷。汉桓帝永寿元年正月七日，太上降蜀临邛，授天师张道陵《北斗延生经》一卷。上则有飞神金阙，中则有保国宁家，次则有延龄益寿，祈祷灾福养生之诀。昭著幽微，靡所不载。

从经文内容观之，盖阐明北斗七元君能消解诸般灾厄之功能者。俗传北斗司命，盖即由此。

卷末龙牌题记为：

大明万历四十三年九月吉日
御制印造
北斗延生真经一藏专为祈祐
寿福延长
国祚永久消灾起福迪散祥臻
臣忠子孝物阜民安者

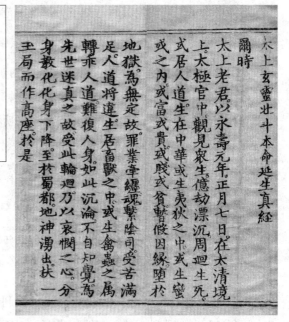

《太上玄灵北斗本命延生真经》

考万历四十三年是神宗时代政治动荡比较严重的一年。这年三月朔日食，封建帝王认为是最不祥的事故，夏天又普遍荒旱，八月山东尤甚，加以河套诸部犯延绥。由于这些灾祸，所以神宗印造此经，祈求北斗元君垂祐。其时政治斗争已很激烈，梃击事件已经发生，神宗感到自己命运岌岌可危，只有求助于神，希求"消灾起福"，"臣忠子孝"，消患于无形。

明郑贵妃刻《佛说观世音菩萨救苦经》跋

　　明代万历年间，宫廷中一位重要角色，就是神宗皇帝的宠妃郑贵妃。当时一些政治斗争几乎都牵涉到她，使她成为中心人物，其中储位之争就是由刻书引起的。

　　郑贵妃本是一乡村平民之女，由于偶然的机会，被选入宫。万历十一年(1583)，一些太监及公差在四处张罗选妃，巡查至大兴地方，听到民户因娶亲哄闹，女家嫌男家彩礼菲薄，阻挠婚事进行。太监前去观看，发现民女形态颇合选妃标准，因携入宫中，进与皇帝，当时她刚刚只有十四岁。神宗朱翊钧一见洽意，大加宠幸，于万历十二年(1584)封其为德妃。万历十四年(1586)又因生了皇三子常洵，破例被晋封为皇贵妃，使得她野心愈盛，阴谋立己子为皇太子，成为帝位的继承人。这事已经邀得皇帝同意，但由于太后的催促，外廷群臣的压力，神宗在这种情形下，不得已只好立长子常洛为皇太子。郑贵妃其时适刻了一部《闺范图说》，因而引起轩然大波，据《明史》卷一一四《后妃列传》二《郑贵妃传》：

> 侍郎吕坤为按察使时，尝集《闺范图说》，太监陈矩见之，持以进帝。帝赐妃，妃重刻之。坤无与也。二十六年秋，或撰《闺范图说跋》，名曰《忧危竑议》，匿其名，盛传京师，谓坤书首载汉明德马后由宫人进位中宫，意以指妃；而妃之刊刻，实藉此为立己子之据。

认为刻书是为迫害皇太子，遂酿成"妖书"之案。

据明沈德符《万历野获编补遗》卷三《戊戌谤书》条云：

> 吕新吾司寇初刻《闺范》一书，行京师未久，而皇贵妃重刻之，且为之序。光艳照一时，朝士争购置案头。……今……贵妃所刻原书，……世已不多见矣。

据《万历野获编补遗》所载郑贵妃《重刊闺范序》，知《闺范》重刊于万历二十三年(1595)七月间。《野获编》成书于万历三十四年(1606)，《闺范》"已不多见"，可知当时流传并不很广。这是一部"光艳照一时"雕镂颇精而且是有图画的书。她的序文一定能反映她当时思想，一定很有历史意义。可惜今天已难看到。不过现在另有她所刻的佛经流传下来。

经名《佛说观世音菩萨救苦经》，梵夹本，一卷。绿绫平金织锦面，绿地朱纹织锦底，装潢极考究。外函用黄绫平金织锦所制，面一签，题作《佛说观世音菩萨救苦经》，楷书。五色绢带束之。檀木签。中间一签与函套所题同，开卷为观音盘膝居于岩石之像，凡两面，镌刻平常，与装潢极不相称。

封面虽题作《佛说观世音菩萨救苦经》，全册实为四经，除《佛说观世音菩萨救苦经》(六面)外，另三种为：1.《佛说消灾吉祥陀罗尼经》(十面)，一名《大威德消灾吉祥陀罗尼经》，亦名《消灾吉祥经》，唐不空译，明《南藏》"恩"函、《北藏》"之"函、清《龙藏》"之"函俱收之；2.《佛说大藏宝积经》(十面)，乃从《宝积经》中摘录之一段；3.《佛说解百生冤结陀罗尼经》(四面)，北京图书馆藏敦煌卷子〔推〕字九一号有《解百生冤家陀罗尼经》，疑即此经，日本《大正新修大藏经预定目录》曾拟收之。卷末龙牌上题"大明皇贵妃郑发心印施"字样。最后为韦驮像一帧，白色宣纸精印，但刻工似非宫廷工匠，颇为拙朴也。

这本小小施印的经卷，并没有刻印年月，当然没法推测。不过据最近新发现，由沈阳文物管理办公室和沈阳市文物工作队在清理沈阳塔湾辽代无垢净光舍利塔地宫时，发现一本《地藏菩萨本愿经》，经尾跋语云：

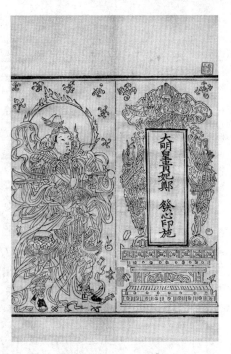

> 大明皇贵妃郑梦境谨发诚心许造
> 地藏菩萨本愿尊经一藏五千四十
> 八部伏愿
> 皇帝万岁皇三子增福延寿睿等春秋
> 凡向时中消灾吉祥如意
> 大明万历壬辰年印施

大明郑贵妃刻《佛说观世音菩萨救苦经》

从这里得知郑贵妃名"梦境"，为史料所不载。壬辰为万历二十年(1592)，也就是重刻《闺范》的前三年，时郑贵妃为二十三岁，生皇三子常洵的第七年。那么这本《佛说观世音菩萨救苦经》，也许就是同时印制的。

我相信这是郑贵妃用私蓄请人刊刻施舍的功德书籍，当时流行刻经赠人以为功德，不知郑贵妃听了什么人的建议而有此举，遂使世间留此一卷后妃刻的经卷，可算是书籍中之特殊珍品。本《经》大概为一般匠人刊刻的，终究是一妇女，又无刻书印书知识，想所使用之人不过无识太监，故用料甚好而书品不高。

明代万历初期，张居正当国，虽积累下一些财富，但到了万历后期，财政已经枯竭，国势也因之衰微下来。从这本小经的如此奢靡，也可看到当时宫廷中浪费的一斑。

《天仙玉女碧霞元君真经》跋

经折本，外套锦函。开卷镂天仙玉女碧霞元君像。正文每面五行，行十三字。白宣纸印。经末题"万历辛亥年，大明瑞安长公主施"。图板雕制不精。

这是一本伪托的经文，说观世音菩萨降世为天仙玉女碧霞元君，居泰山得道，能解救一切苦难，经文称可以"求风得风，求雨得雨，求男得男，求女得女，求富得富，求官得官，求财得财，求功名得功名；遇冤释冤，遇官讼释官讼，遇口舌释口

《天仙玉女碧霞元君真经》

舌"。所以印施此经，劝人奉行。

所谓天仙玉女碧霞元君，就是现在还在泰山极顶南天门碧霞元君祠所奉祀的那位女仙。其来历有种种传说。有人根据李斯随秦始皇封禅泰山，出玉女像于岱宗之巅，祀为"神州姥姥"，以及唐刘禹锡"久事元君住翠微"诗句，认为早在秦代，迟至唐代，碧霞元君即已被崇祀。到了宋代，真宗封泰山，在玉女池得一石像，命改石为玉，专建昭真祠以祀之，赐名"天仙玉女碧霞元君"，这是正式以"碧霞元君"作为神之始。

碧霞元君到明、清时代倍受崇敬，一般都尊称之为"娘娘"而不名，在北京环城四周几乎全有她的神祠。据清潘荣陛《帝京岁时纪胜》载："天仙庙：京师香会之胜，惟碧霞元君为最，庙祀极多，而著名者七：一在西直门外高粱桥，曰天仙庙，俗传四月八日神降，倾城妇女往乞灵佑；一在左安门外宏桥；一在东直门外，曰东顶；一在长春闸西，曰西顶；一在永定门外，曰南顶；一在安定门外，曰北顶；一在右安门外草桥，曰中顶。"实际这些还不是最盛的，众所极为崇敬者乃是妙峰山上之碧霞元君，每岁会期，凡百十万人不远数十里竞来进香，《帝京岁时纪胜》中却未予记载。还有，道教全真派天下第一丛林白云观中也供有碧霞元君，似乎这位元君等于佛教中之观音菩萨。

那么，瑞安公主之所以要印这部经的心愿也就可想而知。不过这部经编造得十分浅陋，完全是摹仿《观世音菩萨普门品经》而作的，恐怕只能哄骗乡曲小市民罢了。

皇帝之女为公主，皇帝姊妹为长公主，皇帝诸姑为大长公主。《明史》卷一二一《公主列传》："瑞安公主，神宗同母妹。万历十三年(1585)下嫁万炜。崇祯时，主累加大长公主。所产子及庶子长祚、弘祚皆官都督，炜官至太傅，管宗人府印。尝以亲臣侍讲筵，每文华进讲，佩刀直入。"可见瑞安公主不是当时一般的公主，身为皇帝胞妹，其丈夫、儿子都是当朝有权有势的人物。

万历辛亥为三十九年(1611)，为瑞安公主婚后之二十七年。据《明史》卷二一《神宗本纪》二，这年四月，京师旱，恬穀殿被焚；五月，广西、广东大水；六月，自徐州至京师大水。由于灾异累见，所以瑞安公主捐资印施此经，以祈神佑，不过偏偏印了一部伪托的经文。

这些刊本有皇帝印施之经，有贵妃印施之经，又有公主印施之经。这些施之经都出于万历一朝，由此可见朱明皇朝的国运，此时已经是在走下坡路了。

4.伪经

《大佛顶心大陀罗尼经》跋

《金瓶梅词话》里有一些丰富的资料，不论从宗教、文化、经济、社会、民俗哪一角度去探讨，都颇有研究价值。如第五十七回薛姑子劝西门庆印施《陀罗经》事：

> ……那薛姑子就说："我们佛祖留下一卷《陀罗经》，专一劝人法西方净土的。佛说那三禅天、四禅天、忉利天、兜率天、大罗天、不周天、急切不能即到。唯有西方极乐世界，这是阿弥陀佛出身所在，没有那春夏秋冬，也没有那风寒暑热，常常如三春时候，融和天气。也没有夫妇男女。其人生在七宝池中，金莲台上。……"西门庆道："那一朵莲花有几多大?生在上边，一阵风摆，怕不骨碌碌吊在池里么?"薛姑子道："老爹，他还不晓的。我依那经上说：佛家以五百里为一由旬，那一朵莲花好生利害，大的紧，大的紧!大的五百由旬，宝衣随愿至，玉食自天来。又有那些好鸟和鸣，如笙簧一般，委时好个境界。因以那肉眼凡夫不知去向，不生尊信，故此佛祖演说此经，劝人专心念佛，竟往西方见了阿弥陀佛，自此一世二世，以至百千万世，永永不落轮回。那佛祖说的好，如有人持颂此经，或将此经印刷抄写，转劝一人，至千万人持诵，获福无量。况且此经里面，又有护诸童子经咒，凡有人家生育男女，必要从此发心，方得易长易养，灾去福来。如今这付经板，现在只没人印刷施行。老爹：你只消破些工料，

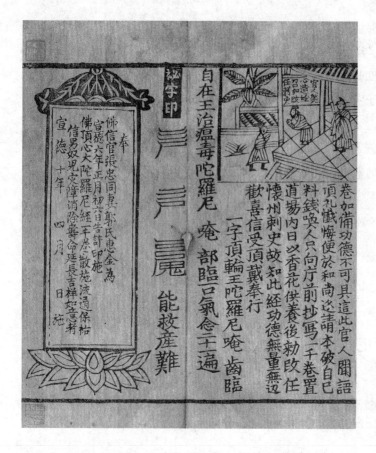

《大佛顶心大陀罗尼经》

印上几千卷，装钉完成，普施十方。那个功德，真是大的紧！"西门庆道："也不难，只不知这一卷经要多少纸札？多少装钉工夫？多少印刷？有个细数，才好动弹。"薛姑子又道："老爹：你一定发呆了！说那里话去？细细算将起来，止消先付九两银子，交付那经坊里，要他印造几千几万卷，装钉完满，以后一揽果算还他工食纸札钱儿就是了。却怎地要细细算将出来？"……且说西门庆听罢了薛姑子的话头，不觉心上打动了一片善念，就叫玳安取出拜匣，把汗巾上小匙钥儿开了，取出一封银子，准准三十两足色松纹，便交付薛姑子与那王姑子："即便同去，随分那里经坊，与我印下五千卷经，待完了，我就算帐，找他。"

西门庆为爱子、爱妾的病痛，听了薛姑子的宣教，被感动得舍了银子来印这部《陀罗经》。这部经的功用，在薛姑子嘴里说得神乎其神，所以起了作用。实际上，先不谈这部《陀罗经》是怎样一部伪书，单就这部伪经本身而论，薛姑子说的那套，经里哪有"那一朵莲花好生利害"一些事，被愚弄的人总是自己甘愿受骗。结果是薛姑子得到实惠，社会上流传一些被施舍的"善书"，还为薛姑子这样骗子继续开辟骗人的道路。

《佛顶心大陀罗尼经》，内容分三卷。上卷名《佛顶心大陀罗尼经上》，述观世音菩萨为救一切众生说《佛顶心陀罗尼》，说此陀罗尼已，天雨宝花，世人如能持诵或抄写，可以不堕地狱，可以转世得男身；凡人所思念希求诸事，皆可依愿成就。中卷名《佛顶心疗病救产方卷中》，谓难产或人遭重病时，可朱书此陀思尼及秘字印用香水吞之，当时分解。下卷名《佛顶心救难神验经卷下》，是讲此陀罗尼一些灵异事，从罽宾陀国、肢罗奈国，一直说到怀州县令事。由此可见此经乃中国编造，不过捏合《佛顶心陀罗尼》为一经耳。所谓"秘字印"，颇类道家符箓，当是由于民间相信符箓，遂被效法编入这部经里。我们从每卷所题经名看，便可明了此经宣传的对象，主要是针对妇女来的，它抓住一般妇女最容易被触动的地方，就是生产，它不单是一场痛苦，并且甚至可以招致死亡，而这部《陀罗尼经》正是解决这一灾难的救星，只有相信它才可以免除。用这样方法来启导人们对它的信心，这是不言而喻的。这也就是这类伪造经卷得以大量印施的原因。我所得到的共三种，俱明刊，梵夹装，俱上图下文。一本为宣德十年(1435)刊印，框高十六公分，黄纸印，开首镂一男一女携童男女各一朝南海观音像；卷末一莲幡，中有题记：

> 奉
> 佛信官张忠同妻郭氏惠金为
> 宣德六年正月初六日告许印施
> 佛顶心大陀罗尼经一千卷散施流通保佑
> 　信男奴儿灾障消除寿命延长吉祥如意者
> 宣德十年四月　日施

从题记看来，这是为还愿而印施的。张忠自称"信官"，可见并非一般信士，正是西门庆一流人物。他为儿子奴儿祈求"灾障消除、寿命延长"，又何尝不像西门庆为官哥印施此经一样心情。

又一卷为成化十三年(1477)刊本，框高三十二公分，白棉纸印。首南海观音像，次龙牌，题云：

> 成化十三年四月二十六日印施

无施印者姓名。末尾有韦驮像。

又一卷为弘治四年(1491)刊本，框高二十七公分，白棉纸印，首南海观音像，次龙牌，题云：

> 圣德宏深　世道清泰
> 雨旸顺序　禾稼丰登
> 慧日舒长　法云覆满
> 佛图广大　海宇晏安

凡八句四行。卷尾龙牌题：

> 大明弘治四年九月二十四日制

亦无印施者姓名。末韦驮像。

这后两种板刻极精，而前一种则颇粗糙。三本插图画面基本相同，只各本后段略有差异。

从这实物以证《金瓶梅词话》所叙，可见印施《大佛顶心陀罗尼经》在明代很长一段时期里是颇为流行的事情。

《佛说大藏血盆经》跋

《金瓶梅词话》第六十二回载有李瓶儿病中与王姑子说的一段话：

> ……李瓶儿道："王师父，还有甚么好处！一个孩儿也存不住，去了！我如今又不得命，身底下弄这等疾，就是做鬼，走一步也不得个伶俐。我心里还要与王师父些银子儿，望你到明日我死了，你替我在家请几位师父，多诵些《血盆经》，忏我这罪业。还不知堕多少罪哩！"

这短短的交代，正反映当时妇女对于"血"的怨恨与悲痛，而《血盆经》却在打动她们的心灵。

这《血盆经》今日并不易得，虽然有些人迷信它，而正经佛教徒却认定它是一册伪经，毫不重视，而一般"藏经"又没有，因之传世不多。

故事叙述目连至羽州追阳县，见一血盆池地狱，池中有多种刑具，一些女人在此受罪。问之，始知因女人产下血露，污触地神，因受此报。目连询其将何以解救此

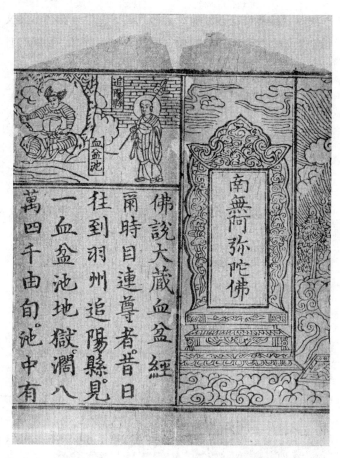

《佛说大藏血盆经》

苦？狱卒告其为阿娘持血盆斋三年零六十日，并请僧众转诵此《经》一藏数，即可升天云。全文不足千字，词句粗陋，殊不足称道。

我所得一帙为出相经卷，经折装，题作"佛说大藏血盆经"，首镂《如来说法图》，左右阿难、迦叶侍；次影牌题"南无阿弥陀佛"六字；次经文；上图下文。卷末莲幡有题记作：

> 大明国北京顺天府宛平县安富坊住奉
> 佛信士占杰为母持斋圆满印施
> 大藏血盆经一藏流通
> 正统二年七月初一日施

最后镂一韦驮像

从《金瓶梅词话》所载李瓶儿的一段话，结合本经文来看，可以知道，对于血，特别是妇女月经和分娩的血，原始人普遍都有一种既敬且畏、敬畏难分的禁忌。随着文明的发达，原始信仰蜕而未尽，逐渐只剩下视为污秽，极端憎恶，而又认为有极坏的魔力，在亲身体验之中，还要依靠宗教来给自己解放。《血盆经》之类，便利用妇女这种心情，以祓除血的污秽来欺骗她们。纵然有明眼人一望而知其为伪造经卷，但它终究有它的信徒而不被屏弃。

事实也不仅是佛教中有这种经卷，在道教中同样也有一些，如《元始天尊济度血湖真经》、《太一灵宝济度血湖真经》、《报母血盆经》等，这种落后的荒诞的伪经，实质上却灌注着对女性生理痛苦的关切和意图消除女性"罪孽"的热忱。

《佛说镇宅消灾龙虎经》跋

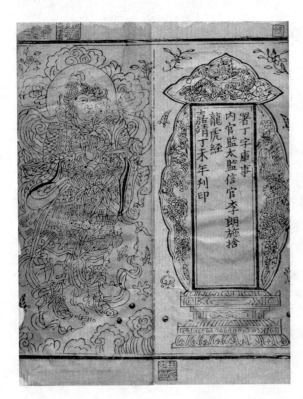

佛说镇宅消灾龙虎经

明嘉靖丁未(二十六年〔1547〕)刊本，经折装，一帙。

已残缺，卷首扉画已失，龙牌等俱无，每面四行，行十五字。

这本经折中，包括《佛说镇宅消灾龙虎经》及《佛说天地神咒镇宅八阳经》上下卷，附《消灾吉祥陀罗尼神咒》、《解冤释结神咒》、《观音灵感真言》、《灭恶神咒》等。末有龙牌，题作：

> 署丁字库事
> 内官监太监信官李朗施舍
> 龙虎经
> 嘉靖丁未年刊印

最后韦驮像一帧。

"龙虎"、"八阳"俱非释家

所使用之名词，而冠以"佛说"，可见其作伪欺人。明代嘉靖左右，民间宗教逐渐兴起，竞行编制经卷，而真正宗教徒，也感到原来典籍义理深奥，不是一般浅薄之徒所能接受，因之也自行编造一些谈因果、降吉祥、趋吉避凶之伪经，所以像这些经卷，不能一概推之于外道或别有用心之人。从不闻有释教徒声讨此事，足见其在支持这些伪经之流传。

此卷系"署丁字库事"李朗所印施。明代内府制度，库藏以甲、乙、丙、丁编号，今日北京尚有地名"西什库"者，即其遗址。李郎盖管理第四库者。

《"真武"妙经》跋

封面签题"玄天上帝百字圣号、真武垂训、真武妙经"，明万历二十四年(1596)刊本，经折装，白宣纸印，每面五行，行十六字，楷体。首玄天上帝像，占一面；次龙牌，题"皇帝万岁万万岁"七字；次《玄天上帝百字圣号》；次《武当山玄天上帝垂训》；次《元始天尊说北方真武妙经》；次一莲幡题识五行：

御用监太监李志惠湖广
德安府安陆县人谨发成心
　印经五千四十八卷施散
十方高贤讽诵　上祝
圣皇万岁万万岁　保佑
　风调雨顺　国泰民
安　五谷丰登　万民乐业
　大明万历二十四年岁次
丙申孟春吉旦施

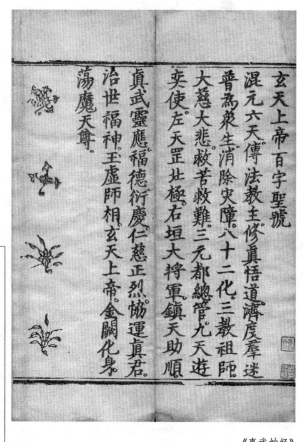

《真武妙经》

乃一太监为祈祝皇帝圣寿而施印者。最后为一灵官像。

据明刘若愚《酌中志》载：

> 御用监，掌印太监一员，里外监把总二员，犹总理焉。有典簿、掌司、写字、监工。凡御前所用围屏、摆设、器具，皆职办焉。有佛作等作。凡御前安设：硬木床、桌、柜、阁，及象牙、花梨、白檀、紫檀、乌木、鸿鹕木、双陆、棋子、骨牌、梳枕、螺甸、填漆、雕漆、盘匣、扇柄等件，皆造办之。仁智殿有掌殿监工一员，掌管武英殿中书承旨所写书籍、画扇，奏进御前，亦犹中书房之于文华殿也。

李志惠如果不是御用监掌印太监，至低也会是里外监把总一类人物，原因是太监之于皇帝，事实是主子和奴才，以奴才而为主子刊刻经书祈祝圣寿，设若是一般小太监，他这样做是不会被主子知道的，即使有这样逢迎献媚之心，恐怕也不会这么干的。只有地位高的太监这样做了，才会教皇帝晓得，会起一些有利于自己的作用。因此可以推断李志惠绝不是什么一般的太监。

"五千四十八卷"这个数目是指佛教《藏经》的总数。《大明太宗皇帝御制序赞文》载《御制如来正宗大觉妙经序》中有"为五千四十八卷之首，总三藏十二部之微"的话，可见"五千四十八卷"包括佛教典籍经、律、论三部分十二部门的总数。其根据的来源是由于《开元释教录》所载佛经总数是这个数目，因之后来沿袭把这个数目作为单元。不过这里以道经而用佛教藏数，未免不伦。

玄天上帝的圣号在《新刊武当足本类编全相启圣实录》卷首《玄帝圣号》条载有两个：一题为《玄帝圣号》：

> 北方太玄湛寂天、大梵龙阿境天一长生阙、琼瑶紫极官、体道凝玄、变真离相、化身万亿、普见诸方、太极真宗、太玄慈父、洞神金阙祖、普化弘济尊、灵通太妙仙、八威九光圣、执洞玄帝心印、秉阴冥斗极符、统玄武右弼司、判左领胜府院、大弘慈愿、变现威福、誓断妖魔、救护群品、匡扶劫运、统摄万灵、威德无边、神通浩博、受苍胡颉宝、持檀炽钧音、万行周圆、十通满证；圣师圣师、玉虚师相、紫极元皇、玄天上帝、终劫济苦天尊。

一题《百字圣号》：

混元六天、传法教主、修真悟道、济度群迷、普为众生、消除灾障、八十二化、三教祖师、大慈大悲、救苦救难、三元都总管、九天游奕使、左天罡北极、右垣大将军、镇天助顺、真武灵应、福德衍庆、仁慈正烈、协运真君、治世福神、玉虚师相、玄天上帝、金阙化身、荡魔天尊。

后来这段在《大明玄天上帝瑞应图录》中被删除，不知何故，而这里《玄天上帝百字圣号》正是《百字圣号》这一段。

《武当山玄天上帝垂训》，据文中云是"大德五年(1301)十二月二十四日武当山灵观庭化笔"，似指"乩笔"之类文字而言，那么是元成宗(铁穆耳)时代的产物了。全文为六字句，是一篇劝善文，近于《太上感应篇》之类文字。

《元始天尊说北方真武妙经》一卷，见明白云霁撰《道藏目录详注》卷一洞真部本文类"戾"字号著录。

在莲幡后有标识一行"太平仓后崇国寺单牌楼张铺印行"十四字。按"崇国寺"即后来之护国寺，今已废圮；"太平仓"在今平安里地方，三十年前犹沿此称。从这条题记得知原护国寺尚有牌楼一座，此张姓经铺即设于牌楼之下。这本《玄天上帝百字圣号、真武垂训、真武妙经》乃北京刊本也。

又一册，明万历四十八年(1620)刊本，包背装，竹纸印，仅六叶。书面签题"玄天上帝垂训文"，半叶九行，行十八字，方体宋字。开卷首题"武当山玄天上帝垂诚文"，全文即梵夹本之《玄天上帝垂训》，而于原书"大德五年十二月二十四日武当山灵应观庭化笔"句后加"玄天上帝垂训文"一标题，将全文分为两节。事实似应以此本为正，盖梵夹本漏之。书末题"万历四十八年岁次庚申孟春信官朱朝臣、长男信官武举朱应登诚心刊施"。

明代武当山在道教中占重要地位，

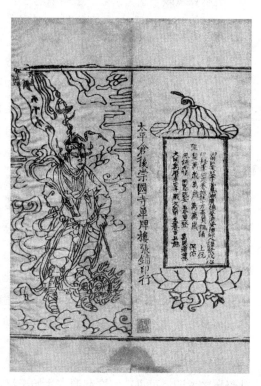

《真武妙经》

147

所以刊刻关于玄天上帝和武当山的书籍颇多。在当时社会上，崇祀真武之神与碧霞元君是很流行的。

《三官经》跋

习俗相传，农历正月十五为上元，七月十五为中元，十月十五为下元，这里所谓"三元"，即道教所奉天官、地官、水官的诞辰，这三官有一部经典名为《三官经》，它和佛教《普贤行愿品》颇相类，大致以诵读此经可以消灾延寿、化难呈祥。它的正名是《太上三元赐福赦罪解厄消灾延生保命妙经》，一称《太上三元赐福赦罪解厄延生经诰》，简称《三官妙经》，或《三官赐福妙经》。据清潘荣陛《帝京岁时纪胜·三官》条云："天官赐福，地官赦罪，水官解厄。"经名之所以这么长，正是要说明三官的功能。

清赵翼《陔余丛考》卷三五曾有考云：

> 道家有所谓天、地、水三官者，《归震川集》有《三官庙记》云："其说出于道家，以天、地、水为三元，能为人赐福、赦罪、解厄，皆以'帝君'尊称焉。或又以为始皆生人而兄弟同产，如汉茅盈之类也。"是震川先生未尝考其由来。郎瑛亦但谓："天气主生木，为生候；地气主成金，为成候；水气主化水，为化候。其用司于三界，而以三时首月候之，故曰三元。三元正当三临官，故又曰三官。"则瑛亦未究其出自何处。按《通志》有《三元醮仪》一卷，但不题撰人姓氏。……宋景濂跋揭文安侯斯所撰《曲阿三官祠记》，谓汉熹平间，汉中张脩为太平道，张鲁为五斗米道，其法略同，而鲁为尤甚。自其祖陵、父衡造符书于蜀之鹤鸣山，制鬼卒、祭酒等号，分领部众，有疾者令其自首，书名氏及服罪之意，作三通，其一上之天，著山上；其一瘗之地，其一沉之水，谓之天、地、水三官。三官之名，实始于此云云。此最是得实。但裴松之《三国志注》引《典略》谓为太平道者乃张角，为五斗米道者乃张脩。《后汉书》及司马《通鉴》亦同。景濂乃谓脩为太平道，鲁为五斗米道，不免小误。按松之所谓张脩应是张衡，即张鲁父也，《典略》误耳。

从赵翼之考证，可见三官之起源，实始于汉，但清金埴《巾箱说》另有一说：

世人敬奉三元者遍天下，顾不晓三元所自。按出《单志》，唐贞观时，有陈子春者居于单，寻真采药，拯物济人。游东海之滨，龙神妻以三女，各产一子。及长，皆入山学道。道成，证位三元，为天、地、水三官。子春亦得道尸解，葬于故里，单人至今称"陈祖墓"，建三官庙焉。又云：海州之台山，三元得道处。埴考《道藏》，无确指。窃思鬼神者，造化之迹。称天、地、水三官者：体天主生，体地主成，体水主养，各有所司，故谓之官。物生于春，故以正月为上元；成于秋，故以七月为中元；水旺于冬，故以十月为下元。盖天人相感之机，神灵变化之妙，有未易以言语形容者。如《道藏》所称文昌七十二化，无非出没人间，济人利物，则三元之为神，岂无化理？其托生于陈氏，或亦一化与？又《兖志》，明正德二年，兖城西关立庙处，掘得断碣，上有"大唐三官庙"五字，则唐时早为立庙矣。

是三官之起，又非汉而为唐。当然这些故事本身应出自传说，据本经《太上说三官经序》云：

> 三官大帝乃是元受真仙之胄，受化更生，再甦为人，曰父姓陈，名曰子椿，又曰陈郎。为人聪俊美貌，于是龙王三女，自结为室。长女生一子上元，次女生一子中元，小女生一子下元。三女生产三子，俱是端正有相之人，形容秀气，爱恤救苦。生来为人聪俊，威容赫赫，神通广大，法力无边，通天达地，指山山崩，指水水绝，指崇崇灭，……降龙龙伏，降虎虎惧。……天尊见有神通广法，显现无边之力，封为天、地、水三官者大帝，管辖考较善恶众生。……天官赐福，……地官赦罪，……水官解厄。……四川省忠州路酆都县东隅周恒行、恒常家，……于洪武十七年……全家瘟病不愈，……只有一子隆孙，一长须赤脚无病，……有三人道士送此经一本，来教隆孙读诵。此道士乃三官大帝下世救民，教诵此经。

故事大体与金埴《巾箱说》所载符。但是这里说明一个问题，即此经在洪武十七年才"有三人道士送此经"，是此经在洪武十七年以前是没有的。所以明白云霁《道藏目录详注》列于卷四末"隶"字号，为《续道藏经》之一，证明产生颇晚，不过这并不排斥关于陈子椿之传说由来已久，到洪武年间才把《三官经》编造出来。同时也说明相三官大帝在洪武年间已经普遍展开，因之编造《三官经》也是符合时代需要的。

篋中存《三官经》四本，俱明刻，经折本，兹胪列于下：

　　一本为南京刊本，竹纸印，卷首三元考较府图，卷末有印牌"京都聚宝门里西廊下施家印行"。此"京都"盖指南京而言，"聚宝门"为南京城门，明代《南藏》即由聚宝门姜家经坊印行，其地似为一些经坊聚处。卷尾灵官像后有莲幡一，中有题识云：

> 直隶苏州府嘉定县兴德土地界居住奉
> 道信士徐瑾　正统十四年正月十三日在于
> 长沙府发心印造
> 三官妙经散施十方流通看诵上报
> 四恩下资三有凡在时中全叨道庇
> 景泰三年八月吉日谨施

是此经乃印造于景泰三年(1452)，但其板刻应是洪武时代，盖称南京为京都，至永乐迁都北京后，则改称南京，不再以"京都"相称也。

　　一本为北京刻本，白纸印，封面题签作"太上三元赐福赦罪解厄延生经诰"，开卷为三官像，又三官考较府图。卷末莲幡题云：

> 万历甲辰年孟春月　吉日奉
> 道信官御马监太监旧都府管事刘住
> 发心印造
> 三官经一藏计五千四十八卷散施十方看诵
> 　　祈保平安　福长灾消
> 　　凡向时中　吉祥如意

万历甲辰为三十二年(1604)。卷尾镌灵官像一帧。

　　一本为明万历三十四年(1606)内府刊本，白纸印，每面五行，行十四字，封面题签作"太上三元赐福赦罪解厄消灾延生保命妙经"，开卷亦为三官像及三官考较府图，卷末有龙牌，题识三行，文云：

> 大明万历三十四年十月吉日
> 当今皇帝谨发虔诚印造
> 三官赐福妙经一藏

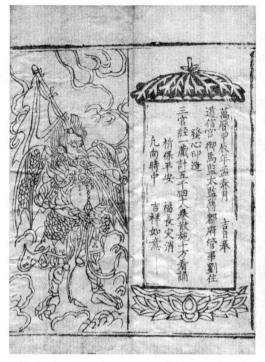

《三官经》

这是明神宗(朱翊钧)印施的。以皇帝而"谨发虔诚"印造此经，说明皇帝也在相信三官大帝果能"赐福赦罪解厄消灾延生保命"，可见三官威力在社会上发展到什么程度。

一本亦为北京刻本，竹纸印，封面题签同内府本，卷首诸图并同。尾部莲幡题云：

> 信官陈文英同妻许氏于
> 万历三十三年内因幼男陈治安生痘当在
> 天地位下发愿保佑平安许舍
> 三官经一藏安虽命促心愿当还今于
> 万历四十一年正月初一日起发心喜舍四方祝颂

这是为儿子生痘许愿印施的，结果三官大帝并没能为他儿子"赐福赦罪解厄消灾延生保命"，结果还是"命促"死去。许愿的人倒是履行了愿心，印施了这部经，大概他怕还有什么灾难，三官大帝不能饶恕他吧。

莲幡旁有题识一行"崇文门里观音寺胡同党家印行"。是亦一经坊。这类经坊是专门代人印行许愿经卷为生的。"观音寺胡同"今犹存，依然旧称。

友人史树青同志介绍在甘肃省山丹县文化馆曾见明嘉靖四十四年(1565)肃王府刻本一种，其卷尾部题识云：

> 肃府奉
>
> 道施经国妃吴氏　为因仙化世孙
>
> 肃王　存日欠安发心自许
>
> 三官经三千卷今已蒇逝请刊经板一付印造
>
> 　圆清散施十方流通看诵专祈
>
> 金灵受度上升天堂官壶清吉人口均安吉祥如意者
>
> 嘉靖四十四年岁次乙丑吉旦施

从这些卷尾题识，我们可以明显看出，从一般信士一直到皇帝、藩王都刻有《三官经》，说明在社会上是如何地被崇信，绝非一般神祇所可比拟。也说明它从洪武年间编造出来之后，即普遍流传，信徒是众多的。

事实也是如此，过去农村中的路旁田隅所立小庙，或者仅如一龛，或者土屋一楹，除了土地庙、关帝庙之外，即属三官庙，连北京也建有，据《日下旧闻考》卷四十八城市引《寄园寄所寄》录：

> 大慈延福宫在思城坊，成化十七年建，以奉天、地、水府三元之神。有弘治十七年敕，勒于石。

以三元庙而名之为"宫"，即不同于一般道观。

在市民小说中，如《龙图公案》，内中有两条都是讲念诵《三官经》的灵验故事，其中一题即迳以《三官经》为名，我们从这各个方面，都可看到三官对于当时社会的影响。

《佛说大慈至圣九莲菩萨化身度世真经》跋

"九莲菩萨"之称见于《明史》卷一二《诸王列传》：

> 悼灵王慈焕，庄烈帝(崇祯帝朱由检)第五子。生五岁而病，帝视之，忽云：

"九莲菩萨言：帝待外戚薄，将尽殄诸子。"遂薨。九莲菩萨者，神宗(万历帝朱翊钧)母孝定李太后也。太后好佛，宫中像作九莲座，故云。

这里说九莲菩萨就是神宗生母李太后，她之所以被称为"九莲菩萨"是因以"宫中像作九莲座，故云"。但从何时起被称为"九莲菩萨"却没有提到。

此事亦见于清宋起凤《稗说》卷四《助饷》条：

……会皇五子生痘，盖上(崇祯帝)与田妃最爱者。上夜于妃宫得梦，见李太后坐金莲花现身天半，状如世之图画白衣大士然，首结螺髻，身披璎珞，执如意，谓上曰："汝知之乎？吾即汝祖母李老娘娘也。生平深居宫禁，多力为好善，上帝录素因得证菩提果，命为'九莲菩萨'，诸经藏咸未及。今止有血胤一弱弟，虽积有世产，然亦非其所有。汝何索之力耶？今汝儿痘，吾且挟之去，苟能追省，当为吾制《九莲文字经》一藏，庶忏汝过衍耳！"已，天乐大作，上惊晤，即为妃语。迟明，皇五子逝。上与妃大恸。追忆梦中言，下司礼监，令外廷撰《九莲经》，即令翻经厂入藏，仍用金范为九莲菩萨像，供三宫。

此与《明史》所叙为一事，但有几点不同：第一，九莲菩萨显灵之事，《明史》说明悼灵王慈焕向庄烈帝(即崇祯帝)转述，而《稗说》则云上(崇祯帝)自梦；第二，九莲菩萨之名，《明史》谓"宫中像作九莲座，故云"，《稗说》则谓"上帝录素因得证菩提果，命为'九莲菩萨'"；第三，《明史》语气似乎"九莲菩萨"之名宫中久已习用，

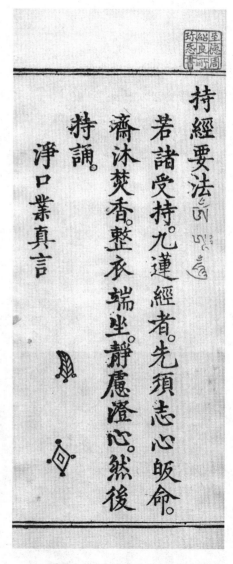

《佛说大慈圣至九莲菩萨化身度世真经》

而于《稗说》则似乎由于此梦始有"九莲菩萨"之称；第四，《明史》只云"宫中像作九莲座"，并没说明此像何时所做，而《稗说》则明确谓由崇祯帝命"用金范为九莲菩萨像"。二书所书歧异是很大的。

然而《天府广记》卷三八《寺庙》云：

> 慈寿寺在阜成门外八里，万历丙子慈圣皇太后建。寺有塔十三级，高入云表。后宁安阁榜太后手书，又后有九莲菩萨像。

据此，慈寿寺建于万历初年，"慈圣皇太后"即李太后，其时寺中已有"九莲菩萨像"，则远在崇祯之前矣。

据《明史》及《稗说》皆谓"九莲菩萨"即李太后，但《日下旧闻考》卷九七引《帝京景物略》则云："九莲菩萨，太后梦中菩萨数现，授太后经，乃审厥象，范金为之。"同书同卷引《玉堂荟记》：

> 九莲菩萨者，孝定皇后梦中授经者也。觉而一字不遗，因录入大藏中。旋作

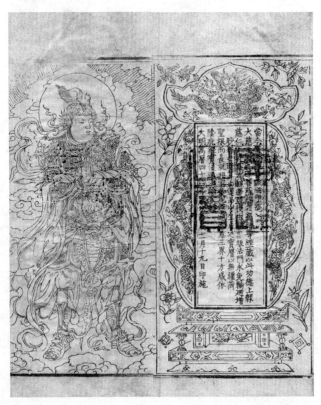

《佛说大慈圣至九莲菩萨化身度世真经》

慈寿寺，其后建九莲阁，内塑菩萨像，跨一凤而九首，寺僧相传菩萨为孝定前身也。

这都是说九莲菩萨是李太后梦中得见的一位菩萨，不过《玉堂荟记》又加了一个尾巴"寺僧相传菩萨为孝定前身"，作了一个急转弯，显得模棱起来。这里说"九莲菩萨"是跨一凤而九首，也与《明史》所说"宫中像作九莲座"不同。并且从文字看，是说《九莲经》早于建慈寿寺之前。

明沈榜《宛署杂记》卷二十《志遗六》《敕赐慈寿寺内瑞莲赋碑》条云：

> 万历丙戌，瑞莲产于慈宁新宫，一时阁臣咸为赋之。适慈宁新建寺于宛平西八里庄，赐名"慈寿"，因碑识诸赋，屋竖之寺左云。

书中录有碑文，其中有王锡爵所作碑文也说：

> 圣母慈圣皇太后还御新宫之明年，是为万历丙戌。燕喜方来，休应辨至。于岁之秋，有瑞莲始华于庭中，重台颖出，瑰形殊态，自昔所未有。

是"瑞莲"之华为"万历丙戌"，即万历十四年事，而非万历丙子。这"瑞莲"是"重台颖出"，故藉以为圣母慈圣皇太后祝寿，建了慈宁寺，塑了九莲菩萨像，可见其时已以菩萨之名为"圣母慈圣皇太后"之代称。

据宋起凤《稗说》谓崇祯帝由于一梦才"令外廷撰《九莲经》，即令翻经厂入藏"。此《九莲经》全称是什么，《稗说》所记不详，明代末年也无刻藏事，则"入藏"究竟是指什么，殊不能明也。

箧中藏《佛说大慈至圣九莲菩萨化身度世尊经》一册，应即所谓《九莲经》，乃万历四十四年(1616)刻本，可见绝非崇祯帝令外廷所撰者。

书作经折装，白宣纸印，锦面，并以锦为函套，极华丽。一帙。

首佛告观世音菩萨图，次龙牌，铭识四行十六句：

> 西方如来，大觉圆通。四生慈父，三界依尊。
> 留经住世，普度众生。能除染着，乐界声闻。
> 菩萨现像，佛日光明。安天立地，保国庇民。
> 莲覆御体，华照金城。九品证果，亿劫洪名。

完全摹仿明成祖(永乐帝)为佛经所撰赞语之形式。次《持经法要》，包括《净口业真言》、《净三业真言》、《安土地真言》、《虚空藏菩萨普供养真言》及《开经偈》，然后为经文。卷末龙牌有题识七行，文云：

当今皇帝谨发诚心印造

大慈至圣九莲菩萨化身度世尊经一藏，以此功德，上报慈仁，下资群有。

睹莲经获生乐界，皈法行永免轮回。增

眇躬之遐算，由莲品以生成。延宝历以无疆，荷

圣根而长就。邦家蒙化，退迩沾恩，三界十方，咸依依

阴庇。经宝流通，

法轮常转。

大明万历四十四年岁次丙辰十一月十九日印施

在这段题识上盖有"广运之宝"朱色玺印。最后为韦驮像。

龙牌题识明白具明万历四十四年由"当今皇帝谨发诚心印造"，据《明史》卷一一四《后妃列传》，孝定李太后是在四十二年(1614)二月逝世的，这部经的印造正是她逝世的第三年，大概这正是《九莲经》编造完成的时候。据题识是"当今皇帝谨发诚心印造"，但承办执事殊不严肃，如识语中"荫庇"误为"阴庇"，此乃严重错误，乃未查出，可见此辈之玩忽职守。

经文故事是：佛在瞻波大城演无上甚深微妙经法，九莲菩萨化生安乐长住菩萨，来住此事所，神通现化，种种方便，不可思议。心生莲华，性见莲华，眼睹莲华，耳听莲华，鼻闻莲华，口吐莲华，首出莲华，身坐莲华，足踏莲华，愿除重障。钝根众生悉得阿耨多罗三藐三菩提心，悉无苦集灭，长住安乐世界。故事极为简单，无非是影射李太后即九莲菩萨化身。《帝京景物略》说是由九莲菩萨"授太后经"，大概是得自传闻，未曾见过本经。龙牌上识语，此《经》印造为"一藏"之数，此乃指佛经总数，即五千零四十八卷，即《开元释教录》所录经卷总数。可见印数不少，而修《明史》者并未得见，其为珍本可知。

"九莲菩萨"之名，过去总认为李太后素性佞佛，当时为迎合她的喜好才取这样的称呼，实际未必是这样。在神宗朱翊钧(万历帝)即位之时，李太后只是生母的地位，名正言顺的皇太后是嫡母孝安陈皇后。虽然母以子贵，李氏即刻从妃嫔之列跃登太后宝座，但总是孝安陈皇后站在前面。一些逢迎趋奉的人们极力想法，于是"九莲菩萨"这名号应时产生，使李太后的地位变成了神，而且不伤害陈皇后的感情，同时也使被称呼的感到舒服，享受一种无形荣誉，这是极为巧妙的。

《佛说大慈至圣九莲菩萨化身度世尊经》之产生为更巩固"九莲菩萨"这一称号而捏造的，像唐代为逢迎武则天"金轮皇帝"而编造《大云经》一样。明代本有编造伪经的传统，明成祖朱棣(永乐帝)为宣扬自己命该称帝，就编造过《大明仁孝皇后梦感佛说第一希有大功德经》二卷。这时新兴宗教正在盛行，也正是编造伪经极多的时候。

《太上老君说自在天仙九莲至圣应化度世真经》跋

传世据知仅一帙，现藏佛教图书文物馆(北京法源寺)，现依该本复制。经折装，一帙。外有函套，极华丽。

佛教徒既然希旨编造了《佛说大慈至圣九莲菩萨化身度世尊经》，在这样形势下，道教徒也不得不迎合趋势，有所表示，于是也编造了《太上老君说自在天仙九莲至圣应化度世真经》，从经名已可看出是因袭佛教所编那本而作的。由于"菩萨"是佛家名词，所以在称呼上改为"九莲至圣"，而且在上面加了"自在天仙"一个徽号，以示"道"气。但经文中还是使用"九莲菩萨"字样，大概这名称是宫中习用的称呼，不好随便更改。

《经》中说太上老君在浩劫之初，居太清仙境大赤天宫演先天重玄大道，十方仙众云集会前，恭候法旨。这时一道恶气，冲旋天界。壶丘子林白老君云："今日胜会，不意有此秽触，是何因缘?"老君告壶丘子林云："此是南阎浮世，下界众生，违背天道，积成恶气，冲上天宫。"是时大慈度厄真人等俱从座起，请求救度。于是老君运大金臂，望乾一指，随指起光，周御国中澡盥温浴池内九莲菩萨分身显灵，应化度世，使得"世界俱清荡"，最后"弭苦返真淳"、"复证梵天，神游东岱"，号曰"自在天仙九莲至圣天庆如来"，亦称"九莲应化自在天仙度世圣母元君"。

《经》帙形式完全与《佛说大慈至圣九莲菩萨化身度世尊经》相同，首老君说法、九莲菩萨应化度世之图。图中除老君说法像外，左上角镌九莲菩萨坐于莲台，手中抱一小儿，盖隐指李太后与神宗母子之意。次龙牌，亦有识语四言十六句：

> 鸿蒙既判，万象歧形。黍珠光现，至道垂文。
> 中天毓炁，丕显神通。九莲应世，普度化身。
> 威严自在，祜启我明。祥孚紫阙，寿益皇躬。
> 河清海晏，国泰民丰。莲枝万亿，历数无穷。

开首为《持经诀要》，包括《净心神咒》、《净口神咒》、《净身神咒》、《安土地神咒》、《净天地解秽神咒》、《祝香咒》、《金光神咒》、《开经偈》等。《经》之后也有一龙牌，题识七行，与《佛说大慈至圣九莲菩萨化身度世尊经》所镌全同，只将"太慈至圣九莲菩萨化身"十字易为"自在天仙九莲至圣应化"而已。亦盖有"广运之宝"硃色玺印。卷末镌王灵官像。

此《经》亦不见《道藏目录详注·万历续道藏》著录，《稗说》谓"令翻经厂入藏"之语实不足信。

这虽然是"当今皇帝谨发诚心印造"的经书，但执事者颇不严肃，连题识中文字错误皆未校出，如"法轮常转"误为"法转常转"，可见疏忽之至。亦可见执事之应付工作只为哄骗皇帝而已。明代皇运之没落，自是情理中事。

"广运之宝"一印，明代内府刻本书中常钤之。北京大学藏明正统内府刊本《五伦书》六十二卷，其卷端即钤此印，见王重民《中国善本书提要》子部儒家类著录。这种习惯当起始于永乐年间，北京图书馆及北京大学图书馆所藏永乐年间内府刻本《大明仁孝皇后劝善书》二十卷，卷首及序文年月上均钤有"厚载之记"大方印，中国佛教图书文物馆藏万历七年(1579)慈圣宣文明肃皇太后发心命工绣梓之《教乘法数》即钤有"慈圣宣文明肃皇太后宝"玉玺。因这都是颁发之书，所以特钤宫廷玺印识别之。

《日下旧闻考》卷五九《城市》引《燕舟客话》：

> 长椿寺大殿旁小室内藏佛像十余轴，内二轴黄绫装裱，与他轴异。展视之，绘九朵青莲花捧一牌，题曰"九莲菩萨之位"。明神宗母李太后也。

长椿寺本为李太后祝寿而建，当然会有九莲菩萨神位挂轴。自明迄清，又历二百余年，此神位当然不可纵迹，不过九莲菩萨像现在还是存在的。

中国佛教图书文物馆藏九莲菩萨石刻像拓本一幅，原石现存北京西郊八里庄慈寿寺。石刻巨碑，长233厘米，阔126厘米，镌刻精致，当出精工之手。原石四周有花边，拓本因装裱关系，左右被裁，但上下端尚各保存六七厘米许可验。石首上端中间篆书"御制"二字，两侧双龙拱之，下端左侧篆文方玺"慈圣宣文明肃皇太后之宝"，下楷书："赞曰：惟我圣母，慈仁格天。感斯嘉兆，厥产瑞莲。加大士像，勒石流传。延国福民，霄壤同坚。"凡六行，左侧署："大明万历丁亥年造。"大士凭栏跌坐，背景竹林一片，有鹦鹉栖于树枝上；栏外池中莲花十二朵，白三红九，一童合掌立于池中，正如《稗说》所谓"状如世之图画白衣大士然"，固影射圣母李太后之像也，赞文明白标出由于"圣母"慈仁格天而产生瑞莲，但一转而云"大士"，不提"观音"，盖故意闪烁其词，意以"大士"影射李太后，而不能指实"观音"。且见"九莲菩萨"这一尊称尚未普遍流传，不便标出也。

赞文只题"御制"而未署名，显然是神宗手笔，所以这样写法。

此像乃一石碑，现存京西八里庄原慈寿寺塔下，旧寺已无存，唯隆碑矗立于高塔之下，伴西风落照耳。

《佛说王忠庆大失散手巾宝卷》跋

明抄本，方册装，一册。

未见著录。

全卷共三十分：

《张素贞劝员外回心办到(道)不依分第一》

《张氏说罢李氏听得起恶心分第二》

《李氏做饭斋僧心中懊(懊)恼不奈(耐)烦分第三》

《张素贞听说满眼流泪回上(向)西宅分第四》

《李氏看见素贞去了披头打滚分第五》

《员外打了素贞一顿回上(向)东宅分第六》

《张素贞子母烦恼员外酒醉还家分第七》

《药王菩萨与张素贞梦中调治眼目分第八》

《张素贞出离后花园中逃命所走分第九》

《王天禄、茴香女寻找老母以(已)无踪影分第十》

《员外看着儿女烦恼埋怨李氏分第十一》

《员外寻思讨帐二来找寻张素贞分第十二》

《王天禄学中去了素贞在路烦恼分第十三》

《张素贞入尼姑寺落发出家修行分第十四》

《王忠庆去了顺人将书送与李氏分第十五》

《李氏屈打王天禄茴香女痛苦烦恼分第十六》

佛说王忠庆大失散手巾宝卷

《王天禄虽恼小不言大张素贞白(第)二十八》

《王天禄一顿打死李氏请僧祭祖分第二十九》

《南无观世音菩萨度王员外居家升天分第三十》

从书中分目大致可以看出故事梗概，纯粹是一本劝善之书，似乎是专为吟唱娱众而编制者。

此册与《佛说地狱还报经》同来，据云出自晋地某庙佛藏中，很可能都是小庙僧尼自用吟唱底本以之装藏。这些曲本与一些新兴宗教毫无关系，它体现当时社会上存在的一些佛教之通俗读物。

《佛说地狱还报经》跋

明抄本，经折装，一册。

全部为七字句，从目连游地狱起，适逢阎王审问建成、元吉事件，被带领周访阴司各狱，见到种种报应惩罚，又看到奈河上为念经行善之人所准备之金桥，两相对

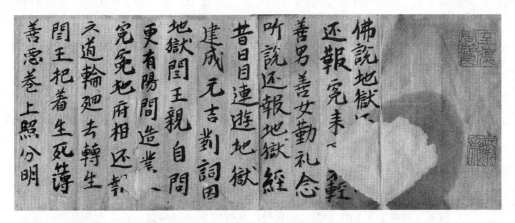

《佛说地狱还报经》

照，知善恶各俱有报，因之劝世人信佛念经，持斋行善。全文只一百七十六句。

这经大概是乡间小庙僧徒在法会或佛事上所吟唱之底本，文句极为通俗，虽无故事，但阐说因果报应极为清楚，可以使一些乡愚文盲聆听，感到明白通畅，产生信

仰，乃一通俗范本，比其他一些经文易于接受也。

这只是一部通俗伪经，与各种民间宗教似无关系，与《观音经》、《血盆经》为一类也。据闻日人泽田瑞穗教授亦藏有一册《佛说地狱还报经》，不知即此本否？

5.民间宗教典籍

读圆顿教《出西宝卷》

《出西宝卷》全名是《古佛当来下生弥勒出西宝卷》，全书载于《宝卷》第十九册，可惜尾部残缺，被人妄补半面，并墨笔"《出西宝卷》终"五字。承陈毓罴同志惠借所藏一影本，虽系复刻，但尾部齐全，大致可觇全书全貌。审读之下，现就所见，著录如下。

这是一本明代新兴宗教圆顿教的重要经典。根据资料，它应该是在明代早已流传的一种民间宗教，可能早在罗清倡立教门之前已经有了。据《苦功悟道卷·祖师行脚十字恩情妙颂》有这样一段记载：

> 有三口，现住世，佛正佛广，
> 老祖母，掌庵居，照旧传灯。
> 立一枝，微妙法，圆顿正教，
> 开五部，大乘经，普度众生。

说"圆顿正教"是一位"老祖母"在式微的环境中"照旧传灯"布教，而罗清正是受了她的启发，才"开五部，大乘经，普度众生"的。

这在后来《普静如来钥匙宝卷·钥匙佛如来开四句妙偈分第一》中也有类似记载：

> 古佛留下圆顿教，普度众生离红尘。
> 圆者十方都圆满，顿者顿吾(悟)心意明。
> 教者教人都成道，门者门人躲阎君。
> 清者丝毫无染污，静者不贪半毫分。

玄者无为玄妙理，法者蕴空法王尊。

　　　明人向前听佛经，糊途(涂)之人耳不听。

　　　有缘有分跟佛去，无缘众生表深轮。

这里说明"圆顿教门清静玄法"的宗旨，与《苦功悟道卷》中的"立一枝，微妙法，圆顿正教"是一致的。它大概没找到有缘人为之弘扬，所以当时一直没有流行开。由此可见圆顿教的产生，应该是早于罗清倡立的罗教，在罗清倡立罗教时候，这位"掌庵居"的已经是"老祖母"了。

　　据《普静如来钥匙宝卷·钥匙佛如来开悟道修行分第七》上说：

　　　普明佛，戊午年，传通大道；

　　　壬戌年，功行满，早去归宫。

　　　普光佛，乙巳年，通传妙法；

　　　丙子年，归宫去，性复元宗。

　　　佛法僧，真三宝，三归四换；

　　　李普光，王普光，邑奠静僧。

　　　普静僧，戊寅年，临凡降世，

　　　至丙戌，九年满，钥匙开通。

这里没提到普明传的什么法，但《普静如来钥匙宝卷》却是宣扬圆顿教的典籍，这把普明从黄天教拉到圆顿教来了。体会全文，大致可以明白，是说黄天教的普明是在戊午年开始传教的，戊午为嘉靖三十七年(1558)，至壬戌年逝世，壬戌为嘉靖四十一年(1562)，前后传道五年。普光是己巳年继续传法的，己巳为隆庆三年(1569)，至丙子年逝世，丙子为万历四年(1576)，前后掌教八年。在普明逝世之后，大概黄天教内部兴起了由和尚领导还是由尼姑(尼僧、二僧)领导的内部夺权的斗争，而和尚们则支持"佛法僧真三宝"的主张，普光却以普明的妻子身份要继掌大权，这大概就是普明死后六年领导人的空缺的原故。而普静却是主张由和尚主持教权的，但是他是普明培养的弟子，普光是他的师母，所以他虽主张"真三宝"却没敢明白主张，仍然支持普光担任领导，所以他说"李普光，王普光，邑奠静僧"，从李普明的遗孀而言是"李普光"，从普光本身已经成为教主，恢复了本身的地位，所以重说一遍是"王普光"，事实这是他一段难言之隐，于是在普光死后，再由普明女儿普净执掌教权时，他便悄然离去，参加了圆顿教重兴工作，他不再承认黄天教的道统，但又不愿辜负普明、普光栽培之恩，所以他把普明、普光列在自己前面，事实是否认黄天教与自己的关系。

这应该是普静脱离黄天教重创圆顿教的真实情况。

根据记载，普静是万历六年(戊寅〔1578〕)开始传教的，至万历十四年(丙戌〔1586〕)逝世。前后历时九年。在这一段期间，他的主要成就是培养了他的接班人普善，也就是《普静如来钥匙宝卷》的编者、《古佛当来下生弥勒出西宝卷》的作者。在这书的开头即叙明传承关系：

> 普明古佛宝卷开，普光妙法劝众贤；
> 普静云僧化人善，普善法主度皇胎。

把普明、普光拉了过来，可见二人当时影响颇大，要利用他们来为自己增加力量，但都不论他是哪一教派，因为当时社会人士并不注意这一点，信仰关系也是很松散的。

我们看这时黄天教的一本经典《观音戒文经》，它的署文是：

> 南无救苦观音佛，
> 南无普明传法佛，
> 南无普光调贤佛，
> 南无普净收原佛。

可见两教所承认的道统，普静在圆顿教是没有传承的，所以不能不把普明拉了过来，填补这个空缺，他与黄天教共用两代传人，上接慧能六祖。

"圆顿教门"一词在《普静如来钥匙宝卷》中只提了一下。但普善深深感到不够，于是他在《出西宝卷》中不惜再三再四地重复"圆顿"，几乎每章每节都提到：

> 我佛观见世间众生，行善持斋，无有不应。法王古佛，拯救天下，凶恶回心，有愿皆从，皈依儒教孔门，兴行圆顿(开头)。
> 教行圆顿用置用，主定龙凤上品选(同上)。
> 皈依圆顿，置立法门，归行夫子孔圣礼法，贤良方正，了脱凡心(同上)。
> 古佛开，立置门，圆顿正教；我发下，慈悲愿，普度众生(《玉佛出西品选第一》)。
> 说正法，用置立，金丹大道，行善的，持斋戒，早进圆顿(《玉佛嘱咐品选第二》)。
> 大地人，多迷失，不信正道；忤逆子，谤长生，永堕沉沦。有智慧，速皈

依，圆顿正教，天榜上，挂姓名，地府除名(《玉佛诏请品选第四》)。

大转法轮，古佛慈悲演妙音，众合掌，仔细听，令僧道持斋戒，皈佛进圆顿(《僧道受劫品选第五》)。

若肯戒杀放生，兴皈儒教孔圣夫子正道，皆做善人净修，保养精神气血，修学长生妙法，念佛诵经，同入圆顿(《公吏不清品选第六》)。

回心持斋归儒教，兴行皇极忏罪根；修炼长生正道法，戒杀放生进圆顿(同上)。

普劝你，善男女，持斋受戒，行正道，进圆顿，置立法门(《富豪倚势品选第七》)。

奉劝男女，早修后世，广积阴功，戒杀放生，救济贫民，速进圆顿，正教兴行，置立法门(《秀士骂风雨品选第九》)。

兴皇极，圆顿教，置立心坚，祖宗超，父母升，齐赴云城(《三十六行不公品选第十》)。

若行忠孝节义，持斋受戒，习行仁义道德，保养精神，速归圆顿正教，修炼长生妙法，可谓大孝子也(《扫除假相品选第十二》)。

修无为，学长生，归行正道；进圆顿，静修炼，置立法门(《扫灭神纸品选第十三》)。

到如今，三千年，治世圆满；以万历，庚申年，以归家庭(按万历无"庚申"，即泰昌元年，"以"字疑是"巳"字)。我佛救(教)，众群生，持斋行善；早皈依，圆顿教，置立法门(《扫灭文才品选第十四》)。

古佛慈悲，度尽众生，今后地狱，一扫无存；大地男女，普行圆顿，白衣说法，染衣而听(《扫灭水怪品选第十六》)。

古佛传，金丹道，圆顿正教；普天下，玄妙法，长生独真。孔圣道，置立门，世间第一；劝众生，早皈依，皇极中门(《指点末后品选第十七》)。

速皈依，孔圣道，圆顿正教；十二时，用置立，念佛诵经(《大抽白虎品选第十八》)。

抱元守一无初道，正法无二教圆顿。

从所提示的这些，我们可以看出圆顿教所倡导的是些什么，主要是要人按孔子圣门所训，而参以佛教鬼神报应之说，就是圆顿教的本体。

这就是普静逝世后，普善接受衣钵所大力推行的圆顿教，他似乎比其他一些民间宗教有一定的明确性，指示信众应该如何信仰与修持。所以后来圆顿教能维持很长一段时间。

此书在书前题作："大明万历丙辰年御制，党小庵刊版。"书尾署："大明万历丙辰年北京党小庵大字经房藏版，顺留甲寅年印。愿祈天下风调雨顺，国泰民安。皇极北儒礼门弟子赵源斋刊印。"说明此经刊行在明代万历丙辰年(四十四年〔1616〕)，这是普静死后的三十年。至于"御制"则当是冒称，不足凭信。党姓为明代北京专门刊印善书经本宝卷之一大经房作坊。

《大乘金刚宝卷》跋

《大乘金刚宝卷》

明刊本，经折装，二帙，略有残缺。

未见著录。孤本。

书演《金刚般若波罗蜜经》，经文按三十二章分品，经文之后，即以散文接之，继以韵文唱词，不用词牌及曲调，全为七字诗句，颇似唐代之讲经文，从这里也可看到宝卷与讲经文之关系。

卷中提到如：

弥陀好爷，世间无觅；能超三界，绝于无为。

⋯⋯⋯⋯

这个无为，诸佛不识；能了虚空，阎王皆惧。

屡次在词句中出现"无为"字样，颇类无为教徒所编造。

《大佛顶首楞严神咒》跋

曾得梵夹本《大佛顶首楞严神咒》一夹，已残，卷首九十三句，明洪武二十一年 (1388)释道衍雕刊，有跋，以之与《逃虚类稿》相核对，并无此跋，盖未曾收入者。

字作楷体，每面四行，行十二字。书末沙门道衍序文，作六行，行十六字。

道衍序文云：

> 夫如来之弘化也，道无异传，法无定说。道无异传者，其体一也；法无定说者，其用万也。体一而用万者，盖随众生之机叩然耳，故有显说焉，有密说焉。虽其显密之说不同，则生善灭恶、革命成圣之力用均矣。昔人有云："显说令解则生慧，密说令诵则生福。"何其局耶？岂不闻经中言："诵咒者成就众生，出

《大佛顶首楞严神咒》

167

世间智。"又言："未得智慧，令得智慧。"讵持诵而生福而不生慧者乎?若密说诵而生福而生慧，此则密即显而显即密也，尚何较之有哉!此《首楞严神咒》者，乃是如来无见顶相、无为心。佛所说除障解难，散罪集福，现得心通，至成佛果，其力用神妙广大不可思议，如经具矣。今谨依《藏》本录出，不敢妄加增损，用镂诸梓，广为流通，俾四方清信士女读诵供养，举获其益，以上资帝道，下福生民，咸瞻大有之年，共乐无为之化也。然而诵咒之人，务在于信耳。信之深者其获益也深，信之浅者其获益也浅，此人之心念有殊，非咒之力用有差等也。虽然，《首楞严王》，世所希有，非显非密，非浅非深，无了不了，虽非解诵之所可到，亦何碍于解诵也哉!故余序于卷尾，以告学者。北平府大庆寿禅寺住持沙门道衍谨序。

最后一行题"洪武二十一年春二月吉日镂板"。

序文自言这卷《大佛顶首楞严神咒》是从《藏》本录出，当是指据洪武间南京刻《大藏经》中之《楞严经》而言，实则此《楞严神咒》固释家日常持诵者，流传已久，固非录自道衍也。

沙门道衍即姚广孝，幼名天禧，少时出家为僧，法名道衍。广孝之名是他辅佐成祖朱棣夺位后御赐的。他是"靖难"佐命功臣，他以一个和尚在死后犹获得配享庙堂的待遇，这只他千古一人吧!据《明史》卷一四五《姚广孝传》：

> 姚广孝，长洲人。本医家子。年十四，度为僧，名道衍，字斯道。事道士席应真，得其阴阳术数之学。……洪武中，诏通儒书僧试礼部。不受官，赐僧服还。……高皇后崩，太祖选高僧侍诸王，为诵经荐福。宗泐时为左善世，举道衍。燕王与语甚合，请以从。至北平，住持庆寿寺。

高皇后崩在洪武十五年(1382)八月，以九月葬，是道衍之随燕王至北平当在是年十月前后，即选刻《神咒》之前六年。他随侍燕王至北平，住持庆寿寺，与序文自署身份符。

《大佛顶首楞严神咒》本是信徒日常诵读之常课，道衍偏从显密之说立说，盖为说教而然也，具见道衍镂板印行此咒，盖为加深信众之诵习。此咒颇不易记忆，僧徒亦有不惯诵读者，道衍镂板刊行，似亦因一些不惯诵此咒者之助。大概因其说法了无新意，故删而未录。

道衍著有《净土简要录》、《诸上善人咏》、《佛法不可灭论》诸书，俱未见。这本《楞严神咒》亦未见有人收藏过，所以这篇序文过去也未曾被人知道，今成一佚文，因录而存之。序文从立论来说，颇带一些纵横家的气息，"道无异传，法无定说"，完全是申、韩之说，老实说也就是实用主义，当然会使具有野心的燕王一见倾心。

据《明史》本传，道衍以永乐十六年(1418)卒，年八十四岁。洪武二十一年(1388)时年五十四岁。此卷雕印极精，仍存元代之风，软体赵字，绝不类后来明人刻书之方整宋字。既是洪武年间刊板，且应为北京地方所刻，颇稀觏。过去曾于北京中法汉学研究所《明代版画图籍展览会目录》(1944)见有《佛说摩利支天菩萨经》一卷，末有道衍跋，惜未经目，应与此咒为姊妹篇。

《大圣五公演说天图形旨妙经》跋

原为石印本，一九八六年夏，到长沙湖南省博物馆鉴定文物，获见此书，题作"大圣五公解结救世真经"。据书末题识：

> 民国三十七年五月重刊，永丰宏印刷书社代印。

是此书之印行，乃在全国解放前不久，可见当时湖南地方外道门之盛行。

此书当是依照原来抄本或木刻本誊录付诸石印者，由于行数、字数之安排，并未依照原来款式，故在格式上颇有不得法者。

书分上、中、下三卷，每卷颇单薄。书前有序文，序前题书名作《大圣五公解结救世真经》，但每卷经文前所题书名则作《大圣五公演说天图形旨妙经》，而书口则题作《大圣五公经》，彼此颇不一致，书前有《天图形旨妙经序》，无年月及撰者姓名。

所谓"五公"，于经文开头香赞后列其称谓：

> 大圣宝公观世音菩萨
>
> 大圣化公泗洲菩萨
>
> 大圣朗公广音菩萨
>
> 大圣广公弥勒菩萨
>
> 大圣志公妙音菩萨

此五公者，俱未举其全名，以意度之，"宝公"似指刘宋僧宝林，"朗公"可能指晋僧道朗，"广公"疑是"康公"之讹，指康僧会而言，"志公"则指梁僧宝志，惟"化公"无从确认之。

全书实为两段，彼此并不相衔接，上卷前半内容讲佛在瑶金山安乐寺玉华堂说法，普明菩萨从座而起，合掌向佛："南阎浮提众生，多遭疾厄，兵戈相侵，患难缠身，贫富贵贱人等，均皆寿命短折。诸佛慈悲，宣说利益，俾诸善信，求拔解脱。"佛告普明菩萨："善行方便，只为众生愚痴难化，心行邪道，但知拜神求愿，不行正法。……若有善男子、善女人，皈依正法，以身布施，洗心涤虑，早忏暮礼，念吾名号，敬吾神像，诵吾经典，依吾教法，今兹末劫之年，吾当救度。"上卷后半段及中、下卷则述志公在天台山西岩洞会集宝公、朗公、化公、广(康)公说下元甲子末劫报应！凡人尽死乱如麻，无论贱贵皆一样，爱造神符二十八通，并附有符箓，俾人书写供奉，可免厄难，颇近道家习俗。

前段"普明菩萨"似受黄天道李普明之影响而来，可见有些是采自黄天道经卷；其后段言五公事，据《经》歌词：

> 大圣五公留一记，降下传凡世；
> 世人诵读好烧香，合家得安康。
> 降下罗公《传天图》，并及《五公符》；
> 从来末世人心恶，浩劫由孽作。

这里特别提到《五公符》，考其来历，可能即《元典章》(卷三三礼部五)所载，元世祖至元十八年(1281)颁布禁断之《五公符》，不知何由流传下来，加以改编增添成此《大圣五公解结救世真经》。因之两部分彼此互无关系，不相衔接。其前一部分为明代作品，而后一部分则为元代旧传。

下卷之后附《五公新说救劫宝忏》，实为习诵此《经》之用，当是清代人作品，内中载有"志心朝礼"一项，除一些菩萨名外，尚有传习此派历代祖师名号，内有：

> 南无达摩初祖佛菩萨
> 南无神光二祖佛菩萨
> 南无普庵三祖佛菩萨
> 南无曹洞四祖佛菩萨
> 南无黄梅五祖佛菩萨
> 南无慧能六祖佛菩萨

南无白马七祖佛菩萨

南无罗公八祖佛菩萨

南无黄公九祖佛菩萨

南无吴公十祖佛菩萨

南无十一何公佛菩萨

南无十二袁公佛菩萨

南无十三徐扬佛菩萨

南无十四水精佛菩萨

南无十五曾祖佛菩萨

南无双华二祖佛菩萨

南无现在掌教佛菩萨

这是极重要的一段，列举出他们教派的传承世系，这里共列出十七世，有些显然是指名安排的，大概八祖罗祖以上都是这样，而第九祖黄公则指开创皇极金丹道之黄德辉，他于清雍正十年(1732)创教，曾著有《还乡宝卷》，大概真正世系即由他起始，但以下诸人俱不可考。不过可以看出，此书作者乃"现在掌教"之徒孙，故对十五祖称"曾祖"而不名，大概其时尚存，故称"现在"。故此卷大致可以推定是清代晚期所编成，世系如以黄德辉为创始人，下传至"现代掌教"(不包括作者)，可数者九世。

此书后来还予原主，得友人之助，又假得抄本一册，题作《大圣五公演说天图形旨妙经》，内容全同，惟少书前一序。旅途有暇，穷两晚之力，录一副本，即此本也。

《佛说梁皇宝卷》跋

明刊本，方册装，一册。孤本。

《续刻破邪详辩》著录。

故事叙梁武帝(萧衍)后郗氏因毁侮三宝，陷害志公，被罚变蟒蛇。武帝为其设忏救度事。

全书卷二十二分，其目如下：

《梁皇帝历世执掌乾坤分第一》

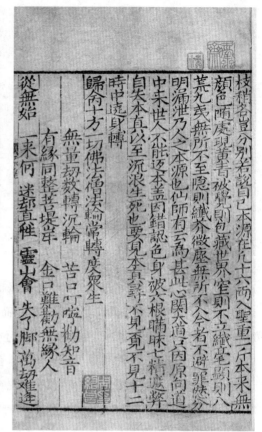
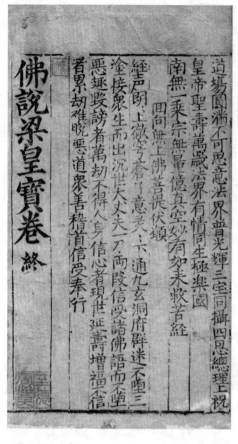

《佛说梁皇宝卷》

《志公未曾赴斋先知其意分第十二》

《郗氏夫人头一遭害志公分第十三》

《郗氏夫人破斋戒分第十四》

《郗氏夫人害志公分第十五》

《郗氏夫人偷僧鞋害志公分第十六》

《菩萨差众僧搭救志公分第十七》

《三曹对案郗氏夫人福受尽该取幽冥分第十八》

《构取郗氏夫人入阴司三曹对案分第十九》

《蟒蛇入金銮殿久等君王分第二十》

《郗氏夫人在金銮宝殿求忏悔分第二十一》

《梁武帝请志公祖师分第二十二》

卷中再三提到"燃灯佛"、"无相老母",这是无为教所崇奉的神祇；卷末也有"南无一乘宗无量亿(义)真空妙有如来救苦经"字样，故知此卷盖为无为教张目之书。

《佛说二十四孝宝卷》跋

明北京费铺刊本，方册装，一册。孤本。

书面签题"佛说二十四孝贤良宝卷"，书内题名则作"佛说二十四孝宝卷"。

按傅惜华《宝卷总录》著录《佛说报恩卷》一卷，注云："《佛说报恩卷》，别题曰《怀胎卷》，又题曰《二十四孝报娘恩》。"观其名目虽为"二十四孝"，似非一书，盖傅书注重在"报恩"，而此卷则注重在"贤良"也。

本卷不分品目，将故事连续叙之，所选人物亦与一般不同，其目为：第一大舜至孝，第二为汉文帝侍母，第三为目连救母，第四为闵捐鞭打芦花，第五为董永卖身葬父，第六为郭巨埋儿，第七为睒子劝父母出家，第八为袁小拖芭劝父救爷，第九为孟宗笋，第十为朱寿昌寻母，第十一为黄香温席，第十二为荷担和尚虚心行孝，第十三为白瑜泣杖，第十四为焦花女哭燎麦，第十五为姜诗孝顺老母，第十六为王祥卧冰，第十七为陆绩怀橘，第十八为高钗女擢海寻父，第十九为张孝、张礼兄弟行孝争死，第二十为老莱子彩衣娱亲，第二十一为田氏兄弟让产紫荆复活，第二十二为蔡顺拾椹

佛説二十四孝寶卷

御讚大誥曰天地盖載感

皇王水土鹽手慶誠晨香一炷謝罪禳災康太為福一石之粟量
力求財有何不足麁匕之衣醜匕之婦不缺家常無量之福日食
三飡夜眠一宿身安飽煖死量之福安貧守分凡事且足但憑隨
身不繫獄一日無事無量之福善結善緣來疾去速但有一緣無
緣无量之福身不少衣匕不缺祿行處人敬死量之福不犯王法
量之福孝子順孫兄弟和睦喜慶前緣之福他有自我没自没
富貴貧窮各淨其福堂則欺满則莫霎恒恁如此便是受福酒色
財氣只可遠逐有人識破天堂之福为官为吏心莫丧真酷常行公
正义虚之福百只是直曲只是曲但行平芽不必求福为商为賈
衣足食足有名有役莫要凉福眼前天堂眼前地獄積善眷經身

《佛说二十四孝宝卷》

孝母，第二十三为颛珠孝母，第二十四为妙善公主救父。这些故事有的是一般二十四孝故事中所固有，有的则是另外选入的。书前开首援引明太祖《大诰》文字，盖借以掩人耳目，为宣传民间宗教教义之计也。

书为无为教所编造，书中前段有

> 无极道，清净身，难量难测；玄妙理，无为义，神鬼难明。

卷末提到：

> 《圆觉卷》云："无为妙法甚深，大义奥妙，难一法色万万相，一门灌满多门，扫万法而具本空，除千张而非非有。故曰指蕴空为本宗，演无相为门户，论无为立根基，谈《圆觉》为正道。益世修行，无过此法。"

连篇累牍的解说，总是要给无为教打开走向社会的道路，其用心亦良苦矣。

卷末题"费铺印行"，这是明代万历年间设在廊房胡同的一个书坊，寒斋所藏《新刊宋朝故事五鼠闹东京记》唱本即其所刊。

《佛说混元弘阳慈悲中华救苦宝忏》跋

复制法国苏鸣远藏清刻本。经折装，一帙。与《混元弘阳明心宝忏》、《混元弘阳血湖宝忏》共一函。

每面四行，行十五字。

书有函套，函套面题签作"混元弘阳明心宝忏全"，可见函中所贮乃《明心宝忏》。但开函第一帙，封面题签作"混元弘阳中华宝忏"，首飘高老祖执拂像，左右各十六众列侍，占五面；次"皇帝万岁万万岁"龙牌；此佛藏印本首帙之例。次《弘阳宝忏中华序》，序末题"万历岁在甲午（1594）陆郡河庵校正《慈悲明心救苦宝忏》序"。是此书正名当作《慈悲明心救苦宝忏》。但书中又作"佛说弘阳慈悲中华救苦宝忏"，经尾题亦作"混元弘阳中华宝忏上卷终"，则"中华"究竟何指，实不能明。且云"上卷"而事实并无续书，只仅上卷，题名之乱殊甚。

卷中有偈：

> 《慈悲救苦忏》，飘高亲口传；

一部共五卷，包含妙无边。

个人看法，此处所指"五卷"，乃此函套原来所容诸书，并非谓《佛说弘阳慈悲中华救苦宝忏》有五卷。盖明刊本《混元弘阳明心宝忏》赞文原有"一部四卷"之语被改，与此句实相抵触，故知非指《佛说弘阳慈悲中华救苦宝忏》，而且这"一部共五卷"句疑是重刻本所改，原本或非如此。

根据偈文，可见《宝忏》只是"飘高亲口传"，并非原作。

《佛说利生了义宝卷》跋

佛教图书文物馆藏明刊本，一帙。此系依其复制本。

首《三教同源图》，占五面，如来坐于中间，下左为老聃坐于如来之左，下右为孔丘坐于如来之右。次龙牌，题"皇帝万岁万万岁"七字。

开卷有序：

> 夫访道者，以信心听讲，恨不得一言而悟，通澈天地之理；传道者，以慈悲出授，恨不能一言而化，中大地之人也。盖因普天匝地，上至天子，下至庶人，尽下至飞禽走兽，以及蚊蚁之类，但凡知觉运动，莫不成佛一性之根。自从灵山失散之后，至今万劫沉沦，都以婆娑苦海为家业，以玉锁金枷为快乐，再不思人人有真家真业，家中有真父真母，朝朝思念，日日忧悲，何时是了！我佛大慈大悲，观夫失乡儿女，每个归家之路，况此末劫年来，此时要不顾盼来家，失此机会，以后沉沦，无了无休，哪里再有这个时候！……遂将七十二句，布为三十六分，攒成上下二册《利生了义宝卷》，说不能尽始终玄妙，悟彻归家路程要道，开示诸佛眼目，谈透天地骨髓，普施大地人缘，言声喧唱，信心参礼，使个个明心见性，着人人省悟菩提。但得天开收卷，咸能永证天性。

这篇序言说明宝卷编造之原委，他是先编造了七十二句《利生宝偈》，随后又扩充成这本三十六分的宝卷，但作者何名何姓，却未提及。

《利生了义宝卷》三十六分详目如下：

《螺蛳成宝脱壳归空分第一》

《古弥陀差螺蛳认母投东分第二》

《目连学刘氏作业分第三》

《刘氏堕幽冥目连慧目遥观分第四》

《目连游地狱十王接引访问母亲分第五》

《目连领古佛九环锡杖击碎丰都城分第六》

《目连击碎丰都城十恶思逃走分第七》

《因为天数未满恶鬼舍死争名分第八》

《古佛留后照明灵鬼不得知阴分第九》

《阳世间男和女贪酒肉财色分第十》

《龙虎心拱高妄想业网缠身分第十一》

《甲寅年按东方坐泰山东华主分第十二》

《戊午年普明如来归官分第十三》

《蕴空王问狮子尊者化项上头分第十四》

《狮子尊者笑人身假象何况头乎分第十五》

《蕴空王欢喜三藏经与尊者掌乾坤分第十六》

《空王殿黄罗帐八宝砌坐定无生分第十七》

《当阳佛传令考选原人分第十八》

《把太阳安在我中军甬道相连天地分第十九》

《把诸佛撼在选佛场内考选分第二十》

《叫一排整十个用意加工分第二十一》

《西厢壁发鼓声不断圆通主欢喜分第二十二》

《叫(教)善才童重赏金花玉酒分第二十三》

《当阳佛显手段化指银城分第二十四》

《当阳佛原人取宝利众生分第二十五》

《阳世间男和女不得出身分第二十六》

《甘露点化男女皆得我佛之心分第二十七》

《原来性一点光贪六根财色损折无存分第二十八》

《药师佛化普明四句无字真经分第二十九》

《多宝佛接引众皇胎同座莲心分第三十》

《富楼那开无为库赏赐原人分第三十一》

《得了宝发弘愿意净心清分第三十二》

《锻炼谷二八合同出阳身分第三十三》
《脱凡胎不生不灭常伴清风分第三十四》
《那时应归宫愚痴子任意翻腾分第三十五》
《九九数天定就子母同心分第三十六》

全卷宣扬众生平等和末劫归家之说，这是黄天道后来的主张。此卷编成已在普明逝世之后，为展开普明所创造的事业，才又造出这本宝卷，但为何人所编造，却无法知道。

《佛说如如居士度王文生天宝卷》跋

明刊本，经折装，一帙。
未见著录。孤本。
全卷共二十分，其目如下：

《如如居士埋没在清凉山修行分第一》
《如如居士师徒二人下山分第二》
《如如祖师在大贤庄度王文分第三》
《如如居士化度王文修行分第四》
《如如祖师化王文皈依三宝分第五》
《王文退道作业神圣照鉴分第六》
《王文作业深重地府勾取分第七》
《鬼使来到大贤庄捉王文分第八》
《鬼使捉拿王文前行分第九》
《王文身死子母烦恼分第十》
《王文奈河受过送镬汤地狱分第十一》
《王文镬汤受过送铁床地狱分第十二》
《王文归家托梦与妻知道分第十三》
《王文寒冰地狱受罪第十四》
《如如居士地狱救王文分第十五》

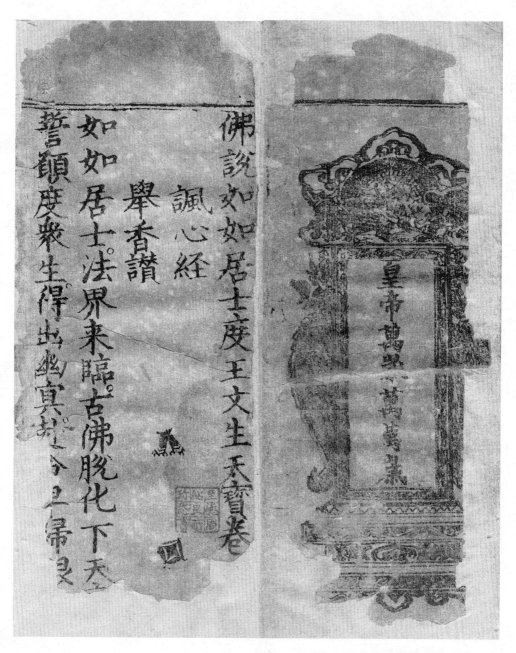

佛說如如居士度王文生天寶卷

諷心經

舉香讚

如如居士。法界來臨。古佛脫化下天宮

如如居士法界來臨。古佛脫化下天宮。

誓願度眾生得出幽冥苦今上帝良宸

皇帝萬歲　萬萬歲

《佛说如如居士度王文生天宝卷》

《如如居士到地府十王来朝分第十六》

《如如居士地府救王文还魂分第十七》

《子母请僧念经讽咒分第十八》

《王文还魂与妻子相见分第十九》

《如如居士度王文同妻子修行分第二十》

是一本劝人持斋修行，俾免死后地狱受苦之劝善书，不过借王文作故事之中心而已。

此卷未见有传本，但以如如老祖为依据者尚有《如如老祖化度众生指往西方宝卷》，可见如如老祖(居士)在民间信仰中还占一定的地位。

《古佛当来下生弥勒出西宝卷》跋

复制日本东亚研究所藏清活字摆印本。方册装，一册。

开卷《香赞》："《出西宝卷》，云僧留传。"说明此卷乃"云僧"所作。据卷中"普静云僧化人善"句，"云僧"者即普静是也。

成书年代，据开卷题：

> 盖闻《法王当来下生、弥勒出西宝卷》，出在万历丙辰年御制，党小庵刊版留(流)行。

根据文意推测，盖指此卷在万历四十四年经皇帝核准，由党小庵经房刊刻，否则"御制"二字无法解释。

据《宝卷》开头：

> 法王古佛，极(拯)救天下，兇(凶)恶回心，有愿皆从，皈依儒教孔门，兴行圆顿皇极，洗净罪孽，修学长生。

又说：

> 教行圆顿用置立，主定龙凤上品选。

说明这是圆顿教的经典。文中也提到圆顿教的传承世系：

普明古佛宝卷开，普光妙法劝众贤；

普静云僧化人善，普善法王度皇胎。

说明"法王古佛"即普明。依据传承，普明乃黄天道创始人，而普静乃普明、普光之徒，由他别立圆顿，造出《出西宝卷》，传徒普善。这是在《宝卷》上明白记载的，否则对这传承没法解释。

全卷共十八品，除第一品未标明题目外，其他十八品目次为：

《玉佛嘱咐品选第二》

《玉佛授记品选第三》

《玉佛诏(召)请品选第四》

《僧道受劫品选第五》

《公吏不清品选第六》

《富豪倚势品选第七》

《贫民不守分品选第八》

《秀士骂风雨品选第九》

《三十六行不公品选第十》

《军马出征品十一》

《扫除假相品十二》

《墝灭神祇品十三》

《墝灭文才品选十四》

《墝灭天星品选十五》

《墝灭水怪品选十六》

《指点末治品选十七》

《大抽白虎品选十八》

全卷主要在劝说参与圆顿，持戒修行。其中最特别者乃对僧侣之指责：

只见天下僧道，住的名山洞府，居于雕梁画栋，珠台漆椅，身穿绫罗，纱缎绸衣，口吃不种粮食，受免粮田，享清闲福，上背父母恩义，次别四恩不报，或奸骨肉亲人，或淫朋友良女，私通尼姑，杀生害命，不计其数。饮酒食肉，犯戒违法。亦为商贾，或做偷盗，又为医生，告状兴讼，趁奉官府，倚势欺人，行善全无，作恶无数，此等僧道，因当抽换，收灭归狱，永不超升。

它主张：

> 若有回心向善，还俗持斋受戒，孝顺父母，恭敬长上，兴归皇极正道，修学
> 长生法门。

可见当时宗教界是很混乱的，也说明为什么民间宗教所以兴起而流行的原因。

陈毓黑同志去日本，从东亚研究所讨得复制本，因重制一册相赠。此卷已收入《宝卷初集》，但该卷尾部残缺，遭人妄补，殊失真意。此本则完整无缺，实可宝也。

《观音戒文经》跋

清刻本，经折装，一帙。

这是黄天道的一本戒律经典，首观音、太白、年、月、日、时诸神像六面，次释迦牟尼佛莲牌，次"宗○观音门莲牌"，"○"字不可识，乃黄天道所自创。此本《戒文经》中自创字甚多，不可识，似仿自道家。且经文特别，非通其文词者无法诵读。

全书仅九开，每面五行，行十六字。

黄天教是崇奉观音菩萨的，在《普明如来无为了义宝卷》：

> 去也去也往西方，都归普明大道场；
> 观音本是法船主，度尽众生去还乡。

这本《戒文经》也正体现这种精神，把普明直接与观音联系起来：

> 南无救苦观音佛，南无普明传法佛；
> 南无普光调贤佛，南无普净收源佛。

这时普净盖已逝世，所以把普明、普光、普净一起隶于观音门下，于是也可推断这本《戒文经》的成书年代。

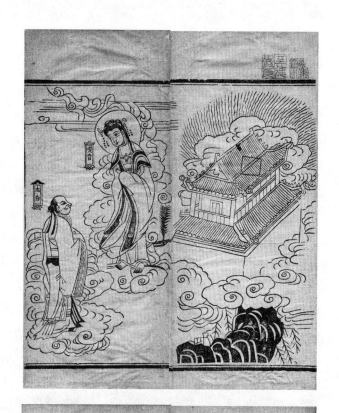

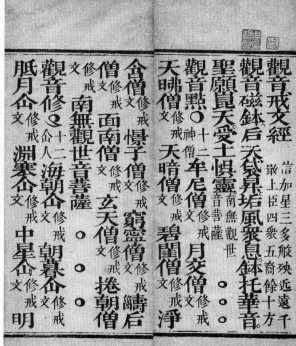

観音戒文經

観音磁鉢后天氣昇垢風衆息鉢托華音

観音點○十二牟尼僧

聖願昆天受土惧靈

天晰僧

天暗僧

碧闔僧

净

信加星三多般殊近遠千

嚴上臣四象五商餘十方

南無觀世

音菩薩

月交僧

○
○
○

觀音修之

十二海朝岾

朝暮岾

胝月岾

淵寨岾

中星岾

明

舎僧

慢子僧

南無觀世音菩薩

面南僧

玄天僧

窮靈僧

捲朝僧

疇后

○
○
○

《观音戒文经》

183

《观音济度本愿真经》跋(甲稿)

方册本，分为上、下二卷，扉页题："大清宣统三年岁次辛亥(1911)正月望四日重刊《观音济度本愿真经》，如心堂重刊。"首页镂杨柳枝观音像，背《观音梦受经》："南无观世音菩萨，南无佛，南无法，南无僧。与佛有因，与佛有缘，佛法相因，常乐我净。朝念观世音，暮念观世音，念念从心起，念佛不离身。天罗神，地罗神，人离难，难离身；一切灾殃化为尘。摩诃般若波罗密。"后附斋期。次《观音古佛原叙》，尾题"永乐丙申岁(1416)六月望日书"，无作者姓名。次《西天达摩祖师题赞》、《孚佑大帝吕祖题赞》，显然这些都是伪托的。次《观音济度本愿真经叙》，尾题"大清康熙丙午岁(1666)冬至后三日广野山人月魄氏沐手敬书明心山房"。叙文记其"幸遇普定仙师，指示先天大道，……往朝普陀，……至……朝元洞……灵通寺，……遇一道童，……出《观音济度本愿真经》一册，……经系西天梵字，东土之人识此字者少。余急归家，译写书正，刊刻行世"。所说如此，可见此经即广野山人月魄氏所编撰。次《观音古佛原本读法》十六则。卷首题："《观音济度

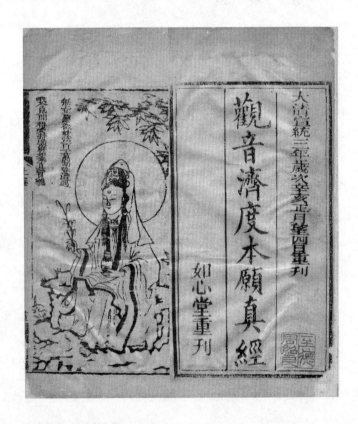

《观音济度本愿真经》

本愿真经》上卷。广野山人月魄氏师译注正，晚学门人青阳山人冠五氏校阅重刊，昌诚山人祯祥氏募捐，明忱山人智信氏募捐。"卷尾题："宣统三年(1911)十一月十七日京都广宅信女曲成真为久惠(患)心腹疼痛等症，叩许捐京足银八两，刷印此经。"是此经刷印乃辛亥革命以后。下卷卷首无"广野山人"等字样，卷尾镂韦驮像一帖，末跋文一首，中有"此书相传为观音佛祖手著，昔有人从石室中得来，镌刻传世已久。……后得广野老人……参订校正，复成完璧"云云，亦无作者姓名。又助印人助印册数名单一纸。

故事用小说体，韵白相间，韵文为七言、十言，间有用西〔西江月〕俗曲的地方。共分十二大段，各有标题：《慈航下世投胎》第一、《花园受苦得药之道》第二、《白雀寺武火焚烧》第三、《斩蛟归阴遍游地狱》第四、《还阳山中伏虎》第五、《香山温养圣胎》第六、《庄王恶满上帝降旨冤魂寻报》第七、《妙善公主元神显化揭榜救父》第八、《驸马公主劝开斋》第九、《香山还愿妙善公主劝父修道》第十、《驸马香山求道》第十一、《丹书下诏道成受封》第十二。内容叙慈航尊者(观音)观见众生昏迷，以女身下世，度诸妇女脱轮回之苦。书中三教杂糅，虽书名用"观音"，但内容颇多道教之物，这在一般新兴宗教经典中是很多见的。

此经封面盖有红色木戳印记，文作"鸡鸣山同善分社，同归一善"。这是清末民初一个外道门组织，势力颇张，分支遍及国内南北。这部经就是他们收藏使用的，可见即其所崇奉。解放后，同善社始行消灭。

此四种经卷均为笔者个人收藏。

《观音济度本愿真经》跋(乙稿)

清宣统三年(1911)正月如心堂重刊本，一册。

此书与世传宋普明禅师所编《观世音菩萨本行经》完全不同，盖另一编本。全书分上下卷，十二品：

> 上卷：《慈航下世投胎第一》
>
> 《花园受苦得药之道第二》
>
> 《白雀寺武火焚烧第三》
>
> 《斩蛟归阴遍游地狱第四》

下卷：《还阳山中伏虎第五》

《香山温养圣胎第六》

《庄王恶满上帝降旨冤魂寻报第七》

《妙善公主元神显化揭榜救父第八》

《驸马公主劝开斋第九》

《香山还愿妙善公主劝父修道第十》

《驸马香山求道第十一》

《丹书下诏道成受封第十二》

故事内容叙述观音佛祖因不忍众生尘苦，启奏瑶池金母，脱化女身，投生为兴林国妙庄王第三女妙善，幼而聪慧，持斋修道。妙庄王不信修持，斥为邪孽，罚至花园苦役，遭受白雀火焚、法场斩蛟诸苦难。得遇天神引导，遍游地狱，最后还阳，至香山修养成真。妙庄王则以恶盈福尽，冤孽寻报，患波罗疮，久不愈合。经妙善陈劝，改恶从善，修建寺庙，设斋建醮，得解苦难，俱成正果。

一般学者根据书前无名氏《观音古佛原序》所记年月，认为是明永乐丙申(十四年〔1416〕)以前作品。经喻松青同志研究，因为在卷下《香山温养圣胎第六》中写着：

> ……古慈航奉旨道办，功成时证南海观音名传。称大慈称大悲救苦救难，三期至领佛旨又下尘凡。西乾地十八易弥勒结伴，号"还虚"阐大道一贯显传。

"西乾地"所指为四川地方，而"十八易"乃影射"杨"字，当是指川人杨还虚其人所作。

后来车锡伦同志考证，认为书前《观音济度本愿真经叙》末题款署名"广野山人"，当即先天道内传说五老之一白水法彭德源，当是本书编者。

按"杨还虚"即杨守一，为青莲教之开创者，在先天道与一贯道等教门中奉为十三祖之一，在清道光年间传道于四川地方。道光八年(1828)逝世。彭德源字超凡，道号"依法"，又号"广野老人"，湖北沔阳州人。在先天道中奉为十四祖，与杨还虚为前后辈。

据广野山人《观音济度本愿真经叙》：

> 余自生以来，……幸遇普定仙师，指示先天大道，授以率性复初功用，一日往朝普陀，舟至南海，预得真武祖师之报，船将到岸，忽狂风大作，波浪汹涌，当时

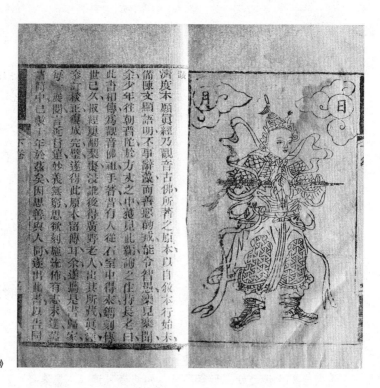

《观音济度本愿真经》

船坏者不少。余蒙神护佑，紧操舵桨，得达津□，将船舶于海岸，散步闲游，忽至
一处，见石门壁立，牌坊森列，篆镌"朝元洞"。行不数步，内有一庵，名曰"灵
通寺"。余进步内观，遇一道童，潇洒不俗，谓余曰："居士遇此风波，实乃上天
数定。玄机报应，会遇朝元。此中有一济度慈航，其赖居士成就此功德，以慰我佛
无量度人之心。"谈叙之间，因出《观音济度本愿经》一册授余。余诚敬捧读，乃
知为观音佛祖自叙本行。……余得授此，焉敢不成就此一宗功德。无奈经系西天梵
字，东土之人识此字者少，余急归家译写书正，刊刻行世。

文中显然有些托辞，但可见此书乃广野山人所获一写本，原为杨还虚所著，经其"书
正刊行"。喻、车两氏所论俱不误也。

书为宣道而编著，但多诲淫章节，如其中不少阴阳、铅汞之叙述：

有一庄王女，今住三清里，与一黄法师，媒合达彼此。勾引白面君，谈论天
外理。常饮菩提酒，三人共一体。一朝婴儿出，通天名扬起。

颇非道家所宜宣讲。尤其如：

学道修炼讲参玄，不明自身汞与铅，

…………

岂知自身有妙药，精气与神是根原。

不是山石草木类，不是金银铜铁铅。

访求明师亲指点，虚无穷中细钻研。

降得青龙伏黑虎，拨阴取阳见本元。

性复乾坤神恍惚，仰之弥高钻弥坚。

六合同春归戊己，出玄入牝炼丹丸。

八宝凝聚舍利子，忽忘勿助太极圈。

修道解此真妙谛，功成同吾座金莲。

这种晦涩的言词，表现出极为诲淫的内涵，由此可见一些外道宣扬的究竟是什么。在书前《读法十六则》中特别提出：

> 《本愿真经》言火候甚详，古人传药不传火，从来火候少人知，《经》中设象寓言，火候之妙，形容得当，知此者可读《本愿真经》。

特别提示"火候"，可见其用心。

此书简称《观音宝卷》，一作《香山宝卷》，曾见宣统三年仲冬如心堂刊本，即以此本改换封面题作《香山宝卷》者。

《韩祖成仙宝传》跋

旧刻本，方册装，一册。

这是先天道编制的一本宝卷，共二十四回。开卷首道光元年(1821)二五道人《新镌韩祖成仙宝传序》，全文六言诗三十六句：

> 常闻大道不远，每听天堂在心，仙云借物阐道，吾曰正心修身，三教经典铺满，五行洞(词)章布盈。名利恩爱乱意，酒色财气迷心，失了率性悟性，忘却良知良能，天降三灾八难，黎民九死一生。佛祖现身说法，韩仙降像演经，将他修行故事，所托戊丁二人，述编二十四品，练就三八五行，节节事中藏道，篇篇情

内隐真。愚读浅之又浅，智观深之又深，接引
四亿佛子，指醒九二源根。志大超出三界，力
微完全一生。内为金丹秘诀，外作劝善书文。
地狱天堂显曜(耀)，阴功果报分明；成佛作祖
宝筏，忠孝节义铭箴。可为小补广助，厚望大
地普遵。三十六句俗语，以作《宝传》序文。
时道光元年乾月望日，二五道人虔诚薰沐序于
朝阳古洞。

《序》文说明这书是托"戊丁二人"述编的，
"节节事中藏道，篇篇情内隐真"。可见书成之
日即行付刊，亦即道光元年，可惜"戊丁二人"
无从考索。

　　故事内容完全铺叙韩湘度文公故事，正如
《序》文所说，用意"内为金丹秘诀，外作劝善书
文"，以为秘密传教之用，书中毫不露先天道形
象，也不暴露先天道宗旨，仅于无意中体现是先天
道的传统：

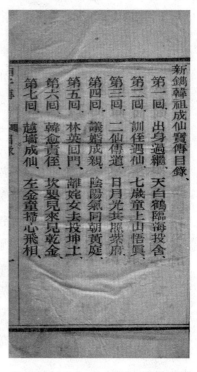

《韩祖成仙宝传》

有钟祖和吕祖二仙议论，就与那韩湘子摆供申文；
叫一声我弟子诚心恭敬，先天道非小可地府抽丁。
总要你立长志勇猛前进，任千磨并万炼不退道心；
还要你立洪誓上天方准，三教经古洪则誓愿为凭。
古弥陀四八愿天盘掌定，观音母十二愿度尽众生。
有湘子跪神前诚心告禀，千千佛万万祖诸大百神；
倘若是进道后五戒不谨，退了道开了斋雷火烧身。
纯阳祖一见他发誓不吝，就将那先天道传与他身；
这就是至善地生身根本，这就是无缝锁不二法门。

在短短九联诗句中，已将先天道的教义解说清楚。要遵守弥陀佛的四十八愿和观音菩
萨的十二愿，要守五戒和持斋，它就是先天道的"生身根本"，也就是先天道的"不
二法门"，并且明白显示韩湘在先天道中是"祖"的地位，是由纯阳祖传授的。

先天道与当时三教合一的流行趋势是一致的，它崇奉老子、释迦牟尼、孔子，书中也体现有：

> 俺是真人谁猜透？谁个跟俺把行修？
>
> 文公说是我猜透，猜你是个叫化头。
>
> 湘祖谢恩不敢受，自古三位教化头：
>
> 昔日老君把凡度，金华宝杖度春秋；
>
> 留下金木水火土，五行原是老君留；
>
> 大人若问真名路，龙尼第一教化头。
>
> 昔日释迦把凡度，九环锡杖化春秋；
>
> 戒除杀盗淫妄酒，五戒原是释迦留；
>
> 大人若问真名路，牟尼第二教化头。
>
> 昔日孔子把凡度，芦伯点杖延春秋；
>
> 仁义礼智信留就，五德原是圣人留；
>
> 大人若问真名路，仲尼第三教化头。

先天道把老子奉为"龙尼"是第一祖，接着"牟尼"、"仲尼"论辈排行。

全书二十四回：

第一回	出身过继	天白鹤临海投舍。
第二回	训侄遇仙	七岁童上山悟真
第三回	二仙传道	日月光共照紫府
第四回	议婚成亲	阴阳气同朝黄庭
第五回	林英回门	离姹女去投坤土
第六回	韩愈责侄	坎婴儿来见乾金
第七回	越墙成仙	左金童扫心飞相
第八回	林英自叹	右玉女诚意凝神
第九回	南坛祈雪	显手段天官飞雪
第十回	火内生莲	现神通火内莲生
第十一回	杜氏自叹	黄坤母心想坎子
第十二回	湘子寄书	白坎童意思离阴
第十三回	花篮显圣	至善地现出幻景

全书通篇以五言、七言、十言诗句组成，极便于吟唱，与一般宝卷风格迥不相同。

先天道布教书流传极少，从这本书看来，它的传道是隐而不露的。

《弘阳明心宝忏》跋

复制明刻本。经折装，已残，存下卷，一帙。

每面四行，行十四字。

开首举赞：

　　《明心宝忏》，万代弘名，四卷一部度众生，忏罪永消冰。志礼虔诚，福果永长生。

这里特别提到《明心宝忏》是"四卷一部"，按《明心宝忏》共三卷，分上、中、下三帙，所谓"四卷一部"，似当指《佛说弘阳慈悲中华救苦宝忏》一卷合为四卷而言。

此仅存之明刻本，可复案清代刻本之异同，惜只存下卷。

《弘阳妙道玉华随堂真经》跋

复制法国苏鸣达藏清刻本。经折装，一帙。

卷帙封面题签作"弘阳妙道玉华随堂真经"，开卷飘高祖像，左右各十六众列侍。每面四行，行十五字。

开卷十二天尊，上帝号；次《混元教主提刚序》；次经名，题作"弘阳妙道玉华真经随宝卷"。这是弘阳教一本重要经典，内中包括三部分：一、《上元一品弘阳妙道真经》，二、《中元二品弘阳妙道真经》，三、《下元三品妙道真经》，各有所侧重点之介绍。所谓"随堂"意即叙述家堂历史之意。这是极为重要的部分，有韩太湖自叙家世文字：

> 祖居广平府曲州县东北第二搏人氏，俗姓韩。祖父韩么，祖母张氏。祖生于隆庆庚午五月十六日落凡。年方一十九岁，出家参拜明师。在临城县太虎山修悟，漕溪洞打坐三年，得道。乃祖因缘相遇，感动圣中老祖弘阳宝赦透凡笼有悝，留出五部真经，京都开造。多蒙定府国公护持，佛教通行天下，普度僧尼道俗四家群生，同出苦沦入灭。祖于万历戊戌十一月十六日皈西还元。

说明韩祖从出身修道至皈西还元只九年功夫，可见其经营弘阳教是煞费苦心的。

经文中只叙及祖父母，似乎韩太湖系由祖父母抚育成人的。

经文开始有八名句开经偈：

> 赤刚菩萨玄刚会，真空明月大觉仙；
> 红莲包含佛出现，一道红光冲满天。
> 三千诸佛来拥护，八方善人诵经文；
> 《玉华》新经未展放，《锁心神咒》诵当阳。

说明《玉华》是"新经"，大概是韩太湖逝世后不久即由门徒辈编造出来的。

卷末有四神及韦驮像，占五面。

《弘阳佛说镇宅龙虎妙经》跋

清康熙甲辰(三年〔1664〕)刊本。经折装，三帙。每面四行，行十五字。

开卷"皇帝万岁万万岁"龙牌，次天尊像四尊，占四面，末飘高老祖像，占一面。

三峡合刊，分上、中、下峡，但题名不同。上峡题作《弘阳佛说镇宅龙虎妙经上》，中峡题作《弘阳佛说镇宅龙虎宝忏中》，下峡题作《佛说弘阳青花报恩天通宝经下》，名字各异，内容也互不连续，各自成篇。

明代中叶之后，社会生活比较宽裕，因之迷信之风渐炽，尤其企图家宅安定之愿望占据上风，如一些伪经《佛说镇宅消灾龙虎经》、《佛说天地神咒镇宅八阳经》等，颇为流行。弘阳教是新兴宗教，为图谋开展，当然不能失漏时机。为

《弘阳佛说镇宅龙虎妙经上》

应付社会风气，因之所编这些经卷，必须迎合风气，以图欺人。从这三部经组合在一起，即可看出其编造盖出仓促，只是以应付临时之需而成者。

刊刻年月：

康熙甲辰年仲冬吉旦开板。

所列地位在卷末书名之前，与一般通例不同，可能原书此处空一行，遂随便将刊刻年月安排于此。

下峡经尾有四神及韦驮像，各占一面。

《混元弘阳明心宝忏》跋

复制法国苏鸣远藏清刻本。经折装，三峡。与《佛说混元弘阳慈悲中华救苦宝

忏》、《混元弘阳血湖宝忏》共一函。

每面四行，行十五字。

每卷首都有赞文，下卷首赞文：

> 《明心宝忏》，万代弘名，灵文下卷度众生。忏罪永消冰，志礼虔诚，福果永长生。

这里将原文"四卷一部"改为"灵文下卷"，说明这函《明心宝忏》将不仅包括《混元弘阳中华宝忏》，还将更添其它品种。

《混元弘阳血湖宝忏》(明刻本)跋

复制明刻本。经折装，一帙。

每面四行，行十四字。

经文开首有《举赞》称：

> 《血湖宝忏》，飘高亲传。……

经文中又有：

> 飘高老祖于万历甲午之岁正月十五望日，居于太虎山中，广开方便，济度群迷，舍九莲宝台大会说法。

显然都是追述口吻，可见此《忏》非飘高原作，而是据口传编制者。

帙末有四神及韦陀像，占五面。此帙当是一函之末册，或即如清刻本之与《弘阳宝忏》、《明心宝忏》等合为一函者。

《混元弘阳血湖宝忏》(清刻本)跋

复制法国苏鸣远藏清刻本。经折装，一帙。与《佛说混元弘阳慈悲中华救苦宝忏》、《混元弘阳明心宝忏》共一函。

每面四行，行十五字。

明刻本有误字，此本已予改正，如卷首《举赞》"众举真言"句，明本误"真"作"直"；"拜伏座前"句误"伏"作"复"，均已改正。

帙末有四神及韦驮像，占五面。

"血湖宝忏"之名，起于道家，明白云霁《道藏目录详注》卷二《洞玄部·威仪类》〔被〕字号著录有《太乙救苦天尊说拔度血湖宝忏》，弘阳教似从那里窃取来的。大概他们也明白妇女对于"血"的恐惧心理，觉得佛教伪经"血盆"并不能解放一些妇女之情绪，只有道教"血湖"才容纳她们，所以采用了这种《血湖宝忏》的名称。

《混元弘阳中华宝忏》跋

复制法国苏鸣远藏清刻本。经折装，五帙一函。

每面四行，行十五字。

函套题签作"《混元弘阳明心宝忏》全"，内装三书：《混元弘阳中华宝忏》一帙、《混元弘阳明心宝忏》及《混元弘阳宝忏》一帙。

首册《混元弘阳中华宝忏》，开卷太上混元老祖执拂像五面，左右各十六众；次"皇帝万岁万万岁"龙牌；次万历甲午(二十二年〔1594〕)陆郡河庵《弘阳宝忏中华序》；次经文。

经文说明：

> 祖慰世众生，留演七部意。

这是很重要的一个数目，"七部"都有哪些?弘阳教经凡两个五部经：《混元弘阳飘高祖临凡经》、《弘阳苦功悟道经》、《混元弘阳显性结果经》、《混元弘阳叹世真经》、《混元弘阳悟道明心经》，称"大五部"；另有《销释混元无上大道玄妙真经》、《销释混元无上普化慈悲真经》、《销释混元无上拔罪救苦真经》、《销释混元大法祖明经》、《销释皈依弘阳觉愿真经》，称"小五部"，合起来是十部。那么"七部"是指哪些，颇值研究。

底下又说道：

> 慈悲救苦忏，飘高亲口传；

一部共五卷，包含妙无边。

这是比较容易理解的，大概是指一些忏文如《佛说弘阳慈悲中华救苦宝忏》一卷、《混元弘阳明心宝忏》三卷、《混元弘阳血湖宝忏》一卷，共为五卷也。

书名"宝忏"，事实并无忏法，只是说明飘高对于忏法之重视：

　　东土末劫至，天破有岔声，

　　众生无投奔，杂法遍地兴。

　　缺少玄妙理，怎得出沉沦？

　　我今发慈悲，说忏度众生。

即点明他所以重视忏法的用意。

第二、三、四册即《混元弘阳明心宝忏》。

此本为重刻本，以明刻本相校，颇有出入，惜无二、三两册，现以手头所存明刻本第四册相校。

　　《明心宝忏》，万代弘名，经文下卷度众生。

明本是"四卷一部度众生"。似乎最初并没把《混元弘阳血湖宝忏》计算在内，故称"四卷一部"也。

卷中"南无檀旃三转佛"，原明本作"南无旃檀三转佛"；"临命终时不免入下下三城"句，原明本无"命"字；"说是忏毕，称扬圣揭"，原明本是"圣偈"；"火床并镞树，拆魔愚众生"句，"拆魔"原明本是"折磨"；"混元临凡，东土转化，三年六载，悟道明心，留经吐忏"，原明本是"留经吐卷"；最后"《明心忏》下卷，功德力救拔众生离尘迷，忏悔无边诸恶罪，解了冤，更无冤，消了罪，更无罪，消遥直赴龙会"，原明本"下"字作"三"字，无"忏悔无边"至"罪更无罪"十九字。可惜只此一卷，如得全本一校，必可见更多出入。

第三是《混元弘阳宝忏》。

这和俗传伪经《血盆经》是一样的作品，抓住妇女畏惧生男育女之苦，认为是因果灾难，代为消除，以博信仰。这种心理是可以理解的。

此本为清代重刻本，以明本校之，彼此略有出入，其重要者为卷中所举二十三如来名，比明本少一如来，在"南无安靳如来"后，尚有"南无多宝靳如来"一称。其他不列举。

《救度亡灵超生宝卷》跋

明刊本，方册装，已残，失上册。

不见各书著录。孤本。

书存下卷，首又失，不知宝卷名称，书口处有"亡灵下"三字，书首中文字有：

> 伏以《救度宝卷》，乃梦之景授之人；《超生》真文，实圣中显施之教典。

可能全名为《救度亡灵超生宝卷》，简称《亡灵卷》。

全卷共二十四品，现存为：

> 《鬼使押送中里前到思乡岭品第十三》
> 《中里参见阎王对案品第十四》
> 《押送中里赴油铛地狱受罪品第十五》
> 《押送中里赴寒冰地狱受罪品第十六》
> 《押送中里上刀山地狱受苦品第十七》
> 《押送中里赴锯解地狱受报品第十八》
> 《中里参见五阎王分由申报品第十九》
> 《五阎王替中里申报救度品第二十》
> 《中里奉五王释放归家托梦品第二十一》
> 《中里托梦妻醒烦恼伤情品第二十二》
> 《为生死典儿卖女答救夫主品第二十三》
> 《佛发牒文超生中里出幽冥品第二十四》

从书中文字看，这部宝卷应该是皇天道三极同生教教徒们编造的。书中有这样一段：

> 中里哀告上圣爷："我不是吃荤的罪魂，俺是拜明师九阙修行之人。"阎王听说"九阙"字，合掌当胸要问明。四王听说"九阙人"，开言启齿门(问)明分："既是九阙修行子，件件说来我心听。九阙不比邪宗事，甚么教像甚法门？甚么道，何人掌？说的分我便心明。"中里向前从头诉，诉说"教像洪法门。教是三极同生教，万类同归是总门。三阳同转一生像，出世金莲法正门。道是一部皇天道，万象同归总路程。暗天掌着《收圆卷》，明天指路又调人。王奇俺也答

供親文諿號対的真當来准掌天盤印

墮業的其实的苦拉入地獄中銅蛇鉄狗来争竞不敢言語

着棍挺沉枷鉄索不輕容拉扯着又不知往何處送

前来到分路殿細思量嘆殺人因何不徔天堂送拉、扯、难

扎挣自悔前生把斋開不肯保定備行路

兒使押送中里前到思鄉嶺品第十三

話說中里被兒使押着来見十帝閻君过了分路殿至思鄉

領驀想起父母爺娘纫子嬌妻親戚六眷不由的煩惱放

声大哭留戀多時兒使不容押着前進走过思鄉嶺前

至望鄉台牵目睁睛只見 上徑、萬丈之高孤另、碧君

峯之座中里便問二位兒使此是何方景界有些之台鬼

《救度亡灵超生宝卷》

玄妙，只是根薄破戒荤。这个便是修行话，怎敢虚言哄上神！"

皇天道一名黄天道，即皇天教，创教人李宾，从这里知道它的正名是"三极同生教"。根据这部宝卷，皇天教主要的宗旨是戒杀吃素。

卷中提到五个宝卷："五经出敢谁不依，只九册，只九册，圣人名字题：《观音宝卷》、《往生宝卷》、《皇极收圆宝卷》、《万法归依宝卷》、《救度超生宝卷》。"显然这五部宝卷是皇天教的主要经典，这部《救度亡灵超生宝卷》应是第五种。

《苦功悟道卷》跋

明刊本，经折装，一帙。

首《如来说法图》，占五面；次"皇图永固，帝道遐昌，佛日增辉，法轮常转"龙牌；次"皇帝万岁万万岁"龙牌；次"六合清宁……"韵语龙牌。完全依照"永乐北藏"形式，惟"万岁"龙牌用磁青纸以金色书之，粘于牌上。每面四行，行十三字。

此"罗祖五部经"之第一种，原刻为正德四年(1509)，此本当是覆刻本，估计纪元干支当在全书之末，此册乃另册失群者，故无年代可查。

《苦功悟道卷》主要为罗清自述十三年苦行参悟之过程，据其自称，首先觉得百年光景不过刹那之间，富贵荣华全如一梦，因之进行参悟，感到父母亡故，再不相逢；生死轮回，终是苦恼。适逢友人说孙甫宅有一明师，随即赶去拜师，半年之后，师方告其欲得超升，必

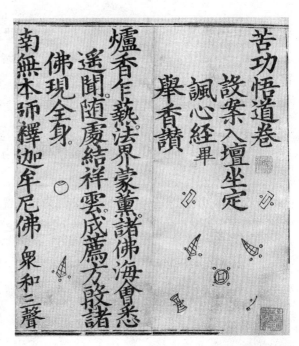

《苦功悟道卷》

199

需持念"阿弥陀佛",当即遵行,每日高声唪念。八年光景,并未解除心中烦恼。于是拜别师傅,出家访求明师。这时正值邻人老母亡故,众僧宣念《金刚科仪》,听得说:"要人信受,拈来自检看。"于是请得一部《金刚科仪》,白日看,夜打坐,整整看了三年,最后参透"空在前,天在后","天有边,空无边",参透"虚空","忽然间,一步功,心中大喜,不归无,不归有,我是真空"。"参到这一部地,才得自在纵横,里外透彻,打成一片"。发现威音王时代以前,无名号,无佛祖,无凡圣,无生死,无古今,无大小,无僧俗,无戒律,无出入,无来去,这些都是后来才有的,于是大彻大悟。全卷即叙述这番参悟之经过。

卷中提到"护国公公",当是指太监张永而言。张永以平宁王宸濠功,又以计诛刘瑾,是一位炙手可热人物,此书即成于其时。这个称呼绝不是罗清所创造,可能当时一般人都以此称之,罗清也随众称其为"护国公公"。这正反映张永当时权势之盛,而罗清就是凭借他的势力而把无为教铺展开。

《吕祖师度何仙姑因果卷》跋

光绪三十年苏州玛瑙经房刊本。方册装,一册。

封面书签题作"何仙姑宝卷",扉页题"光绪三十年初夏重刻 何仙姑宝卷 苏城玛瑙经房藏板"。

开卷《劝世歌》一首,接着是书名"吕祖师度何仙姑因果卷"。

全书分上、下两卷,不分回。

作者似为粤人而接近道教者,故安排何仙姑为增城县人。其地近罗浮山,道家胜地也。

书中大部分为吟唱体,间有说白,似为宣讲悦众之作,与民间宗教无关。车锡伦同志《中国宝卷文献的几个问题》中指为"可能是先天道"的,待证。

《弥勒地藏十王宝卷》跋

1986年日本《中国宗教思想史谈会报》油印本,上下卷,都一册。

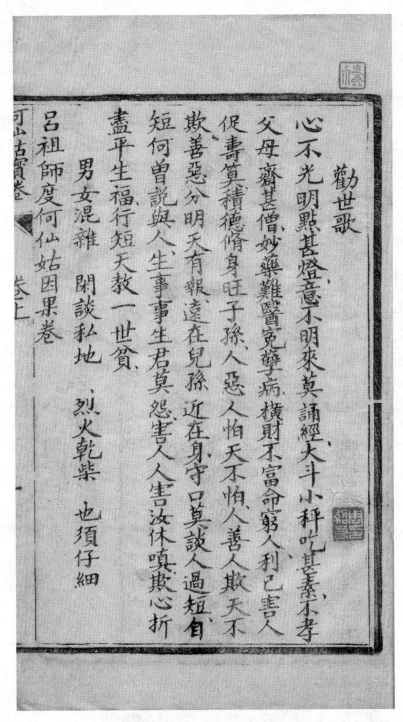

勸世歌

心不光明點甚燈，意不明來莫誦經，大斗小秤吃甚素不孝

父母齋甚僧，妙藥難醫冤孽病，橫財不富命窮人，利己害人

促壽算，積德修身旺子孫，人惡人怕天不怕，人善人欺天不

欺，善惡分明天有報，遠在兒孫近在身，守口莫談人過短，自

短何曾說與人，生事事生君莫怨，害人人害汝休嗔，欺心折

盡平生福，行短天教一世貧

　男女混雜　閒談私地　烈火乾柴　也須仔細

呂祖師度何仙姑因果卷

河山古寶卷　卷上

《弥勒地藏十王宝卷》

这本是依照日人吉冈义丰所藏光绪十一年(1885)北京党版杭城重刊本复抄油印的。又民国十七年重刊本上下卷一种。

这是一本宣扬汪长生的宝卷。

过去据说汪长生是长生教的创始人，但从这本宝卷来看，汪长生似乎并没有创造过长生教。他主张是儒家道，老实说是主张三教合一的，而以儒为首。所以书里提到：

> 劝你早归儒家道，愿我皇胎上天庭。

儒家道在当时新兴宗教中是依傍圆顿教的，所以卷中又说：

> 不说我佛慈悲叹，再听三界归儒门。
> 皇极老祖下云端，三界诸佛皈长生；
> 阎王接我到地狱，归依我们正圆顿。

又说：

> 要问南北两儒何年出，万历皇帝御颁行；
> 十二年间龙位动，普静佛祖吐藏经。

普静是参与圆顿教的人物，在圆顿教中列在第三位。

此卷当产生在清代初期，时汪长生早已逝世，他的接班人康龙、高智和姜徐氏也都已去世，书中提到：

> 三十二年佛敕旨，儒章玉佛临凡汪家门。
> 正信正义同一子，小名和尚号长生；
> 崇祯十年亲出定，诸神十王归儒门。
> 普度弟子三千馀，十三年间八月升；
> 佛号普善古露佛，康、高、姜祖续长生。

此书成时，康、高、姜已经被尊为"祖"，当然已经很晚了。

此卷简称《十王宝卷》，又作《地狱十王宝卷》。

《破邪显证钥匙宝卷》跋

　　明刊本，梵夹装，黄绫面，磁青签，金印《破邪显证钥匙宝卷上、下》。开卷三教图，以如来居中，老聃侍于如来之左，孔丘侍于如来之右，占五面。次龙牌，题"皇图永固，帝道遐昌，佛日增辉，法轮常转"四句十六字。次龙牌题"皇帝万岁万万岁"七字，次龙牌题永乐帝御制佛经赞语："六合清宁，七政顺序，……"十八句。次目录，题目已不称"宝卷"而作"经"；共十一品，兹录其目录如下：

　　　　《破邪显证钥匙经》上目录

　　　　《破不论在家出家辟支佛品第一》

　　　　《破四生受苦品第二》

　　　　《破悟道末后一着品第三》

　　　　《破〈览集〉方便修三十三天诸天品第四》

　　　　《破三宝神通品第五》

　　　　《破禅定威仪白莲无相天品第六》

　　　　《破十释仙品第七》

　　　　《破〈览集〉、〈金刚经科仪〉布施咸悟菩提重辩重征岂识觉性品第八》

　　　　《破受戒品第九》

　　　　《破无修证傀儡〈金刚经〉四果罗汉人天经返轮王十善化道品第十》

　　　　《破释迦轮王多宝三藐三菩提品第十一》

　　　　《破邪显证钥匙》卷上目录(终)

正文开头只标《破邪显证钥匙》，既无"宝卷"字样，亦不称"经"，可见原来是无"宝卷"或"经"这样称呼的。开头短序四句偈言："邪法乱混杂，虚空无缝锁。不着钥匙开，生死何处躲？"说明是不主张把这本书称之为"经"，而是一把开锁的钥匙。短序中提到《大藏览集》，不知是何书；又提到《大乘金刚宝卷》，可见《大乘金刚宝卷》成书是在本书成书之前。卷文中又提到一些宝卷名称，如《地藏科仪》、《圆通卷》、《心经卷》、《报恩经卷》等。除《报恩经卷》曾见傅惜华《宝卷目录》外，余者均不为人知。

　　上卷最后题"万历壬子孟秋校正，乙酉年重刊"。"壬子"为万历四十年(1612)，"乙酉"为清顺治二年(1645)，此宝卷最早刊本当是正统经厂刊本，所以万历壬子本本身即是一重刊本。最末为莲幡一具，中间有题识五行：

祖章一堂总计字数七万四千二百六十五字开具　苦功卷八

　　千八百六十七字　叹世卷一万一千七百五十四字　钥匙

　　上卷一万三千五十九字　钥匙下卷一万四百二十八字

　　正信卷一万五千九百五十九字　太山卷一万四千一百九十

　　八字新刊在党家经铺内有大字参际是新板详认之

这里不单标明罗祖的五部六本经，并且连六本经的字数都开列清楚。"党家经铺"是明代专以刊刻佛教典籍附带经营一些唱本、小说的书坊，曾见所刻《佛说观世音菩萨救苦经》(中国佛教图书文物馆藏)，尾题"海大门里单牌楼观音寺胡同红字牌党三经铺印造"；又万历庚寅(十八年1590)刊《白衣大悲五印心陀罗尼经》(藏者同上)，尾题"崇文门里观音寺胡同双贤孝牌楼对门经字牌党铺印行"；又《观世音菩萨普门品经》(藏者同上)，尾题"观音寺胡同黄字牌党铺印行"。是"党铺"同在一胡同中，尚有"红牌"、"黄牌"之分，此卷则无法考订是何牌所印造者。

　　下卷开卷镌像、龙牌等与上卷同，次目录：

　　《破邪显证钥匙经》下　目录

　　《破大颠无垢无佛无人无修证人法双忘品第十二》

　　《破念经念佛信邪烧纸品等十三》

　　《破出阳有为法定时刻回品第十四》

　　《破〈道德清静经〉品第十五》

　　《破六道回生品第十六》

　　《破称赞妙法品第十七》

　　《破〈涅槃经〉十住地菩萨堕地狱〈览集〉持戒忏悔杀生不学大乘法无吐唾地品第十八》

　　《破行杂法堕地狱品第十九》

　　《破念经品第二十》

　　《破无上妙法血脉论行坛品第二十一》

　　《破达摩血脉论第二十二》

　　《破大道无一物好心二字品第二十三》

　　《破乾坤连环无尽品第二十四》

　　《破邪显证钥匙》卷下

下卷尾部也有题识一段：

> 无为居士开通五卷经卷若人全请明御十方三千大千世界
>
> 普现无极无二法比丘比丘尼优婆塞优婆夷四众弟子流
>
> 通天下普度一切苦厄舍利子齐超苦海善哉善哉
>
> 无为居士弘愿深　普度七方早回心
>
> 五本经卷行天下　普度僧俗出苦沦
>
> 破邪显证钥匙经下终
>
> 万历壬子孟秋校正　乙酉年重刊

相传这是无为教罗清所编"五部经"之第三种。这部宝卷专以"破"字命题，可见它主张不重诵经，不拜偶像，连"念经念佛信邪烧纸"一概废除。无为教本是由白莲教演变来的，这里却明白地反白莲教，宝卷第六即《破禅定威仪白莲无相天品》，文中又有"《报恩经》第二云破白莲教"之语，原因是明代开国之后即严禁白莲教，罗清为迎合政治趋势，所以极力诋毁白莲教，以为自己立足之地。他虽然排斥诸教，但仍然把如来、老聃、孔丘捧了出来，扭合三教归一，以为无为教所崇奉的偶像，并且高自位置："三界不能瞒无为。"实际这样《三教图》，据宋周密《齐东野语》卷十二载，宋代已有之：

> 理宗朝，有待诏马远画《三教图》，黄面老子则踞跌中坐，犹龙翁俨立于傍，吾夫子乃作礼于前。

罗清盖袭取之。

在《破〈涅槃经〉十住菩萨堕地狱〈览集〉持戒忏悔杀生不学大乘法无吐唾地品第十八》中提到：

> 银山祖师邓云峰，铁锁将来锁虚空。
>
> 铁锁锁的虚空住，才得拿住邓云峰。
>
> 阎王听得说一声，唬得十地老阎君。
>
> ……

不知邓云峰与无为教有什么关系？他似乎是无为教中所奉祀的一位尊神。

《清净轮解金刚经》跋

篋中旧藏，明万历三十五年(1607)刊本。经折装，一帙。框高三十二公分，每面三行，行七字或十字，诗句则每句为一行；一般散白则十一字为一行。作寸楷，在一般书中颇少见。

首《如来说法图》五面；次"皇图永固，帝道遐昌，佛日增辉，法轮常转"龙牌，盖仿一般经文通例；次"皇帝万岁万万岁"龙牌，以磁青纸用银色书之，粘于其处；次"御制：六合清宁，七政顺序。雨旸时若，万物阜丰。亿兆康和，九幽融朗。均跻寿域，溥种福田。上善攸臻，障碍消释，家崇忠孝，人乐慈良。官清政平，讼简刑措。化行俗美，泰道咸亨。凡厥有生，俱成佛果"赞语龙牌。

此永乐帝朱棣所制，原载于各经首，此亦盗用之。文中"宁"字缺末笔，不解何故？每牌占一面。

开卷首后军都督府武平伯陈世恩序文：

> 经序：
> 人性皆善，欲令智昏；究竟真谛，世有几人？诞兹边氏，善果凤成；婴年涤虑，廿岁励贞。操坚冰雪，善以淑人；斋心皓首，如来鉴临。 后军都督府武平伯陈世恩赞。

下钤"世恩私印"、"开国世臣"二印。

明代外道门好与武职人员勾结，《涌幢小品》卷三二记载：

> 嘉靖十七年，昌平州古佛寺僧因圆造谣言惑众，入经师千户陈斌家，伪授斌安国公，杀其庶祖母刘喜秀及欲举首人曾广以灭口。东厂捕获，并斌俱伏诛。勿命保甲法，法榜中外禁止。

此无为教之典籍，作序者亦陈斌之流。从所书"经序"即可见作此序者不是读书人，"经序人性……"连书，无此体也。据序文已明白说明此经编造者为"边氏女"，她幼年即"善果凤成"，二十岁持斋修持，一直到皓首得成正果，造出这部经文。经文似通非通，如开卷首面作："显证钥匙《金刚经》破邪。"按罗祖有《破邪显证钥匙卷》，此卷或即仿其意。

经文中述及罗祖，似与一般记载不同：

说居师，来(莱)州府，虚名姓罗。有居师，怕生死，下苦参道。整参了，十三年，才得惺(醒)悟。得明心，心开悟，一体虚空。弘治年，显佛法，悟道留经。五部经，传留(流)下，普度迷人。流经卷，传佛法，八十余年。

盖指罗祖而言。这里说他是在弘治年间"悟道留经"(逝世)的，与《苦功悟道卷》附兰凤《祖师行脚十字妙颂》所载"到成化，十八年，始觉明心。在十月，十八日，祖成正果；正子时，心开悟，体透玲珑"，两者相差约十年左右。

经文在叙述罗祖之后，所叙在开州(今汉阳)地方无为教之传承：

《清净轮解金刚经》

207

　　……流经卷，传佛法，八十馀年。……说法师，开州府，虚名理性。怕生死，无昼夜，下功看经。他看经，三年整，也得惺(醒)悟；八年整，解开心，明了方寸。……隆庆年，明一法，至到如今。不明人，未明性，归家去了。修行人，无投奔，何处安身?……说明师，女菩萨，清净素人。闻妙法，信得急，惧怕生死；一至心，用意参，要寻常(长)生。谨(勤)开悟，悟明心，体是虚空。……传妙法，传佛法，正法今经。《无字经》、《大藏经》、《金刚师经》；三藏法，三本经，普度三性。

这大概是罗祖弟子名"理性"的"无为法师"。这里介绍无为教在开州名"理性"的为要参透生死关，不分昼夜地"下功看经"，用了三年时间得到醒悟，他大概是开州地方负责弘扬无为教的，在隆庆年间归家(逝世)。这里结合陈世恩序文"廿载励贞"语，大概边氏女即继承其事业，"勤下功"一十八年也得开悟，写出这三本《无为经》、《大藏经》、《金刚经》时，已头发都白了(皓首)，这一段时间确实是有"八十余年"(由罗祖逝世至万历三十五年)。

　　从这几段记载，可知罗祖开始活动于弘治年间，三传至万历年间，在河南地方活动的是这位祥符县边姓女人。

　　经文的结尾介绍了边氏女经历：

　　　　说自己明性边师，徐家，河南开封府祥符县人，大井口居住，壹至心修行，参道悟门，灵山大悟八变，明心悟性，发大好心。

盖边氏女似是河南祥符人边姓而嫁于徐家(原因是无为教徒是居家修行的)者，居住在大井口。"明性"可能是她的法号?"壹至心修行，参道悟门"可能指其主持当地无为教事务。

　　最后经尾龙牌记载刊刻年月："万历三十五年夏仲吉日刻板。"后为韦驮像。完全依照藏经板刻形式。

《清净轮解大藏经》跋

　　箧中旧藏，明万历三十五年(1607)刊本。经折装，一帙。与《清净轮解金刚经》

同式，盖同时刊者。

首《如来说法图》五面，次"皇图永固，……"赞语龙牌；次"皇帝万岁万万岁"龙牌，以磁青纸用银色书之，粘于其处；次"御制：六合清宁，……"赞语龙牌；次陈世恩序文。形式、板式、行款与《清净轮解金刚经》、《无为清解无字经》完全相同。盖俱边氏所造而同时所刻。卷首题"古佛一法常转大藏经"，似是经名而与卷面所题不同，颇不可解。

据经文：

> 说自己明性边师，徐家，河南开封府祥符县人，大井口居住，壹至心修行，参道悟门，灵山大悟八变，明心悟性，发大好心。开三部真经，普度僧俗男女、贫穷富贵人等。三性：普度真性《无字》真经，普度本性《大藏》此经，普度里性《金刚经》。普度三性归家去，三本真经报佛恩。

全书毫无内容，内中提到安阳古元光行脚十三年，得悟道后造《金刚经》一本、《大藏经》一本、《无字经》一本，要"三本真经普流传"。此"古元光"颇疑即《野获编》所记之赵古元。经文指明这三本经的三种功用，但"真性"、"本性"、"里性"究竟是什么，这三本经如何普度，读了实在不解。盖此等陋"经"随意编造，不可以常理计也。

经卷末有跋语五行：

> 明师菩萨流（留）真经，妙法常转《无字经》，苦（普）度灵光性。
>
> 李菩萨，护妙法，功得（德）大，刻板印经苦（普）流通。
>
> 湖（胡）菩萨
>
> 楚菩萨　　　护法功得（德）永无穷，同归灵山真对真。
>
> 菩萨造板刻印经，妙法真经苦（普）流通；

《清净轮解大藏经》

209

菩(普)度灵光归灵山，护法功得(德)无穷进(尽)。

中间"菩"字显是"普"字之讹，"得"字显是"德"字之讹，"进"字显是"尽"字之讹，白字连篇，经文内容可想而知。这里称编制此经之边氏为"明师"，可见边师法号"明性"。这明性盖已逝世，所以称作"明师菩萨流(留)真经"。估计此经卷乃李姓刻板而由胡、楚二姓捐资，故记之云云。卷末亦有"万历三十五年夏仲吉日刻板"字样。

《清净轮解金刚经》、《无为清解无字经》和《清净轮解大藏经》三本都是无为教当时在河南地方传教时所创编的典籍，过去一直没有流传过，也不知有此边氏女。通过这三本书，大略可以了解无为教河南一支之发展情形，它与无为教另外一些流派大概是没有联系，而是自搞一套的。

《无为清解无字经》跋

篋中旧藏，明万历三十五年(1607)刊本，经折装，一帙。不见诸家藏目著录。应是孤本。

此经与另一本《清净轮解金刚经》都是无为教在河南流传的经

《清净轮解大藏经》

文，板刻、形式、行款完全相同。封面题《无为清解无字经》。首《如来说法图》五面，次"皇图永固，……"赞语龙牌；次"皇帝万岁万万岁"龙牌，是以磁青纸用银色书之，粘于其处；次"御制：六合清宁……"赞语龙牌。

开卷亦有陈世恩序文，但被误植于经文中间。

全卷凡一百余开，文字颠倒重复，毫无内容，实不知所云。检阅此书，殊不知无为教以何术能使人深信无疑，稍能明白道理者焉能信之！不仅是浅而陋，其内含实无道理可听也。

经文中几次提到"先天道"字样，可见这时无为教已经发现"先天"字义视"无为"更有广阔内涵。

卷中根本无书名。卷尾有跋文五行：

悟道明心流经普传妙法无字真经
边师父女菩萨
　　李菩萨护法刻板印经
　　胡菩萨
　　楚菩萨　　　　写经李女善人。

《无为清解无字经》

殊为不伦不类。说明此经边氏所传，李、胡、楚三人代为刊行者。

最后龙牌题"万历三十五年夏仲吉日刻板"字样，末韦陀像一尊。

本经与《清净轮解金刚经》、《清净轮解大藏经》等三本无为教经典，标明是河南人的撰著，可见无为教在当地极为流行，而徒众已广。《万历野获编》卷二九载《妖人刘天绪》条云：

万历三十四年之十月，南中获妖人刘天绪，本河南永城县人，流寓凤阳临淮县朱龙桥，尝奉无为教主，妄言近桥有退骨塘，入浴其中，即脱骨成佛。里民王宗、张名、吴凤龙等即信从之，各署伪号，有十二天、十二佛、十二星之名。久之，徒党日众，至千余人。……妖党蔓延，充遍南北，白莲等教，在在见告。

从这段事实的反映，结合这三本无为教经典，可见无为教活动中心是在河南地方，而河南地方本身就是各种新兴宗教的策源地。《涌幢小品》卷三二《妖人物》条："宋绍熙时,河南邳、徐间多妖民惑众。"历史渊源是由来已久的。

《天仙圣母源留(流)泰山宝卷》跋

梵夹本,凡五卷五帙,卷首无序文,末卷无跋文,清康熙元年(1662)刻本。每卷之首有泰山娘娘像及"皇图永固……"等龙牌,每卷开始有《设案入坛讽经咒》及《举香赞》等,每卷末有护法神像。

故事内容颇为妄诞不经,且多道家语言,疑是主张三教合一者为之,内容主要讲观音菩萨发下度世大愿,投身长安国为千花公主,历尽磨难,往泰山修行十二载,得成正道。后又舍身跳涧,解救阴曹地府中受罪之人,使其得以脱生。

书中有云:

> 东京汴梁陈州西南泾陀园静明庵普光和尚往普陀进香,忽见水面漂流经匣一个,其数一十九卷,内有《泰山真经》一部,印行流行。

根据这段记载,普光和尚应即撰写此书之人,并且可以知道,普光大概前后写成过十九卷这类"经文",所以才如此标明。卷末有题记一段:

> 大清康熙元年岁次壬寅孟春吉旦时流通《圣母宝卷》,利益百事亨通,诸事如意,消灾解厄,合家人眷平安,凡事称心,无不感应也。

可见乃清康熙元年重刻,其产生当在明代。

《无量佛功德卷》跋

明刊本,方册装,一册。

这是一本极为别致之宝卷,专为宣扬武当山而编造者。

书面签题"无量佛功德卷",实则内容与无量佛全不相涉。内封分上下栏,上栏镂群仙朝山图像,两边有联:"幽明之理,若欺乎人,即欺乎鬼神;善恶之

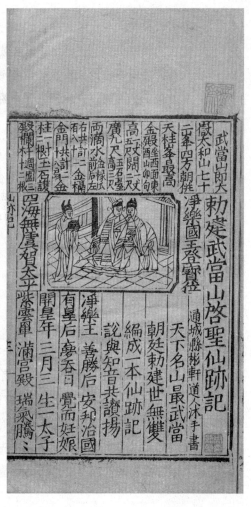

《无量佛功德卷》

报，不在乎己，即在乎子孙。"下栏中间题"武当山宫观仙迹记"，两边亦有联："虽未到仙山，好景急忙观不尽；未游仙境，斯篇仔细看皆知。"联左右各镌一力士。次叶镂金殿祖师上帝像，两旁联语："顶镇乾坤，天下无双圣境；峰连霄汉，大明第一仙山。"次万历八年(1580)万恭《武当山仙迹记序》。正文分上、中、下三栏，上栏专记武当山各处胜迹，并无篇题；中栏插图，写净乐王事迹；下栏为《敕建武当山启圣仙迹记》，通篇为三、三、四字句，为一般宝卷通常之体。书末题"万历八年岁在庚辰蕤宾月上浣之吉彬轩日新堂刊行"。再后为诗八句：

万丈云梯接太和，峰峦高耸近银河；
青松翠柏密山径，碧桃红杏满宫坡。
人谒大顶酬香愿，金殿当空显巍峨；
观爱良工多见识，岧峣顶上建神阁。

最后题识八行：

周府信陵王府管府事镇国将军
睦舣暨男辅国将军勤熸、勤烦、勤
黨、勤鲶、孙男奉国将军朝垡、朝堳
曾孙男在钌等捧诵
《道德经卷》，祝愿
皇图巩固，国泰民安，虔诚刊刻。谨
贡。
万历九年四月朔日。

此册盖朱睦舣特为印制而“贡”于武当山者。

所谓“周府”，乃明成祖(永乐帝朱棣)同母弟周定王，《明史》卷一一六有传。朱棣子宪王有燉，为名曲家，有《诚斋乐府》等书传世。“睦”字辈为朱橚五世孙。嘉靖十七年(1538)，周王睦𣝘死，子勤熄先卒，孙朝㭿嗣。三十年(1551)死，子在铤嗣。睦舣乃以曾祖父辈管理府事，即刻此卷者。

《无为正宗了义宝卷》跋

明刊本，方册装，已残，存下册。
此卷不见著录，亦未闻有藏者。
书前有序称：

……近因敏翁大慈，虽无周知，观诸经书，文理幽深，无能遍览，略然挑取捷径直言，缵集正宗一理，如蜂采百花，诸味非同，成蜜不异。

是作者即"敏翁"也。书末有"籍贯"一条：

> 洞山：祖居北直隶永平府迁安县林河社三里民，父秦，母王氏。母孕未生，父故。六岁母亡，更无弟妹，自幼孤身。住景忠山救护峪，务农为生，养马当差。自幼办道，偶遇罗祖会内赵公师，传无极道，明开心性，留《正宗了义卷》一部，上下二卷，流行天下。普劝众人等，各安生理，报皇王，孝父母，让兄弟，训妻子，序长幼，和六亲，惜孤寡。

是敏翁名洞山，姓秦氏也。按无为教明空所著《三皇初分卷上卷第六品》，有"洞山秦祖"，盖即其人。书中提到：

> 洞山祖，留《了义》，通传大道；上中下，三册经，印造刻通。

实际这里只有上下二卷，序文交代明白：

> 圣慈垂救，故喻一筏谓之《正宗了义》，上下二卷。上分二十四品，品内有举古劝今之比，破邪显正之喻，开诱湛渡，涤除心垢，止恶向善，直入菩提正路。此下卷续二十四品之规模，引宗合教，不溺偏情。

如果不是分册之不同，那么就是明空所记有误，当以"上下二卷"为是。

现在本书已残，上卷都说些什么我们无从知道，其下卷二十四品目为：

《报恩品第一》
《行孝品第二》
《立身品第三》
《劝善品第四》
《识真品第五》
《明教品第六》
《知足无贪品第七》
《参明义利品第八》
《非礼品第九》
《颜渊问仁品第十》
《辩明空见品第十一》
《除忧解疑品第十二》

《三畏品第十三》

《四等品第十四》

《五者品第十五》

《六蔽品第十六》

《坛证道经品第十七》

《破邪品第十八》

《显正品第十九》

《明心品第二十》

《明真见性品第二十一》

《破泥水金丹品第二十二》

《一理不分品第二十三》

《混源一体品第二十四》

全卷均为说理文字，毫无故事。可见此卷是以唱白为重，与一般用故事为穿插者，又别具一格。

明末流行三教合一，把这种观点输入无为教者，大概就是秦洞山，而《无为正宗了义宝卷》尤为显著，大概他是一个读书士人。

《销释金刚科仪》(一)跋

明嘉靖七年(1528)，尚膳监太监张俊、太监王印诚施本。经折本，一帙。每面四行，行十二字。

《续刻破邪详辩》著录。

名称"科仪"，实即宝卷，在明代时期是一本流传比较广泛之通俗佛典，因为一般信徒认为它既名《金刚经》，必然是佛典，听受宣讲佛典是一件功德事，尤其一些市民妇女为甚。在《金瓶梅词话》第四十回提到王姑子说：

> 俺们同行一个薛师父，一纸好符水药，……又会说《金刚科仪》各样因果宝卷，成月说不了。

说明在讲说各样因果宝卷中，《金刚科仪》是占首要地位，而且是主要的。又同书第五十一回提到：

> 月娘因西门庆不在，要听薛姑子讲说佛法，演诵《金刚科仪》。

可见在一些妇女心目中，是把《金刚科仪》代表佛法的。那么这本由太监印施的《金刚科仪》也就不足为奇了。

本书卷末有题记五行：

奉

佛信官尚膳监太监张俊同太监王印诚造

《心经卷》《目连卷》《弥陀卷》《昭阳卷》《王文卷》《梅那卷》

《香山卷》《白熊卷》《黄氏卷》《十世卷》《金刚科》共十六部

嘉靖七年二月吉日施

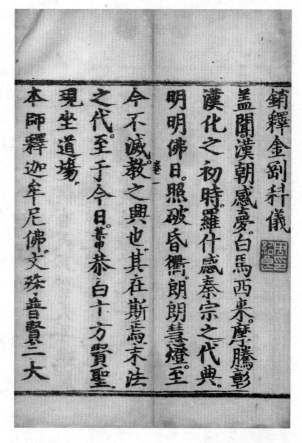

《销释金刚科仪》一

这里记载了一些宝卷名称，云"共十六部"，但检点一过实只十一目，内《金刚科》当即本书，其余大部分都已不传，甚至有些已不为人知，如《心经卷》、《昭阳卷》、《梅那卷》、《白熊卷》、《十世卷》等，究竟是什么宝卷，连全名也无从知晓。其所谓《目连卷》，盖即《目犍连尊者救母脱离地狱生天宝卷》，或称《目连三世宝卷》、《目连救母幽冥宝卷》，今世尚有传本。《弥陀卷》应是《佛说弥陀宝卷》，只见《续刻破邪详辩》著录，未见传本。《王文卷》仅寒斋藏一本，全名《佛说如如居士度王文生天宝卷》，亦未见有传本。《香山卷》当是宋普明撰《观音菩萨本行经》。《黄氏卷》应即《佛说黄氏女看经宝卷》、《三世修行黄氏宝卷》，今有传本，但《金瓶梅词话》第七十回所引似非原书，乃杜撰者。虽只十一目，但对宝卷之研究却提供一些新资料，实这本《科仪》之可贵处。

《销释金刚科仪》二

《销释金刚科仪》(二)跋

明吕氏刻本，经折装，一帙。

首《如来说法图》占五面，颇细，中间一面已失。次"皇图永固……"龙牌。以下正文。每面五行，每行十五字。经尾"音释"之后一龙牌，空白无字，左下角题"北安门□街吕氏印行"。

书经人批注过，于额间抄录一些词句，似备吟唱者。

从刻字形态审之，当是万历年间刻本。

《销释金刚科仪会要》跋

明万历四十四年(1616)刊本，方册装。

虽名为"会要"，实际与一些《科仪》并无增加之处。视其名总以为必然汇集某些注本及新解，却完全不然。

书末跋尾题：

> 敕赐衍法寺住山沙门本赞鸠募重刊，流通十方，讲演随喜。伏愿皇图悠久，三千界尽属大明；圣寿延长，亿万载永颂万历。四恩总报，三有齐资，法界有情，同期佛果。大明万历四十四年岁次丙辰仲秋吉旦刊完。

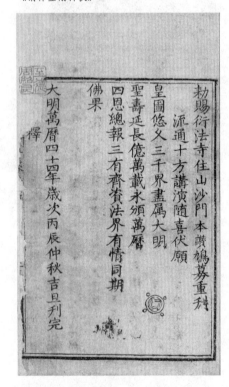

《销释金刚科仪会要》

衍法寺为当时北京有名寺院，曾刊刻过一些重要经书，居然"鸠募重刊"这样伪书，这正反映《金刚科仪》在社会上之需要与宗教界对待这书的态度。

　　沙门本赞刻书，曾见《大乘妙法莲华经要解科文》七卷，现存人民大学图书馆，卷末镌有"大明嘉靖丙寅岁(四十五年〔1566〕)阜成关外衍法寺弟子本赞发心重刊"。早于此书五十年。

《销释印空实际宝卷》跋

　　明刊本，经折装，上下卷。略残，失第二品至第九品及下卷开头部分。

　　《续刻破邪详辩》著录。

　　每面五行，行十五字。现存品目为：

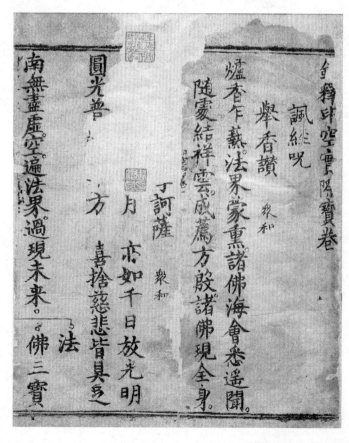

《销释印空实际宝卷》

《地藏菩萨明真品第一》

……(中缺)

《如意菩萨发现品第十》

《印证菩萨空寂品第十一》

《自在菩萨妙达品第十二》

《三昧菩萨真宗品第十三》

《无碍菩萨显形品第十四》

《平等菩萨周通品第十五》

《无际菩萨明彻品第十六》

《妙用菩萨真如品第十七》

《证空菩萨玄妙品第十八》

《巍德菩萨小参品第十九》

《大乘菩萨入道四行品第二十》

《真觉菩萨证道品第二十一》

《传灯菩萨证眼品第二十二》

《印空菩萨还真品第二十三》

《圆觉菩萨达本品第二十四》

《销释授记无相宝卷》跋

明刊本，方册装，已残损，失书名，仅于书口标有"无相"二字，知是《销释授记无相宝卷》，简称《无相卷》。

这是一部无为教的经卷，不分品，除了"三、三、四"十字句，全部以〔金字经〕、〔挂金锁〕、〔寄生草〕、〔驻云飞〕、〔耍孩儿〕、〔桂枝香〕、〔侧郎儿〕、〔步步娇〕、〔绵搭絮〕、〔上小楼〕、〔浪淘沙〕、〔红莲儿〕、〔傍妆台〕等曲调组成，是一部吟唱的宝卷。

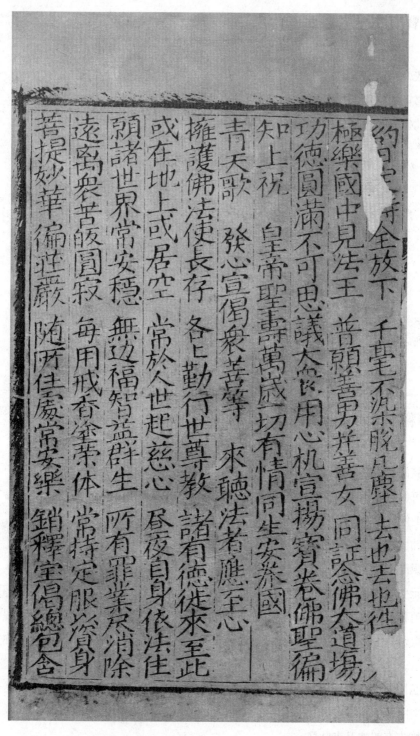

約□□寸全放下　千毫不染脫凡塵　去也去也往

極樂國中見法王　普願善男并善女　同証念佛大道場

功德圓滿不可思議大衆用心宣揚寶卷佛聖徧

知□上祝　皇帝聖壽萬歲一切有情同生安養國

青天歌　發心宣偈衆菩等　來聽法者應至心

擁護佛法使長存　各上勤行世尊教　諸有德徒來至此

或在地上或居空　常於人世起慈心　晝夜自身依法住

願諸世界常安穩　無邊福智益群生　所有罪業盡消除

遠离衆苦皈圓寂　每用戒香塗莱体　常持定服资身

菩提妙華徧莊嚴　随历佳处常安樂　銷釋宝偈總包含

《销释授记无相宝卷》

《销释真空宝卷》跋

依北京图书馆藏本过录本。一册。

书前端略残，似所缺不多，三皈依仅皈依佛部分少一行，估计只数行耳。

此宝卷为宣扬三教合一宗旨，但加以否定：

> 三世诸佛不可量，波旬诸佛入涅槃；
> 留下生死病死苦，释迦不免也无常。
> 老君住世烂阳乡，烧丹炼药有谁强；
> 留下金木水火土，老君不免也无常。
> 大成至圣文宣王，亘古至今论文章；
> 留下仁义礼智信，夫子不免也无常。

它宣传无生，要明心见性，讲真空，念无字经，持斋念佛等等，内容彼此矛盾，似为无为教之经卷。

《销释混元弘阳大法祖明经》(明刻本)跋

复制法国苏鸣远藏明刻本。经折装，三帙。

每帙首飘高老祖像，左右二童侍，占两面。经文每面四行，行十四字。卷末都有大天王像或龙牌、韦驮像。

韩太湖创设弘阳教，也仿罗清办法，编造典籍，有"弘阳五部经"之作：《混元弘阳飘高祖临凡经》二卷、《弘阳苦功悟道经》二卷、《混元弘阳叹世真经》二卷、《混元弘阳悟道明心经》二卷、《混元弘阳显性结果经》二卷，亦称"大五部"。还有《销释混元无上大道玄妙真经》、《销释混元无上普化慈真经》、《销释混元无上拔罪救苦真经》、《销释皈依弘阳觉愿真经》和《销释混元大法祖明经》，称为"小五部"。这部经就是其中之一。

弘阳教讲究忏悔消息，所以经文主要安排忏法，因之其中编造很多佛祖名号，这卷经文中即不胜其数，似乎编者在其他经文中也仅这次使用过，即不再见。

帙末有四神及韦驮像。

《销释混元弘阳大法祖明经》(清刻本)跋

复制法国苏鸣远藏清刻本。经折装，三帙。

这是依明刻本复刻的，与明刻本略有不同，首飘高祖像，左右二童侍，占三面。每面四行，行十五字。

经与明刊原本核对，文字略有不同，如第三卷卷尾，《还乡偈》"永老不受闲君气"句下原卷还有三句：

> 十方三世一切佛，一切菩萨摩诃萨，摩诃般若菠罗蜜。

此本即被删去。

经末帙有四神及韦驮像，各占一面。

《销释混元无上大道玄妙真经》跋

复制法国苏鸣远藏清刻本。经折装，一帙。

每面四行，行十五字。

相传弘阳教有"小五部"经，此其中之一，清代重刻本。首飘高祖执拂像，左右各十六众列侍；次"皇帝万岁万万岁"龙牌。

经折封面题签"销释混元无上大道玄妙真经一"。开卷题作"销释混元无上大道玄妙真经一卷"。按弘阳教"小五部"，除此经外，尚有《销释混元无上普化慈悲真经》、《销释混元无上拔罪救苦真经》、《销释混元大法祖明经》、《销释归依弘阳觉愿真经》等，但苏氏所藏此经外，共为五帙，其另四帙名为《销释混元无上普化慈悲真经》，题下有"二卷"二字；《销释混元无上拔罪救苦真经》，题下有"三卷"二字；《销释混元弘阳拔罪地狱宝忏》，题下有"卷四"二字；《销释混元弘阳救苦生天宝忏》，题下有"卷五"二字，可见这五部是作为一组的，那么"小五部"当指这五种为是。

经后有《混元西方号》、《无上大道经回向科偈》。

《销释混元无上普化慈悲真经》跋

复制法国苏鸣远藏清刻本。经折装，一帙。

弘阳教相传有"小五部"经，此其中之一。清代重刻本，每面四行，行十五字。

经折封面题签："销释混元无上普化慈悲真经二"，开卷作"销释混元无上普化慈悲真经二卷"，下接《举香赞》、《开经偈》。按一般通例，任何经书开首总有佛像等扉页，其次卷即无之。其《香赞》、《开经偈》等亦只首卷有之。此本经名初见，而无卷首佛像，却有《举香赞》及《开经偈》，形式颇为特殊。但可见此经不是单独成立，而是随附前册《销释混元无上大道玄妙真经》之后，为其第"二"部分。

经后附《混元慈悲号》及《回向科》。

《销释混元无上拔罪救苦真经》跋

复制法国苏鸣远藏清刻本。经折装，一帙。

弘阳教有"小五部"经，此其中之一。清代重刻本，每面四行，行十五字。

经折封面题签"销释混元无上拔罪救苦真经三"，开卷作"销释混元无上拔罪救苦真经三卷"，下接《举香赞》及《开经偈》，经后为《救苦报恩号》及《十戒礼忏文》、《救苦回向科文》。

《销释混元弘阳拔罪地狱宝忏》跋

复制法国苏鸣远藏清刻本。经折装，一帙。

此本列于《销释混元无上大道玄妙真经》之后，经折封面题签"销释混元弘阳拔罪地狱宝忏四"，盖依次列之。开卷题作"销释混元弘阳拔罪地狱宝忏卷四"。次《举香赞》及《开忏偈》，忏文后附"忏毕礼赞"文。

此忏文当是为《销释混元无上拔罪救苦真经》而作，从其命名似专为"拔罪"之用。

《销释混元弘阳救苦生天宝忏》跋

复制法国苏鸣远藏清刻本。经折装，一帙。

此本列于《销释混元弘阳拔罪地狱宝忏》之后，经折封面题签"销释混元弘阳救苦生天宝忏五"，开卷题作"销释混元弘阳救苦升天宝忏卷五"。次《举香赞》及《开忏偈》。忏文后为《忏毕回向文》。最后神像四开及韦驮像一面。此一般经文末册之通例，可见与首册《销释混元无上大道玄妙真经》为一部，今分为五目列之，实有割裂之嫌。

忏名"救苦生天"，可见弘阳教是将忏悔分为两段，第一步只能"拔罪"脱离地狱，至于"救苦生天"是其第二步。故颇疑《销释混元弘阳拔罪地狱宝忏》与此卷乃《销释混元无上拔罪救苦真经》之附册。

《小祖师苦功悟道卷》跋

明抄经折本，一帙，计二十二开。

经折面题"小祖师苦功悟道卷证盟得功"，开卷无题，迳入正文，通篇用"三、三、四"十字句组成，中间只三处夹杂有七言句。

内容叙述罗清身世和写出五部经之经过及参悟所得，完全与《苦功悟道卷》不同，乃专为无为教宣扬罗清思想而作。

此卷称罗清为"小祖师"，殊不可解，岂以我佛为"大祖师"者耶？

书未见传本。

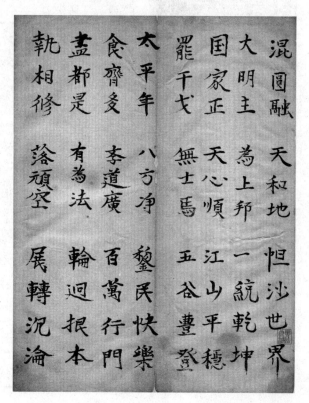

《小祖师苦功悟道卷》

《玄天真武宝卷》跋

明万历二十一年许柏泉刊本。经折装，二帙。

未见著录。

书外有函套，极考究，用拼金为面，面签楷书题"玄天真武宝卷"。内装两笈，俱拼金面。首册面签题"元始玄帝宝卷上"，书前真武像五面；次龙牌，上书"皇帝万岁万万岁"。开卷题作"元始天尊说玄帝修真宝卷上"，册末题作"元始天尊说祖师修真宝卷终"。前后题略有不同。次册面签楷题"玄天真武宝卷下"，开卷题作"元妙天尊说北方真武宝卷下"，卷尾无题。在两卷各纸接缝处有"修真宝卷"字样及页数次第。可见此卷简名统称《修真宝卷》。

上卷故事叙述净乐王太子苦思修行，城隍驾云护送至武当山，修行四十余年，得

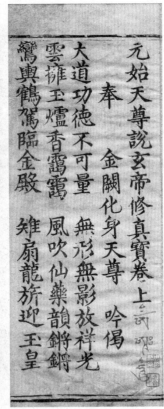

《玄天真武宝卷》

成正果，白日上升，被封为北极佑圣院镇北方真武之神。及明成祖征北，神兵助阵，得胜回朝，皇帝敕命于武当山大修宫观，以答神庥。下卷所叙，依然是这个故事，不过重写一遍而已。

此为唯一道家所编制之宝卷，名字颇不统一，似应作《玄天真武修真宝卷》为妥。

书末署"万历二十一年七月初九日信官许柏泉发心"。盖发心印造此宝卷者。书中有砵笔梵字，似是经过加持，实为不解，何以道家典籍而由喇嘛加持？盖持此书者无知，以之奉请梵僧加持，而梵僧亦不识汉字，遂迳为书焉。

《姚秦三藏西天取清净解论》跋

梵夹本，首"世尊说法"图，次龙牌，中题两行，行八字："皇图永固，帝道遐昌，佛日增辉，法轮常转。"次第二龙牌，中题一行"皇帝万岁万万岁"第三龙牌，额题"御制"二字，中题五行，凡十八句："六合清宁，七政顺序。雨旸时若，万物丰阜。亿兆康和，九幽融朗。均跻寿域，溥种福田。上善攸臻，障碍消释。家崇忠孝，人乐慈良。官清政平，讼简刑措。化行俗美，泰道咸亨。凡厥有生，俱成佛果。"这本是明《北藏》题词，被移用于此。次正文，每面四行，行十五字。

书名《姚秦三藏西天取清净解论》，实即一民间宗教宝卷，其取名之意，似与《清净轮解金刚经》、《清净轮解大藏经》、《无为清解无字经》等宝卷有密切关系。通读全书，立论是："说众生，本来面，常生不灭；永无生，永无灭，无字真经。"古老佛念人生无常，坐禅念佛俱是枉费心机，必须省得无为根本，把凡圣都识破，参透了无为法，可以获得不灭不生。这是当时新兴宗教的通常论调，不仅这一宝卷也。书中引到《大乘宝卷》，现在我们虽无法考证出《大乘宝卷》的产生年代，但可见此卷产生是在《大乘宝卷》之后的。

此卷曾著录于清黄育楩《破邪详辩》，当是明代作品。此本乃清代重行刊刻者，而笔者所藏此本又是重刊本的后印者，所以中间有很多补刻的字，并且还有脱句(一联)，被人用墨水钢笔校添，当是学习此卷者所为。他一定尚有另一刻本或者即原刻本，因而能从它校出来。由此可见，它虽著录于《破邪详辩》之中，

姚秦三藏西天取清淨解論

歸命十方一切佛　法　僧

法

法輪常轉度眾生

無上甚深微妙法　百千萬劫難遭遇

我今見聞得受持　願解如來真實義

將咒正尊清淨論解論講以前無佛無

法無天無地上下是箇玄虛空寸絲皆

《姚秦三藏西天取清静解论》

被列为禁书，但禁者自禁，习者自习，不但不能禁止，而且会重刻重印，也就可知其教虽在法令严厉禁遏下，并未停止其流传。墨水钢笔为近来使用工具，则现代尚有其教之活动可知。

启晋注：先父逝后余购得正德原刊本补之。

《贞烈宝卷》跋

明刊本，方册装，一册，已残。未见著录。

书前首半页已失，因而不知宝卷题名。书口有"翟氏"二字，在下卷开头题"翟门宝卷下"，似是略称。卷中有：

贞烈卷，初展开，同音赞贺；……

又：

《贞烈宝卷》，请赴临坛，虔诚用意宣，金炉玉乡，紫降白檀，只因烈妇化现人间，集成宝卷，永远世人传。

是此卷正名应是《贞烈宝卷》，简称《翟门宝卷》、《翟氏卷》。共二十品：

《翟门宝卷》上
《集卷初因品第一》
《夫妇同悲品第二》
《子病重叔婶忧品第三》
《药医诸病品第四》
《子告双亲品第五》
《发愿求神品第六》
《命讲先天品第七》
《四散归阴品第八》
《夫志冲天品第九》
《跪扶夫灵品第十》

過州民許伸妻葉氏未亡不食從容餓死又有武功衛指
揮王妾妻李氏以卹勅封今有先帝閣臣翟汝玄孫翟汝
儉之子。翟思榮妻辰氏自太亡五七日未食餓死微小全即最
大自近及遠何甚多也大幸京都天下根本夫婦五倫真要
中之夾夫臣等若不具奏惟恐有負賢人伏乞　勅下該
部。查照先年許伸妻葉氏事例該賜祭塋應造牌房照
給岼以警天下無節之婦臣等未敢擅便諸題請　貞定奮
奉。　礼部之道復奉　聖旨著該衙門動無碍官銀修
蓋牌房仍給御祭壇
修蓋牌房功完滿　欽賜旌表立翟門

《貞烈宝卷》

《翟门宝卷》下
  《城隍表奏品第十一》
  《父母苦劝品第十二》
  《萱亲悔言品第十三》
  《僧传张氏品第十四》
  《觉悟回光品第十五》
  《思荣施梦品第十六》
  《冥府相逢品第十七》
  《真性归空品第十八》
  《卿相旌表品第十九》

以下缺。

故事似为实事，述明武宗时代，有一公相住于北京东城明时坊观音寺胡同姓翟名鸾，夫人刘氏，生有二子，长男汝俭，次子汝孝，俱各婚配。翟鸾故后，长男亦亡，只生一子名翟思荣，由叔婶抚养，年方十七，娶妻张氏。由于思荣勤愤攻书，未遂功名，以致精神耗散，得病日久，至穆宗隆庆辛未(五年〔1571〕)医治无效，勾赴幽冥。张氏悲痛，矢志不嫁，守节饿死事。京都城隍表奏幽冥张氏贞烈，后来命终，二人得在阴间团圆。

宝卷一般都是借节孝故事，串以因果报应，从现象说是劝忠说孝，实际是在说教。

6. 佛像(集)

《擦擦》序

"善业泥"是一种小型模压而成的泥制陶质浮雕佛像，一般多认为是唐代制品，原因由于像背有铭识作："大唐善业泥，压得真如妙色身。"于是对这种泥模佛像，一般统称之为"善业泥像"。事实这种佛像流传颇多，一直到现在，西藏地区还有制造，用以祈福佑。过去一些收藏家觉其制造粗糙，认为是近代制品，颇不重视。事实上，这种泥模佛像，也有古近之分、精粗之别，有的也极具艺术价值，故不可一概而论。但收藏家囿于传统习惯，不予收藏，实偏见也。

这种泥模佛像，其来源传自印度，据唐代义净《大唐西域求法高僧传》载：

> 归东印度，到三摩坦坨国，国王名曷罗社跋毛……每于日日造拓模像十万躯。

所谓"拓模像"应该就是这种泥模佛像，它的传入中国，可能很早，并不是到唐代才传来中国的。现在传世实物，有年代可查者，曾有西魏大统八年(542)扈郑兴造三佛像，因之可以相信，在南北朝时代，已经传入中国，而且普遍流行。

泥模佛像的形式，从传世实物来看，大致可说有两种：一种是佛塔，塔上有佛像或各种变相；一种是砖形者，单纯镌有各种佛像。造像的目的当然是祈求福佑，而其安置供奉，唐代义净《南海寄归内法传》中也有述及：

> 造泥制底及拓模像，或印绢纸，随处供养。或积为聚，以砖裹之，即成佛塔，或置空野，任其消散。

说明印度当时对这些泥模佛像供奉的习惯。所以传来西藏，也还是沿袭这种形式，做好之后，或是供奉在寺庙之中，或即供奉于游牧聚居的原野地方，成为"嘛呢堆"。

这种泥模佛像当然是以泥为原料，一般相传，它并不是单纯只是用泥和制，这只是三种中之一种，另外两种一种是用药和泥烧制而成的。一些病人，为祈求疾病痊愈，常把自己吃的那种药和泥，烧制成佛像，以祈求早日病除。还有一种，则是教徒死后火化，将骨灰和泥烧制而成，以求消除罪业，或是表示将身供奉于佛。实际这就是"善业泥"的含意，祈求"善业"，禳除"恶业"。

这种泥模佛像，它的藏语名叫"擦擦"，见于《元史·释老志》；又有作"搽搽"者，以泥作小浮屠也。

这里指明是造浮屠(佛塔)，当然也包括造佛像。到现在，藏语里还是称它为"擦擦"。我们从这些资料可以考定，这种泥制佛像(擦擦)上可推至南北朝时代，下迄近代。在这漫长的期间，一直没被人重视收藏，实为可惜。近人黄浚(伯川)集拓《尊古斋陶佛留真》，但也只注重在国内流传的善业泥之收集。

唐画《金刚界大曼荼罗》考释

《金刚界大曼荼罗》一幅，全幅绢质，无拼接，乃一巨绢，高111公分，宽91.5公分，共九图，横三竖三，凑成一大图。所谓《金刚界九会曼荼罗》也。日本装裱，盛于一日本造红漆木盒中，盒盖面题一行："《金刚界大曼荼罗》一幅。"盒盖背题三行："唐画《金刚界》、《胎藏界》大曼荼罗，双幅，旧系伊予国久万山什宝。后有故纳大宫浅间神社，相传弘法大师所赍也。维新之际，散逸归于余家。往年，米人乙骨笃氏来乌，信佛极笃，为割爱呈一幅，才存此一幅耳，实海内无比之珍也。因寄之于章海律师，永为清水寺什宝，传于后云。明治四十三年(1910)三月。柏原学而谨识。享年七十五岁。"俱金字楷书。

柏原学而题识说明此图流传原委，它是两图，乃唐代日本求法僧弘法大师从中国赍回。弘法大师即空海，灌顶后名遍照。此图经几番收藏，最后归于柏原氏，遂遭拆散，一赠美国佛教徒乙骨笃，一寄章海律师宝存于清水寺。柏原氏何人未详查，待考。根据题识，此幅乃明治四十三年纳于清水寺者，时代颇近。何以由清水寺重又流散?经何人手以何种方式使之得辗转来中国，实无从考索。

此图后由班禅额尔德尼·却吉坚赞大师保存，估计当是在1930年班禅额尔德尼九世在北京布道时由人贡献的。但班禅额尔德尼九世自从离开日喀则之后，即始终未再回西藏。此图或于其遗物返藏时一并带归，亦属可能?

此图绢质，细察之殊不类唐绢，因唐绢之流传于今者，若唐阎立本《历代帝王图》卷、唐孙位《高逸图》卷，绢质颇疏薄，绢丝既圆且紧，且俱以时代年久变成黄黑若烟熏者。此图用绢，固然由于绢面曾施粉底，对绢面有所保护，但从其折断处审之，绢丝甚厚而不紧，颜色甚白，应是日本所织成者。

绘图颜色已暗淡，但并不斑驳，其蓝色及白粉底尚清晰，余如绿色、红色、黑色均已褪色，目视之下，颇有模糊之感，但以彩色照片所拍出，反较原图为清晰，盖由于彩色感光甚敏，故原图虽暗淡，俱能体现出之。

全图完整无大损，只在下端有横裂处。

空海的确是曾在中国绘制过《胎藏界大曼荼罗》和《金刚界大曼荼罗》两图并赍回日本，见空海《新请来经等目录》(《空海全集》第二卷)：

　　《大毗卢遮那大悲胎藏大曼荼罗》一铺七幅一丈六尺

　　……

《金刚九会曼荼罗》一铺七幅一丈六尺

这应该是当时的原件。

他绘制这两图的经过，据隆誉《大悲胎藏曼荼罗说现图所传决明钞》卷一(《大正藏》图像第一卷)：

> 又云和尚告：真言秘藏，经疏隐密，不假图画，不能相传。则唤供奉丹青李真等十余人图绘《胎藏》、《金刚界》等大曼陀罗等一十铺。
>
> 日本国求法空海启："今见于长安城中。《大悲胎藏》、《金刚界》等大曼荼罗尊容，竭力涸时，趁逐图尽矣。"又云："著草履，历城中，幸遇中天竺般若三藏及内供奉惠果大阿阇梨，兼图《胎藏大曼荼罗》一铺、《金刚界九界大曼荼罗》一铺并七幅。"

根据这段记载，可知空海是在长安曾"唤供奉丹青李真等十余人图绘《胎藏界》、《金刚界》等大曼荼罗等一十铺"。他是以唐贞元二十年(804)渡海来中国的，当年十二月由福州至长安，翌年永贞元年(805)六月至八月间从长安青龙寺僧惠果受《胎藏界》与《金刚界》灌顶，其年惠果殁。又次年为元和元年(806)八月，空海返国。其在长安实际居留期间只一年半左右。估计其请供奉丹青李真等十余人绘制《胎藏界》与《金刚界》等十铺曼荼罗当是受灌顶后事，当在贞元元年八月至惠果未死一段时间里。空海师承惠果，惠果师承不空，故李真为空海所绘《胎藏界》、《金刚界》两铺大曼荼罗，自是不空从西域携来而师徒递相传受供奉的原来安排次第的本图。

不过此图空海赍回日本，在十八年后，即已色脱画损，重新请人绘制，据空海《奉为四恩造二部大曼荼罗愿文》(《发挥性灵集》卷五)：

> 弟子空海，性熏劝我，还源为思，径路未知，临歧几泣。精诚有感，得此秘门，临文心昏，愿寻赤县。人愿天从，得入大唐，倪遇导师，图得此两部(《胎藏界》、《金刚界》)大曼荼罗，兼学诸尊真言印契等。从尔已还，年过三六，绢破彩落，尊容欲化。顾后学而兴叹，悲群生之无福，于乌诸佛照胆，一天感诚，后妃随喜，震卦亦然，三台竭心，众人效力，谨从弘仁十二年四月三日起首，至八月尽，奉国《大悲胎藏大曼荼罗》一铺八幅，《金刚界大曼荼罗》一铺九幅。……

根据这段记载，可见空海从中国赍回的两铺曼荼罗，在"年过三六"之后，已经"绢破彩落",不得不重新"奉图"。所谓"三六"实为十八年之含意,弘仁十二年即唐长庆元年(821),上推十八年,当是贞元二十年,其年空海于十二月始抵长安,恐未必能即刻"唤供奉丹青李真等十余人绘"这两铺曼荼罗,此种计算法,似包括其入唐之初计之。此文乃弘法大师自述,当不诬也。

另外他又还绘制过两部,见《孝子为先妣周忌图写供养两部曼荼罗〈大日经〉讲说表白文》(《发挥性灵集》卷八)。

> ……于此孝子夜台失满月之光,日天迷黑云之影,眼泉悲泪无燥,心灶忧炎无休,弃味绝交,愁哀之际,居诸疾回,一周之忌,忽尔临来,因兹移法身海会,作两部曼荼,留内证微言,书七轴真典。

"孝子"为谁已无从考知,依据文章所示,是代孝子"作两部曼荼",这两部自然是《胎藏界》、《金刚界》两部曼荼罗。既然是空海为之代"作两部曼荼",自当与其从长安赍回供奉丹青李真所绘是一样的。

所以空海在日本重新复制《胎藏界》与《金刚界》两铺曼荼罗至少是有两次。既然在日本复制,所以使用日本制绢是可能的。这两次所绘制的曼荼罗不闻有"绢破彩落"的事,但其宝藏流传却是没有记载。

不过我们考订这《金刚界曼荼罗》是否是空海由中国赍回的那幅的后来复制品,首先需要考察一下此曼荼罗之内容,事实《金刚界曼荼罗》共是九会,是有顺序次第的。

据《金刚界大曼荼罗图》(《大正藏》图像第一卷收)所载《九会图》:

四印会	一印会	理趣会
大供养会	成身会	降三世会
羯磨会	三昧耶会	降三世三摩耶会

稽其顺序,应从中心起,由左向右旋,即一、成身会;二、三昧耶会;三、羯磨会;四、大供养会;五、四印会;六、一印会;七、理趣会;八、降三世会;九、降三世三摩耶会。

但《九会图》后附《九会次第》:

第一、成身会千六十一尊。

第二、羯磨会七十三尊。

第三、三昧耶会七十三尊。

第四、大供养会七十三尊。

第五、四印会五尊。

第六、一印会五尊。

　或云一印具十七尊。

第七、理趣会一尊。

第八、降三世会十七尊。

第九、降三世三昧耶会十七尊。

这个次第与前图次第有所移动，第二、第三两图互易。

《金刚界大曼荼罗图·九会次第》另附《九会次第异说》：

（一）

(五)四印会	(六)一印会	(七)理趣会
(四)大供养会	(一)成身会	(八)降三世
(三)三昧耶会	(二)羯摩会	(九)降三世三昧会

这幅图的次第事实与上面《九会次第》是一致的。

（二）

(五)四印会	(四)一印会	(三)理趣会
(六)大供养会	(九)羯摩会	(二)降三世
(七)微细会	(八)三昧耶会	(一)降三世三昧会

（三）

(七)四印会	(四)一印会	(一)萨埵会
(八)供养会	(五)成身会	(二)降三世
(九)羯磨会	(八)三昧耶会	(三)降三世三昧耶会

根据《九会图》、《九会次第》和《九会次第异说》，显然存在有四种不同排列方式。

但据《金刚界九会曼荼罗图集》（《大正藏》图像第一卷收）所列九会排列次第亦有八种：

（一）

第五　五智会	第六　一印会	第七　普贤会	又四印会

第四　供养会	第一　根本会	第八　降六世会	又成身会
第三　微细会	第二　三昧耶会	第九　三世会	或本羯磨会
		又微细会	

(二)

四印会	一印会	一印曼荼罗	又九尊会
供养会	根本会	降三世	
羯磨会	三昧耶会	三昧耶会	

(三)

(七)四印会	(四)一印会	(一)萨埵会
(八)供养会	(五)成身会	(二)降三世会
(九)羯磨会	(六)三昧耶会	(三)同三昧耶会

据注文云是根据《秘藏记》或本图而记载者。另外又附五式，

(四)

四印会	一印会	理趣会
供养会	成身会	降三世
微细会	三昧耶会	同三昧耶会

此图注云"是禅林寺和尚之传"。

(五)

(五)四印会	(六)一印会	(七)理趣会　或降三世三昧耶会
(四)供养会	(一)成身会	(八)降三世
(三)成身三昧耶会	(二)成身羯磨会	(九)同三昧耶会
		或降三世羯磨会

注云"恐禅林和尚一样图欤"？

(六)

五普贤会	一印会	十七尊会
微细供养会	成身会	降三世
微细会	同三昧耶会	同三昧耶会

注云"右慈觉大师图"。

（七）

此大供养院图中有大日及四波罗蜜	五相成身毗卢遮那佛如来	一印曼荼罗十七尊会
羯磨三十七尊	第一会大曼荼罗三十七尊	降三世三十七尊
微细曼荼罗三十七尊	金刚界大曼荼罗三昧耶三十七尊	降三世三昧耶三十七尊

（八）

（五）四印曼荼罗	（六）一印曼荼罗	（六）理趣会
（四）供养曼荼罗	（一）金刚大曼荼罗	降三世曼荼罗
（三）微细曼荼罗	（二）三昧耶曼荼罗	降三世三昧耶

这里共有八种排列方式，内中第三图与《异说》三相同，第一图与《异说》一相同，因之包括《九会图》、《九会次第》、《九会次第异说》及《金刚界九会曼荼罗图集》诸图说，凡十三种排列方式，去其重复三种，实存十种不同的排列方式。

现在这铺新发现的《金刚界大曼荼罗》所绘，其排列方式为：

四印会	一印合	理趣会
供养会	成身会	降三世羯磨会
微细会	三昧耶会	降三世三昧耶会

这种排列方式，与前面十种排列方式相校都不相同，而见于济暹《两部曼荼罗对辨抄》卷上(《大正藏》图像第一卷)：

《金刚九会曼荼罗》者：一、成身会；二、成身三昧耶会；三、微细会；四、供养会；五、四印会；六、一印会；七、理趣会；八、降三世会；九、降三世三昧耶会也。

这种排列方式正与现在这铺《金刚界曼荼罗》的排列方式相符，可见济暹所得之传授与这铺《金刚界大曼荼罗》是一致的。他在《两部曼荼罗对辨抄》中解释云：

> 九会义者，是合集义也，非说听之者来集聚会义也。合集于彼《金刚顶经》所说十八会之中要义，而摄尽是九会曼荼罗法中云也。故此九会曼荼罗者，是直不佛说听法之集会，安坐之会义也。

可见济暹对于《金刚界(九会)大曼荼罗》是有传授师承而颇明白其排列含意。

济暹生于日本承历年间(1025—1115)，相当于中国宋代。是仁和寺慈尊院僧人。他曾收集空海一些遗文为《发挥性灵集》所未收的编为《续〈性灵集〉补阙钞》三卷，可见对于空海一些著作是有专门研究，因之他在《两部曼荼罗对辨抄》中所记其排列次第自应可信。

由于九会已排列，加以空海在其遗文中所载在日本曾两度将《胎藏界》、《金刚界》曼荼罗重新复制，因之我们可以相信，这幅由柏原学而题识由青水寺供养后来又辗转来中国的《金刚界曼荼罗》，是当时在日本重新复制中之一幅，它应该是当日不空传授下来的排列次第顺序式样的原形。对研究唐代密教《金刚界曼荼罗》究竟应该是按哪一排列次第为归依，这幅图提供了重要证据。

中国和日本是一衣带水之邻国，中国佛教很多由日本求法僧赍回日本。像不空所传《胎藏界》、《金刚界》大曼荼罗，由于密教在中国之不传，久已不复保存下来。但日本却因为信仰关系，使密教之研究者绵历千年而未断，在所保存的各种式样的曼荼罗中，使不空原来式样的曼荼罗也保存于其中。今天借新发现的一幅曼荼罗而考出当时空海所赍回日本的原来式样，使之重显于世，这对研究不空所传密教是很有用的。同时由于意外的因缘，使这幅曼荼罗重新回返中国，也体现了一贯的中日佛教文化之交流。

《彬县大佛寺造像艺术》序

彬县大佛寺是关中地区规模最大、内涵最丰富的唐代石窟寺院，很大程度上反映了唐都长安佛教艺术发展之面貌。在长安地面寺院及其造像大多毁坏无存的情况下，彬县大佛寺则成为考察唐代京畿地方佛教艺术发展状况极其重要的遗存。

　　石窟是中国古代佛教艺术研究的主体部分，长期以来中外学者的研究大都侧重于四大石窟寺和其他中型石窟寺，彬县大佛寺石窟一直没有引起人们足够的重视。然而，事实表明彬县大佛寺石窟所拥有的盛唐文化底蕴的确是不可忽视的。

　　经过南北朝与隋朝的文化与艺术交融和积聚，唐朝的佛教素质较前朝大大提高，她的文化艺术已远远超出了佛教原有的范畴，形成了具有丰富内涵的社会文化综合载体。作为唐朝政治中心的长安城，是丝绸之路通往西域以及向东方的朝鲜半岛、日本列岛延伸的起点，沟通着东西方各国之间文化的交往。长安城又是唐代高僧大德们的聚集地，全国佛教的中心，在大唐佛教艺术的舞台上曾经发挥过重要的作用。我们关于佛教艺术区系源流的认识，早期的情况已逐渐清楚了，而唐代以后仍然比较模糊，作为中心地长安的情况尤其知之甚少。彬县大佛寺石窟恰恰可作为研究唐都佛教艺术的切入点。因为那里西邻长安，保存着大量的弥足珍贵的初、盛、中唐窟龛造像。事实上，彬县大佛寺不仅能使我们了解到唐代政治中心地区佛教艺术发展状况，长安风格造像样式的辨识，对受到长安影响的周边地区佛教艺术研究的深入，也有着极重要的意义。青年考古学者常青先生在多次实地考察的基础上，对彬县大佛寺进行了客观全面的记述和多视角系统深入的分析，比较详尽地弄清了大佛寺艺术的实质内涵及流变所及之意义，磨砺多年，近方辑成此书——《彬县大佛寺造像艺术》。

　　该书内容可以分为资料和论述两个基本方面。所刊布的资料是此书颇富价值的基础部分，作者收集资料注重客观性和完整性，记录、测绘与摄影相结合，真实准确地披露了数十所窟龛，约1500躯造像资料。全书层次分明有序地向读者展示了大佛寺的完整情况，对研究佛教美术史和中国雕塑史有很高的参考价值。作者对大佛寺石窟和相关遗存进行了多方位的研究，用分类排比方法对窟龛造像的分期，建立了大佛寺石窟艺术发展演变的时间框架，为其他地区唐代石窟造像的分期断代与渊源探讨奠定了有力的基点。作者结合现存于西安地区的唐代地面寺院单体造像资料，总结出唐代长安造像样式，然后与洛阳龙门石窟造像进行对比，发现关中地区造像艺术在龙门石窟艺术形成与发展过程中曾经起过至关重要的作用。在本书中，日本学者冈田健先生还将彬县大佛寺造像与日本佛像进行了比较研究，揭示出长安佛教文化因素是促成日本奈良、平安时代佛教艺术形成的真正源泉。

　　常青是著名考古学家宿白先生的研究生，有十余年的石窟寺考古经验，对炳灵寺和龙门等石窟的调查与研究都已取得了丰硕的成果。我认为，他所以能够选择彬县大佛寺这一十分有价值的课题，并对相关问题做出透辟分析，与其对佛教考古学这一学科的全盘把握和深刻认识有直接关系。中国佛教考古学经过数十年的发展，现已进入纵深和综合研究阶段，《彬县大佛寺造像艺术》即是这种背景下写成的一部好作品。

目前，陕西省文物局与德国巴伐利亚州文物保护局合作正在对大佛寺进行保护与研究。值此时机出版一部图文并茂内容充实的著作，当可引起海内外广大学者的兴趣，为研究唐风格的石窟造像起到推动作用。应作者之约，作此短序，实因有感于作者的努力，表达我对后生可畏、后生可敬之心情。

《罗汉图录》序

阿罗汉，为梵语arhar之音译，又作阿卢汉、阿罗汉、阿啰阿、阿黎阿、遏啰曷帝。略称罗汉或啰阿。意译应、应供、应真、杀贼、不生、无生、无学、真人。指断尽三界见思之惑，证得尽智，而堪受世间大供养之圣者，是声闻四果之一。此果位通于大、小二乘，但一般专指小乘佛教中所得之最高果位而言。又据《成唯识论》卷三说：阿罗汉通摄三乘之无学果位，故为佛之异名，亦即如来十号之一。

五百罗汉乃五百位阿罗汉之略称，指已证得无学果之五百声闻，即诸经论常见之五百比丘、五百上首。有关五百罗汉之本生、因缘、授记等事，在《佛五百弟子自说本起经》、《法华经·五百弟子授记品》等经中皆曾叙及，佛灭度后，大迦叶曾与五百罗汉在王舍城结集法藏。相传阿育王时，有五百罗汉僧与五百凡夫僧齐集合诵佛法。迦腻色迦王时之第四结集亦有五百罗汉结集以造《大毗婆沙论》之事。事实上所举"五百"，只是笼统之概数，并无俱各个人名。

中国佛教本于大乘，但受到密宗供奉曼荼罗的影响，因之殿堂庄严，总爱塑造多种神像，除佛、菩萨之外，更加塑一些罗汉形像，以为烘托。早期原为十六，继而发展为十八，而五百。到唐代末期，五百罗汉的尊崇已经兴盛。根据记载：吴越王钱氏曾造五百罗汉于天台山方广寺。显德元年(954)道潜禅师得吴越钱忠懿王的允许，迁雷峰塔下十六大士像于净慈寺，创造五百罗汉堂。宋太宗雍熙二年(895)造罗汉像五百十六身(十六罗汉与五百罗汉)安置在天台山寿昌寺。上有好者，下必有盛焉，于是崇奉五百罗汉之风更为流行。不过可以想像，在最初这"五百罗汉"是没有具体的各个名字，据《宝刻丛编》卷十五载，大和癸巳(五年〔933〕)大德崇义撰《吴(宣州)龙兴寺崇福院五百罗汉碑》，据说是有各个名字，但此碑已不存。又《金石续编》卷十七载有绍兴四年(1134)刻《江阴军乾明院罗汉尊号碑》，而这碑都是只有尊号，并无刻像。因之在宋代以前，并没有将罗汉像与名号并列在一起，而"五百罗汉"之数只不过根据佛经所列概数塑造出或画出五百人物而已。

明崇祯年间，高承埏重刻了《江阴军乾明院罗汉尊号碑》，其子高佑纪再次重刻，被收入《嘉兴藏》第四十三函，但这都是只列尊号并无图像的。一些人感到不满，有人将图像结合起来，绘制了《罗汉图录》木刻流行。根据这本清乾隆五十二年(1787)四川罗汉寺刊本《罗汉图录》，知道它是根据明崇祯十六年(1643)本重刻的，因此可知明刻原本应该是《罗汉图录》最早的带有罗汉名号的木刻图像本。可惜明刻原本今已无传，因之这本清乾隆复刻本就十分珍贵了。

罗汉原来是西域梵僧，这本图像已经是全部汉僧装束，可见创造这些图像者，对于罗汉并没有什么认识，但是它必然有根据，可能依据各地寺庙所塑造一些罗汉像而来，说明在中国流传的一些罗汉像，早已汉化了。

事实上这些罗汉，固然满足了五百之数，如果仔细研究，是极为杂乱的，有的是生在佛的时代，有的却是佛灭度后的人物。这是不符佛经上"佛与五百阿罗汉具"的说法的。至于名号，有的用梵名，有的则为汉名，极不规则。稽其出处，都是从一些经论杂凑而成。不过现在一些寺庙都塑有五百罗汉，从这本书上总可考见他是什么名字，供人参考，也是有用的。如果就版画而论，这本《罗汉图录》，不唯是孤本，而且是一个珍本。

《绘图五百罗汉》序

北京图书馆珍藏的《绘图五百罗汉》，是一部名贵画册，对于研究中国石板人物画极为重要。它不独描绘出五百个不同的罗汉，而且将五百个罗汉名字全部标出，这对于研究佛教罗汉史有重要参考价值。这五百罗汉究竟都是谁，使人一目了然。现在编者要我将关于罗汉的情况撰一介绍，记得先父叔迦先生曾有文章《十六罗汉十八罗汉和五百罗汉》作过说明，现将全文录之于下。

十六罗汉是释迦牟尼佛的弟子。据经典说，他们受了佛的咐嘱，不入涅槃，常住世间，受世人的供养而为众生作福田。古代译品中如北凉道泰译的《入大乘论》说："尊者宾头卢、尊者罗睺罗，如是等十六人诸大声闻散在诸渚……守护佛法。"但是未列举出十六罗汉一一的名字。此外，西晋竺法护译(一云失译)

《弥勒下生经》云："所谓大迦叶比丘、军屠钵叹比丘、宾头卢比丘、罗云比丘，汝等四大声闻要不般涅槃，须吾法没尽，然后乃当般涅槃。"东晋失译《舍利弗问经》也说："我去世后摩诃迦叶、宾头卢、君徒般叹、罗睺罗四大比丘住不泥洹，流通我法。"隋智𫖮《法华经文句》卷二即根据此说云："佛敕四大罗汉不得灭度，待我法灭尽。由是住持于今，未得入无余涅槃。"而唐湛然《法华文句记》解释此文却云："准《宝云经》第七，佛记十六罗汉令持佛法，至后佛出方得入灭。彼经一一皆列住处、人名、众数等。故译圣者皆于佛前各各誓言：我等以神力故弘护是经，不般涅槃。宾头卢、罗云在十六数，却不云迦叶。"今勘现本《宝云经》有两译，一是梁代曼陀罗仙译，一是梁代曼陀罗仙共僧伽婆罗译，都无此文。只是僧伽婆罗译本卷七末没有一般经典惯例的"信受奉行"的文句，或者现本的经文有所缺失，这就难以考定了。现在所有的十六罗汉的典据是依唐玄奘译《大阿罗汉难提密多罗所说法住记》。难提密多罗，此云庆友，是佛灭后八百年时师子国(即今斯里兰卡)人。

《法住记》中说：第一尊者宾度罗跋惰(Pindolabharadvaja)，与自眷属千阿罗汉多分住在西瞿陀尼洲，第二尊者迦诺迦伐蹉(Kanakavatsa)，与自眷属五百阿罗汉多分住在北方迦湿弥罗国，第三尊者迦诺迦跋厘惰(Kanaka-bharadvaja)，与自眷属六百阿罗汉多分住在东胜身洲，第四尊者苏频陀(Suvinda)，与自眷属七百阿罗汉多分住在北俱卢洲，第五尊者诺距罗(Nakula)，与自眷属八百阿罗汉多分住在南赡部洲，第六尊者跋陀罗(Bhadra)，与自眷属九百阿罗汉多分住在耽没罗洲，第七尊者迦理迦(Karika)，与自眷属千阿罗汉多分住在僧伽荼洲，第八尊者伐阇罗弗多罗(Vajraputra)，与自眷属千一百阿罗汉多分住在钵刺拿洲，第九尊者戌博迦(Svaka)，与自眷属九百阿罗汉多分住在香醉山中，第十尊者半托迦(Panthaka)，与自眷属千三百阿罗汉多分住在三十三天，第十一尊者罗怙罗(Rahula)，与自眷属千一百阿罗汉多分住在华利飏瞿洲，第十二尊者那伽犀那(Nagsaena)，与自眷属千二百阿罗汉多分住在广半度波山，第十三尊者因揭陀(Ingata)，与自眷属千三百阿罗汉多分住在广胁山中，第十四尊者伐那婆斯(Vanavasin)，与自眷属千四百阿罗汉多分住在可住山中，第十五尊者阿氏多(Ajita)，与自眷属千五百阿罗汉多分住在鹫峰山中，第十六尊者注荼半托迦(Cuda-panthaka)，与自眷属千六百阿罗汉多分住在持轴山中。

自《法住记》译出以后，十六罗汉受到佛教徒的普遍尊敬赞颂。现存敦煌唐人写经中还存有《第八尊者伐阇罗弗多罗》、《第十尊者罗护罗颂》二首，每首七言八句(见《敦煌杂缀》下)。此外还有《十六大阿罗汉因果识见颂》一书，题云"天竺沙门阇那多迦译"而不记时代。前有宋范仲淹序云："庆历中宣抚河东，宿保德冰谷传舍，于堂檐罅间得之，因于府州承天寺命僧别录藏之。于戊子岁(1048)有江陵僧慧哲又出其藏本，称得之于武陵僧普焕，宝之三十余年云云。"书中记十六阿罗汉各各为摩拿罗多说自所证"因果识见"，各有七颂，总有一百十二颂。唯文义浅薄，其为宋代汉地民间伪造无疑；就此亦足见当时民间对十六罗汉崇奉之广。在《秘殿珠林》还载有唐人画《十六应真图》，卷后附宋姜夔跋，完全引用了此颂，可见这《因果识见颂》在宋时是相当流行的。

关于十六罗汉的图像方面，《宣和画谱》卷二载梁张僧繇有十六罗汉像一幅。他是否根据北凉道泰译的《入大乘论》，或者如湛然所说《宝云经》的记载而画，难以考定，但是我们知道当时佛教界对十六罗汉的崇奉并不普遍。唐玄奘译出《法住记》以后，到乾元中卢楞伽特爱好作十六罗汉像，《宣和画谱》卷二记载他有这类作品多种，又同书卷十中记王维也有十六罗汉图四十八幅。到了五代时这类绘画就更多起来，如南唐的陶守立(见《式古堂书画考》二)、王齐翰(见《宣和画谱》四、《清河书画舫》五、《秘殿珠林》九)，前蜀的李升(见《宣和画谱》三)、张玄(见《宣和画谱》三、《清河书画舫五》)，吴越的王道求(见《式古堂书画考》二)，都有此类作品，而以前蜀贯休为最知名(见《清河书画舫》五，《妮古录》、《式古堂书画考》十)，宋代孙知微(见《清河书画舫》六)、李公麟(见《珊瑚网》二三，《弇州四部稿》一三七、《式古堂书画考》二，《秘殿珠林》九、十，《书画鉴影》二，《宝绘录》十，《平津馆鉴藏书画记》，《江村书画目》，《好古堂家藏书画记》上，《三秋阁书画录》二)、颜博文(见《式古堂书画考》二)、李时择(见《式古堂书画考》二)、梁楷(见《书画鉴影》三)、孙必达(见《秘殿珠林》九)；僧中如梵隆(见《珊瑚网》二三、《弇州四部稿》一三七、《式古堂书画考》二、《大观录》一四、《江村销夏录》一、《春霞阁题画绝句》)、月蓬(见《式古堂书画考》二)、海仑(见《秘殿珠林》九、十)；元代赵孟頫(见《秘殿珠林补编》十)、钱选(见《盛京故宫书画录》三)，明代吴伟(见《秘殿珠林》二集)，仇英(见《过云楼书画记》四、《江村销夏录》一、《盛京故宫书画录》三)、吴彬(见《石渠宝笈》三)、丁云鹏(见《石渠宝笈》二、三)等，都有名作见于历代的著录。

关于十六罗汉的雕刻方面，最早的有杭州烟霞洞吴越国吴延爽造十六罗汉，计右壁内部二尊、前部四尊、左壁十尊。此十六尊的雕刻技巧同一手法。阮元《两浙金石志》曾载有《烟霞洞吴延爽造像功德记》。吴延爽是吴越王钱元瓘妻吴夫人的兄弟。宋代曾在此洞补刻僧像一、布袋和尚像一，作法浅陋，远不及前十六尊。可见《咸淳临安志》所记"原有石刻罗汉六尊，吴越王感梦而补刻十二尊，成为十八"之说，全出于附会。

由十六罗汉演变成为十八罗汉，主要是从绘画方面造成的。现在所知的最早的十八罗汉像，是前蜀简州金水张玄画的十八阿罗汉，宋苏轼得之于儋耳，题了十八首赞(见《东坡七集》后集二○)，但未标出罗汉名称。其次是贯休画的十八阿罗汉，苏轼自海南归，过清远峡宝林寺见之，为之作赞十八首，每首标出罗汉名称，于十六罗汉外第十七为庆友尊者，即《法住记》的作者，第十八为宾头卢尊者，即十六罗汉中宾度罗跋罗惰阇的重出(见《东坡七集》续集十)。清《秘殿珠林》也有贯休十八罗汉图卷，后有宋苏过、元赵孟頫、明宗彻三跋，也不题罗汉名字。宋绍兴四年(1134)《江阴军乾明院五百罗汉碑》于五百罗汉尊号前列十八罗汉尊号，也是第十七庆友尊者，第十八宾头卢尊者。

宋咸淳五年(1269)志磐撰《佛祖统纪》关于供罗汉(卷三十三)辟前说，认为庆友是造《法住记》的人，不应在住世之列，宾头卢为重复，应当是迦叶尊者和军屠钵叹尊者，即是《弥勒下生经》所说四大声闻中不在十六罗汉之内的二尊者。

西藏所传的十八罗汉，是于十六罗汉之外加上法增居士和布袋和尚，这些传说也都是从汉地传去的。当西藏朗达玛王(唐武宗会昌元年，公元841)破坏佛教时，西藏六位大师来到西康，见到当地各寺普遍绘塑十六尊者像，特别是卢梅、种穿大师摹绘了圣像，迎到藏中耶尔巴地方，这就是著名的耶尔巴尊者像。后来陆续传入汉地各样传说而增加了二像。据说达磨多罗(法增)居士是甘肃贺兰山人(今阿拉善旗)，因奉事十六尊者而得到感应，每日都见有无量光佛出现于云中(见第五世达赖著《供养十六罗汉仪轨》)。他的画像常是背负经箧，身傍伏有卧虎。但是至今在供养仪轨中还只是十六尊者。

《秘殿珠林续编》第四册有清庄豫德摹贯休补卢楞伽十八应真册，后有清高宗题颂，颂中说：第十七降龙罗汉是嘎沙鸦巴尊者(即迦叶尊者)，第十八伏虎罗汉是纳答密答喇尊者(即弥勒尊者)，由章嘉呼图克图考定。但降龙伏虎是后世传说。苏轼《应梦罗汉记》说，元丰四年岐亭庙中有一阿罗汉像，左龙右虎。可见北宋时降龙伏虎像不一定是分成两个罗汉的。

综合以上各说先后发展来看，十八罗汉传说的兴起，并没有什么经典的根据，只是由于画家们在十六罗汉之外加绘了两人而成为习惯，于是引起后人的种种推测和考定。最初的传说十八罗汉中第十七既是《法住记》作者庆友尊者，第十八便应是《法住记》译者玄奘法师。但是后人以未能推定为玄奘而推定为宾头卢，以至重复，结果造成众说不一，难以考定。由此，十八罗汉的传说因而普遍，自元朝以后各寺院的大殿中多雕塑十八罗汉像，十六罗汉的传说则不甚通行了

历代画家绘的十八罗汉画像见于著录的，有后唐的左礼(见明都穆《铁网珊瑚》十三)、前蜀的贯休(见《秘殿珠林》九)、宋代的李公麟(见《秘殿珠林》三、《盛京故宫书画录》二、《古物陈列所书画目录》五)、瞿汝文(见《式古堂书画考》二)、贾师古(见《岳雪书画录》二)；僧海仑(见《秘殿珠林》)；元代的赵孟頫(见《秘殿珠林续篇》)、钱选(见《古物陈列所书画目录》五)、张渥(见《盛京故宫书画录》三)、方方壶(见《古芬阁书画记》)，明代的仇英(见《秘殿珠林》二十)、吴彬(见《石渠宝笈》三)、丁云鹏(见《梦园书画录》、《秘殿珠林》十二、《盛京故宫书画录》三、《古物陈列所书画目录》五)、钱贡(都穆《十百斋书画录》二十二)、李麟(见《秘殿珠林二集》)、陈范(见《秘殿珠林》八)。

由于十六罗汉住世护法的传说，引起汉地佛教徒对于罗汉的深厚崇敬，于是又有五百罗汉的传说。

五百罗汉的传说在佛经中是常见的，例如西晋竺法护译有《佛五百弟子自说本起经》。佛灭度后迦叶尊者与五百阿罗汉最初结集三藏。《舍利弗问经》中说，弗沙秘多罗王毁灭佛法后，有五百罗汉重兴圣教。诸如此类说法甚多。在中国汉地自东晋竺昙猷居住天台山时，古老相传云天台悬崖上有佳精舍是得道者所居。有石桥跨涧而横石断人。猷洁斋累日，度桥见精舍神僧，因共烧香中食。神僧谓猷曰：却后十年自当来此。于是而反(见《高僧传》十二)。后世遂有石桥寺五百应真之说。《天台山志》引《五百应真居方广寺感应异记》云："永嘉长史全亿，画半千罗汉形像。"到五代时，五百罗汉的尊崇特别兴盛。吴越王钱氏造五百铜罗汉于天台山方广寺。显德元年(954)道潜禅师得吴越钱忠懿王的允许，迁雷峰塔下的十六大士像于净慈寺，创建五百罗汉堂。宋太宗雍熙二年(985)造罗汉像五百十六身(十六罗汉与五百罗汉)，奉安于天台山寿昌寺。宋仁宗供施石桥五百应真的敕书载《天台山志》。各地寺院也多建五百罗汉堂。宋苏轼集中有元符三年(1100)为祖堂和尚作的《广东东莞县资福寺五百罗汉阁记》(见《东坡七集》后集二○)。

各地名山也有罗汉洞或竹林圣僧寺的传说。如河南嵩山就有五百罗汉洞。据宋崇宁元年(1102)释有挺撰《中岳寺五百大阿罗汉洞记》(又名《修圣竹林寺碑》，见于《八琼室金石补正》一○八)中称：唐初蜀僧法藏始感得灵异，知山中

竹林寺是圣僧所居。宋代院主崇敬，因选定此洞，造五百罗汉像。现存的五百罗汉堂有北京碧云寺、成都宝光寺、苏州西圆寺、汉阳归元寺、昆明筇竹寺等处。

　　历代画家绘画五百罗汉图像，见于著录的有梁代的朱繇，见于《宋中兴馆阁储藏》。稍后有宋代的李公麟(见《清河书画舫》八、《法书名画见闻表》、《式古堂书画考》三)，南宋的刘松亭(见《秘殿珠林》十)、吴彬(见《石渠宝笈》三)。

　　至于天台山石桥寺五百罗汉的名号，据《宝刻丛编》十五载大和癸巳(933)大德崇义所撰的《吴(宣州)龙兴寺崇福院五百罗汉碑》注云，出《复斋碑录》。又《金石续编》十七有绍兴四年刻的《江阴军乾明院罗汉尊号碑》。这两碑现都不存。但是《乾明院碑》在明崇祯十六年(1643)，高承埏曾刻于泾县署中，其子高佑纪又重刻，被收入《嘉兴藏》第四十三函中。书中所举五百罗汉的名号毫无典据，想是宋人附会之谈而已。

　　从这里可以知道："五百罗汉"虽然见于佛书，事实上最初只是提到一个笼统的数目，并无各个具体人名。因之可以想像，虽然早在梁代已有朱繇画过五百罗汉图、五代吴越钱王造过五百罗汉像，恐怕也只是画出、造出五百个不同形像的人物，并无具体人名。到了宋代《江阴军乾明院罗汉尊号碑》，则是收集了佛书中一些尊者名字罗列而成，事实上也没有图像。到了明代，由于供奉罗汉之风盛行，于是根据《罗汉尊号碑》才把形象与名号联系在一起。曾见清乾隆五十二年(1787)丁未四川罗汉寺复刻明崇祯十六年(1643)癸未季冬月初八日重刻《罗汉图录》，正是证明把五百罗汉形象与名号汇刻在一起是比较晚的。自此以后，有些寺庙就把两相结合的罗汉像，造成石刻板画，或以壁画形式安置在殿堂之间。首先是清乾隆帝弘历在万寿山兴建了五百罗汉堂，并亲自撰制了《万寿山大报恩延寿寺五百罗汉堂记》，提倡了石刻艺术，影响所及颇广。就今所知，如常州天宁寺，他们就是以石刻板画装饰殿堂的，当时并有拓本流传。可惜这两处石刻在战乱中全部丧失，天宁寺罗汉像石刻拓本现在也很不易得。

　　在太平天国战乱之后南岳祝圣寺的修复过程中，由于住持的发心，一些居士的支持，也曾预备把常州石刻五百罗汉像重新刻石安置在自己的殿堂上，后来获得徽派画家所画的《五百罗汉画册》，于是遂依画本雕刻上石。详细记载见李元度《祝圣寺新建罗汉堂记》。这本《绘图五百罗汉》，大概就是按照原制重新描绘下来的。可珍贵处，不单看到石刻人像的风貌，而且加绘了彩色，使研究佛教神像的造型更有参考价值。从这里我们也看到乾隆万寿山大报恩延寿寺、常州天宁寺、南岳祝圣寺彼此沿袭继承的关系。虽然这本已变成画册本，但对于研究中国石刻板画还是极为重要的。

《金铜佛像》序

如来说法，菩萨转轮。随缘利见，斯行像教。虽佛法寂空，本熔范所不能播传；而转变因应，非形相则无以感动。惟是大觉显现，本无实相；开士神通，分呈假名。复以汉、藏、南三大部，咸出名匠，代有师承，表相异仪，传形多品。入汉地二千年，造法身亿万座。然而山枯石裂，代谢年移，法难屡经，散逸不少。所幸时逢再造，世无久虚，际兹兴盛，乃有纂编。图为二我，裒成一书。存法门之盛事，资学界之披寻。非仅前代文物幻此化身，实惟缘胜法兴、民安国泰之明兆，兼示佛门之休美焉。爰弁厄言，以志法喜。

岁次戊寅仲秋，清信士秋浦周绍良沐手谨识

《夏景春藏金铜佛像》序

佛应西乾，道通天地；法流东土，恩遍圣凡。寿量无边，竖超三际；光明有象，横越十方。二千年本愿不违，亿万尊分身无量。惟是法难屡经，散失不少。收藏家夏君景春，历经艰难，陆续收集金铜佛像若干尊，自北魏至唐宋元明清，各代咸具。际兹兴盛，乃加以拍摄，汇编成册。存法门之盛事，资学界以披寻。实维缘胜之法隆，民安国泰之明兆，兼示佛门之休美焉。是以乐为之序。

岁次庚辰荷月
清信士秋浦周绍良沐手谨识

《三百佛像集》重印缘起

这本佛像集藏文全称是，《上师、本尊、三宝获护法等资粮田——三百佛像集》，是一本以图像显示藏传佛教诸佛、菩萨、护法神等按类排比的画册，总数三百，故统称之为《三百佛像集》（以下简称《佛像集》）。

这本《佛像集》是清代乾隆年间章嘉·若必多吉即章嘉呼图克图三世活佛所编制的。章嘉活佛在当时清皇朝中是藏传佛教的领导人，有相当高深的学识，得到皇帝的信任，身为国师，热心教务，曾编印过不少佛教典籍。在这本书后有吕铁刚居士写的一篇详尽的介绍，兹不多赘。章嘉活佛为使一些喇嘛能辨识一些佛、菩萨、护法诸位尊神的形象，所以编制刊行了这本《佛像集》，其用意是为了普及知识，所以刻印并不特别考究，图像绘制也颇简单，只具体画出了形象，在像的下面注上名称。这是为学习者能看图识像，等于上了一堂讲佛像的课。在图像的背面，每一尊像都印有《心咒》或《十二因缘咒》，说明这是经过加持，一定要珍重地供奉，不可亵渎。

过去这本《佛像集》一直在藏传佛教地区广为流传，是由北京嵩祝寺刊行的，在十九世纪三十年代尚在发行。嵩祝寺是章嘉活佛的本庙，为汉族地区一处藏传佛教出版中心，像藏文北京版《大藏经》的木版即贮存该寺。它设有流通处，专门经营藏文典籍的销售。

这本《佛像集》虽然已经流传了二百年，但由于它是藏传佛像，没受到应有的重视，因之在汉族地区保存颇少，现在已经是难得的珍贵书籍，即便是后来嵩祝寺的重刻本，如今也不易求了。据我所知，过去曾有人将此书翻印出版，就是以嵩祝寺重刻本为底本的。

还有一本《五百佛像集》，估计也是以这本《三百佛像集》为底本而扩大的。实际这是不了解章嘉三世活佛当初编制此书的用意：第一，他是为教人认识各个佛、菩萨、护法神的形象，如前所说的；第二，章嘉三世活佛是藏传佛教格鲁派的传人，他收集整理的这些佛、菩萨、护法神等，都是以格鲁派经常供奉的为标准，另外再加一些其它教派的祖师像为限，其他教派个别供奉的尊神一概都没有列入。这个界限是很清楚的，因之加以增添并不符合他的原意。

这本《佛像集》的原刻本现在已不容易找到，中国佛教图书文物馆藏有当初乾隆年间初版朱印本，是极为难得的。现在由吕铁刚居士将像下藏文诸佛、菩萨、护法神的名称译为汉文，附于卷后，以便不识藏文者也可得以认识。可惜原本书前有几张缺叶，幸而所藏尚有另一同版墨印本，因取以补足之，以成完璧。

中国佛教图书文物馆是赵朴初居士创办的，所藏一些近代藏传佛教典籍多属孤本，今后将陆续编为丛书，影印流通，以广其传。现在正值中国佛教协会成立四十周年，本馆同人集议，将以此书出版作为纪念献礼，也表示对于赵朴初居士主持佛教协会四十年来辛勤擘划的敬意。承启元白先生为本书题签，特此志谢。

《中国佛像艺术》序

佛像艺术的起源按佛经和佛传的记载，当可追溯到佛在世时，即2500余年前。它的目的大致有以下几种：一是弘扬佛法，二是供人敬奉，三是庄严殿堂。由于在绘制和雕塑时画家、雕刻家赋予了本人的心意与美感，于是又产生可供欣赏的效果。

真善美本是人类共同追求的美好境界，当宗教与艺术相结合后，这三者自然地形成统一，从而使宗教艺术在人类文化领域里占据了不可缺少的重要地位。佛像艺术是其中的一支。

尽管就上述这一点来说，宗教造像艺术有其共同的属性，但是，当人们欣赏希腊诸神的造像、西斯廷大教堂的圣母像时所产生的心灵共鸣，与面对敦煌壁画、云岗、龙门石窟、吴道子的观音像时截然不同。作为艺术来分析，也会发现其手法、风格各有特色。这是由于各个宗教的造像艺术与其各自不同的教义思想紧密相连的缘故。

中国佛像艺术由印度传入，开始时当然都按印度传来的图像，到梁代以后，佛画中出现了"张家样"、"曹家样"，说明佛画逐渐在中国化，塑像也不例外。这是佛像艺术因不同的文化背景而出现的不同风格。

就中国佛像艺术本身来说，随着各朝各代的变迁，又有了各自不同的发展与风格，而这些变化与发展无不显示出时代的特征。

研究中国佛像艺术教义上的内容、文化的背景、时代的特征，对于继承发展我国佛像艺术的传统精华，有着深远的意义。而要达到较好的效果，很重要的因素是收集图像资料及史料。

曹厚德、杨古城二位先生是佛像艺术的专家，有着长期的艺术实践，积累了丰富的经验，他们将中国佛像艺术的历史分期分类地加以详细阐述，并选择了400余幅图像编著成册，实在是一件难能可贵的事。遵他们所嘱，由我写一序言，我对此道实少研究，谨赘数语，以表欢喜赞叹之忱。

《菩提叶百八阿罗汉金经全部书画册》序

无名氏书画合璧册页一本，凡三十二开，共六十四面。书画皆着笔菩提树叶上，书画相间。

所画凡佛一、韦驮一、观音一、胁侍菩萨二、罗汉一百八、天王四；所书为《金刚般若波罗蜜经》全卷。画法苍劲，方寸之上不显迫促，人物生动活泼，各具神态，非深于画者实不能有此功力。又从笔致审之，当出浙派名手，非一般画师所可及。书法晋唐小楷，蝇头细书，前后一致，萧洒雅致，非一般书手也。菩提叶每面一叶，粘于磁青纸上，湖绫镶边，外加棕色细框。前后用楠木夹板，制工精良，应是清乾隆时工艺。此画册前后无题识，不知出于何人手笔，估计当是乾隆年间人物。夹板面题"菩提叶百八阿罗汉金经全部书画册。东林娄霖峰氏题签于瀛洲"。旁钤小印"大观"二字，似是装裱收藏此册之人，其姓名也未能考得。

画罗汉像，最早见《宣和画谱》卷二载梁张僧繇有十六罗汉。又唐乾元中卢楞伽特喜画十六罗汉，曾有作品多幅；同书卷十又记王维也有十六罗汉图四十八幅。五代以后，画者更多。后来演变成十八罗汉，最早为前蜀简州金水张玄画，宋苏轼得之于儋耳，为题赞辞十八首(《东坡七集·后集》二十)，其次为唐贯休画十八阿罗汉，苏轼自海南归，过清远峡宝林寺见之(《东坡七集·续集》十)。从十八罗汉又复演变为五百罗汉，宋绍兴四年(一一三四)《江阴军乾明院五百罗汉碑》于五百罗汉尊号前列十八罗汉尊号，说明罗汉数目是从十八突增至五百的，中间不曾有"一百八"数之罗汉。此画为数一百八，或者是画家以意为之，不知是否有所根据?也许画者以数珠数目一百八，因以罗汉配之耳。

此册页为中国民族图书馆所藏，由北京石刻艺术博物馆以珂罗版复制，艺术珍品化一为百，实为莫大功德，得者珍之。

一九九三年七月

《观世音应化灵异图》序

清代成亲王府诒晋斋刻本，刻于道光十二年(1832)以前。此套图版线条精美细腻，造型具多样变化，位置经营亦气象万千，实为具皇家风范之佛教版画上乘珍品。

以版画图刻表佛经内容意象，自唐代已有。敦煌莫高窟藏经洞之《金刚经》扉页画，久为世人所共知。观音菩萨慈悲救难，寻声应化，信仰更是深入民间。因而其版刻图画亦自宋元而不绝于清，代代相承，翻刻有绪。但世间多见者为以元至顺年间刻本为底而翻刻者，如成亲王府本者则鲜见矣。

成亲王，名永瑆(1752—1823)，高宗第十一子，善书法，喜收藏，号诒晋斋主人。

此底本现藏北京大学图书馆，为《全国善本书目》所未载，且印本据所知仅有二，足见其珍贵矣。此刻本不惟画面可见王府名工高手镌刻之妙，前面《观音经普门品》有关内容亦由书法名家成亲王亲自书写，文字端丽，内透功力，写出为经文中三十二应化灵异的长行与解救苦难的偈颂。此救难部分的十三幅画面，系据明洪武本所翻刻，刀法亦精到。而长行部分观音应化之像的三十二图则为独创，不见于宋元以来诸家各刻本。其线条刀法随物象不同而多变，凡殿堂、树木、山岩、水波、天界，无不栩栩如生。观音所现之天人各界种种形象，亦尽世态之变化，穷极微妙，令人感佩大士之慈悲精神。

清代所常见之《普门品三十二应像》，有康熙三十五年(1696)重刊本。此版仍藏于琉璃厂之漱芳斋，以此版之后印本为底本与成亲王府《观音灵异图像》并刊印出，可称双璧，使今人得睹历代流传至清的《观音灵异应化》古刻本之全貌，实为功德无量之盛举。

《龙门二十品》序

龙门石窟是中国一处石刻艺术宫殿，它代表中国艺术史上五世纪北方的艺术成就，它不仅在造型上体现一代的独特风貌，而且数量之多(共有窟龛二千三百多个)，也是一些石窟所绝无仅有的。任何人参观，无不叹为观止。它的造像之精美，雕刻之细致，都具有独特的造诣，并不因数量之多而显有重复之感。尤其在铭识方面，至今保存有二千八百多方，它说明每一石刻造像之原因，这也是一些石窟所无法相比的，它的书法也代表一代书写艺术的成就，为历代书法家所推崇。这在刘景龙先生为本书所写序言中已详细言之，兹不多赘。

现在应该提到的，就是这本书的编著方式，的确填补了龙门石窟研究的空白。

我们每次参观龙门石窟，都为它的艺术所震惊，工艺之精湛，使人看了目不暇接，但是对于这些铭识，虽然也是我们素所景仰，但由于注意力都集中在造像的形象上，而无法仔细从事文字欣赏，并且字体细小，地位过高，也无法两相配合去认识。所以对这些铭识只有忽略过去。现在编制的龙门石窟记录之书固然不少，能把造像和铭识结合在一起相互说明的，还是绝无仅有。事实这是最有意义的，但也是一宗浩大的工程，它不是仅凭一人之力，一朝之间，就可以把这数以千计的铭识配合两千多造像编制出来的。

刘景龙先生首先用这种方法选取《龙门二十品》作为尝试，编制出这本书，给我的印象是，像我这样，过去也收藏有《龙门二十品》的拓本，也看过影印的《龙门二十品》法帖，但没有今天看到两相结合像刘景龙先生编著的这本书的印象之新鲜。触目之下，回想起当时参观石窟时所见诸造像，觉得今天更为深刻，更能清楚认识到深一步的艺术造诣。

这本书的编著可以说是成功的，它对龙门石窟的研究有很大贡献。我希望刘景龙先生能使用这一方法把龙门石窟一些洞窟陆续都编制成一部全集，这对学术研究将是莫大的贡献。

这本书由于题目的原因，所以范围有所限制，有些附带的作品，无法一并收容进去，这是很遗憾的。如《比丘法生为孝文帝并北海王母子造像》，如果能把"佛弟子元伏荣"、"清信士元宝意"等的造像与榜题一齐编入，这就更善更美了。

总之，这是一本好书，在照相、拓片等方面都属上乘，即在解说方面，也很了不起，使不搞石窟研究者读后能对石窟有了认识，对《龙门二十品》有了认识；即使研究龙门石窟者读之，也会感到有所启发。所以说这本书的编著是成功的。

刘景龙先生要我为这本书写一序言，实不敢当，现在谨就读后所感到的，拉杂写了一些，略陈如上，以供参考，不敢作为序言也。

1996年1月24日

《禅宗六代祖师像卷》跋

《禅宗六代祖师像卷》，绢本，明戴进绘。清宫旧藏，有"五福五代堂宝"、"八征耄念之宝"等印。

此件见《秘殿珠林石渠宝笈合编》(上海书局影印本第三册，页一四至一四二)著录作：

戴文进画达摩至慧能六代像一卷。

(本幅)绢本，纵一尺六分，横六尺九寸五分。浅设色，画达摩至慧能六像：第一标《初祖》，面壁趺坐，一僧侍后。第二标《唐土二祖慧可大师》，敷坐磐石前，一居士问讯。第三标《唐土三祖僧璨大师》，手持棕帚，一僧在前磬折作拾物状。第四标《唐土四祖道信大师》，与一僧对立树下，手指大石，石上有

"佛"字。第五标《唐土五祖宏忍大师》，坐禅椅，旁倚锡，前一居士听法。第六标《唐土六祖慧能大师》，坐禅床，与居士说法，旁两童执炊方注水吹火。款"西湖静庵为普顺居士写"。钤印二："钱塘文进"、"戴氏"。

（后幅）前人及臣工题跋："画家于仙佛神鬼别有一解，昔人言'以其非人所见，易以任情缔构'，不然也。此眯俗目，识者一见，知其得失矣。此卷题戴画史，为纳斋所蓄。自半夜题句得衣，能、秀分宗，祖派久断，今图止此，第不知六师以后世间果无祖有祖在？此又图外语。祝允明题。"钤印二："祝允明印"、"睎哲"。"初祖达摩大师者，南天竺香至国王第三子也，姓刹帝利，本名菩提多罗。遇西土二十七祖般若多罗，受授心宗，折伏六师邪辩。自广州至金陵，与梁武帝论圣谛第一义，言下不契，乃归少林，面壁而坐。魏庄帝永安元年（528）十月五日，端坐而逝，起塔于定林寺。后三岁，魏宋云奉使西域，遇师葱岭，手携只履焉。归述其事，门人启圹观之，棺中止一草履。神光大师者，武牢人也。俗姓姬氏。生有异光照室，故撰兹名。闻初祖在少林，遂往参承。积雪过膝，坚立不动，悲泣祈哀，断臂祖前，遂为印证，更名慧可，是为二祖。三祖僧璨，不知何许人。身缠风疾，以白衣谒祖，祈求忏悔，知罪福不在中内外，言下领心，遂传衣法。四祖道信大师，姓司马，蕲州广济人。年十四，礼三祖求解脱，言下领悟，摄心无寐，胁不至席者六十年。唐太宗三召不至，命使斩之。师引领就刃，了无惧色。三祖之迁化也，合掌立于树下；四祖则宴坐；达摩则卧化。三祖在隋炀帝大业二年（606）十月五日，四祖在高宗永徽辛亥闰九月四日。五祖宏忍大师，蕲州黄梅人。先为破头种松道者，乞四祖传法，四祖闵其老，曰：'倘若再来，吾当待汝。'遂寄生于村民周氏处女之腹。父母恶之，弃水中。泝流而止，乃举之。随母乞食，里人呼为'无姓儿'。逢祖于道，祖问曰：'子何姓？'答曰：'佛性。'祖曰：'汝无姓耶？'答曰：'性空故无。'祖遂乞为法嗣。六祖卢慧能大师，其先范阳人。武德中，官于海南，遂占籍新州，以樵采为业。一日，负薪至市，闻诵《金刚经》，至'应无所住而生其心'，遂大悟彻。后参黄梅，服事槽厂，以菩提偈旨得衣法，持隐四会。仪凤元年（676）正月八日，遇宗印法师于法性寺，讲《涅槃》，论风、幡二义。法师闻之，乃告四众，会集名流，为之剃发。二月八日，授智光禅师满分戒。先天二年（714）八月三日示寂，衣止不传。塔于曹溪，有《檀（坛）经》行于世。此六祖之事迹梗概也。吾与希哲祝公颇知禅学，纳斋命题戴文进《六祖卷》，祝公略致数语，俾余毕之。岂所谓'大将持重，而偏师当先'耶？仆谓世之论仙佛者，不知直指，尝与祝公叹之。

盖佛者，吾儒之虚灵不昧随感而应者也。故外形骸，脱生死，视去来今犹一刻，以中边外为非住。若仙者，吾儒之二五之精妙合而凝者也，故惜气以养精，惜精以养神，驰驱天地，鞭策风雷，是其能事，然亦在吾儒中一术耳。学者昧此，为其所囿者多矣。祝公不为其所囿者而不言，舍余而不具述之，谁肯言哉！故书之归纳斋。纳斋有志之士，学僧、学佛、学仙，任其所趋。比其有得，当知余言之不妄。吴门唐寅漫书。"钤印三："南京解元"、"六如居士"、"吴趋"。

"此卷向在程季白家，流逸已二十馀年。伊弟君吉入云间，多方购得之。君吉持斋三十年，定于佛祖有缘。至于象外真宗，别有证入，当不作收藏赏鉴家观也。庚寅(1650)季秋，曹勋书。"钤印二："曹勋"、"峩雪"。"静庵画无绝佳者。此卷特苍秀淡古，得南宋刘、马遗意为可传，且所画又六祖也。君吉精佛大意，鉴而藏之，别有深理。吾独怪世之印板佛法，触象求解，遂使祖庭化为陈迹。愿君吉于无画处参，乃高人一等耳。槜李曹溶题。"钤印三："曹溶"、"鉴躬氏"、"曹"。

(鉴藏宝玺)八玺全。

谨案：戴进字文进，钱塘人。山水得诸家之妙。摹拟李唐、马远居多。出《图绘宝鉴续纂》。

这里把画卷的内容介绍得很详细，在《本幅》一章中，将画中六位祖师形象完全记载出来。可惜作者不明了作画者采用的故事，因之只能从形象上予以介绍，有的也还说错了。末尾钤印，今按原卷，实系"钱塘戴氏"、"文进"，这里却记载是"钱塘文进"、"戴氏"，实为不确。《后幅》一章，全文转录了祝允明、唐寅、曹勋、曹溶的题跋。祝氏识语，对禅宗传承提出六祖以后世间还有祖无祖的问题，完全明人小品笔致。唐氏识语，则对卷中所绘六位祖师，略作介绍，当然是本着《景德传灯录》、《五灯会元》这些书来的，但他却并没有发现卷中所绘所采用的故事，所以也只从各人本传叙述一点而已。其他曹勋、曹溶识语，只从收藏者略作记载，与卷中人物毫无关联。

全卷历绘禅宗初祖达摩至六祖慧能法师像，共六人，凡六部分，连缀成一卷，每一部分都有其故事，各自独立成章，彼此无连续性但有其连续之内含，颇见构图之巧思，也见画家对于禅学的修养。

第一部分为雪景，绘初祖达摩于石窟面壁跌坐于蒲团上，着淡朱袈裟，僧帽，双手置袖于胸前，浓眉、深目、高鼻，双眼圆瞪，宁神静思。石台上置包裹及三足香炉；右石壁安放一缸，傍横插竹竿，上搭僧衣。窟口一僧拱手静立于深雪之中，故不见足履。

根据《景德传灯录》卷三《第二十八祖菩提达摩传》：

> 　　(达摩)寓止于嵩山少林寺，面壁而坐，终日默然，人莫之测，谓之"壁观婆罗门"。时有僧神光者，旷达之士也。久居伊、洛，博览群书，善谈玄理。每叹曰："孔、老之教，礼术规风，《庄》、《易》之书，未尽妙理。近闻达摩大士住止少林，至人不遥，当造玄境。"乃往彼晨夕参承。师常端坐面墙，莫闻诲励。光自惟曰："昔人求道，敲骨求髓，刺血济饥，布发掩泥，投崖饲虎。古尚若此，我又何人！"其年十二月九日夜，天大雨雪，光坚立不动。达明，积雪过膝。师悯而问曰："汝久立雪中，当求何事？"光悲泪曰："惟愿和尚慈悲，开甘露门，广度群生。"……

这段所描绘的就是达摩在嵩山少林寺洞窟中面壁，僧神光伫立洞外深雪中的情景。神光即后来二祖慧可。他由于立雪求法，自断左臂，终得师传衣钵。

第二部分绘二祖慧可敷座，以右手托左臂，髡头，安坐于岩边石上，双足垂直，布履。身旁置拂尘、钵、净瓶、经卷等物，一居士合掌问法。

慧可是为求法自断左臂的，所以这里画出他以右手托左臂的形象。

根据《景德传灯录》卷三《第二十九祖慧可大师传》：

> 　　大师继阐玄风，博求法嗣。至北齐天平二年(535)，有一居士年逾四十，不言姓氏，聿来设礼而问师曰："弟子身缠风恙，请和尚忏罪。"师曰："将罪来与汝忏。"居士良久曰："觅罪不可得。"师曰："我与汝忏罪尽，宜依佛、法、僧住。"曰："今见和尚已知是僧，未审何名佛、法？"师曰："是心是佛，是心是法，法佛无二，僧实亦然。"曰："今日始知罪性不在内，不在外，不在中间。如其心然，佛、法无二也。"大师深器之，即为剃发，云："是吾宝也！宜名僧璨。"

这段所绘就是二祖与这居士(僧璨)问答的场面。

第三部分绘僧璨持棕拂盘膝趺坐，布履置于台前，袒胸，浓眉，连腮胡，头微左转。身后一包袱。一僧在前作折腰状。

根据《景德传灯录》卷三《第三十祖僧璨大师传》：

> 　　第三十祖僧璨大师者，不知何许人也。初以白衣谒二祖，既受度传法，隐于舒州之皖公山。属后周武帝破灭佛法，师往来太湖县司空山，居无常处。积十余

载，时人无能知者。至隋开皇十二年壬子岁(592)，有沙弥道信，年始十四，来礼师曰："愿和尚慈悲，乞与解脱法门。"师曰："谁缚汝？"曰："无人缚。"师曰："可更求解脱乎？"信于言下大悟。服劳九载，后于吉州受戒，侍奉尤谨。师屡试以玄微，知其缘熟，乃付衣法。

这里画的就是这段故事。那坐者就是三祖僧璨，那个小沙弥就是四祖道信，作折腰状，正显示他"侍奉尤谨"的神态。《石渠宝笈合编》说是"磬折作拾物状"者，似不确。

第四部分绘四祖道信与一僧相对站立，道信左手扶菩提树，右手指大石，石上写一"佛"字。一僧拱手虔诚恭敬，聆道信说法。侍者披发挎带，右手提箬笠，左手持龙头拐杖。

这里所绘为四祖道信与其徒法融一段故事，见《景德传灯录》卷四《金陵牛头山六世祖第一世法融禅师传》：

> 第一世法融禅师者，润州延陵人也，姓韦氏。年十九，学通经史。寻阅大部《般若》，晓达真空。忽一日叹曰："儒道世典，非究竟法；《般若》正观，出世舟航。"遂隐茅山，投师落发。后入牛头山幽栖寺北岩之石室，有百鸟衔华之异。唐贞观中，四祖遥观气象，知彼山有奇异之人，乃躬自寻访。问寺僧："此间有道人否？"曰："出家儿那个不是道人？"祖曰："阿那个是道人？"僧无对。别僧云："此去山中十里许，有一懒融，见人不起，亦不合掌，莫是道人？"祖遂入山，见师端坐自若，曾无所顾。祖问曰："在此作什么？"师曰："观心。"祖曰："观是何人？心是何物？"师无对，便起作礼。师曰："大德高栖休所？"祖曰："贫道不决所止，或东或西。"师曰："还识道信禅师否？"曰："何以问他？"师曰："向德滋久，冀一礼谒。"曰："道信禅师，贫道是也。"师曰："何因降此？"祖曰："特来相访。莫更有宴息之处否？"师指后面云："别有小庵。"遂引祖至庵所，绕庵唯见虎狼之类，祖乃举两手作怖势。师曰："犹有这个在。"祖曰："适来见什么？"师无对。少选，祖却于师宴坐石上书一"佛"字，师观之竦然。祖曰："犹有这个在。"师未晓，乃稽首请说真要。……

这里所绘四祖正是与法融面对所书在石上一"佛"字的场面。

第五部分绘五祖弘忍盘膝趺坐禅床上，斜披袈裟，祖露右肩，右手托下颌，左臂垂于膝下。双履置于床前。一居士合掌虔诚拱立。《石渠宝笈》说是"前一居士听法"。

按《景德传灯录》卷三《第三十二祖弘忍大师传》：

> 第三十二祖弘忍大师者，蕲州黄梅人也，姓周氏。生而岐嶷。童游时逢一智者，叹曰："此子阙七种相，不逮如来。"后遇信大师，得法嗣，化于破头山。咸亨中(670—674)，有一居士，姓卢名慧能，自新州来参谒。师问曰："汝从何来？"曰："岭南。"师曰："欲须何事？"曰："唯求作佛。"师曰："岭南人无佛性，若得为佛？"曰："人即有南北，佛性岂然！"师知是异人，乃诃曰："著槽厂去。"能礼足而退，便入碓坊，服劳于杵臼之间。

这里所描绘的居士即卢慧能，亦即后来之六祖。这是他初次谒见五祖弘忍，正责令"著槽厂去"的场面。

第六部分画唐土六祖慧能坐禅床上，披袈裟，袒露右肩，浓眉，连腮胡。双履置于床前。一居士合掌虔诚面大师，似有所参请，旁二小童汲水吹火。

这是比较难予解释的一个场面，在书中没能查到。从画面审之，应是描绘六祖慧能在曹溪时，韶州刺史韦据请于大梵寺转法轮故事，也就是后来根据这次说法记录而成《坛经》的由来。但侧景二童提桶烧水不知何所取材。姑考定如此，尚不敢确认也。

六部分故事，大致具见于《景德传灯录》，又见于《五灯会元》。戴进显然是仔细读了他们的传记，撷取这些事实，根据记载创造了六位祖师具有内含的粉本的，并非向壁虚造，只是作为人物形象的烘托而随便画出来的。可惜过去一些研究这份图卷的，从未深入研究这画的含意，因之也没能明白指出画中故事来。

卷中于达摩像侧标出"初祖"二字，自二祖起，始于法号前标题有"唐土"二字。细察其用意，大概因为达摩是天竺人，故冠以"初祖"而不名；自二祖慧可起，都是中原人，遂以"唐土"二字识之，意思是说明他们都是国人，并不是说他们是唐代人，否则慧可、僧璨俱生于隋代，以戴进之学识，是不会搞出这样错误的。

戴进，明初画家，生于洪武二十一年(1388)，卒于天顺六年(1462)。字文进，号静庵，又号玉泉山人，钱塘(杭州)人。善画人物、山水，临摹尤其所长。有传见《历代画史汇传》。明代董其昌许其画云："国朝画史，以戴文进为大家。"(《仿燕文贵山水》识语)可见推崇之高。后世称为浙派。宣德年间，曾两度被征入宫廷作画，但是他宦途是很坎坷的，据明李诩《戒庵老人漫笔》卷一《戴文进不遇》条：

> 宣德年间，昆山画士谢庭循虽以画蒙宠，终日侍御围棋。时钱塘戴文进画法极高，与等辈十八人行取至京，皆不及戴者。考试，令戴画龙。戴本以山水

擅名，非其本色，随常画龙皆四爪。呈御，上大怒，曰："我这里用不得五爪龙！"著锦衣卫重治，打御棍十八发回，余十七人皆得用命也。盖为谢所轧云。苏州周东村说：宣宗又尝问谢曰："还有一戴文进，闻画得好？"对曰："是秀才，画欠精致。是隶家画也。"卒不得进。上海陆子渊司业亦云：戴曾画山水进呈，宣宗称善。令谢视之，谢指其失曰："好固好，但舟中岂有穿红袍钓鱼之理！"遂弃去弗用。

这件《禅宗六代祖师像卷》是他的精品，所以才会被乾隆皇帝重视，加盖了玺印，并著录于《秘殿珠林石渠宝笈合编》中。

据《石渠宝笈》记载："鉴藏宝玺：八玺全。"事实上还有"嘉庆御览之宝"一玺，这自然是《石渠宝笈》编定之后盖上的。另外最后还有"宣统御览之宝"一玺，据知在清逊帝溥仪出宫时，曾私自携带一批书画出去。这件《禅宗六代祖师像卷》，就是其中之一，见《故宫已佚书画目》（《故宫丛刊》本），因而会盖上这颗图记。后来溥仪做了伪满傀儡，又偷运至东北。作为赏赐其弟溥杰之物，见《文物参考资料》1950年第12期《溥仪赏溥杰书画目》著录。1945年伪满覆灭，一些书画从伪宫散出，这件《禅宗六代祖师像卷》也流散出来，现归辽宁博物馆收藏。曾于《辽宁省博物馆藏画集》、《辽宁博物馆藏书画精品集》中刊出。近人穆益勤编《明代院体浙派史料》(1985年上海人民出版社版)曾著录诸跋全文。

7.其他宗教典籍

明洪武山西崇善寺刊本《成道记》、《补陁洛迦山传》、《古清凉传》、《广清凉传》、《续清凉传》跋

《成道记》一卷，不著编者姓氏，乃辑唐王勃《释迦佛赋》及《释迦如来成道记》二文，中间附加《释迦宗谱》及《历代帝王崇教事迹》而成。所列事迹止于宋徽宋(赵佶)崇宁三年(1104)，说明此书乃宋人所辑。

《补陁洛迦山传》一卷，元盛熙明述。所记南海普陀山灵迹事。

《古清凉传》二卷，唐释慧祥撰；《广清凉传》三卷，宋释延一撰；《续清凉传》二卷，宋张商英撰。记五台山灵迹事。

这五部书都是宣扬佛教灵迹诸事，但历代编辑藏经俱未收入。

兹因友人之介，得上虞罗氏旧藏明洪武刊本《成道记》、《补陁洛迦山传》、《广清凉传》、《续清凉传》四书，一函四册，中阙《古清凉传》一书，《广清凉传》又复佚中卷一册，俱黄纸印，而《续清凉传》却以白棉纸本配之。书品非上选，但以其难得，据知仅北京图书馆藏一抄本，因收之。

书刻于洪武丙子(二十九年〔1396〕)山西太原，乃崇善寺僧性彻劝募刊成，每面十一行，行二十字，文武栏，上下双黑鱼尾，黑口。字作软体，尚是元代刻书遗风。

《释迦如来成道记》，前署"大唐咸亨二年(672)四月六日朝散郎太原王勃奉敕撰"，不知何本?考杨炯《王勃集序》："君讳勃，字子安，……年十有四，时誉斯归，太常伯刘公巡行风俗，见而异之，曰：'此神童也！'因加表荐，对策高第，拜为朝散郎。……咸亨之初，乃参时选，三府交辟，遇疾辞焉。友人陆季友时为虢州司法，盛称弘农药物，乃求补虢州参军，坐免。岁余，寻复旧职，弃官沈迹。"是咸亨初年，勃任虢州参军，不应再署"朝散郎"，显然题款乃后人所加，不足凭信。卷末有洪武十七年(1384)东阁大学士金华吴沈识语五行。

《补陁洛迦山传》，卷末有洪武乙亥(二十八年〔1395〕)性彻梦游普陀赞。

《广清凉传》，据书前宋嘉祐庚子(五年〔1060〕)朝奉郎尚书织局员外郎守太原府大通监兼兵马都上骑都尉赐绯鱼袋前勾当五台山寺司公事郑济川序文云："唐蓝谷沙门慧祥作传二卷，颇成伦理，其余亦有传记，皆文字舛错，辞意乖谬。……济川慨其若是，乃访得真容院妙济一公其人，纯粹聪敏，博通藏教，讲说记闻，靡不精诣。因请公采摭经传，收掇故实，附益祥传，推而广之，勒成三卷。"是此书乃郑济川委托延一编成者。序中又称："授本院主事募工开版，印施四方。"是此书编成之后，即行付印，惜此宋刻今已不传。

《续清凉传》二卷，书前有金世宗(完颜雍)大定四年(1164)姚孝锡序，中称："……张相国，朱奉使又续为传记，……偶回禄之构灾，致龙文之俱烬。……东安赵珫以酒官视局台山，慨然有感于心，即曰：'主僧：愿捐橐金以助缘。'"是《续清凉传》在五台山原有刊板，遭受火灾焚毁，由赵珫捐资重行补刻。话虽如此，但这重刻本今天也不传于世。卷末附《游台录》等及松溪老人文玩《后序》，从序文中得知文玩得《续清凉传》于河西僧法幢处，僧义祥捐资刻之。《后序》后为性彻偈文及《重刊清凉传化缘疏》，疏末为识语：

廣清涼傳序

朝奉郎當畫織局員外郎守太原府大通監兼兵馬都監騎都尉賜緋魚袋前勾當五臺山寺務鄭濟川撰

夫法界無邊因利生而示境法身無像由接物以現

形何哉盖慈悲廣大雖已證於菩提誓願弘深尚不

捨於薩埵故

大聖文殊宅清涼之境示瑞應之形良以此也粵自

世雄示滅像教寢傳金口微言方流於震旦　玉毫

妙質不賭於祇園聖智隱而易誣昏蒙蕩而難信菩

薩所以運童真之德極遊方之化揭慧日以照六道

注頣海以澤四生秘龍種上尊之稱捨摩尼寶積之

證示為箏子翊正法於餘仁當作如來豫尊記於普

《广清凉传》

　　大明洪武，岁次丙子，正月十有五日，山西崇善寺住山雁门衲了庵性彻(洞然)劝缘，率众重刊《释迦赋》、《帝王崇教事迹》、《成道记》、《补陁传》、《清凉传》合部印施，以此殊勋，上祝当今皇帝圣寿万安，天威震远，万国咸宾，帝基永固，慧命无穷，慈沾无际，有识归心，菩萨盛化，贤圣钦崇，人天赞仰，早证菩提。更冀亲王殿下，睿算千秋；文武官僚，增延福寿，助缘信士，福慧庄严，随喜檀那，均沾利乐；普令法界众生，同入文殊化境者矣。

　　识语中云"《清凉传》合部"，显然是指刻印包括《古清凉传》、《广清凉传》、《续清凉传》三书，现在《古清凉传》已佚失了。

　　崇善寺为太原市中名刹，今犹存，藏佛经善本甚多。识语中所谓"亲王殿下"，盖指太祖(朱元璋)第三子晋王棡，《明史》有传，洪武三年(1370)封，十一年(1378)就藩，三十一年(1398)死，正此书刻成后之二年。

　　此书皕宋楼藏有全帙，《古清凉传》前有何元锡手跋，钤有马玉堂藏印。阮元收入《宛委别藏》，《揅经室外集》有跋，阮氏、陆氏俱作金刊本，实未确，盖将各明代序跋识语割去以充金代刻本也。按《成道记》后有洪武十七年吴沈识语六行，《补陁洛迦山传》末有洪武十七年性彻赞两面，《续清凉传》末有洪武二十九年性彻跋文、募缘疏等六面有余，似如此众多之文字，割除实为不少。此本今在日本静嘉堂文库，但在《静嘉堂秘籍志》已改订为明刊。

　　经傅熹年兄检示其先祖藏园先生《经眼录》，所载盛伯羲遗书，即有此书，恰为四目：《成道记》、《补陁洛迦山传》、《广清凉传》、《续清凉传》，正缺《古清凉传》，盖即此本也。皕宋楼原藏之本已将明代各序跋识语割去，此本独存，虽缺一目，得以相互印证，实有助于研究。

《三法度论汇译》题记

　　高楠博士来访，家父赠以此书。后高楠博士逝世，其书散出，为牧田谛亮先生收得。牧田先生访华，携来相赠，以志交谊。因记其渊源于此。

绍良谨识

二〇〇三年十一月十一日

家父绍良先生授余一残书，至嘱。盖此书系家中所存之唯一，并有先祖父叔迦居士旧题。家父又云此为日本友人自东瀛发现购赠，故亟为装池。

书归之日，睹物思人，午夜梦回，不禁潸然泪下。记得幼时养肝病于城西故宅，祖父不避传染每日必到屋内探视，殷殷之意，犹在目前。不久文革劫至，祖居一切尽化飞烟，老人不堪折辱，沉疴不起。时值一九六九年秋，余上山下乡，临行前往探视，因生活奇窘，只捡得大苹果四枚奉上，寓盼老人平安之意。余走后祖父久久不忍食之，曰"此吾孙之苹果"。

不数月，祖父病殁于故宅一敝屋中，七日后方有定性批示火化。余及家父因不获自由，故临终未及见。待余奔葬到京，唯与家姐启璋二人捧骨灰盒送行。时天寒地冻、朔风凛冽、四野寂寂、败叶狂舞，似为此人间至为惨烈之生离死别鸣不平。呜乎！一代佛学大师，普渡众生，慈悲为怀，身后竟一寒至此。

又三十年，四海承平。移先祖灵骨安放于山西太原之净土宗祖坛玄中寺，其生前弟子高僧数百人举大法会，并建塔以祀之。

念余家自高祖玉山公投笔从戎，至今已历百年，可谓钟鸣鼎食。于中国近代史中历五世不衰者亦唯此一家耳。所以，然者何也，先曾祖止庵先生临终有诗："但愿子孙还积德，闭门耕读续家声。"此至理名言，虽时世变迁，沧海桑田，贻不可忘。余今亦年近耳顺，书剑飘零一事无成，唯恭撰此数语，以纪先祖，更请家姐启璋为题。

癸未夏至德周启晋识于城西帝京花园

《悉达太子修道因缘》跋

过去总认为佛教之讲经与说法是一回事，实际这是不准确的。讲经与说法二者截然不同。我们在孙楷第先生《唐代俗讲轨范与其本之体裁》一文中，已经大略可以知道，讲经来源是本自汉、魏，由一人任法师，一人任都讲。文中引《后汉书》卷二六《侯霸传》："师事九江太守房玄，治《梁春秋》，为玄都讲。"又引《魏书》卷八《祖莹传》："中书博士张天龙讲《尚书》，选为都讲。生徒悉集。莹夜读书劳倦，不觉天晓。催讲既切，遂误持同房生赵郡李孝怡《曲礼》卷上座，博士严毅，不敢还取，乃置《礼》于前，诵《尚书》三篇，不遗一字。讲罢，孝怡异之。"从所引两条，大致可以明了讲经是经师讲经，都讲为经师助手，专司诵经白文之职，从而也明白讲经的仪轨是两人协作的，但是讲经与说法又是什么区别? 根据记载，大略可以知道。讲经是以一本经书为专题的，法师依经讲说，听者可以随时发问，如《续高僧传》卷五梁《智欣传》："及至讲说，文义精悉，四众推服。听者八百余人，陈心序事，贵在可解，不务才华，有异流俗，客问未申，酬答已罢，皆美其丰赡。"为方便察验听者是否明白，讲者也可发题检验。《陈书·儒林·张讥传》："是时周弘正在国学，发《周易》题。弘正第四弟弘直亦在讲席。讥与弘正议论，弘正乃屈。"这是讲经的简单情况。至于说法则不是这样，是由一人主讲，可以依据某一经讲说，亦可以综合哲理由个人发挥，既无发问，也无论议，这是讲经与说法不同之处。

不论讲经与说法，都偏重哲学研究方面，不是一般普通人所能通晓的，因之为宣扬佛教，相对地另有一种俗讲产生，与讲经相应地称为讲经文，形式与讲经全同，亦由法师与都讲相配合，都讲诵读经文，而法师将经义演绎为铺叙文章与七言诗句，以诵吟的方式出之，借以使一般人都能接受。今之传世著如《金刚般若波罗蜜经讲经文》、《佛说阿弥陀经讲经文》、《妙法莲华经讲经文》、《维摩诘经讲经文》等，都是当时讲经的底本，是为俗讲用的。至于与说法相应的，则是说因缘，与说法相似，只由一人讲说，今日传世的，有《目连缘起》、《丑女缘起》、《欢喜国王缘》、《频婆娑罗王后宫彩女功德意供养塔生天因缘》、《四兽因缘》等。这本《悉达太子修道因缘》也属于这一类。

正是由于这卷《悉达太子修道因缘》，我们更明白"讲经文"与"说因缘"的区别。

《悉达太子修道因缘》是说悉达太子出生和后来游历四门，感受生、老、病、死诸苦难，于是出家成道的故事的，原本《佛本行集经》，可是在讲经之中，被名为《太子成道经》(伯2999)，它和《悉达太子修道因缘》字句全同，只是尾部不同，《太子成道经》结尾是耶输母子在被推入火坑烧不煞后，耶输母子即往雪山修行，得证正觉；而《悉达太子修道因缘》则是在耶输母子被推入火坑火烧不煞后，佛来殿前，说其宿世因缘。于是罗睺摩顶受记，成阿罗汉，同是一样文字，但一名为《太子成道经》，一名为《悉达太子修道因缘》。在《太子成道经》的前段，比《悉达太子修道因缘》多一段吟词，结句是"经题名目唱将来"。这就是讲经文的特征，我们在很多讲经文中，都可看到"××××唱将来"之类的句子，这正是法师对都讲的启示，要都讲接着诵读经文的语句；而说因缘则不然，这在《悉达太子修道因缘》中也有明白记载："凡因讲论，法师便似乐官一般，每事须有调置曲词。适来先说者是《悉达太子押座文》，且看法师解说义段。……小师略与门徒弟子解说，总教省知。"说明讲论因缘的只是法师一人。我们以《太子成道经》与这本《悉达太子修道因缘》相比视，很清楚地可以明白俗讲的讲经与说因缘不同，只是一种是由二人协作，一种是一个人诵吟，底本完全是可以通的，只是说经必须以经名为题，说因缘译为今日口语则是说故事，《悉达太子修道因缘》即一段悉达太子修道故事而已。

悉达太子修行成道故事，今天在敦煌变文中共有三种形式，一种即以讲经文形式出现，即《太子成道经》，标明在伯2999号卷子"《太子成道经》一卷"。实际释藏中并无此经，杜撰此名，以应讲经之需，所以在吟辞中有"经题名目唱将来"之句，但此经题如何由都讲唱出，实无法得知。第二种即《悉达太子修道因缘》。另外一种就是北京图书馆藏云二四卷子，卷首无题，纸背标有"八相变"三字，文末亦云："况说如来八相，三秋未尽根原，略以标名，开题示目。"可见《八相变》之名是不错的。这也是讲悉达太子修行成道故事，从形式审之，它也是由一人诵吟的，但这里我们如何解释所谓"因缘"与"变"的区别？是不是"因缘"只能由僧众在寺院说之，而"变"则可在变场演出，不限必须由出家人担任的缘故？

卷中有"捷寂鬼使"一词，"捷寂"当是"捷疾"之讹，"节级"即从此借音，指一般能行善走之人。一般俱以节级为宋代官吏名称，如《水浒传》第三十六回谓善走之戴宗为两院押牢节级，实则此职唐代已有之，《旧唐书·懿宗纪》咸通十年九月制："如本厢本将，今后有节级员缺，且以行营军健量材差置。"可见"节级"在唐代乃略高于军健之小吏，与当时"所由"性质极相似。世尊在灵山会上所差送书鬼使，即此"节级"也。

《悉达太子修道因缘》一卷，唐写本，全卷计八纸，共二百二十八行，首尾完整，卷端题《悉达太子修道因缘》，书法虽非若经生写经之整饬，但抄写清楚，并非随便抄录者。从书法审之，时代当在晚唐或五代，因为卷尾附录二诗，一、《无常》，二、《壁画和尚》，这种好随便于卷尾附加，晚唐之前不多见。

卷藏日本龙谷大学图书馆，全文从来没发表过，金冈照光《敦煌出土文学文献分类目录》曾有著录。那波利贞曾撰《〈悉达太子修道因缘〉解说》刊布于《西域文化研究》。这书未得见，据说亦未登载全文，只有部分影本。一九八一年，承日中友好协会净土宗协会竹田英宣先生作缘，龙谷大学图书馆以复本见赠，始得见全文，无私之惠，实是感谢！

敦煌卷子中的小说

根据《汉书·艺文志》的记载，所谓"小说"，是"街谈巷语，道听途说者之所造也"。因之也可明了，这些小说，都是从传闻中得来的，这"中间诬漫失真，妖妄荧听者固为不少，然寓劝戒，广见闻，资考证者，亦错出其间"（《四库全书总目提要·小说家类》）。我们从《新唐书·艺文志》所列书目，大致可以看出，由魏晋以来以至唐代所谓小说，所载书名从张华《列异传》、戴祚《甄异传》以至吴筠《续齐谐记》等神怪小说凡十五家一百五十卷，王延秀《感应传》至侯君素《旌异记》等明因果、讲感应的凡九家七十卷。因之可以考见，在唐代（包括唐代）以前，小说主要不外志神怪、明因果，而像《列异传》、《旌异记》等书，即标准的小说。所以今天归纳敦煌文学中的小说，就当审视它的内容是否符合这个标准，从而判别哪些是小说。

敦煌洞窟所发现的一些卷子中，当然包括一些中原流传去的作品；但也保存了一些当地人的作品，这是真正的敦煌文学，如《灵验记》、《传验记》之类。它的目的固然是为宣传佛教，但其写作方法则是利用小说形式，俾使阅者对于佛教增加其信仰。如《落蕃贫女忏悔感应记》(S6036)，故事已不全，仍可见其轮廓：

> 昔有贫女，儿子落在蕃，不知所在。设一小供，愿见儿子。缘家贫乏，豪富者不肯赴斋。其女遂入伽蓝，求(佛)忏悔，恨其贫贱。须臾之顷，忽见一老僧问贫女："愿求何事?"贫女答曰：·"家有小供养，请僧不得。"其老僧便随贫女，受其供养。食讫，乃索一分斋食，鞋靴一量："将与汝儿去。"遂擎出门，便看不见。贫女入家中，不逾食顷，忽见(下缺)。

故事虽仅止此，但已可看出它主要是宣传设置斋供可获致报应的。既云"儿子落在蕃"，必然是敦煌作家的作品。它是受了中原一些讲报应之类作品影响而仿作的，用母子天伦之情达到宗教所需要的宣传，所以故事情节纵然简单，而这种创作方法却已成熟。

还有如《龙兴寺毗沙门天王灵验记》(S381)

> 大蕃岁次辛巳闰二月十五日，因寒食，在城官寮百姓就龙兴寺设乐。寺卿张闰子家人圆满，至其日暮，至寺着(看)设乐，遂见天王头上一鸽，把一小石打鸽不着，误打神额上，指甲许破。其夜至家，卧未睡，朦胧见一金蛇实圆满眼上过，便惊觉怕惧，遍体流汗，两眼极痛，黑暗如漆。即知是神为□(祟)。至明，令妹牵手至神前，诚心忏谢，晨夜更不离，唯知念佛，便向僧智寂处受得《天王

咒》。念佛诵咒，经六日六夜，五更闻有语声："何不念佛行道？"圆满思惟："眼不见如何行道？"又闻耳中："但行道自有光明。"忽见一枝莲花赤黄色，并有一灯，去地三尺，亦不见有人擎，但逐灯花导行，至后院七佛堂门，灯花遂灭，便立，乃闻闹语声，乃是当寺家人在外吃酒回。至后厨门便入，片时即散。其灯花依前还见，又逐灯花行至神前，圆满两目豁然，已(依)前明朗，一无障碍。圆满发愿一生施身与天王作奴供养。自尔已来，道俗倍加祁赛，幡盖不绝，故录灵验如前记。

龙兴寺乃当日敦煌地方寺庙，辛巳应是五代梁末帝朱瑱贞明七年(921)，其时敦煌地方已由吐蕃占据，故自称"大蕃"。在本卷题下署有"本寺大德日进□抄"字样，可见本文作者即龙兴寺僧，亦是"本寺大德"，所以本寺大德僧日进始予抄录。故事所叙虽属灵验事，置之于《冥祥记》中固毫无逊色。

在敦煌卷子中，可以明确辨认其为敦煌地方时人所作小说者，现在还未详加检点，但从这两篇里，已可看到它受中原作品影响甚大，其写作方法与中原作品作风是一致的。原因是中原作品流传在敦煌地方颇多，并且有些明白可辨其为中原作品，它们在中原地区早已失传，幸而由敦煌石窟保存而流传下来。如《唐京师大庄严寺僧释智兴判》(S381、S1625)：

> 智兴者，谦约成务，励行坚名，悲行动彻，乐行无净。仲冬之月，次掌维那。时有人初死，忽通梦其妻曰："比在地狱，备经众苦。赖以今日初晓，蒙禅定寺僧智兴鸣钟发声，响振地狱。同受苦者，一时解脱，今生乐处。思报其恩，可持绢拾匹奉之。"妻惊觉，初不信之。寻又感梦前说。明旦，乃奉绢共(供)之。而兴陈无得，并施大众。或问何缘感此？"余见《付法藏传》罽膩吒王剑论停事及《增〔一〕阿含》钟功德，敬遵此彻，苦力行之。每至登楼，露手提杵，吹烈(裂)血疑(凝)，励志无怠。初愿初贤同入道场，后愿恶趣俱时解脱。"

这篇文字虽名为"判"，实际应该也是一篇宣扬佛教的小说，应该属于《冥报记》一类。还有如《忏悔灭罪〈金光明经〉冥报传》(S4487、S6035等)：

> 昔温州治□张居道，沧州景县人。未莅职日，因嫁女，屠宰牛、羊、猪、鸡、鹅、鸭之类。未逾一旬，卒得重病，绝音不语，因尔便死，唯心尚暖，家人不即葬之。经三夜便活，起坐索食。诸亲邻里远近闻之，大小奔赴。居道具说因由：初见四人来，一人把棒，一人把索，一人把袋，一人著青衣骑马戴帽。至门下马，唤

267

居道向前，怀中掣出一道文书，令居道读看，并是猪、羊等同共作词，□□□居道。……使者见居道看遍，即唱三人近前，一人把索系居道项，……反缚两手，将去直行，一道向北。行至路半，使人即语居道："吾被差来时，检你算寿，元未合死，缘坐你杀尔许众生，被怨家书讼。"…居道曰："自计往误，诚难免脱，若为乞示余一计较，且使免逢怨家之面，阎罗王峻法，当如之何？"使人语居道："汝但能为所杀众生发心造《金光明经》四卷，当得免脱。"居道承教，……

这篇故事是载在《金光明经》卷首的，并且不止一个抄本，颇类后来话本卷首之人语，可见编造这种传说，主要是诱导人们阅读《金光明经》，是专门为之创作的一篇小说。又有《持诵〈金刚经〉灵验功德记》(S4037，P2094)：

> 李庆者，唐州人也。好田猎，杀害无数。忽会客来，杀猪、鸡、羊数头。客散后，卒亡，经三日复生。具说云："初到冥间见平等王，王曰：'汝杀生何甚多，有何功德？'庆答曰：'解持《金刚经》。'王即合掌，举经题目，怨家便得升天。王即遣人送归，至门时复生。"年八十岁而终。

故事情节根本与《忏悔灭罪〈金光明经〉冥报传》相似，不过是为宣扬《金刚经》而作的。这样的故事在唐人小说中是颇多的。

这类志神怪、明因果的小说，在敦煌所保存的卷子，过去还有一些被视为变文的，如《唐太宗入冥记》(S2630，原题失，王国维、鲁迅据内容拟补)。故事前后不全，叙述唐太宗梦入冥中，阎罗王饬命判官崔子玉推勘其杀建成、元吉事。崔子玉本辅阳县尉，与太宗有君臣之分。太宗告以被追来冥间，太子年幼，国计事大，盼能早日得回生界，并许以厚重钱物为礼。崔子玉自觉官卑，颇盼能得升进。太宗许以蒲州刺史兼河北二十四州采访使，官至御史大夫，赐紫金鱼袋，仍赐蒲州县库银二万贯。崔子玉拜谢，因为之开脱。这篇故事，曾作为变文被收入《敦煌变文集》中，实为未妥。它并没有一般变文所具有的特征，而形制与内容，与前面一些《冥报记》之类的小说一样，只不过把原告由鸡、猪、羊改成建成、元吉，而情节却相同，因之很难说是变文而不是小说。

《太宗入冥记》小说大概是中原作品而流传于敦煌的。其故事亦见唐张鷟《朝野佥载》卷六，可见故事必已盛传于民间，因之有人记载于个人耳闻目睹之书中，亦有人编成单篇小说。它的产生当在武后时期或稍后。因为文中提到"□□门街西边寺录讲《大云经》"事，故可断定它绝不会再晚。

以还魂故事为主题者，还有《黄仕强传》(P2186)和《道明还魂记》(S3092)。《道明还魂记》云：

> 谨案《还魂记》，襄州开元寺僧道明，去大历十三年(七七八)二月八日，依本院巳时后午前，见二黄衣使者，云：奉阎罗王敕令，取和尚暂往冥司要对会。道明自念：出家已来，不亏斋戒，冥司追来，亦何所惧。遂与使者徐步同行。须臾之间，即至衙府。使者先入奏阎罗王："臣奉敕令取襄州开元寺僧道明，其僧见到，谨取进止。"王即唤入，再三询问："据其仪表，不合追来，番勘寺额法名，莫令追扰善人，妨修道业！"有一主将状奏阎罗王："臣当司所追，是龙兴寺僧道明，其寺额不同。伏请放还生路。"道明既蒙洗雪，情地壑(豁)然。□王欲归人世，举头西顾，见一禅僧，目比青莲，面如菩萨。[菩萨]问道明："汝识吾否？"道明曰："耳目凡贱，不识尊容。"曰："汝熟视之，吾是地藏也。彼处形容，与此不同。如何阎浮提形□□□，手持至宝，露顶不覆，垂珠花缨，此传之者谬，□□殿堂亦怪焉。阎浮提众生，多不相识。汝子(仔)细观我，□□色，短长一一分明，传之于世。汝劝一切众生，念吾真言，□□啼耶？闻吾名者罪消灭，见吾形者福生，于此殿□□者，我誓必当相救。"道明既蒙诲诱，喜行难□，□虔诚渐荷恩德，临辞去再视尊容，乃观□□师子。道明问菩萨："此是何畜也，敢近圣贤？传写之时，要知来处。""想汝不识，此是大圣文殊菩萨化现在身，共吾同在幽冥，救诸苦难。"道明便去，刹那之间，至本州院内，再苏息，彼会(被绘)列丹青，图写真容，流传于世。

也是以死后还魂为故事主要线索。虽然是为宣扬宗教，却是以小说形式体现的。通篇以口语写出，写作技艺甚高，是那时社会流行的骈偶文体，可见语体文业已形成。

在这些带有佛教内容的小说之外，也有一些以民间故事为内容的，如"秋胡"故事(S133)。原卷首尾残缺，失题，亦曾被认为是变文而被收入《敦煌变文集》，然未妥。全篇用散文体叙述，除赠诗五言六句外，全无韵文，故应列入小说项下。故事叙述秋胡新婚不久，辞母别妻，往远方游学，以求富贵。行至胜山，得老仙数以九经，三年而成，往投魏国，拜为左相，赐三千户。秋胡在魏国数年不归。其妻不知夫婿尚在与否，仍孝养阿婆；阿婆劝其改嫁，其妻不肯。又经数年，秋胡忆及其母，因离魏返乡。行至桑林，见妻不识，出语调戏；妻亦不识秋胡，整敛容仪，告以守贫而不受引诱。及秋胡抵家，其妻见即桑中之人，乃责其不忠不孝。故事铺叙详明，其成功处，在于塑造了秋胡和秋胡妻两个鲜明的人物形象，谴责了一些庸俗的知识分子出身的仕宦人物，在一旦功成名就时那种舍弃家庭、喜新厌故的卑鄙品格。

这些短篇小说，不论是敦煌作品仰还是中原作品，共同的特点是摆脱了当时流行的骈俪文风，大量使用民间的口头语言，为后来白话文体开辟了道路。

敦煌石窟所保存下来的小说，除了这些唐代或以后的作品外，其可珍贵的还有如晋代干宝《搜神记》这样的小说集。不过它未署名干宝而作句道兴，是这样一个无从查证的作家的《搜神记》。

《晋书》卷八二《干宝传》明确记载"《搜神记》凡三十卷"；《隋书》卷三三、《旧唐书》卷四七《经籍志》杂传类均作"《搜神记》三十卷"。可见《搜神记》在隋唐时期，流行的俱为三十卷本。宋代以后，《宋史》卷二〇六《艺文志》则作"《搜神总集》十卷"，这说明三十卷本《搜神记》到宋代已经失传。现在流传的《搜神记》则有两种不同的版本，一为二十卷本，一为八卷本，显然已经不是干宝原本，而是后来有人从一些类似书中收集来的。另外则是一种一卷本（《无一是斋丛书》本、《古今说部丛书》本），它是从二十卷本、八卷本搜集而成。所以鲁迅指出："《搜神记》今存正二十卷，然亦非原书。其书于神祇灵异、人物变化之外，颇言神仙五行，又偶有释氏之说。"（《中国小说史略》）"《搜神记》多已佚失，现在所存的，乃是明人辑各书引用的话，再加别的志怪书而成，是一部半真半假的书籍。"（《中国小说的历史的变迁》）因之我们今天是无法识辨干宝原来的《搜神记》究竟是一种什么面貌。

敦煌石窟所发现的《搜神记》，是一个不同的一卷本，现存五个卷子（日本中村不折藏本、S525、P2656、S6022、P5545）。据中村不折藏本，书前题："《搜神记》一卷，句道兴撰。"另行题："《行孝》第一。"标题撰者非干宝而为句道兴，其人于史无征，但书名却与干书同名；而稽其内容，凡三十二条，有些也见于干书，不过文字有出入，而有些则不见于干书。既云"一卷"，则一卷即为全书；又，小标题为"《行孝》第一"，说明全书尚有第二、第三者，而卷中无之。在今二十卷或八卷本中也俱无此分类标目，则此"《行孝》第一"果何所取意?且此目下诸条也并非全属孝行，神异事占了多数，所以很使人莫知其所以然。各条末有好些都注明出处，如云"事出《织终传》"、"事出《史记》"、"事出《异物志》"等，这样的体例，在今存二十卷或八卷本中亦无之。

句道兴是敦煌人，抑此书传自中原，今均不可考。不过敦煌所存本子乃有四五种之多，可见此书在当日的敦煌是颇为流行的，并且句本《搜神记》，视干书叙述详尽，描写细致。如干书"楚僚"条："楚僚早失母，事后母至孝。"母患痈肿，形容日悴，僚自徐徐吮之，血出，迨夜即得安寝。句本则有细密的铺写：

> 昔有樊寮至孝，内亲早亡，继事后母。后母乃患恶肿，内结成痏，楚毒难忍，凤夜不寐。寮即愁烦，衣冠不解，一月余日，形体羸瘦，人皆不识。寮欲唤师针炙，恐病，与口于母肿上吮之，即得小差，以浓血数口流出。其母至夜，便得眠卧安稳。

有时能把简单的一句话铺叙得有声有色。如干书"管辂"条："颜父乃求略延命"。句本将此七字扩展为一段详细的描述：

> 颜子即叩头，随逐乞命。管辂曰："命在于天，非我能活。卿且去，宜急告父母知，莫令匆匆。"颜子于是归家，速告父母。父母得此语已，遂即乘马奔趁，行至十里趁及，遂拜管辂，谘请之曰："小儿明日午时将死，管圣如何忧怜，方可救命？"管辂曰："君但且还家，备觅麈鹿脯一合，清酒一斗，明日午时刻到君家，方始救之，未知得否？"其父遂即还，备觅酒脯而待之。管辂明日于期即至。

这样铺排的描写，运用了很多口语，从文学角度审之，是小说中上乘作品。

这些单篇小说和小说集，标志着我国短篇小说的发展进入新的时期。它们从短小简朴转入比较有详尽的人物情节的描写，以一般口语行文，为后来宋元话本的繁荣打下了良好的基础。

至于隋侯白《启颜录》(S610)，是一部笑话集，当然应该列于小说项下，还有唐颜之推《还冤记》(S5915、P3126、P1751)，是一部短篇故事集。它们都是由中原流入敦煌的，后来中原地区反致失传，却借敦煌石室保存下来，因之也应该附于敦煌文学而予以讨论。

总之，敦煌文学中之小说一门，虽然多偏重于志神怪、明因果，但其形式主要以散文叙述为主，对语言的选择和使用要求较高，摆脱当时流行的骈俪繁缛的文风，用通俗易懂的文学语言，精炼畅达地塑造出故事人物，成为容易为一般人所接受的文学。

《印度宗教与中国佛教》前言

佛教是从古印度传到中国来的，它对中国思想文化诸领域产生了广泛而深刻的影响。因此，研究佛教怎样在古印度大地上产生并逐步发展，研究印度佛教传入中国后，怎样与中国传统文化逐步结合，怎样逐步演化为具有民族特点的中国佛教，对于我们今天敞开胸怀，走向世界，批评地吸收外来文化，发展民族文化，无疑具有积极的意义。

过去，我国学术界还没有召开过以"印度宗教与中国佛教"为题的学术讨论会。所以，1988年春，当中国社会科学院南亚与东南亚研究所倡议召开这么一个讨论会时，很快得到全国许多单位的响应。同年10月，在江苏省常熟市党政领导的支持下，由中国社会科学院南亚与东南亚研究所、中国佛教文化研究所、中国社会科学院世界宗教研究所、中国社会科学院哲学研究所、北京大学哲学系、复旦大学哲学系和常熟市佛教协会7个单位共同发起，第一次"全国印度宗教与中国佛教学术讨论会"在常熟市召开。参加会议的有来自全国11个省市30个单位的50余名代表。在这些代表中，既有长期从事印度宗教哲学、中国佛教研究的专家学者，也有近些年来成长起来的新秀，还有一部分宗教工作者与宗教人士。可以说，大致集合了全国佛教和印度学的主要研究人员，具有广泛的代表性。

我们召开这样一次学术讨论会，一方面是共同交流近些年来对印度宗教与中国佛教研究的情况，检阅成果；另一方面则是大家在一起共同研讨今后如何进一步推进我国的佛教研究。这两个目标都是很有意义的。会议期间，代表们分别参加了印度佛教的传入及其中国化、中国佛教与传统文化、中印密教及其它大乘派别等三个专题组，围绕着上述两个目标及一些相关问题展开了热烈的讨论。我认为，这次会议是开得比较成功的，基本上达到了预期的目的。

会议共收到论文25篇。现中国社会科学院南亚与东南亚研究所历史哲学研究室与《南亚研究》编辑部合作，从这些论文中精选18篇，作为《南亚研究增刊》发表，我觉得是一件很有意义的工作。这些论文从各个不同角度反映了近些年来我国佛教研究的状况，也都具有一定的深度，值得重视。在目前我国学术理论著作出版难的情况下，南亚与东南亚所毅然决定拨专款支持这一论文集的发表，这种精神是值得赞扬的。我们佛教文化研究所也为能资助这一有水平的论文集的发表而高兴。

这本论文集中有些是专门讨论中印密教的。密教作为印度佛教发展的最后一个阶段，在印度、中国，尤其是我国西藏地区产生过重大影响。过去，由于种种原因，对密教的研究始终是我国佛教研究的一个薄弱环节。这次会议不仅收到好几篇专题论文，并专门组织了密教讨论组进行热烈的专题讨论，这是过去从来没有过的，反映了我国密教研究正在蓬勃发展，令人十分高兴。在这些论文中。黄心川同志的《中国密教的印度渊源》一文对印度密教的产生与发展作了全面的介绍，对密教在中国的发展作了系统的论述，尤其是运用大量资料，对过去人们较为忽略的云南大理地区的密教作了详细的介绍，是一篇值得注意的力作。张毅同志的《试论密宗成立的时代与地区》一文对印度密教与中国道教的渊源关系作了进一步探索，对印度密教的产生时代与地区提出与前人不同的新观点。这些观点能否为学术界接受，自然有待于时间的检验，但是，它必然有助于我们对密教研究的深化。吕建福是个年轻的同志，他的《关于密教研究的几个问题》一文对目前学术界的一些传统说法提出质疑，我为年轻人的这种好学深思的学风而高兴。

佛教产生于古代印度，不联系古印度宗教哲学的总体文化背景，也就不可能真正弄通印度佛教，从而也就不可能将中国佛教的研究提高到新的水平。宫静同志的《论印度教与印度佛教的共性》一文以印度佛教的历史发展为线索，考察它与婆罗门教、印度教的相互关系，认为两者从"对立中的同一"起步，经过"兼收并蓄"阶段最后出现"局部融合"的局面。文章对印度密教与印度教的关系也进行了认真的探讨。姚卫群同志专治印度哲学，他的《印度古代哲学中的"直觉"认识方法》一文，对"直觉"这一过去认为是宗教神秘主义的认识方法在印度各宗教哲学派别中的地位作了探讨，认为不能完全否定"直觉"对印度哲学发展的积极意义与作用，直觉认识方法在一定意义上推进了人类认识活动的发展。这对我们理解与评价佛教的一些基本观点及修持方法都有参考意义。田光烈同志的《印度大乘佛学概述》言简意赅、纲目清晰，读后可对印度大乘佛学的历史发展一目了然。巫白慧同志的《论佛教的两点哲学概括——断常二见》所论是佛教的两个基本哲学观点。文章虽短，中心明晰，有独到的见解。朱明忠同志的《论"天人合一"说与"梵我同一"说的异同》力图通过中印两种哲学理论的对比来探寻中印两大民族在文化背景、思维方式和心理性格上的个性差异，作了可贵的探索。论文集中还有两篇专门探讨佛教典籍的文章，它们是业露华同志的《关于〈法华经〉的几个问题》与黄夏年的《巴利佛典"十四行相"与汉译佛典"九心轮"的比较研究》。前者所论是《法华经》本身，后者则重在探索佛教心理学的理论。它们的作者都是青年同志。青年同志是我们佛教研究的生力军，也是将来的希望。青年同志能扎扎实实地从原始资料着手，从具体研究典籍着手以开展自己的佛教研究工作，我们为此而感到高兴。

这次提交会议的关于中国佛教论文的题目比较广泛。有关于经录藏经的，有关于佛教考古的，有关于思想文化的，有关于派别人物的，还有情况综述的。方广锠同志的《千字文帙号系智升所创办》推翻了《开元录略出》是智升所撰、千字文帙号是智升所创的传统观点，从而为经录藏经的研究提供了新的思路。童玮同志依据大量材料，对宋刻《开宝藏》的目录作了复原，并由此完成《北宋〈开宝大藏经〉雕印考释》一文，对《开宝藏》的雕印经过、目录依据提出了自己的看法。温玉成同志《龙门天竺寺遗址发现唐代尊胜幢塔》一文介绍了最近的考古发现，这一发现对研究佛教造像年代学有重要参考价值。郭朋同志的《佛教思想与中国文化》对佛教中国化的进程提出了自己的观点，认为汉代佛教的体态尚不完备，魏晋时初具规模。南北朝是佛教中国化过程中的一个极为重要的阶段，隋唐时期是中国佛教的鼎盛期，宋元以后则是衰落期。在这次常熟会议上，佛教中国化的分期问题曾是代表们讨论的重点之一，各种观点畅所欲言，展开了热烈的争论。郭朋同志的文章无疑对这一讨论的进一步深入有着积极的意义。陈景富同志的《长安佛教禅门略述》利用各方面的资料，对长安所传的禅门和止观学说作了专题研讨。各地区的中国佛教具有地区性特点，这是大家都同意的。但是，具体到某一地区，该地的佛教究竟有哪些特点呢?过去对于这一类问题的研究成果还不是很多。陈景富同志的文章在这一方面做了有益的工作。王亚荣同志的《义净大师的天竺考察和回国后的译传》一文对唐代著名高僧义净在印度的行状及其回国后的译传活动作了较全面的介绍，塑造了一代佛教大师的风貌。高振农同志的《近代上海佛教活动概述》，介绍了近代上海佛教活动的情况，提供了不少有益的资料。

郭元兴同志的《〈山海经〉之西荒地理与印度、释典及西方古地志》。文章首先解决了历代从未引起注意的《山海经·西次三经》的错简问题，然后利用中国古籍、印度古籍、佛教典籍及西方古地志，从语言学及地区、方位等角度对《山海经》所载的西荒地理作了详尽的考证。指出，《山海经》的记载竟然与今天西藏、印度、中亚等地区的山水实貌丝丝相扣，这是令人十分感兴趣的成果。相信必定会引起研究《山海经》及古代地理、历史的诸位学者们的重视。

纵观这本论文集，所收论文虽然不多，涉及的题目却十分广泛。不少论文都有相当的深度，提出一系列新观点。有些观点虽属一家之言，但言之有理，持之有据，可供进一步探讨之参考。因此，这本论文集正是近几年我国佛教研究日益蓬勃发展的一个缩影。这本论文集还反映出：老专家、中年学者们硕果累累，不断取得新的发展，青年学者正在成长，扎扎实实的学风正在形成，那些大而空、观点与材料脱节的不良学风正在扭正。这是尤其令人高兴的。

最后还要提出的是，在这次常熟会议上，宗教研究者、宗教工作者和宗教人士共聚一堂，畅所欲言，热烈讨论，整个会议显示出团结、合作、热烈而又融洽的气氛。这一事实本身反映了我国宗教信仰自由政策正在进一步贯彻落实，也反映了僧俗两界相互尊重，共同努力，共同推进佛教研究进一步发展是大有可为的。

我衷心祝愿今后我国对印度宗教及中国佛教的研究能取得新的更大的成就。

《地藏信仰研究》序

张总撰写的这本《地藏信仰研究》，原是一套著作中的一本。这套书是围绕着净土宗展开的。净土宗在中国佛教中实属重要，佛教传入中国赖净土信仰以传薪积火而发扬光大。天堂地狱、轮回之说等均与中国人固有观念相近而易受，民众的多神信仰切近大乘佛教之说，净土信仰之深入社会与民众的程度无与伦比，所以要透晓中国佛教，就要研究净土信仰的方方面面。此套著作设计，除了《地藏信仰》以外，还有观世音菩萨、《法华经》等数本，分别由学有所长的学者撰写，而且由敬慈基金会资助各位作者，以解决调查与书籍资料等问题。1998年初全套著作已完成，然而遇到学术著作出版难的问题，所以一拖就是数年。

现幸得社会科学院世界宗教研究所给予部分出版资金，宗教文化出版社大力支持，使得这套书中《地藏》首先得以面世，确为好事！

张总所撰，不仅对图像、文献、佛典尽行整理，资料搜集详尽，而且多所发明。经典文献方面从原始佛典到西夏文、回鹘语诸本，再及宝卷、善书，都无遗漏，九华山的地藏菩萨道场的源流、敦煌藏经洞所出的写本绘卷也多有缀补、校查、考辨，又能与石窟、造像、绘画结合，因而能使研考有所突破与提高。希望此著的出版，能促使这一范围的研究，达到新的高度。

《全像中国三百神》序

我对于神的问题是没有研究的，因之对于神可以说是毫无所知，不过由于参加一些宗教工作，多少对于神有一些接触，现在马书田同志写了一本关于讲神的书，要我表示一点意见，于是只能就我的一点感性认识，写出我的一点看法，也许是似是而非的议论。

我觉得研究神的问题，首先是要从社会和民俗学的观点去研讨，否则是没有基础的。如果只是就神论神，它必然只是限于民间故事的传说，而不会得到神的产生的本意，结果像古代一些记载神话故事书如《搜神记》之类，只是说明在某一时代流传着某些神而已，并不能认识到一个神的产生是应什么需要而产生的，解决了社会上什么问题。

当然神的起源我们现在已经没法考证。不过可以推断，大概自从有了人类，神的形象也就产生。它适应了人类社会发展中的某些需要，如对自然现象的认识、解释，人的品格之神化，赋予人以战胜自然的信心、勇气等。故而，在一定的历史时期内，神对于社会的贡献是客观存在的。因之我们可以从神的不断增加、演变看到不同历史时期的社会的诸多侧面。

中国的神，我认为大致可以划分为四类。

一、原始诸神。这应该是原始社会就有的一些神，它解决了原始时代人们的一些问题，从人们的崇拜一直到生活的需求。在自然方面，如天神、地祇、日、月、水、土、风、雨等；在生活方面，如门神、灶神、房神、井神、蚕神等；还有母系社会的象征如西王母。这些都是最古老的，而一直不断补充演化，保存到后代。

二、宗教诸神。在宗教还没有兴起之前，社会上必然产生巫、医两道，这是为人生实际需要而兴起的。而巫术这一门，老实说也就是宗教的前身。它必然带有神的崇拜，否则巫术是没有凭借的。今日对于最早的巫术所信奉的神已经无法追究，它当然吸收了一些原始时代流传的一些神而加以增添，但由于混入后来的宗教中去而无法识别。中国的宗教，最早可以算是汉代创始的五斗米道，后来演化为道教，他们奉祀的一些神，显然包括原始社会所奉祀的诸神，如三清(玉清、上清、太清)显然是从天神崇拜转来的，三官、雷王、后土、星君等都有原始神的痕迹。另外加上巫家所奉诸神，遂成了道教基本队伍。我相信老子成为道教的祖师，应该是道教形成之后才加进去的，是比较后的。

道教的中心是以修炼长生，求不死之方为主，他们奉祀诸神，只不过是其外衣，而不是对修炼有什么作用。因之在自己创造诸神外，陆续吸收一些民间奉祀的神，如灶王、东岳大帝、泰山老母、眼光娘娘、送子娘娘等等，显然这些神都因有其基本群众而被纳入道教。另外则是一些民间信奉的人物，被皇帝硬行纳入，被列为道教诸神的一员，如清源帝君(李冰)、伏魔大帝(关羽)、二徐真君等，事实他们并未成仙，只不过曾被敕命封神，于是得以列入道教门庭。老实说，这些都与道教是没有关系的。还有一些行业祖师，他们都不是神，由于行业师徒传承，被人们奉祀，也胡里胡涂被列入道教，如鲁班、杜康、陆羽之流。

至于佛教方面，是由外国传入中国的，是由佛、菩萨、罗汉等组成，事实是一些印度的神。

三、行业祖师。各行各业，学习业务，过去是讲究师徒传承的，因之一定要有祖师爷，如木工之奉鲁班，造酒业之奉仪狄、杜康，药铺之奉孙思邈，医生之奉华佗，茶店之奉陆羽，教书匠(私塾)之奉孔丘，事实他们并不是神，他们与财神、灶王、狱神等是有区别的。

四、民间奉祀诸神。主要是社会上某些事业的保护神，如伏羲、神农、黄帝、火神、花神等，最普遍的要算天妃天后(妈祖)了，她是以保护渔业、航运业受人奉祀的。至于家族则有以先人作为土地，寺庙则以始创的僧人作为保护神的，五花八门，各不相同。

大致归纳可以为此四项，这都是神。在今天，有人把他们视为迷信的产物，这恐怕也不尽然。这些神，首先教导人要修身养性，持戒行善，要相信善有善报，要诸恶莫做；有的曾造福社会，有的曾尽忠报国，各有其贡献的。我们如果从这些神的产生加以考虑，千百年来人们对他的相信和供奉，是有其社会意义的。

这是我对于神的大致认识，也许是错误的。马书田同志写了这本《全像中国三百神》，大致把现在流传的民间诸神，加以考证介绍，颇为详尽，实有益于研究中国的神文化。嘱序于余，因抒个人之见于此。

一九九一年八月四日

《佛典道藏圣经文学精华》序

汉文佛教翻译文学

约在公历纪元前后，佛教传入中原。到了南北朝时期，已经广泛传播。大量佛教经典，也随之译成汉文。南亚次大陆逐渐积累编集而成的数千卷佛教典籍中，包括许多瑰丽的文学作品，如《维摩经》、《妙法莲华经》、《楞严经》等，经过传译，成为中国最早大批量出现的翻译文学作品。从佛教本身的大致分类看，这些文学作品可概括为以下几大类：

一类是"本生经"中敷演的"本生故事"。"本生"是巴利文Jataka意译，音译"阇陀伽"，本是佛教经典"十二部经"划分中的一个专门部类。根据佛教"前世因缘"的说法，佛祖释迦牟尼在轮回中有无数次"前生"，他在这些"前生"中行善积德，惩恶扬善。这就构成了许多"本生"故事。这些故事有一个固定的简单格式：正面人物是释尊，做好事；在有的故事中偶尔也犯些错误，客观上办了些坏事，用以证明释尊今生的困厄由宿世因缘而来。反面人物是释尊的从弟提婆达多(Devadatta，也译成"调达")，他初从释尊继而自立僧团，是正统佛教的对立面。还有些次要人物，是释尊父、母、妻、子的前身。故事描写的往往是一个追求佛教理想的主人公，为了他人，不惜牺牲自己的一切。本生故事大约在公元前四世纪以前的原始佛教时期，即释尊死后不久被神化时开始出现，直到公元七世纪以后的几百年间，密教兴盛时，还在不断制造。今传六七百个故事，其中绝大多数是采用民间故事、传说、神话，根据需要改编而成。汉文佛典中，这些故事较集中地见于《六度集经》、《生经》、《菩萨本行经》、《菩萨本缘经》等书，散见于经、律中的尤多。其中也有经过中国人改编的，有汉化痕迹。中国人最早大批接触的南亚次大陆的神话与民间故事，就是这些经过佛光折射的本生经。

又一类是"佛传"，即释尊一生的事迹。其中有相当多的经过曲折投影的历史事实，更有许多神化了的传说。佛传以八件大事为核心，称为"八相成道"。汉译佛传主要作品有《佛本行集经》、《普曜经》、《方广大庄严经》等。还有古代印度著名诗人马鸣所著长篇佛经故事诗《佛所行赞》(另一汉译本称《佛本行经》)，把佛传与佛教教义巧妙地结合表达出来，是印度文学史上一部重要的文学作品。中国佛教文学家逐渐将佛传汉化，加入了许多中国内容，以便于中国民众理解。如敦煌遗书中发现的《太子成道经》，讲到净饭王梦见"双陆频输"，大臣解梦为"宫中无太子"；佛母诞佛，佛姨母波阇波提"抱腰"(作收生婆)；太子在结婚时对太子妃讲"三从"，就全是国货。可以说，汉化佛教的佛传文学，愈到后来愈发展成一种再创作了。

再一类是阐明佛教教理的譬喻故事。南亚次大陆古代的寓言故事很多，"如大林深泉"，那儿的宗教宣传家，常利用这些寓言故事为"喻体"，附会上自己的一些教义为"喻依"，以解释宣传自己的教义。佛教也是如此。汉译佛经中，这类作品也特别多。佛教经典中以"譬喻"为名的不下五六种，散在大部分经典中的故事尤多，互相抄来抄去，不免重复。单行本中，《百喻经》最有条理。应该说明，佛经中这部分寓言故事传入中国，译成汉文，后来有不少再创作，融入了汉族的生活习俗和思想感情，为中国的寓言创作注入了新的血液。例如《百喻经》中的《伎儿著戏罗刹服共相惊怖喻》、《人谓故屋中有恶鬼喻》就常被后来的中国寓言家改头换面地使用，再创作为新故事。这说明了，有些寓言故事本身，其艺术生命之树是常青的。

此外，从佛典中译出的颂、赞、偈，是翻译文学中最早的一批诗歌作品。还有一些说理、叙事、抒情散文作品，也丰富了中国的文学宝库。更重要的是，在佛典翻译中，逐渐形成了一种能够供诵读使用的，兼有外来语与汉语调和之美的译经文体，带给人们新的意境，新的命意遣词方法，影响了南北朝以下绝大部分中国作家及其创作。

敦煌遗书中的汉文佛教文学作品

隋唐五代，佛教文学更加汉化。翻译文学作品仍在源源不绝出现。自南北朝以还，一部经典常常不断重译，各具风格。值得注意的是，这一时期的大多数作家，明显地受到佛教的影响。例如，诗佛王维、香山居士白居易等，是虔诚的佛教徒；贾岛当过和尚，齐己就是僧人。他们的思想和作品不能不受佛家潜移默化的或公开的影响。更应提到的是，敦煌遗书的出现，给我们平添出大量佛教文学创作，使人们大开眼界。这里只重点讲其中五类作品。

一类是"俗讲"。俗讲，意为导俗讲经或化俗讲经，指的是佛教僧人教化世俗人等的通俗化讲经。它盛行于唐到五代，有正规的仪式和专用的讲唱底本。

东汉以来，儒生讲解儒家经典逐渐形成固定的课堂讲问形式，魏晋清谈问难论辩也形成固定形式。六朝以还，佛教僧人在保持固有的转读、梵呗、唱导等读经方式的同时，汲取了上述世俗论学的讲问方法，由斋讲发展为有固有仪式的正式讲经。俗讲由正规讲经发展而来，仪式与之出入不大。伯3849号卷子等曾对此种仪式有所记载，更由于敦煌卷子中有若干俗讲底本，使我们了解其体制。

敦煌汉文遗书中所见俗讲底本，大致可分为"讲经文"，因缘(缘起、缘)，押座文和"解座文"(解讲辞)几类。

较正规的俗讲，由化俗法师(常为专业性的)主讲，都讲陪同读经文。常在"讲院"进行。其讲唱方式比较固定：都讲先读一段自己所持的经文(在法师的底本中常从略)；再由法师以通俗化的散韵相间的词句讲唱解释这一段经文；由法师讲唱都讲读过渡之处，多由法师以"×××唱将来"提示。如此复沓回环，直到讲完一个段落。

"因缘"是一种说唱传经故事而不是读解经文的底本，敦煌卷子中亦有此类作品，《敦煌变文集》尽量收入了。它们有明确自名，称为"因缘"、"缘起"或"缘"，如《悉达太子修道因缘》、《难陀出家缘起》、《欢喜国王缘》等。文体亦为散韵相间，但不读经文，由一位僧人演唱，称为"说因缘"。它似乎是俗讲的自由化发展、补充与扩大。它似乎比变文、俗讲存在得久长些。《水浒》中记载，鲁智深到了桃花村，还说自己一个人能在夜里给小霸王周通"说因缘"呢。

僧人在俗讲、说因缘，甚至在为居士进行八关斋戒时，为了招徕世俗听众，常先唱一种"押(压)座文"，它是一种唱词，常为七言句，篇幅不长。押座，义为弹压四座。起的作用类似后世的入话、引子、楔子、开场白。还有一种供解散听众用的唱词(常有几句散文道白)底本，没留下自名。可以称为"解座文"或"散座文"，乃据正规讲经(非俗讲)讲毕"解座"的记录；也可姑称之为"解讲辞"，乃依"斋讲"有"解讲文"之列也。

这些，《敦煌变文集》和《敦煌变文集补编》中，尽量地收入了。

另一类是利用民间曲调《五更转》、《十二时》之类，或当时新兴的"杂曲子"，填入佛教的内容。这些，任二北《敦煌歌辞总编》一书中，尽量地收入了。

第三类是带点"专业化"的佛徒作家出现，代表人物是王梵志。

第四类是佛教内容的颂、箴、偈、赞，以至某些僧传、僧人专用书仪等，也是极有文学意味的创作。

最后，谈谈"感应记"，亦有称"灵验记"的。它是偶然巧合、着意附会、丰富想象相结合的产物，被广泛地应用为进行思想宣传的工具。

感应记将说教寓于所列举的种种"事实"中，以便使读者、听众具有感性认识。其宣传的中心目的是劝导人们信佛，在宣传手法上注意到了将积德消灾的方式具体化、简单化。如行善事、设供持斋、念佛名号、诵持佛经等。求福的方式简单，代价低廉，世人"宁可信其有，不可信其无"，但信无妨。于是信佛者，更确切地说是图求好报者增多。由于这种宣传方式之有效，其生命力也就很强。佛教传入不久，这种宣传品就出现了，如晋代王延秀所撰《感应记》之类就是例证。以后这类宣传品续有发展，不仅汇集各种报应故事的单行著作众多，还常散见于其他各类作品中，如在高僧传和小说、杂史等中屡见不鲜。宣传因诵经而积德编写的感应记较常见。这些感应记一般是针对某些佛经而编写，用例证说明修持此经的好报和不修持的恶报。它们有时被附抄于该经的前后，与该经共同流传，力图通过这种方式，招致更多的抄写者和诵持者。敦煌卷子中所见的感应记，一般属这类情况。它还下开近现代佛家"善书"之先河。

《佛经寓言选》序

寓言的定义不知该怎么下，大致上总是同古代的活跃的思辩有关：为了说理，设计一个富有启发性的简单故事，把所要说的理寓托在里面，它不能代替论证，但是可以比论证给人更强的印象，古代的思想家特别爱用这种方法，所以希腊有伊索寓言，中国有先秦诸子寓言，都是人类思想史、文学史上的瑰宝。

中国汉代以后，儒术独尊，思辩日益僵固，寓言也随之衰歇。幸而佛教经典的翻译，又给我们输入了大量的古印度的寓言。鲁迅先生说："尝闻天竺寓言之富，如大林深泉，他国艺文，往往蒙其影响。即翻为华言之佛经中，亦随在可见也。"（《集外集·痴华鬘题记》）他不仅对佛经寓言作了这样高的评价，并且捐资刻了《百喻经》以为实际的提倡。

但是，先哲的提倡，一直没有得到继承发扬。汉译佛典中大量的寓言，一直没有人收集整理。三藏十二部浩如烟海，进行起来有很大的难度，恐怕是一个重要原因。

张友鸾同志和我是人民文学出版社古典文学编辑部的老同事，他是作家，又是古典文学研究者，深深知道佛经中这些寓言不仅可供中国作家借鉴，而且对中国当代某些症结颇具有针对性，像"瞎子摸象"这样的寓言，不是正好使那些思想僵化和自以为高明的主观主义者深思一下吗？像"见远不见近"这样的寓言，不是正好照出了那些自称有理论上的望远镜，却辨不清眼前的白黑的人们的矛盾可笑吗？于是他在收集选录先秦寓言之后，又开始从佛经中选辑寓言。

张友鸾同志自从一九六二年由人民文学出版社退休，一直专力于此，由我代他设法借书，由他读选，同时并把它作了注释，并由其外孙谢悦将原文作了今译。可惜没有几年，"文化大革命"开始，他只好停止。十年浩劫过去之后，人已经老了，寒灯夜读的精神不能继续下去了，他原想把整个一部《大藏经》翻一遍，已经力不从心，只有罢手。所以选录出来的寓言只有初步这一点了。

友鸾同志比我大十二岁，他搞古典文学整理工作，尤其注意大众文学和幽默文学，其选辑佛经寓言也基于此。他颇同意沈从文先生的那种看法："这些带有教训意味的故事，篇幅不多，却常在短短篇章中，能组织极其动人的情节。主题所在，用近世眼光看来，与时代潮流未必相合。但故事取材，上自帝王，下及虫豸，故事布置，常常恣纵不可比方。只据支配材料的手段、组织故事的格局而言，实在也可以作为谈'大众文学'、'童话教育文学'以及'幽默文学'者参考。"（《月下小景·题记》）现在他的这本小书即将出版，因为我是当日借书人，一定要我写几句话，以志因缘，因拉杂写了这些，实在不克当友鸾兄的盛意。

《藏密修法秘典》序

佛教密宗一支，过去主要流传在西藏地方。中原地区，传习颇少。只有在二十世纪二十年代前后，一些密宗大德，陆续来内地弘法，掀起一阵传习的高潮。当时主要是在北京一带。那时最高权威九世班禅之来临，其他还有宁玛派诺那呼图克图、嘎举派贡嘎呼图克图、格鲁派章嘉呼图克图、安钦呼图克图，蒙古译师古冼里·哀却多吉诸大德，先后在北京开坛灌顶，讲经修法，得到一些居士的崇敬，接受传法。

当时这些大德在传经弘法之时，一些听习者多随时记录，刊印散布；传法大师还指定经籍，交人翻译，以为听习之用。当时热心人士如汤芗铭、孙景风、杨大光诸居士，不单每会参加，同时还担任传译工作，并随时笔记讲义，从事译书事业，加以密藏院、菩提学会支持，可以说极一时之盛，因之密宗书刊得以流传。先父叔迦先生也留心密宗。随时每得一些材料，都妥为保存，积数也颇不少。"文化大革命"时期，家藏书籍俱被查抄，捆载储于国子监处。拨乱反正后，得蒙发还。我因这些佛教书籍都是先父一生所积，在今天已不再容易收集，因纪念先父一生为佛教事业之贡献，举而捐赠于中国佛教图书文物馆，以充功德。全数（包括世俗书）共十余万册。这些书中，近代密宗传译的典籍颇为不少。后来吕铁钢居士加以整理编目，录为《中国佛教图书文物馆藏西藏佛教汉译著述书目》一文，刊载于中国佛教协会刊物1988年《法音》学术版年刊第二期上，得到学术界的重视。认为这些书籍现今已很少见，各大图书馆俱无收藏，且为密宗汉译重要典籍，多思能得副本，以供研究藏学者所需。因嘱吕居士即就所藏，采编成集，即现在这部《藏密修法秘典》。虽然这些典籍不是什么巨著，但颇体现二十年代密宗一支在中原传习的情况，并且也都是密宗的重要典籍。书既编成，因略记其原委于此。

《中国佛寺志丛刊》序

法云广被，应身升兜率之天；慧日照临，梵宇遍中华之地。皈依等觉，岁历二千；回向佛乘，数逾万所。化为净土，洒甘露于大千；广延德众，昭慈灯于亿劫。标举宗风，入仁祠展归向之心；扶翼法事，建祇园表肃恭之意。云屯胜邑，雾启名山。广辟法门，极一时之盛；远存流派，留百代之缘。唯是山河泡影，时世推移；前修方渺，末法斯临。杨炫之详载伽蓝，段成式该综寺塔，盖均有树铜表迹、刊石存思之意焉。此寺志、山志之所从来也。后代踵武者多，成书不少。寺志、山志渐成方志中一门，亦吾宗之胜事也。所虑深秘名山，分藏专馆，阅览维艰，散亡是惧。际今国运隆昌，法缘殊胜，江苏广陵古籍刻印社爰有汇辑《中国佛寺志丛刊》之作。所赖八面征集，分途搜访，缁素支援，勒成部帙。斯编告成，非仅前代文献留存，实惟缘胜法典、民安国泰之征，兼表佛门之休美焉。爰弁厄言，以志法喜。

时佛历二五三八年佛欢喜日，清信士秋浦周绍良沐手谨识

《中国佛教寺院大观》序

法云上际，应身升兜率之天；慧日旁临，梵宇遍中华之地。皈依等觉，岁历二千；回向佛乘，数遍万所。化为净土，洒甘露于大千；广延德众，照慈灯于亿劫。标举宗风，入仁祠展归向之心；扶轮法事，建祇园表肃恭之意。云屯胜邑，雾启名山。广辟法门，极一时之盛；远存流派，结百代之情。爰有汇辑《中国佛教寺院大观》之作，籍表国运隆昌，法缘殊盛，民安时泰，物阜年丰。表佛门之休美，祝世界之和平。敢弁厄言，以志法喜。

时佛历二五四一年，燃灯佛圣诞之日，清信士白衣周绍良沐手谨识

《中国宝卷总目》序

宝卷是中国民间文献中尚未充分发掘整理的一宗遗产。国际学术界对这种文献的注意仿乎达到很热心的程度。过去学术界通用的相关目录，接续有三种，它们是：傅惜华先生编纂的《宝卷总录》(巴黎大学北京汉学研究所，1951年)，胡士莹先生编纂的《弹词宝卷书目》(古典文学出版社，1957年)，李世瑜先生编纂的《宝卷综录》(上海中华书局，1961年)。限于当时的条件，所录颇不详尽。车锡伦先生师事现代著名小说戏曲研究大家赵景深先生，1963年毕业于复旦大学中文系研究生班后，即以研究俗文学为职志，尤注意搜集宝卷方面的资料。他先后在内蒙古大学、山东大学、扬州大学任教，除讲授相关的古代小说、戏曲、俗文学等课程外，以全部精力投入宝卷研究。改革开放以来，他在这方面的成就引起海内外瞩目。《中国宝卷总目》一书，可说是他大半生研究的心血荟萃。

此书的初稿，曾以"非正式出版物"的形式，由台湾"中央研究院"在1998年夏

季印行一次，仅只600册，当然是不敷需求的。

此书所录，较傅、胡、李氏三目约多三倍。附录文献中著录多种前人所编的宝卷书目，并有详尽的前言。现在所出的是补订本，所录较台湾本的条目又有所增加。编排方式也作调整，索引等重新编制。车先生以我为同好，约作一短序。因略述相关情况如上。

记《中华大藏经》

佛教传入中国，最早见于文献记载的是汉哀帝元寿元年(公元前2年)博士弟子景卢受大月支王使伊存口授浮屠经，其后历经东汉、魏、晋、南北朝，印度的佛教经典不断移译为汉文，到唐、宋而极盛。此后虽逐渐衰微，而中国化了的佛教，却还在社会上继续发挥作用。总计将近两千年的漫长岁月里，佛教对我国的政治、经济、文化、艺术各个方面都起过深远的影响，成为中国历史特别是文化思想史的一个重要组成部分。要了解东方文化，要了解中国，就不能不对这个组成部分有一个清楚的认识。所以把佛教典籍全面地重新编印，是非常必要的，从"抢救"的意义来说，更是刻不容缓。

自晋代高僧道安编撰《综理众经目录》以来，后代编制佛典目录的代不乏人。从此佛典在四部之外，别树一帜。随着时代的前进，翻译的经、律、论越来越多，于是由皇家编制的一切经藏便出现了(北齐魏收有《齐三部一切经愿文》、北周王褒有《周经藏愿文》可证)。而且抄写不止一部，由国家和大寺院典藏保管。到隋代，翻经学士费长房撰《历代三宝纪》，其中有入藏目录二卷，列大小乘有译人名和失译人名、单本和重翻的经、律、论，是为大藏经的嚆矢。唐麟德元年(公元664)释道宣撰《大唐内典录》，卷八《历代众经总撮入藏录》就是当时长安西明寺保藏的藏经目录，上面标有经架排列次第和格子数字，每十卷为一帙，书明签题，以便检索。开元十八年(730)释智升撰《开元释教录》，第十九卷《大乘经律论入藏目录》，第二十卷《小乘经律论圣贤集传入藏目录》，共著录佛典一千七十六部五千四十八卷，凡四百八十帙，并标有每经所用纸张数目。其后又将此两卷开为四卷别行，名《开元释教录略出》，按《千字文》次第排列，始于"天"字，终于"群"字从而奠定了大藏经的具体规模。

直到五代，流传的佛经都是抄写本。自北魏后，又有石刻佛经的雕造。后来由于经济的发展，文化传播的需要，雕板印刷之术逐渐展开。到了宋代初叶，宋太祖开宝五年(972)诏令于四川开雕佛经一藏十三万板，到太宗太平兴国八年(983)完成，《千字文》排列次第完全遵照《开元释教录略出》。这是第一部佛教总集，第一部当时最全的佛教丛书，通称《开宝藏》。

《大藏经》的编排，是按大、小乘分列，然后照印度传统分类法分为经、律、论三部。"经"是记载释迦牟尼的讲说，"律"是记载僧众宗教生活的规章制度，"论"是大德的著作，用以诠释经文，发挥义理。这三部分全是由梵文转译过来的。至于中土撰述，主要是经文的注疏和论著，还有很多并没有收进去。

自从宋代刊印《大藏经》以来，此后历世俱有刊刻，有的是由国家拨款设局刊行，有的是由私人募化刊刻而来，他们的目的，不是为了研究和保藏，只是为了信仰劝善，认为这样作是护法，可以祈求佛、菩萨的保佑。所以基本上彼此沿袭，绝大部分是宋《开宝藏》的翻板，仅局部有所删减和增益，一些最早不被收入的始终遗落在《大藏经》之外，中土撰述未被收入的就更多了。

在国务院古籍整理出版规划小组领导下，成立了《中华大藏经》编辑局，编辑出版《中华大藏经》。这部新编大藏经较之过去历朝刊行的二十几部《大藏经》，有许多新的特色，一是版本方面：所用底本赵城金藏和房山石经，都是稀世之珍。《赵城金藏》收录经籍近七千卷(现存五千三百余卷)，保留着《开宝藏》的基本特点，在后者散佚殆尽的情况下，它具有无与伦比的价值。《房山云居寺石经》始刻于隋，完成于明，是石经中的瑰宝；另外一些原来未入藏的著述，也尽量选用善本。二是校勘精细，过去无法比拟，选取了能够大体反映上起隋唐下迄清代我国大藏经基本面貌的八种版本参校。三是收集面广和数量多，远远超过前代。它拟将已入藏的佛教经籍全部收录分为正续两编，所收经籍达四千二百余种，二万三千余卷，分装二百二十册，可以说是一次包括历代佛典的总结，尤其汉人著述搜求完备，给研究佛教思想在中国的发展提供了大量丰富的资料。

《中华大藏经》按佛藏传统分类编辑，不尽合理，而且卷帙浩繁。为了便于检索，将编印经籍名称首字汉语拼音音节索引、笔画索引等七种索引，做为附录一册，随同《大藏经》发行。

我们在佛教研究方面，未来还有许多要作的。例如，过去的研究偏重义理，但一千多年来，佛典翻译史都从未为人所注意，很多译经大德的传记简单不详，所译经论风格如何？优点何在？缺点何在？俱无所论。又如释家制度，也缺少研究，甚至度牒、戒牒不分。再如世俗目录学的著作，宋代以前撰述几已全佚，但佛教方面却大量存在，但也甚少人研究。别外很多重要的释氏史籍，如《高僧传》既是一部文笔典雅的僧人传记，其中玄言隽语，也可与《世说新语》相媲美，却很少见人援引。方外文学家如寒山、拾得，开唐代别具一格的诗风，还没有受到应有的重视。现在有这部《中华大藏经》，把资料集中起来，需要者可以得到全部资料，研究便大为便利了。

《中华大藏经》的出版，是党和国家的正确的文化政策、宗教政策的体现，它必将有助于批判地继承民族文化遗产，为学术研究、宗教研究提供一个方面的丰富资料，加强国际文化交流。《中华大藏经》将分期分批出版，预计十年出齐。目前已出版了五册。

记《佛说大藏经总目录》

从南京回上海途中，坐在硬座车厢中，对面一僧人，攀谈之下，知其从贵州来，将去金、焦二寺参学。他问到我，知道也是佛教信徒，因而颇有话说。言谈之间，偶涉及彼于中途有友人赠以经摺一册，因彼不识字，不知何名，希望能了解是何经咒，以便诵习。因探怀中，出一小信封，已破旧，取出一小经摺，约七八公分，举以相示，并说："不知居士能识之否？"

展视之下，其前端已残缺，题目全无，无法知其原来所题者何？从经尾题记，知其为明宣德二年(1427)六月京城信官王福庆所印施之《大藏经总目录》，过去曾见过传抄本，盖伪书也，似此刻本，乃第一次目睹者。

因告其此乃记载佛说诸经数目之纪录，既非佛经，亦不见于经籍中，盖民间流传之物。过去亦曾见传抄本，但遍查诸经，未得结果。老僧闻之，连说："它原来不是佛经。"因置之掌中，再三翻阅。因相语曰："居士既已见过，且不是佛经，我实无用处，不如留于居士处如何？"

我实甚爱之，颇感其盛意，固欲留之，因告彼："萍水相逢，得此厚赠，但我不能无偿得之。"探囊中仅余银元四枚，遂举以相馈。彼将书置于原封套中，放于我面前，将四银元收于袖中，合掌称："阿弥陀佛。"

此小经折遂归我所有。不久，车抵镇江，老僧道别而去。重新展阅，固希品也，乃于无意中得之。因忆过去亦曾为此书遍寻出处，始终未得，曾无意中从《西游记》第九十回中见之，盖吴承恩亦从民间传抄本得之而吸收入书中。

后来整理敦煌文献，却无意中发现敦煌遗书中亦有之，可见流传有自。凡两见，一藏大英图书馆，编号斯字三五六五，题名作《西天大小乘经律论并在唐都数目录》；一藏法国国民图书馆，编号伯二九八七，题目相同，唯文字略有差异而已。俱见《敦煌遗书总目索引》。

可见此《佛说大藏经总目》源远流长，固非后来人所杜撰，于唐代已有之矣。

细检此残书尚存二十四开，每面五行，行九字，作软体。内容有目凡十一，首经名缺，次《佛说大藏经总目》，又次《唐僧西天取经目录》，次《唐僧到西天里数、沿途寺观馆驿数目》，次《历代取经颂》，次《舍利灵牙宝塔名称》，次《佛说菩萨修行四法经》，次《阿弥陀佛心咒》，次《大随求佛好咒》，次《观音菩萨名咒》，次《地藏菩萨名咒》，次《吉祥天母心咒》，最后有题记六行作：

> 大明国京都在城居住奉佛信官王福庆，舍财印施《大藏经总目录》一藏，散施善信人等看念顶带，上报四恩，下资三有，普愿见闻，同生(净土之)内，如意吉祥。

雕刻精细，虽系残书，固佳品稀有者，据我所知，这是唯一存世之木刻本《佛说大藏经总目录》(当然传世手抄本也许还有)，但为研究敦煌遗书中之《西天大小乘经律论并在唐都数目录》之重要参考资料。

《百喻经今译》后记

根据书前所题：《百喻经》，"尊者僧伽斯那撰"。因之有人认为，既然不是佛说，如何得称为"经"。按梁僧祐《出三藏记集》卷九载：

> 永明十年(四九三)九月十日，中天竺法师求那毗地出修多罗藏十二部经中钞出譬喻，聚为一部，凡一百事。天竺僧伽斯(那)法师集行大乘，为新学者撰写此经。

伽斯那也自云"此论我所造"，他并没自命为经，"经"之名当是译者所加。这些故事的来源，则必有所本，不会是自己编造的。按之原书第二十五条《种熬胡麻子喻》，显然是出自《大般若涅槃经》卷九：

> 譬如焦种，虽遇甘雨，百千万劫终不生芽。

又如《维摩诘所说经·不思议品第六》：

> 一切声闻是不可思议解脱法门，不能解了。……永绝其根，于此大乘已如败种。

由此可知，这些譬喻，原见诸经，由伽斯那纂集而成。每个故事的后半段的解说大概是伽斯那自己作的。

《出三藏记集》说到"一部凡一百事"，则全书应有一百则。今本实际只有九十八则，固然可以解释为所举可能是就整数而言，但究竟是否果真如此?抑系译者漏译?已无法考定。也有人解释为加上卷首引言和卷尾颂偈共为百则，但这两段并非譬喻故事，以之凑足百数，似近牵强。

现存《百喻经》共有两种不同的分卷：一种是四卷本，如《高丽藏》第三十卷所收。此种版本缺卷首引言部分。一种是二卷本，即民国三年(一九一四)金陵刻经处由鲁迅先生施资刻印者，开卷有"闻如是"引言一段。

《百喻经》或称《百句譬喻经》，似乎原来僧伽斯那题名作"《痴华鬘》"，这见于原书末尾：尊者僧伽斯那造作《痴华鬘》竟。

体会题名之意，似指这些故事，大多为针砭一些"痴人"及其所作所为的一些"蠢事"。"华"意即花环，这是印度古代一种讲故事之体裁，是指将一些小故事集合在一起，就如一些美丽花朵串成一只花环，所以原定书名，译为今语当是"痴人之故事集"。此书何以改名为《百喻经》，似是译者求那毗地所更定?

鲁迅先生刊行《百喻经》后，在三十年代，有王君品青析出教诫，独留寓言，即以《痴华鬘》为名，由北新书局出版，鲁迅先生为它写了题记(《鲁迅全集》第七卷)。随后，上海《觉讯》月刊曾出版《百喻经故事》，《漫画》杂志亦曾陆续刊出配图的《百喻经故事》。

在四十年代末期，冯君雪峰也以《百喻经》故事为底本，删去解说部分，还变动了一些情节，写成一本《百喻经故事》。近来选译《百喻经》者有张友鸾君《佛经寓言选》，王邦维君《佛经故事选》，罗秉芬、黄布凡诸君的《佛经故事》，谢生保君《佛经寓言故事选》等书，都从《百喻经》中选译了不少。但都只是选择了一部分故事，而且对每个故事后半段解说俱弃而不取。

最近林克智君才将全文翻译了，陆续发表在《台州佛教》上，由黄山书社编为一册出版。我这个译本是在鲁迅先生逝世一百周年时完成的，搁置多年，敝帚自珍，近日始交中华书局(北京)印行之。

譬喻一门，是佛教中解释哲理的一种经常使用的方法，它用故事作印证，来说明一些出现的事态，带着指导性和教育性，也具有针砭的意思。固然有的是为宗教说法，但有些确是社会上存在的比较普遍的现象，评说颇为深刻，鲁迅先生曾写过《痴华鬘题记》，说明他对这本书的重视。所译是否完全符合原意，殊难自信。译成后曾请宽忍法师、魏君承彦代为核对原意，多蒙指正，特此一并致谢。

《牟子丛残新编》后记

《牟子丛残》是先父于二十年代由于编写中国佛教史所编整的一本旧籍。出版之后，颇引起当时学术界的重视，有人来信商讨，也有撰写研究专文者。当时因为《丛残》已经编刊出版，因之有些著作未能收入。现正值先父百龄诞辰，特将该书重印，以资纪念，并把一些当时未及收入者，一并加以搜集，作为附录。原书承苏晋仁先生代为标点断句；在搜集过程中，又承沈乃文和白化文两先生大力支持，特此表示感谢。

一九九九年十一月周绍良敬志

《牟子丛残》

《达摩禅学研究》序

　　菩提达摩是禅宗的初祖，南天竺人，从海上来华，登岸的地点就是广州的华林寺。过去这里也曾叫过西来庵，乃因达摩来中国在这里登岸而得名。现在在这里当方丈的是光明法师，他是广州市佛协会长。我与法师相识多年，他从中国佛学院毕业后，回到广州就致力恢复华林寺。现在华林寺已有一定的规模，根据规划蓝图，待华林寺全面恢复时，一定非常宏伟，不愧为禅宗初祖来华登岸第一站。这功劳应归于党的宗教政策和佛教界的努力，当然光明法师在恢复华林寺方面，也是功不可没的。

　　建祖师道场，光明法师呕心沥血，作了不少工作，更为难能可贵的是法师最近与同仁收集了80年来有关研究达摩的文章，编了一套《达摩禅学研究》，以方便对禅宗初祖达摩的研究。在禅宗初祖达摩的道场——华林寺主持编辑《达摩禅学研究》是一件好事，我想如果借用达摩传法时的比喻，道场是皮是肉是骨，那么《达摩禅学研究》一书所揭示的精神是髓是心是主导思想，有皮有肉有骨有髓才是真道场，这就是佛教文化的作用。

　　佛教的发展是多方面的，主要一点离不开佛教文化，从早期的翻译佛经，到中国僧人的著述，佛教典籍如今汗牛充栋。佛教的《大藏经》以及中国僧人和文人的著作中无不渗透着佛教的浓厚气息。今天弘扬、研究、学习佛教，离不开古人给我们留下的这些精华，所以佛教的发展就是佛教文化的发展，从古至今都是如此。今逢盛世，更是佛教文化发展的大好时机。光明法师抓住了这一契机，编辑了《达摩禅学研究》一书，相信光明法师还会有更多的成果奉献出来。是为序。

2003年9月3日

六、占卜书

《杯珓经》跋

占卜乃民俗趋向之一，习俗流行以竹筊之方式，但此之前，乃以名"筊杯"，以投掷方式行之。据宋程大昌《演繁露》卷三记之：

> 后世问卜于神，有器名"杯珓"者，以两蚌投空掷地，观其俯仰，以断休咎。自有此制后，后人不专用蛤壳矣，或以竹，或以木，略斫削使如蛤形，而中分为二，有仰有俯，故亦名"杯珓"。杯者，言蛤壳中空，可以受盛，其状如杯也；珓者，本合为教，言神所告教，现于此之俯仰也。后人见其质之为木也，则书以为"校"字，《义山杂纂》曰"殢神掷校"是也。校亦音珓也。今野庙之荒凉无资者，止破厚竹根为之，俗书"竹下安教"者是也。至《唐韵·效部》所收，则为珓。其说曰："珓者，杯珓也，以玉为之。"《说文》、《玉篇》皆无珓字也。案许氏《说文》作于后汉，顾野王《玉篇》作于梁世，孙恒加字则在上元间，而《广韵》之成则在天宝十载。然则自汉至梁，皆未有此"珓"字，知必出于后世意撰也。《干禄书》凡名"俗字"者，皆此类也。至其谓"以玉为之"，决非真玉，玉虽坚，不可飏掷，兼野庙之巫，未必力能用玉也，当是择蚌壳莹白者为之，而人因附玉以为之名。凡今珠玑琲瑂，字虽从玉，其实蚌属也。夫惟珓、校、筊既无明据，又无理致，皆所未安，予故独取宗懔之说也。懔之《荆楚岁时记》曰："秋社拟教于神，以占来岁丰俭，其字无所附并，乃独书为教，犹言神所告于飏掷乎见之也。"此说最为明径也。又《岁时记》注文曰："教，以桐为之，形如小蛤。言教，教令也。其掷法，则以半俯半仰者为吉也。"此其所以为教也。

程氏只据字书之有无与先后，推定杯珓之产生必在六朝(梁)以后，谓为"自汉至梁，皆无此珓字，知此必出于后世"。实则他并没从占卜术之发展考虑，因而估计杯珓之产生必晚。以情理论，杯珓可能在汉代已经在民间大有发展，否则到唐代不会如此盛行。王定保《唐摭言》卷四"节操"条载：

> 裴晋公质状眇小，相不入贵。既屡出名场，颇亦自惑。曾有相者在洛中，大

为搢绅所神。公时造之问命，相者曰："郎君形神稍异于人，不入相书。若不至贵，既当饿死，然今殊未见贵处。可别日垂访，勿以蔬粝相鄙。候旬日，为郎君细看。"公然之，凡数往矣。无何，阻朝客在彼，因退游香山佛寺，徘徊于廊庑之下。忽有一素衣妇人，致一缇缦于僧伽和尚栏之上，祈祝良久，复取茭掷之，叩头瞻拜而去。少顷，度方见其所致，意彼遗忘。既不可追，然料其必再至，因为收取。踌躇至暮，妇人竟不至。度不得已，携之归所止。诘旦，复携就彼。时寺门始辟，俄睹问者素衣疾趋而至，逡巡抚膺惋叹，若有非横。度从而讯之。妇人曰："新妇阿父无罪被系。昨告人，假得玉带二，犀带一，直千余缗，以赂津要，不幸遗失于此。今老父不测之祸无所逃矣。"度怃然，复细诘其物色，因而授之。妇人拜泣，请留其一，度不顾而去。寻诣相者，相者审度神色大异，大言曰："此必有阴德及物，此后前途万里，非某所知也。"再三诘之，度偶以其事言之，相者曰："祇此便是阴功矣，他日无相忘。勉旃！勉旃！"度果位极人臣。

又《诗话总龟前集》卷一八《纪实门》引《郡阁雅谈》：

> 孟实于字国仪，连州辅国乡人。天福中，自湖、湘越京、洛应举。远人无援，遂卜命于华山神，有如一年乞一，凡六掷，得上上大吉。每年下第有诗，今略举一联用表其概。第一年云："蟾宫空手下，泽国更谁来？"二年云："水国二亲应探榜，龙门三月又伤春。"三年云："仙岛却回空说梦，清朝未达自嫌身。"第四年云："失意从他桃李春，嵩阳经过歇行尘；云僧不见城中事，问是今年第几人。"五年云："因逢日者教重应，忍被云僧劝却归。"天福九年礼部侍郎符蒙下及第，果六举。后往江南，官至水部郎中。致仕居吉州玉笥山。复知丰城县。年七十余卒。

可见杯珓之盛行，似乎一些庙中都准备有的，如后来各庙都备有签桶一样。

韩愈好像不信占卜的，但也曾被衡山庙令劝导他作掷筊。衡山岳庙是国家寺庙，也预备有杯筊，可见掷筊占卜之盛行。韩愈《谒衡岳庙遂宿岳寺，题门楼》（《全唐诗》卷三三八）：

> 五岳祭秩皆三公，四方环镇嵩当中；
> 火维地荒足妖怪，天假神柄专其雄。
> 喷云泄雾藏半腹，虽有绝顶谁能穷？
> 我来正逢秋雨节，阴气晦昧无清风。

潜心默祷若有应，岂非正直能感通？

须臾静扫众峰出，仰见突兀撑青空。

紫气连延接天柱，石廪腾掷堆祝融；

森然魄动下马拜，松柏一径趋灵宫。

粉墙丹桂动光彩，鬼物图画填青红；

升阶伛偻荐脯酒，欲以菲薄明其衷。

庙令老人识神意，睢盱侦伺能鞠躬；

手持杯珓导我掷，云此最吉余难同。

鼠逐蛮荒幸不死，衣食才足甘长终；

侯王将相望久绝，神纵欲福难为功。

夜投佛寺上高阁，星月掩映云曈昽；

猿鸣钟动不知曙，杲杲寒日生于东。

可见他为应付局面也作了掷珓。可见掷珓之被人们重视，连韩愈也得服从这股势力。

唐释贯休《咏竹根珓子》（《全唐诗》卷八二九）：

出处惭林薮，才微幸一阳；

不缘怀片善，岂得近馨香。

节亦因人净，声从掷地彰；

但令筋力在，永愿报时昌。

诗僧贯休都为竹根珓作诗韵赞，珓子之普遍可见。

掷珓到宋代仍然很流行，据宋叶梦得《石林燕语》卷一载：

太祖皇帝微时，尝被酒入南京高辛庙，香案有竹杯笅，因取以占己之名位。俗以一俯一仰为圣。自小校而上自（至）节度使，一一掷之，皆不应。忽曰："过是则为天子乎？"一掷而得圣笅。天命岂不素定矣哉！晏元献为留守，题庙中诗，所谓"庚庚大横兆，声咳如有闻"，盖记是也。

但是不知何故，宋元时代罗贯中在《水浒传》中有所描述，但明代之后，忽然衰竭。一直到清代，虽未消亡，但已不若唐、宋之盛，亦绝无纪事涉及掷珓。只知福建省尚有极少存留，迄今尚在，并未消灭，亦未发展，似存若无者。过去曾闻有《杯珓经》一书，但藏家俱不以书籍视之，因之并无藏者。访求迄今无所获，仅知《大亭山馆丛书》收有清吴玛撰《杯珓经》一卷，亦未收得。后来黄山书社编《四库全书未收术数类大全》，收有此书。驰书往求一影本，则连库存样书亦售罄。承告以江苏广陵古籍刻印社正在续编此《大全》，亦收有此书，嘱函商之。因驰求一副本。乃承社长刘永明先生特倩名手为精钞一本见惠，精工之至，装订尤工整。启视乃清吴玛撰本，彼嫌原本庸俗，因改撰此以代之，可见彼固得见原本，惜未钞录副本于后；而吴本亦未得流行。据云台湾尚有流传本，已不全。(二十七则)本福建亦有之，云另有六十则本，则颇不易得，俟再访求之。

《土地杯笠》跋

新抄本，托人从台湾录来。扉页画一神，手持一盂，中蓄元宝一枚；下端神座下横书"二十八宿"四字。盖此笠数共二十八，故以二十八宿表示每笠有一神主之。

每卦有占词、有"解"、有"断"。书口中缝题"土地杯"三字。意似谓此乃土地神庙所用者。

占法以"圣"、"阴"、"阳"代卦爻，相互换易，成二十八变。实与《易经》六十四卦，其理一也。

全书甚短，兹全部录出于后：

(一)

圣　圣　阴：角声三弄，无雪心寒；劝君休虑，合眷人安。

解曰：贵人扶，事有理；后有遇时，前程得路；喜得平安，到老双全。

断曰：婚好，病安，孕男。行人至。

(二)

圣　圣　阳：元宿金龙，行子丑宫；藏身在未，急避他乡。

解曰：缺月团圆，枯木再生，慢行且步，诸事难成。

断曰：病安，行至，财有。婚不成。

(三)

阴　阴　阳：低头偷看，暗想佳人；任君舌巧，恐未成亲。

解曰：往事劳心，求财问事，家败人亡。食无求饱，居无求安。

断曰：讼吉，财无，婚难。人未至。

（四）

阴　阳　阴：房生瑞草，孕妇且喜；合眷皆庆，麒麟是子。

解曰：牛郎织女，难会佳期，好事难得，不可向前。

断曰：讼吉，病安，孕男。人未至。

（五）

阳　阴　阴：心事未分明，又恐被鬼惊；细思犹难解，暗路失明灯。

解曰：人若好善，恶事莫为；虽有忧疑，贵人自至。

断曰：求财无，婚不遂。孕生女。

（六）

阴　圣　圣：尾头相似，不寒不温；行人觅宿，即便寻村。

解曰：问事迟疑，眼前未遂；日后遇时。云开见日，依旧光辉。

断曰：财有，人至。婚不成，病凶。

（七）

阳　圣　圣：箕帚是堆坭，一朝便得贵人提。

解曰：身间不闲，求神作福，老少平安。失物难寻。

断曰：财有，婚好，病安。事不成。

（八）

阳　阳　阴：斗秤不公平，到底亦相争。

解曰：凡事摘来在手，如何得久，免伤和气，且宜退后。

断曰：财无，物失，事凶。婚不成。

（九）

阴　阳　阳：牛饱眠，牧童前；人知我，快如仙。

解曰：金鲤化龙，直上青天；顺水行舟，龙蛇有变。

断曰：财无，婚不成，行至。病凶。

（十）

三阴：女子良媒，通音便成；相谈未了，好事天来。

解曰：哑子梦，口难言；病难好，物难寻。暗穿针，要小心。

断曰：孕女，财无，婚好。物不见。

（一一）

圣　阴　圣：虚心拜神，岂不灵灵；所求称遂，颇知汝情。

解曰：皎月被云遮，云开依旧光前世。婚姻万物生来。

断曰：讼吉，财无，行至。婚不好。

（一二）

阴　圣　阴：危途千里外，山水两悠悠。

解曰：他要进前，事有难言；梦中得宝，醒后全无。

断曰：讼凶，财无，行至。婚不成。

（一三）

阳　阴　阳：室家事成，四序和平；若要心头快，青云足下生。

解曰：好花洌，雪里开；不遇春，且宜退。不可进，宜守旧；免灾殃。

断曰：孕女，行至，财有。婚不成。

（一四）

阴　阳　阳：壁月挂云，鱼上急滩；欲捉鱼月，上下两难。

解曰：龙门未开，功名守得，好事未来。东风不顺，又遇南阴。

断曰：病吉，财无，行至。婚不成。

（十五）

圣　阳　阳：奎星报兴舌，汝且听知闻；上看十一口，下看十八分。

解曰：勤读书，功名遂，经济得财，六甲生男，缘分终成吉利。

断曰：行至，病安，财无，失物见。

（一六）

圣　阴　阳：娄氏头载米，身穿子路衣；人人道是，我且堪疑。

解曰：人作事，自无私；贵人遇，前程有分，营谋皆通。

断曰：讼吉，婚好，病安。求财有。

（一七）

圣　阴　阴：胃腹调，睡一宵；在他动，我无聊。

解曰：凡事未成，奈（耐）心依旧；得宽怀福，禄来守旧当强。

断曰：讼吉，病安，财有。行人至。

（一八）

圣　阳　圣：昂戴日，炎不多；去雨热，被他磨。

解曰：凿石得玉，淘沙见金，小船过滩。前程有路，贵人相扶。

断曰：讼凶，病安，行至。求财有。

（一九）

圣　阳　阴：毕竟风起，定招客惊；秋来须冷，惟有月明。

解曰：人生老，秋扇凉；然命好，马毛长。金生水，晚景安。

断曰：病安，行未至。财有，讼凶。

（二〇）

三阳：觜占碧玉，人知吉凶；劝君退步，恐堕坑中。

解曰：神龙战野吉者得，难免殃，诸事通；人未至，讼可进。

断曰：讼吉，病安，财无。行未至。

（二一）

三圣：参宿无吉，君不用疑；所求称遂，好大家知。

解曰：好花芳菲，未曾结实，狂风吹着。用力无功，故事相同。

断曰：讼凶，行未至。病安，财有。

（二二）

阳　圣　阴：井泉甘，南风熏；呼童取，上高峰。

解曰：作事虎问龙饶，人不可进，不须相问月姥。

断曰：讼吉，病安，行至。求财有。

（二三）

阴　圣　阳：鬼祟作殃，事要关防；火中走马，四蹄无伤。

解曰：家和得财，病安，因祸得福，行人归，老得福，少得禄。

断曰：讼吉，病安，财有。行人至。

（二四）

阳　圣　阳：柳无风，西又东；行人笑，作老翁。

解曰：远望行人，三五相逢；若问前程，贵人相逢，诸事得成。

断曰：病安，讼凶，财有。行人至。

（二五）

阴　阴　圣：星辰灿烂，河汉相通；牛女相见，泪后西东。

解曰：凡事恼，舟过滩，难得过，见艰难。病难救，失难寻。

断曰：讼吉，病凶，财无。人未至。

（二六）

阳　阳　圣：张舍出贤，流传代代；到头归涧，此事为真。

解曰：凡事迟疑，前人栽果，后人收当。时进步退后难留。

断曰：孕女，讼平，财无。行人至。

（二七）

阳　阴　圣：翼飞万里，志在云霄；风云忽起，身归异漂。

解曰：喜气欣欣，枯木再生，开花结子。有功之日。

断曰：讼吉，病安，行至。求财有。

（二八）

阴　阳　圣：轸当未位，想不甘心；话有不合，依然自吟。

解曰：世事劝君且宽心，莫嗟迟远处，晚景不胜情。

断曰：讼凶，病凶，行至。求财有。

词句中并无唐孟实于所举之六联，可见已非原本。据说这是从福建莆田辗转抄来者。

《文峰宫圣筊》跋

据我所知，福建莆田妈祖祠仍有杯筊之设，因托人求其解词。始终未谋得，仅从妈祖庙分支文峰宫庙中得油印签条一份，共二十八枝，题作《文峰宫圣筊》。

文峰宫在莆田善俗铺地方，原只有一间祠宇，清乾隆二十二年兴化府知府宫兆麟扩建成今日之规模，遂为妈祖庙之分支祠宇。祠设有占卜，称"企筊"，类一般庙宇之抽签。亦有签条，供占卜者索阅。据闻系由湄州岛妈祖庙传来，共二十八条，为简便计，该签条已将"解"、"断"等删去，仅剩诗句，非全文也。兹录之于后：

文峰宫

第一枝　圣　圣　圣：

福如东海寿如山，君汝何须问中间；

荣华富贵天注定，太白贵人守身边。

第二枝　圣　圣　阳：

宝镜团圆似明月，琴瑟和鸣畅我情；

婚姻总是皆得意，一举状元发科名。

第三枝　圣　圣　阴：

哑口得梦实难言，瞎眼穿针更不然；

九曲明珠穿难过，孔子绝粮陈蔡间。

第四支　圣　阴　圣：

富贵总是天注定，五谷丰登胜常年；

共享太平无事日，含哺报恩乐尧天。

第五枝　圣　阳　圣：

叶落根深莫烦恼，枯木逢春再发青；

虽是中间多阻滞，钱财到底聚吾家。

第六枝　圣　阴　阴：

猛虎出山欲伤人，误入罗网难脱身；

害人之心反害己，螟蛾投火惹祸灾。

第七枝　圣　阳　阳：

梅花映雪正芬霏，渔翁海上皱双眉；

夜静水寒鱼不饵，满船空载月明归。

第八枝　圣　阳　阴：

皇天降下紫微星，阴邪退避得安宁；

二十八宿扶圣主，汉室江山再重兴。

第九枝　圣　阴　阳：

鲤鱼志气本英雄，守在池中运未通；

一旦时来头角见，风云济公得成龙。

第十枝　阳　阳　阳：

风平浪静可行舟，高歌鼓舞乐遨游；

四时八仙齐畅饮，十八学士登瀛洲。

第十一枝　阳　圣　圣：

太公钓鱼八十成，除商灭纣欲兴周；

国泰民安太平世，万里江山任君游。

第十二枝　阳　阳　阴：

一盏明灯对面照，一人有福添升平；

尽他险处不见险，必有要时别处求。

第十三枝　阳　圣　阳：

释迦现出牟尼身，老君抱送玉麒麟；

真宗祈求生太子，龙冬帐内产圣人。

第十四枝　阳　圣　阴：

鱼在浅水上滩难，浅处难游深处安，

虚心必定误君事，夷、齐饿死首阳山。

第十五枝　阳　阴　圣：

三人异姓靠同心，桃园结义情意深；

昆山美玉此星(是)宝，时来运至铁成金。

第十六枝　阳　阴　阳：

囚人出狱上酒楼，痛饮几杯解心愁；

凡事少理烦恼少，无干己事莫当头。

第十七枝　阳　阴　阴：

若要求财准得财，须防盗贼暗侵来；

闭门不管凡人事，祸福自有天安排。

第十八枝　阳　阳　圣：

日出东方浮云散，乾坤正气尽光明；

二十四气皆清吉，求财作事必有成。

第十九枝　阴　阴　阴：

鬼门关上遇无常，铁船过海打头风；

久逢冤家非难解，运若去时惹祸灾。

第二十枝　阴　阴　阳：

八仙过海赴蟠桃，龙子战斗蓝彩和；

邀请老君来争论，太白金星来讲和。

第二十一枝　阴　阴　圣：

三藏取经往西天，路遇妖精结姻缘；

云横秦岭家何在，雪拥蓝关马不行。

第二十二枝　阴　圣　阳：

牛郎织女是天生，阻隔银河路无生；

百年富贵风中烛，一世姻缘梦里花。

第二十三枝　阴　圣　阴：

张马射月德虚空，朽木难雕柱与椽；

善心胜念千声佛，任汝烧香万千声。

第二十四枝　阴　圣　圣：

夫妇有意两相求，情意未通两地愁；

万事逢春成大吉，姻缘宿世不须媒。

第二十五枝　阴　阳　阳：

伏羲八卦定吉凶，六十甲子非五行；

暗室亏心天地宽，举头三尺有神明。

第二十六枝　阴　阳　圣：

雷霆霹雳震虚空，天公报应定吉凶；

积善之家必有庆，作恶之家必有殃。

第二十七枝　阳　阴　阴：

昔日螳螂去捕蝉，谁知黄雀在身边；

真信世人直中直，须防其中仁不仁。

第二十八枝　阳　阴　圣：

天地无私乾运振，后妃有德地维尊；

二耳双眸闻风掣，宅者每次失物归。

据闻，湄州岛之妈祖庙所存之"杯筊"为六十首绝句，无二十八段一种，故此二十八段之文从何而来，实莫能明。

不过从这点上，可知杯筊之占卜，自唐、宋以来，迄今并未断绝。

现在福建地方流行只廿七段一种，其末尾一段，不知何故废止？台湾亦然。询诸故老，俱不能言其故；询诸庙祝，亦莫能言之，只云已遭废止而已。

《关王灵应签卜》跋

明刊本。方册装，一册。

首叶面横题《关王灵应签卜》六字，下绘关圣像，左右关平、周仓侍，右下角题"碧仙解"三字，左下角题"坡仙解"三字。"坡仙"盖指苏东坡而言，"碧仙"则不悉为何人。首叶背面十行，前五行为教人成签时所诵祷祝词；次四行解说在无签而须问卜时以钱代用之法；最后一行载刊刻日期："万历庚子孟春吉旦，费氏刊行。"此明代在廊房胡同开设一书籍铺，过去曾得其《五鼠闹东京》唱本。

全书共一百签，每签签文七言四句；继之为"碧仙注"五言四句；再则为"圣意"三言八句，当是指碧仙解说关圣本旨；后为"东坡解"四言八句，"东坡"者，苏轼也。再则作"解曰"，似为东坡解说卦意者。

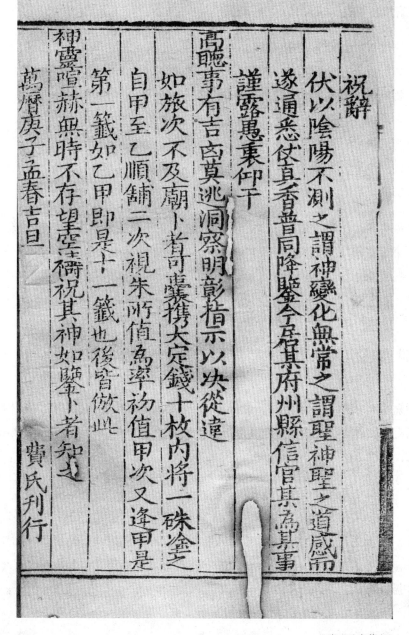

祝辭

伏以陰陽不測之謂神變化無常之謂聖神聖之道感而

遂通悉仗真香普同降鑒今岳其府州縣信官其為其事

謹露愚衷仰干

高聽事有吉凶莫逃洞察明彰指示以決從違

如旅次不及廟卜者可囊攜大定錢十枚內將一碎塗之

自甲至乙順舖二次視朱所值為率初值甲次又逢甲是

第一籤如乙甲即是十一籤也後皆倣此

神靈嘻赫無時不存望垂禱祝其神如臨卓下者知之

萬曆庚子孟春吉旦　　　賁氏刊行

《关王灵应签卜》

303

据书首解说如何以钱代签问卜之法中，提到"可囊携大定钱十枚"，可知此书乃金代作品。"大定"为金世宗(完颜雍)纪元，共二十九年(1161—1189)，相当于宋孝宗(赵昚)在位时代，盖如非金代人作，不可能提及"大定钱"也。当时金人占据北方，关羽生地解县有祠宇，正其辖区，很可能是晋人为关祠所作。后来流传各地。清李光庭《乡言解颐》卷三《人部·卜》条载：

> 然总不能及(北京)正阳门外关帝签之灵，其见诸说部者不可胜纪，以我所自求者，如嘉庆庚辰(二十五年)春，任内阁典籍时，求签云："随分堂前赴粥馇，何须妄想苦忧煎。主张门户诚难事，百岁安闲得几年？"至四月，张鹿樵前辈授河东观察，余适承乏侍读，所谓主张之门户也。鹿樵前辈尝戏为联句云："日边清要无双地，天下穷忙第一官。"不得安闲之语亦验矣。道光乙酉(1825)，两儿乡试，榜前求签云："来年耕稼苦无收，今岁田畴定有秋。况遇太平无事日，士农工贾百无忧。"及榜发，同膺乡荐。

这里所举两签，今验之签中，前一签文即中之《关王灵应签卜》书中第八十三签，中平课；第二签即《关王灵应签卜》书中第八签，上上课。由此可见此《关王灵应签卜》大概是各地之通用者。

《观世音感应灵课》跋

明嘉靖二十九年(1550)刊本，经折装，一帙，外有函套。每面四行，行十四字。

面有签，题作"观世音感应灵课"。首刻观音像一帧，开卷序感应灵课由来并祈请方式：

《观世音菩萨三十二感应之课》：

昔日唐三藏诣西天以取经，值观世音菩萨曰："汝往西天求教，道途凶恶，缘汝能辨，吾助三十二感应灵通之卦，可授售，汝宜记在心，凡日辰传一课，便见吉凶，福祸无不应者。焚香祷祝，用净钱五文，于香烟上度过，手内擎摇祷祝曰：

"紫金化身千百亿，白衣妙相三十二；

稽首圆通自在尊，沙界感称大悲主。

南无大慈大悲灵感观世音菩萨摩诃萨。"

忠心念七遍，或三七遍，或一百八遍，愿赐证明："今有祈祷，弟子某所求某事，未决犹疑，即于三十二课内占一课，勿顺人情，愿垂感应。"

卦共三十二课，占法以五枚钱之正背变化为课，计上上课十八、中上课四、中平课四、下下课六。从这个比例便可见吉多凶少，正是迎合讨课人心理而设计的。卷末有题识五行："此《观音神课》，以其书祈请，甚有灵验。但年远字画模糊，不便检阅，乃予命工镂梓，刊误订谬，以广其传，庶占签者之一助

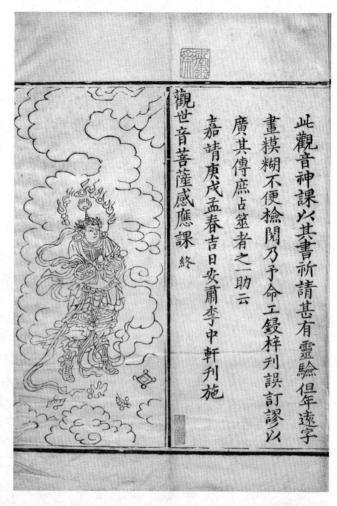

《观世音感应灵课》

云。嘉靖庚戌(二十九年〔1550〕)孟春吉日，安肃李中轩刊施。"最后照一般经籍模式镌韦驮像一帧。

此即俗传所称《观音灵签》者。过去藏书家俱不收这类书，因为颇为难觅。郑振铎先生曾注意及之，所收凡四本：一、《天竺灵签》，宋刻本，此为难得，曾影印行世，余得一册，抗日期间迷失，再向郑公讨之，已无书矣，殊可憾；二、明洪武杭州众安桥杨家经坊刊《天竺观世音菩萨签课》；三、万历二十年(1592)刊《观世音菩萨三十二感应灵课》；四、明彩绘本《南无大慈大悲灵感观世音菩萨三十二课》。实即一书，即此书也。

《护国嘉济江东王灵签》跋

明刊本，方册装，一册。

书已残缺，无首尾。从每签之题作"《江东签》第……"，查阅《道藏目录详注》卷四于"纳"字号中见有《护国嘉济江东王灵签》一目，盖即其书。

全部共一百签，与《详注》所注"内一百数"符。签文为七言绝句，每首后有"解"四言八句，"圣意"三言八句。

"江东王"何神不知，容俟考之。

过去藏书家俱不重视占卜书，因之也不入收藏之列，各家藏书目中也很少著录，但《道藏目录详注》"纳"字号却列有七种九卷：

《四圣真君灵签》（内四十九签，有《降灵劝世格言》）。

《玄真灵应宝签》（三卷，九十九签）。

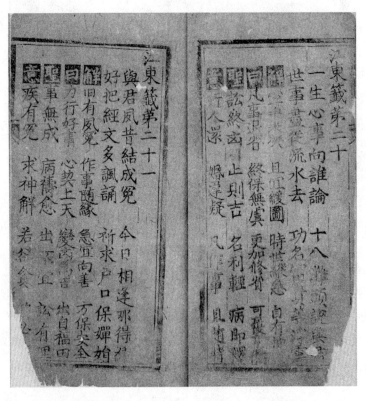

《护国嘉济江东王灵签》

《大慈好生九天卫房圣母元君灵应宝签》(内九十九签)。

《洪恩灵济真君签》(内六十四签)。

《灵济注生堂灵签》(缺)。

《扶天广圣如意灵签》(内一百二十数)。

《护国嘉济江东王灵签》(内一百数)。

可见明正统《道藏》中是收有这些书，而此《灵签》即在其中。

《六十四卦金钱课》跋

　　旧抄本，一册。

　　凡六十四课。此书得于琉璃厂藻玉堂书店，据店主王子霖告予，此本实即《文王神课》，周文王演《易》于羑里，此课文正符六十四卦之数。惜未得一木刻本相核对。从书名觇之，可知是依《易经》编造的。共六十四卦，有"解"，为七言四句；有"断"，为四言四句。

　　此等占卜用书，多为师徒相传，互相抄写授受，然俱有刻本流传，颇不易遇。

　　所谓"课"，乃指以蓍草代阴阳爻象而占卜者。后来为方便计，遂以钱文代之，而以正背为阴阳，一卦即一课也。

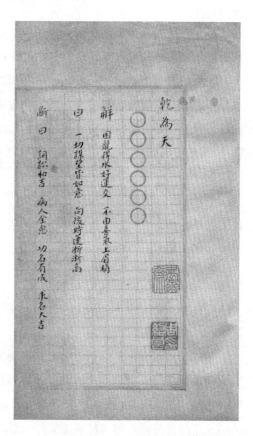

《六十四卦金钱课》

《黄大仙灵签》跋

　　石印本，方册装，一册。

　　书面题作"古本注解黄大仙灵签"，开卷题作"普济坛黄大仙灵签"，似是乩传之书。凡一百签，除"本文"外，尚有"仙机"及"附注"。

黄大仙传于粤地，粤人颇信之，但其他地域多不悉。据明张文介辑《广列仙传》卷四《黄野人传》：

> 黄野人，葛洪弟子。洪栖山炼丹，野人随之。洪既仙去，留丹于罗浮山柱石之间。野人自外至，得一粒，服之为地行仙。今肉身尚在，世间有缘者或遇之。后有人游罗浮，留石岩间，中夜见一人，无衣而绀毛覆体，意必仙也，乃再拜问道。其人了不顾，但长笑数声，声振林木。乃歌曰："云来万岭动，云去天一色；长笑两三声，空山秋月白。"其即野人明矣。

此黄野人即世人所奉祀之黄大仙，如今罗浮山中尚存其遗迹，而在香港有祠宇，香火甚盛。此《灵签》者，即其殿堂中供人占卜之签文。

书后附《黄赤松大仙真经》，包括《解冤咒》、《放生咒》、《经筵咒》等。据《启圣祖师赞》知曾晋封"灵通感化启教祖师黄大仙明心圣佛"。又《赤松大仙赞》知曾晋封"运元威显普济劝善黄大仙大天尊"。《黄大仙真经》自述：

> 人间不少大神仙，仙亦凡人修炼去。惟是我则不修行，八岁牧羊成道去。无它：前世几生修得来，故得金华洞里住。

他主张积善修德成仙，以普济存心为宗旨。

《吕祖灵签》题记

俗有"求医问卜"之谚，大家都理解为遇有生病，则求医治疗，再加以诣神占卜吉凶则大致可以。实则全非如此。此谚乃指地处偏远，既无良医，只有到寺庙中求神赐一签卦，配以药方，即按方抓药服之。后来在寺庙讨香火灰代药即此事之演变也。

儿子启晋最近收得《吕祖灵签》一部，计五册，即此书也。

书极难得，过去曾耳闻此书，访求多年，迄未能获，盖此书在一些小地方寺庙中俱视为枕中秘籍，从不示人，遇有求签者，得签之后，皆抄出予之，不以原书相示也。

书凡四册，另附附册一薄本。书前有扉页题作《孚佑帝君新著九种签方》，计男科、室(产)科、外科、痘科、妇科、幼科、目科、疹科各一百签，外附异科三十签，共八百三十方，于时医药简单，似已敷用。

书为山东济南刻本，乃同善社于清宣统末年所刊，托名吕纯阳新著，意指乩笔也。据书前白隐《纯阳祖师新著签序》云："我祖师怜念世人之苦于医药，故开慈悲之间，曩昔曾立签方三百馀，迨至光绪壬寅(廿八年〔1902〕)时，已屈百年之久。"可见在百年前，已有简本流行，此次不过加以扩充补订而已。

二〇〇〇年十二月四日病中匆匆记之

绍良记

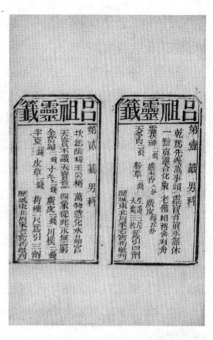

《吕祖灵签》

《关公明圣帝君灵签》跋

此金陵刻经处所刻《关公明圣帝君经》中所附之灵签，主其事者为我抽印者，亦一百签，与《关王灵应签卜》完全不同。卦爻分上上、大吉、上吉、上中、中上、中平、中中、中下、下平、下中、下下，共十一项，当是江南一带关帝庙中所用者。

每条签文之前有"解"，签文之后有"断"，颇为详尽。

《重增纂图随身必用》、《梦书》、《大怪书》跋

三书合印成一册，明初印，黑口本，中缝

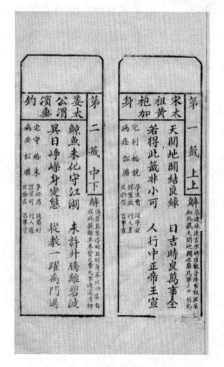

《关公明圣帝君灵签》

上下黑鱼尾，题"梦书"二字；文武栏；半叶十六行，行三十二字；竹纸印。字作软体，犹有元代遗风。

这是一本占卜解说之书，虽署《梦书》，实不止一种，但书前已缺六叶，所以都是些什么，亦无从得知；从第七叶所载《神后》、《大吉》两篇审之，亦不详是何书。下面接着似是《天罡六壬时掌中诀》，但未举题目，以明刊本《玉匣记》相校，少《六壬掌诀诗》等，只有天罡诗。诗数视《玉匣记》所载为多，《玉匣记》仅三十四首，而此则五十一首，竟多三分之一。其中共有之诗，文字亦有出入。次《文殊裁衣吉凶日》、《口子洗头吉凶日》。

接着便是《重增纂图随身必用》，这里面收罗了《占鸦鸣方位图》，为《玉匣记》所未收；次《面热法》、《眼跳法》、《耳热法》、《耳鸣法》、《寔(嚏)喷法》、《肉颤法》、《心惊法》、《鹊噪法》、《釜鸣法》、《火逸法》、《犬嚎法》、《衣留法》，次序与《玉匣记》有异，文字亦略有出入。

次《梦书》，开始全叶为一入梦图；次目录，共三十二章，不题何人所撰，首有序，文云：

夫平时喜怒，思想劳苦而成梦，非可推验，盖心神想也。若异之者，故喜梦宜说，备吉庆也；恶梦可箴，防祸患也；异梦记之，验于将来；病梦治之，救于未萌：或禳或镇，开卷详知，固不妄也。

亦未有署名。其目录如下：

《异梦记略》第一

《内经淫邪发梦》第二

《天门》第三

《地理》第四

《身体》第五

《冠带衣服》第六

《刀剑仪节》第七

《观见呼召》第八

《宫城屋宇》第九

《门户井厕》第十

《珍宝财宝》第十一

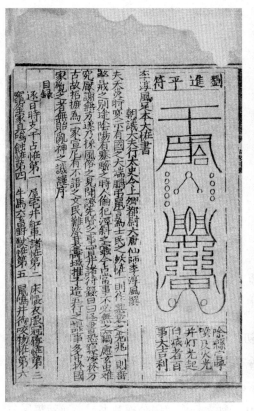

《随身必用》

《梦书》

《田桑五谷》第二十四

《水火盗贼》第二十五

《污辱沐浴》第二十六

《龙蛇禽兽》第二十七

《牛马六畜》第二十八

《龟鳖鱼虫》第二十九

《六甲占梦》第三十

《五姓十二支辰占梦》第三十一

《五兆十干占梦》第三十二

《四时建除占梦》第三十三

《杂推占梦》第三十四

《禳恶梦十二辰符厌法》第三十五

《袁李二国师占灯花吉凶》第三十六

此书从未见过，仅知北京图书馆藏明初刻本《梦书》，已残，存第二十九门及第三十门，不知即此书否？见王重民《中国善本书提要》子部术数类著录，惜未经目。据云王照圆曾从古类书中辑其佚文为一卷，亦未曾见。

敦煌石窟所出古籍中有《梦书》(S5900)一种，一作《周公解梦书》、《新集周公解梦书》(S620、2222、P3105、3281、3685、3908、3990)，盖托之周公者。据《敦煌遗书总目索引》载其篇章目录：

一、天文章

二、地理章

三、杂事章

四、哀乐章

五、器物章

六、财物章

七、化伤章

八、舍宅章

九、□市章

十、四时章

十一、冢墓章

从其篇目审之，颇有相近之处，此书是否即由其演绎而来，故未得比视也。

次《李淳风足本大怪书》，题作"朝议大夫行太史令上卿都尉大唐仙师李淳风撰"，盖亦托之李淳风者。首有序：

> 夫天灾时变，示有国之大端；鹏吊鼠言，为士民之妖怪。一则作兴衰之先兆，一则垂警戒之别途。阴阳有塞验之时，人伦犯泾斜之蠹。今占常事，不必无之。窃虑玄虫难究，厌谢无方，遂乃采风俗之见闻，证先贤之事实，并诸待箓，曰《日（大）怪书》，想寝（侵）凌于万古，故招摭为一家。宣尼有"不语"之文，民难登其寿域；推子造五行之谍，事多中于国家。览之者无贻乱神之讥！谨序。

全书共十五节，每节俱不甚长。其目录：

《逐日鸟粪污衣物怪》第八

《逐日蛇虫并蜂蝶怪》第九

《鱼鳖螃蟹张捕怪》第十

《身体音声香臭怪》第十一

《鬼唤人名并旋风怪》第十二

《血光污染物色怪》第十三

《竹木花果蚕茧怪》第十四

《书符并咒符法》第十五

惜自第十四以下已残佚。

　　这种书当然近于迷信一类，但在过去总认为是居家常用之书，明刊本《居家必备事类全集》即收有《百怪断经》，是否即此书，未曾经目。这类书颇接近于原始宗教与巫术，为研究社会情况，具体到民俗学，是不可不读。可是这类书在过去旧书店里并不被重视，藏书家也不屑于收藏它，因之如今却已为不易得之书。

七、其他书籍

吃火锅得书记

火锅兴起于东北，盖以地属寒冷，冬日无菜，全仗以水渍大白菜佐食，花样无从翻新，所以想到每餐以火锅煮菜佐食，既可取暖，且辅以水煮白肉，荤素全有，一餐之后，寒意全消，并且可使胃口大开，不觉每顿菜样之重复，使人望而生腻。且即使有客人来，以之相待，也不显穷寒之像，稍加从容，可至市间略买一点海鲜，再加一点粉丝，则已显富裕有余。

此种吃法极为简单，贫富吃食大致相同，固无甚差别，通称为"酸菜白肉火锅"。后来传至北京，发展起来，成为地方一种特色吃法，就是"涮肉"，花样也就多起来，成为北京地方特色吃法。

1997年乘国庆放假之便，偶去扬州作一日偷闲之游，孟芬大姐约吃菊花锅。平生尚未吃过以鲜花作为肴馔之菜，所以特觉新奇。她告诉我，扬州地方不叫"火锅"，是叫"边炉"的，将小锅放在炭火小炉上，和火锅一样，边吃边涮，花样繁多。于是便随其去一小店，已经食客盈门，雅座已满。只得就散座而坐。

这里只有六七张桌子，一个服务员张罗这些顾客，却也够紧张的。只见有一人，提着一捆书，沿着每一张桌子邀请他们选购他的书，但却无人理会，都一口声声"不要，不要"。那服务员也大声吆喝："快点出去，这儿没人买。"那人也不理会，仍然沿桌苦求。不一会儿他就拎着那捆书到了我们这张桌子边上，我因好奇，便问他是什么书，他细声回答："是些旧书，是不是可以挑一两本？我实在穷，没办法，就算周济我了！"大姐大声说："我们是吃饭的，不买书。"

我确实想翻一翻他的那捆书，看看都是什么。大姐阻拦我，叫我不要理他。我笑着说："让我看一看究竟是什么书。"他就赶紧解书相示，都是一些抄的唱本，我看了不感兴趣。看到最底下，一本垫底的破书，却教我注意，它很像明刊本建阳印的小说，于是教他抽出一看。打开看时，书前已经残缺，翻了几叶，才看到书名似是"《新刊类编历举三场文选古赋》"，书名极为陌生，因仔细翻阅，才知是一本元代科场闱墨赋类汇选。过去藏书家是不重视这类书的，因之绝不收藏，现在已经少有了，何况是元代选本，正是绝佳的好书，因告孟芬："我要仔细看看，想买这本书。"孟芬也没拦我，只

《新刊类编历举三场文选古赋》

是忙着叫菜，已经摆满一桌子了，很快地说："快点……快点。"

我仔细翻阅，前缺卷一和卷二并卷三前数叶，完整的是卷四到卷八。书上标有"庚集"二字，可见是以天干标集的。如果是这样，全书应该是十集，如果每集是十卷，那么全书要达到百卷之多，这里只是它的庚集六卷，相差甚远。因问他还有没有，他说："早已没了，有的早已经不知扔到哪里去了。"我告诉他我打算买这本残书，他说："你要就拿去，给几个钱就行。"我问他要多少钱，他只说："随便吧。"再三询之，总是这句话。正好服务员过来，解释说："你就随便给他点就打发了。今天能成交算他运气，每天到这里来，谁理他！"他也不生气，把书捆起，我随手给他十元关金券，服务员说："还不接了快走。"那人夹起那捆书一溜烟走了。服务员说："他今天真交了好运。"我心里想："我才真交了好运，得到一本稀见之书。"

书存五卷余，只一册，首行题作"《新刊类编历举三场文选古赋×卷(庚集)》，第二行题"安成后学刘仁初编"每半叶十四行，行二十四字，有界，有丝栏。板框纵16.0厘米，横10.3厘米。左右文武双边。板心线黑口，双黑鱼尾，颇似明初建阳刻本，但无出版处所。

无意之中，得此奇书，元代科举考试史志记载很模糊，得此大致可以帮助明了一二。

孟芬连续催吃饭，又叫服务员取来陈年绍酒，我一看食物满桌：鱼丸、肉丸、虾丸、鸡片、腰片、肝片等等，加之南京大青菜、菜花、北京白菜、豆腐、粉丝等，另外还有一大盘白色菊花瓣。我说："这怎么吃得了？"孟芬告诉我："你姐夫门诊事完就会来的，三个人足可吃光，不用发愁。"

孟芬把鱼丸、肉丸、虾丸等一齐倒进锅里，接着又把大白菜和菊花瓣也放进去，我心还在书上，很想再翻一翻，但姐夫许汉珊已经来了，只好推杯换盏，开怀畅吃畅饮，的确鲜美异常，稍微带一点菊花香气。只是天气尚暖，没有像在东北吃火锅的澎朴气势。

补记：《文献》杂志季刊2003年1期载有复旦大学黄仁生同志所记《元代科举文献三种发覆》内述及日本静嘉堂文库藏有此书全本，兹抄录于下：

> 甲集，经疑，凡八科，计八卷。
>
> 乙集，易义，凡八科，计八卷。
>
> 丙集，书义，凡八科，计八卷。
>
> 丁集，诗义，凡八科，计八卷。
>
> 戊集，礼记义，凡八科，计八卷。

己集，春秋义，凡八科，计八卷。

庚集，古赋，凡八科，计八卷。

辛集，诏诰章表，凡三科，计三卷。

壬集，对策，凡八科，计八卷。

癸集，御试策，凡七科，计五卷。

"三场"指乡试、会试、殿试而言。全书计十集，共七十二卷。至正辛巳(1341)吉安安成刘贞仁初编集，元末建安虞氏务本堂(在辛集末题)、勤德堂(在庚集末题)合刻本。

记述綦详，足资参考。我虽只残存一册，亦颇感自豪。

喜读《闲话三分》

迩冬兄寄来他的《闲话三分》，这是他在病中不断写的关于谈《三国演义》的结集。过去也曾在报章上发表过，我曾陆续看到过一些，当时觉得很不错，但却没给我留下什么特别深刻的印象，主要因为是断断续续看的。今天打开这本小书，随着一篇一篇浏览下去，不禁爱不释手，不知不觉在晚饭后，一口气读完，花了将近三个小时的时间，以迄掩卷，还觉得有说不尽的余味，一段一段地萦回在脑子里。

《三国演义》是讲史小说，过去一些讨论作品的，基本是评点派，总不外指点怎样读法，还有的则不外讨论人物的塑造，故事的现实主义一些一些，总之，都有些八股气，使人没法轻松地读下去。

迩冬兄这本小书与众不同，不落尘凡，以散文的笔致，把《三国演义》里某一事体，单独勾稽出来，提出问题，与自己的认识加以有机的结合。讨论到某一人物，摆开事实来说明作者对人物的塑造，用纵向考据的手法，代替评点派那种虚张声势的吓人架势，用推理的办法，点出故事矛盾之所在。因之它每一篇讨论着《三国》某一故事或某一人物，话都说了，却是耐人寻味：话已竟而意未尽。

像他点出张飞怒鞭督邮，作者是把刘备故事借到张飞的身上，塑造出鲁莽的张飞那种正义的形象。如果只从书上看，张飞是活了；如果不知道是借用的，就不能看到作者的创造性手法。他不点出诸葛亮与刘表的姻亲关系，出计是为保全刘表死后的势力，瓦解降曹派的阴谋，一些读者是想不到他们之间是由于"葭莩之亲"

的。在这些"闲话"中，不仅是运用了正统参考书如《后汉书》、《三国志》等书里有关材料，并且横向联系到如《魏略》、《江表传》、《零陵先贤传》等彼此可相互补充的事实，甚至利用到像《魏横海将军吕君碑》等石刻来说明问题，都是信手拈来，皆成妙谛。

尤其是这本《闲话三分》对于研究中国讲史小说开辟一个新的研究方法，他排除像毛宗岗《三国志读法》那一套，也不要《怎样阅读〈三国演义〉》（孙昌熙，一九五七年山东人民出版社）的新说教，他用文史结合的办法，指点出《三国演义》是怎样运用史实来创造这部讲史小说的。没有长篇大论，不用铺陈理论，只是简单勾划，已经把《三国演义》的写作方法介绍与人了。

迩冬是作家、诗人，他以有韵味的笔，洞彻的认识，辩证地分析情理，因之能深刻地抓住人物的本质，得到不寻常的论断，并且每篇都不很长，而所谈丝丝入扣，所以显出他独特的风格，使人欣赏。

小的时候，很喜欢读《东莱博议》这部书，就因他谈起来鞭辟入里，言之有物，使我从这部书领会到《左传》里的由事实到写作一些方面的内含，并且是妙笔生花，读了它活跃起自己的思路。我现在读了迩冬兄这本《闲话三分》，也实是有相同之感。

对于研究《三国演义》的书，我不说这本小书是一个尝试，而说是一个成功。

书前有顾学颉、端木蕻良两兄为《闲话三分》写的序文，情文并茂，不落俗诠，的确也都是好文章。

《说葫芦》跋

葫芦在中国一直是一个实用的东西，不独有其长久的历史，而且它的使用面相当普遍，作为舀水、饮水的器具，在古老时代，就有"瓢饮"的记载，所以在一般家庭中，几乎每家都有一个水瓢。

葫芦广泛应用于民间

简单的用具，后来又发展成盛东西的器皿，如盂、钵、碗、碟之类，都是用葫芦做的。另外还发展成某些物品的专用器具，像装酒用的酒葫芦，记得在《水浒传》第十回《林教头风雪山神庙》中就写到它：

林冲道："……却才老军所说五里路外有那市井，何不去沽些酒来吃？"便去包里取些碎银子，把花枪挑了酒葫芦……

在琉璃(玻璃)还没普遍的时候，这葫芦当然是装酒的好瓶子。

另外就是医家拿来装药丸，《西游记》第五回《乱蟠桃大圣偷丹》说到孙行者：

大圣直至丹房里面……但见丹灶之旁，炉中有火。炉左右安放着五个葫芦，葫芦里都见炼就的金丹。大圣喜道："此物乃仙家至宝，老孙自了道以来，识破了内外相同之理，也要炼些金丹济人。不期到家无暇。今日有缘，却又撞着此物，趁老子不在，等我吃他几丸尝新。"他就把葫芦都倾出来，就都吃了。

不单是太上老君用葫芦装金丹，我们还可看到画上的寿星、南极仙翁、八仙中的几位，都是背着一个大葫芦的。

葫芦不单只是这些用途，它在乐器中也占了一席地位，与金、石、丝、竹、土、革、木等平列为八种乐器的本质。

就因为葫芦的普遍使用，艺术家们因而要使它更为艺术化，从形制给它以加工。不过它的兴起是比较晚的，大约是在清代的前期。据《清稗类钞·工艺类》载：

禁苑园御旷地遍植葫芦，当结实之初，斫木成范，其形成瓶，或为盘，或为盂，镂以文字及各种花痕，纳葫芦于其中，及成熟时，各随其范之方圆大小，自为一器。奇丽精巧，能夺天工。款识隆起，宛若砖文。乾隆朝所制者尤朴雅。

简单介绍了清廷内府所制葫芦器的情况，而没说到葫芦器所兴起的年代。不过依据情理，应该在清代以前已经有了，当时只流传于民间，宫廷受其影响，然后开始种植，也摹仿为之，而葫芦器的艺术也因此提高，所以到清代"乾隆朝所制者尤朴雅"。事实这时已经是葫芦器的盛行时代，据《红楼梦》第四十一回《贾宝玉品茗栊(拢)翠庵》中说：

又见妙玉拿出两只杯来。一个旁边有一耳，杯上镂着"㼧瓟斝"三个隶字，后有一行小真字，是"晋王恺珍玩"，又有"宋元丰五年四月眉山苏轼见于秘府"一行小字。

"㼧瓟斝"读作bān páo jiǎ(班袍甲)，是一种带把的葫芦做的杯子。作者特意把这葫芦器上推到晋王恺时代，这说明葫芦器在当时是盛行而普通的，所以要上推到晋代以显示其珍异。

《说葫芦》道尽葫芦之趣

最近友人王世襄先生把他的新著《说葫芦》(壹出版有限公司出版)送给我，这是专门讲葫芦器的书。由于他觉得前人并没完整而全面地把葫芦器的全貌介绍出来，因而自谦题作《说葫芦》。拜读之下，我觉得它实际已把这中国独有的工艺介绍给全世界，它应该命名为《中国的葫芦器》比较合适。

作者是一位嗜好葫芦器而又邃于研究的学者，读中学时已经能火画葫芦。工作之后，又在故宫博物院专门研究过葫芦。他经眼过无数葫芦器，他在书中自述：

> 收藏之富，首推故宫博物院，四十余年前，曾手写编目卡片，并在西路抚辰殿辟瓠器陈列室。……尚能忆及其品色者，有凤纹尊、砚盒、香盒、匏背铜镜、自鸣钟钟楼、大小笔筒、盘、碟、杯、碗等不下数十种，一二百件。

可见他经验之富，学识之广。用他的经验、学识来写这本书，自然游刃有余，难怪这书的历史性、知识性、趣味性如此之强。他不单把葫芦器的原委交代详尽，而且在各个方面都详细说清楚，使人知道什么是勒扎葫芦、什么是范制葫芦、火画葫芦、押花葫芦、针画葫芦、刀刻葫芦等等。对于今天家中尚存有葫芦器而不能识别的，实有一读之价值。

这是迄今为止第一部介绍葫芦器艺术的书，可惜的是没能把故宫博物院所藏葫芦器全部搜罗进来，当然，这是求全责备。

铁皮水舀子代替了水瓢，人们也不再知道什么是葫芦器，但是尚留有一隙余地为葫芦派用场，就是一些喜好养蛐蛐、蝈蝈、金钟儿的人，他们还揣着葫芦如同珍宝一样，装着各自心爱的小叫虫，悠然自得，静听它的鸣叫。所以这本《说葫芦》有一部分篇幅阐述这方面的知识。

作者最近还编辑了一部《蟋蟀谱集成》(上海文化出版社出版)，收集了有关畜养蟋蟀的书十七种。这也是一部开创之作。如果能和这本《说葫芦》结合起来读，当会更有意思。

附记

王畅庵(世襄)兄送给我他的新著《说葫芦》一书时，过去我也曾对葫芦工艺颇为留意，每读书之际，遇有关资料，常摘录之。但过去人记载此工艺者极为稀少，王氏之书，实为首创。偶有友人索写《新书评介》，因以此题应之。顾执笔之际，而我过去所摘存者竟遍觅不得，连近人周汝昌所写谈《红楼梦》书中妙玉之"瓟瓟斝"文章都没找到。因之执笔之际，毫无依据，只好信笔开河，从《水浒传》中林冲之酒葫芦而谈到《西游记》中之神仙葫芦，连醋葫芦与韩康的药葫芦都忘了。匆匆应付差事，殊不如心。今秋检旧札记，忽见所录存者一条，今补录于此。王氏《说葫芦》不知曾用及否？

清外史氏《蝶阶外史》卷四《梁葫芦》条：

> 聒聒(蝈蝈)北地多有，好事率盛以葫芦，置暖地，可经冬不死。葫芦长如鸡心，截其半，嵌以象牙或紫檀为盖；其扁者旁拓玻璃窗，以刀刻诸花卉，都下尤贵重之。梁九公者，太监也，居辇下，种此为业，售必获巨值。言：方葫芦禾成时，束以范，方圆大小唯所欲。大者如斗，可为果盒(常见一盒，盖与底各一葫芦，内外同色，不见其瓢，亦无合缝处。上下斗笋，混然天成，毫无枘凿。质轻而坚，岁久不裂，尤奇)；极小为妇人耳，尤精巧。其他奇形诡制，不可殚述。文备山水花鸟之状，细入毫发，非由刻镂。空隙处，皆有"梁九公制"小方印。他人效之，不能及也。聒聒(蝈蝈)葫芦尤佳，人皆呼为"梁葫芦"。

补记于此，以见葫芦工艺流传有自，清代以前即已有之。

2002年6月8日补记病中

记厨师所写的一本书

在过去封建时代，视厨师为一种手艺人，他们在社会上的地位是不属于工的，仅高于佣人一级而已。所以他们当然与文字无缘，更不会写什么书的。

恰恰寒斋所藏一书，其名为《菜性浅说》，不著撰人姓氏，据书前李庆銮序："忆昔易牙知味，伊尹调羹，古之善能调和五味者，已代不乏人矣。予今观祁州朗峰吕堃所集《菜性浅说》一本，其各物分类，亦见心灵手敏；其考物知性，又知意远思长。真不愧调和鼎鼐之妙手也。……"据文始知其人乃一厨师，姓吕名堃字朗峰。斯真难得而可贵，固不应等闲视之。

书记各种菜性，分为"山珍海错类"、"鱼类"、"肉食类"、"蔬菜类"、"野菜类"、"五谷类"、"干果类"、"鲜果类"、"药性类"、"杂记类"十部，所记甚简单，如所记云："燕菜，味甘淡，性平，大养肺阴，化痰止咳嗽，补而能清，最能调理虚痨百损。竹荪，味甘性平。……"全书即此体例，虽著墨无多，但造句颇精炼，颇近解说药性文字。

书后附《随园须知单》及《全羊做法须知》。《随园须知单》乃取自袁枚《随园全集》，据书前李庆銮序，云为由李建议增入。

《全羊做法须知》为全书最精彩部分，盖言以羊之各部位而做全桌酒席者。据作者自序云："噫！全羊做法，惜未著书，广传于世。皆以口传心受，虽谆谆言传，难免有遗漏之处，何也？盖全羊者，非常用之品也，所以日久生疏，愈失愈乏，良可慨也。予仅识七十九种，著集小说，以资同胞需用云云。"文字殊不通顺，但以出于厨师之手，固难深求。自云"仅识七十九种"，细检书中所载，实只七十五种，当系合筵中点心四道统言之。

所做全羊，从羊头皮迄羊尾、羊血，无不各有做法，且题名颇雅隽，如以羊头皮制肴名之为"麒麟顶"，羊角根制肴名之为"龙门角"，羊舌制肴名之为"迎风香"，羊眼制肴名之为"玉珠灯"，完全不落俗套趣味。

中国过去食谱本不多，至于以肉类制佳肴而成专书者，似仅些一种也。

据李庆銮序谓将此书付之石印，细检板刻情况，详审边栏及字体，乃木活字所印，盖付印时改变主张而未改动原序文字之故，以殊为别致之书而以别致之印刷出之，更属可贵。

《六官典故》跋

这大概可算是中国木刻本书籍最小的一部。全书共十册，高9.6厘米、阔5.9厘米，白粉连纸印，蜡笺外封。书名作《六官典故》。计十卷，木刻软体字，为清康乾时代江浙一带流行字体。每面五行，行十一字，单框，内框高7厘米、阔4厘米。每句都有断句，极精细。

所谓《六官典故》，盖指《周礼》六官而言，故其分卷如：第一、二卷为"冢宰"，第三、四卷为"司徒"，第五、六、七卷为"宗伯"，第八卷为"司马"，第九卷为"司寇"，第十卷为"司空"。

作者主要摘录一些书籍中所载有关名人言行事迹，按其性质分别系于六官，用意是给当时知识分子或官僚们流连赏玩之需。从内容看也可算是小品，但又高于一般闲书；如认为是小说但又比较严肃。大概因为刻这书之人有意要把这部很别致的小书，使人专为赏玩，但又不愿使这书落于一般流俗之手，故安排成这样子，雅而不俗。

据书前自序：

> 杜门督趣剞劂，见若枣若梨，裁割有余，率小材不中用，弃去则又可惜。仆乃戏为此书，取仿世间策料，统之以六官，于凡前代典故，粗具颠末，便观览。自六官外，如经如史，如道统，如性理，稍益旁及，兴尽辄止，以俟将来。夫竹头装船，木屑布地，苟得其用，天下无弃物。仆今此举，亦殆于以无用为有用，虽然浅矣陋矣，巾箱中果安用此浅陋之物为哉？乾隆五年岁次庚申又六月，鲈香居士姚培谦书。

从序文看，自云"督趣剞劂"，可能是一位刻书家。他自云"见若枣若梨"，裁割有余，率小材不中用，弃去则又可惜"则似是托词。此书十卷三百三十三页，如此多的

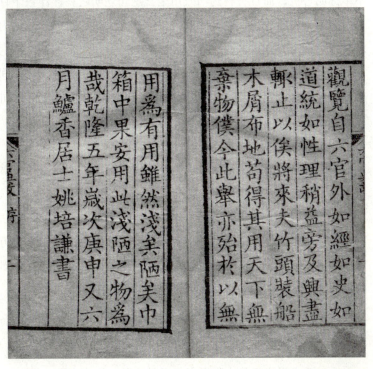

《六官典故》

数量，如果不是特意要雕成这样一种别致的小书，似乎不会有此大量合用的小木块的。可见他还是有意为之者。他自题"鲈香居士姚培谦抄撮"，姚的历史不可考，自称"鲈香"，应是松江一带人，故此书当刊在苏州一带。既不云"辑"，又不称"录"，而作"抄撮"，可见是有意作为赏玩之用者。

刻一本书，总是以它的内容占主要目的。如果专为欣赏、玩庋而刻的大概绝无仅有，如《十竹斋笺谱》，它是以画面专供人欣赏的，这部《六官典故》，它是以别致供人玩庋的，而且比一般袖珍本、巾箱本之类的书还小。在我的藏书中，可算一部珍本。

《明代色布市价表》跋

1938年冬，由海路至上海，寓于庙弄，与郑西谛先生为紧邻，因便往谒，于其案上见一本清乾隆年间北京同仁堂乐家药铺售品目录，凡同仁堂所售诸药，无不毕登，不单标明售价，而且将各药功效用七言绝句述明之，洋洋数十百首，成一厚册。此种书一向不为人所重视，更无收藏者，西谛先生得之殊得意，认为视欧西厂家之产品目录早百余年。

1946年在北京，偶在谢刚主师斋中，也得见一本清嘉道年间北京前门外某花粉店售品目录(店名已不记忆)，形制与同仁堂乐家售品目录完全相同，凡店中所售香粉、胭脂、胰皂、头绳俱详载之，也是每品俱用七绝一首述其功效。曾借来录一副本，今已不知压置何处。

关于产家发行产品目录，中国明代即已有之，如《方氏墨谱》、《程氏墨苑》，只不过未标售价，药铺、花粉店产品目录尚其后也。

由于郑、谢藏书之启发，故也颇留意访求，惜始终未遇之。1948年来北京省亲时，有某小庙拆售屋宇，将殿中佛像迁徙，于像腹中得明隆庆历书一本，纸包绢布一方，布上似有咒文，惜已年久无法展视，但外面包纸则完好未损，取视乃一染店售品仿单，喜甚，收之。从历书证明，此固明隆庆时代物。

目录白皮纸印，板框阔50厘米、高30厘米，其开头约15—16厘米处稍高约5厘米，题"于家"二字，二字下即叙述其铺址、业务范围：

于家崇文门外大街坐东朝西税务司

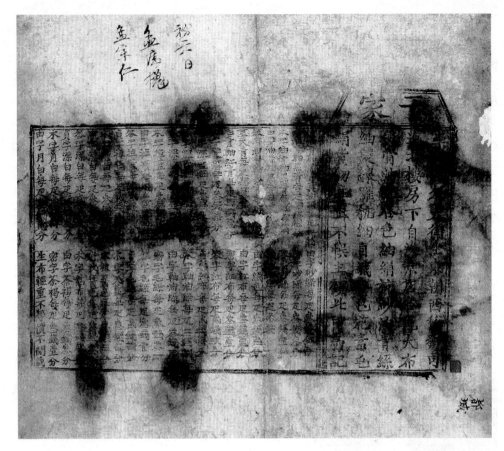

《明代色布市价表》

北楼房厂　自染京店各色大布

透骨油青各色绸绢杭纱　油青丝

绸　双线罗杭绸　自织各色花素

绢　货物真正　不误主顾　此印为记

凡五行，此下即载染色每种价目。

根据这些记载，大体了解到明代色布、色绸市价，也一重要经济资料，虽不及郑、谢二老所藏之有趣味，实也难得而可贵。

价目表上标"于家"二字，可见明代市肆固然标立店名如"鹤年堂"、"六必居"，但也有不立店名而只用姓氏者，似乎也有店名与姓氏并用者，即后来"同仁堂乐家"是也。

明《大统历》跋

过去历书之传世，今日所知，当以近年山东临沂发现的汉代历为现今存世历书之最古者。在法人伯希和从敦煌劫去之文物中，则有唐乾符四年(877)及中和二年(882)历书数本，现藏法国巴黎国民图书馆。但此皆写本，其刻本之始，据记载可考者则始于唐代，但世无传本。宋代历书有《大宋宝祐四年丙辰岁会天万年具注历》，原存仁和丁氏善本书室，已不知流传何处。今仅有复抄本藏于国内几个大图书馆，如北京图书馆、上海图书馆等处。元代名《授时历》，则未见有传世者。明代名《大统历》，今颇不易得。清代名《时宪书》，一般图书馆藏者不多，但故宫博物院图书馆所藏则颇全，且有满文本，乃由于故宫之特殊环境，因得以保存。

明《大统历》藏书家已列于善本，过去叶德辉曾见一册，惊为希见之书，遂请人照样影抄，见《郋园读书志》卷六《明万历壬辰大统历》：

> 此万历《大统历》，为独山莫氏铜井山房藏本，余从楚孙观察借得，属佣书人影钞之。

《明大统历》

原因是原本殊不易得之故。台湾中央图书馆藏有万历二十年《大统历》一册，尾有吴荷屋、黄鞠等五人跋识，皆可见对明代历书之珍重。

三十年代一名藏书家傅增湘老先生无意中于拆装旧书时，在页中拆得明万历间《大统历》一册，惊为奇遇，装订之后，遍邀鉴赏家观玩，可见对之是如何重视。

1946年自川北返，路经沪上，访周越然于其寓庐，因询所藏《大统历》，盖彼有四本，每自矜为得天独厚：

> 清代大儒钱大昕只见万历八年《大统历》残本一册，余有四卷，且有嘉靖元年(1522)者，可以自豪矣。

——见《书、书、书》

实际所藏四本中，以《大明万历四十七年蓝印本大统历》一册为难得，实属少见。

现存《大统历》年代最早者为台湾中央图书馆所藏永乐十五年一册，最为难得，而近世私人藏明代《大统历》最多者为李一氓同志，所贮约二十册，上起成化，下迄崇祯，颇能体现大约二百多年的明代法统，现已全部捐赠于北京图书馆。

总之，明代《大统历》是比较稀见之书，在藏书家的收藏中是不多的。

实际历书在过去本是家常必备之书，不单在日常生活如婚丧嫁娶要查看它，即如平常出行、沐浴、剃头，也有人要检阅一番，因为这些行动在历书每日项下都明白标出"宜"与"不宜"，所以一些相信趋吉避凶之说者俱信奉之，颇具指导作用。

并且历书又是送礼、赏人之物，在《金瓶梅词话》第七十五回：

> 平安就禀："……本府胡老爷送了一百本新历书。"玳安儿又拿宋御史回帖儿来回话："宋老爹说：'明日还奉价过来。'赏了小的并抬盒人五钱银子，一百本历日。"

可见历书是极平常的。正因为如此，反而没有人重视它，没有人将它作为书籍保存起来，以致流传下来的很少。现在各处所存之《大统历》，大半原来出于土木偶像之装藏，原因是明代塑造佛像、道像颇多，每像塑造完毕，都把当年的一本历书安置像腹。后来年久像毁，或重加髹饰，原来所贮诸物遂被取出，因之遂得为藏书家所收贮，实际由藏书家保存下来的，乃绝无仅有，似乎只有范氏天一阁曾藏数册。

明、清两代历书俱属官卖，由钦天监发行，所以在封面上盖有木戳说明，并加盖"钦天监历日印"篆文朱印。说明历书是不准私印贩卖的。此种制度并非从明代开始，早在唐代太和九年(835)前后，四川和江东民间都曾"以版印历日"，唐文宗便下诏"诸道府不得私置历日版"，可见禁止私印历书制度由来已久。

箧中藏书不多，宋元佳椠非力所能举，因之专意收罗《大统历》书，积数十年之力，共得五十余册，其间颇多残烂，兹列其目如下：

《大明正统十一年(丙寅)大统历》

《大明正统十二年(丁卯)大统历》(残、缺十一月)

《大明正统十三年(戊辰)大统历》

《大明正统十四年(己巳)大统历》

《大明景泰元年(庚午)大统历》

《大明景泰三年(壬申)大统历》

《大明景泰四年(癸酉)大统历》(缺尾前一页)

《大明景泰八年(丁丑)大统历》

《大明嘉靖四十六年(丁卯)大统历》(残,缺四、五、六月)

《大明隆庆三年(己巳)大统历》

《大明隆庆四年(庚午)大统历》

《大明隆庆五年(辛未)大统历》(残,缺三月、八月及十月大部)

《大明隆庆六年(壬申)大统历》(残,缺六月以前)

《大明万历元年(癸酉)大统历》

《大明万历二年(甲戌)大统历》

《大明万历三年(乙亥)大统历》

《大明万历四年(丙子)大统历》(残,缺三月以前)

《大明万历五年(丁丑)大统历》(残,缺末页)

《大明万历七年(己卯)大统历》

《大明万历八年(庚辰)大统历》

《大明万历九年(辛巳)大统历》(残,缺末页)

《大明万历十一年(癸未)大统历》

《大明万历十二年(甲申)大统历》(残,缺四月以前)

《大明万历十三年(乙酉)大统历》

《大明万历十四年(丙戌)大统历》(残,缺四月至九月)

《大明万历十六年(戊子)大统历》

《大明万历十七年(己丑)大统历》(残,存首、七、十二月及末二页)

《大明万历十八年(庚寅)大统历》

《大明万历二十年(壬辰)大统历》(残,缺四月以前)

《大明万历二十一年(癸巳)大统历》

《大明万历二十二年(甲午)大统历》

《大明万历二十三年(乙未)大统历》

《大明万历二十四年(丙申)大统历》

大明景泰三年歲次壬申大統曆

正月大　　　　　　　　　　至正月節至立春正月中

二月小　　　　　　　　　　清明二月節　穀雨二月中

三月大　　　　　　　　　　立夏四月節　小滿四月中

四月小　　　　　　　　　　芒種五月節　夏至五月中

五月小　　　　　　　　　　　　　　　　　　　夏至

六月大

《明大统历》

《大明万历二十六年(戊戌)大统历》

《大明万历二十七年(己亥)大统历》

《大明万历二十九年(辛丑)大统历》

《大明万历三十一年(癸卯)大统历》

《大明万历三十二年(甲辰)大统历》

《大明万历三十三年(乙巳)大统历》

《大明万历三十四年(丙午)大统历》(残,缺首页及末页)

《大明万历三十五年(丁未)大统历》

《大明万历三十六年(戊申)大统历》

《大明万历三十七年(己酉)大统历》

《大明万历三十八年(庚戌)大统历》(残,缺首半页)

《大明万历三十九年(辛亥)大统历》

《大明万历四十一年(癸丑)大统历》(残,缺一月以前)

《大明万历四十四年(丙辰)大统历》(附《五星伏见目录》)

(《大统历》残,缺六月下半月至九月上半月,《五星伏见目录》缺五月至十二月)

《大明万历四十五年(丁巳)大统历》(残,缺卷首及一月、二月上半月,又缺十二月下半月及以后诸页)

《大明万历四十七年(己未)大统历》

《大明崇祯十四年(辛巳)大统历》(残,缺三月半纸及六月、十一月、十二月)

钦天监颁售之《大统历》,从所藏各本形审之,共有两种,一种每月一页,此种当是供一般人日常所用;另一种每半月一页,在这些本《大统历》书中共有四册,内容与前一种全同。何以有此区别,尚不得知。至于《大统历》后附《五星伏见目录》一种,则各从未见同式者,据《明史》卷三一《历志》:

岁造《大统民历》、《御览月令历》、《七政缠度历》、《六壬遁甲历》、《四季天象占验历》、《御览天象录》,各以时上。

此《五星伏见目录》却未见于其中,是《明史》亦有所漏载者。

书之装订也有两式。寒斋所藏,隆庆以前俱蝴蝶装,隆庆以后只隆庆四年一本为蝴蝶装,可见当时钦天监所颁售者有两种装订本。印刷颜色一般俱墨印,比较少见者为蓝印本，据说尚有朱印本云。

形式所以不统一，据明沈德符《万历野获编》卷二十《历学》载：

> 钦天监造历，每年六月内，礼部先发历样，两直各府及各布政司依式翻刻，毫无加损。……南北各省又有解京历日，以补京兆府所不足。……宣德间，钦天监历日共造五十万九千余本。英宗登极，省为十一万九千余，盖减十之八云。

历书既然不是一处印造，当然不会整齐一律，颇疑蝴蝶装本为京兆府所印造，而窄小略为粗糙者为外地印造者。

《万历野获编》卷二十《历法·改造漏刻》条载：

> 正统五年［1440］上巳。御制《天浑仪》矣，至十二年［1447］十一月，钦天监正彭德清又上言：“蒙钦造铸铜仪，验得北极出地度数，太阳出入时刻与南京不同。南京北极出地三十六度，北京出地四十度强。南京冬至日出辰初初刻，入申正四刻，夜刻五十九；夏至日出寅正四刻，入戌初初刻，昼刻五十九。北京冬至日出辰初二刻，入申正二刻，夜刻六十二；夏至日出寅正二刻，入戌初一刻，昼刻六十二；各有长短差异。今官禁及官府漏箭皆南京旧式，不可用。”上令内官监改造。是时禁中官漏循用新制不待言，而次年春，造乙巳历，盖即用其言颁天下矣。按十二时大刻九十六，益以廿四小刻，共为百廿刻。然小刻只抵四大刻，故总谓之百刻。冬夏二至，昼夜均用之，安得于圣朝正朔中妄自增加，真不祥之尤矣。今通用历日中，冬至日出仍辰初初刻，夏至日出仍寅正四刻，并不行彭德清所建白也。

彭德清所上言是科学的，是按北极地理求得的，但被一些保守腐儒所否决。验之箧中所藏历本，正统十三年(戊辰［1448］)确作“冬至，十一月中，日出辰初初刻，日入申正四刻，昼四十一刻，夜五十九刻”、“夏至，五月中，日出寅正四刻，日入戌初初刻，昼五十九刻，夜四十一刻”。至正统十四年(己巳［1449］)则作“冬至，十一月中，日出辰初一刻，日入申正二刻，昼三十八刻，夜六十二刻”、“夏至，五月中，日出寅正二刻，日入戌初一刻，昼六十二刻，夜三十八刻”。沈德符所记不误。箧中尚有《大明景泰元年大统历》，所载与正统十四年《大统历》同，因无景泰二年《大统历》，故不知改否，至《大明景泰三年大统历》，则已改回如正统十三年前之原式。故此种改运可能只实行二年或三年。

景泰纪元只七年，但现存却有《大明景泰八年大统历》，盖英宗(朱祁镇)复辟，天顺改元在景泰八年正月，景泰八年《大统历》已先于七年十月朔颁售，故其间实无天顺元年［1457］之《大统历》。又《大明嘉靖四十六年大统历》，被墨笔将"嘉靖四十六"改为"隆庆元"，当是使用人所改动?据《明史》卷四十八《世宗本纪》嘉靖四十五年［1566］载：

> 十一月己未，帝不豫。十二月庚子，大渐，自西苑还乾清宫。是日崩。

按钦天监于每年十月进呈历书样本，然后颁售。《万历野获编》卷二十《历法》条：

> 正朔之颁，太祖定于九月之朔，其后改于十一月初一日，分赐百官，颁行天下。今又改十月初一。

《大明嘉靖四十六年大统历》已颁售于前，世宗崩死在后，故历本仍为"嘉靖四十六年"，无隆庆元年［1567］《大统历》也。

《大统历》对节气之日时刻分与太阳出入昼夜时刻俱不详载，"初一"、"初二"、"初三"等字样俱作"一日"、"二日"、"三日"，又《大统历》十二辰列在二十八宿之下，十二辰谓"建、涂、满、平、定、执、破、危、成、收、开、闭"；二十八宿谓"角、亢、氐、房、心、尾、箕、斗、牛、女、虚、危、室、壁、奎、娄、胃、昴、毕、觜、参、井、鬼、柳、星、张、翼、轸"，这些都与后来清代《时宪书》的安排是不同的。

己未六日既望

明田艺衡《留青日札》卷十二、十三、十四专谈《大明大统历》，对于《大统历》历法以及故事言之颇详，惜以过长，不能详录，实为研究《大统历》者必读之参考书也。

这些《大统历》已捐赠北京图书馆，书虽已去，但数十年辛苦收集，颇费经营，仍留于此，以志心情。

1996年10月记

附录

叶德辉《郋园读书志》卷六《大明万历二十年岁次壬辰大统历》一卷

此明万历壬辰《大统历》，其格式悉与今大清《时宪书》同。稍异者，每月交中气后数日而日躔某星之次，多或十一日，少或六日。其每月上旬，只称"一日"、"二日"、无"初"字；建除十二辰，在二十八宿之上；书上、下弦、望，而不书合朔，亦不注时刻，节气则有时刻而无分。又月内有"盈"、"虚"字标于书眉阑线内。钱竹汀日记所见《万历八年大统历》残本与此同，盖沿用元郭守敬《授时历》也。由元历上推至宋历，大致未有变更。《宋史·律历志》云："南渡以后，继作历者凡八"，曰"统元"、"乾道"、"淳熙"、"会元"、"统天"、"开禧"、"会天"、"成天"、"今此八者，惟《会天历》"尚传。余见影宋本《大宋宝祐四年丙辰岁会天万年具注历》，其格式亦与《大统历》及今《时宪书》无异同。惟七十二候用汉焦延寿《易》分挂值日之法，分载各候下，则为明以来历书所无。窃谓一代帝王之兴，其改正易服，本大经大法之常，然从俗从宜，必准诸圣人"民可便由"之义。故此六七百年来，风俗习尚未尝欲有所改造违民志也。至本《历》节气有时刻无分，又无省会迟速之别，则以推算古疏今密，旧法不能测准，故不敢详晰注明。若十二月、正月置闰，亦与今历不同。盖冬至后一日长至，至二月春分，此九十日中岁气，平均积三年所余，其盈出之零分，不足此二月之数。故此二月有小建而无余算。钱唐缪之晋《时宪书注》论之甚详。本《历》后列六十甲子，嘉靖十五年闰十二月，又廿四年闰正月，万历二年又闰十二月，可见明时历注差谬。宜其自成化以来日食失算者屡也。又后百忌日，有"丁不剃头"一语，今《时宪书》及《会天历》，宋无撰人，《三历摄要》引并同。阅者向疑成人剃头出于国制，不知其为小儿剃头之谓。"剃"字本作"鬀"，《说文解字彡部》："鬀，鬀发也，从彡，弟声。大人曰髡，小人曰鬀，尽及身毛曰鬀，字又借作剔、作夷。"《周礼官·秋·大司寇》："薙人。"郑注："《书》或作夷。"玄谓读如。小儿头之鬀或作夷，此皆薙草也。古者男女未成童以前皆鬀发。《礼记·内则》："生子三月，择日鬀发为鬌，男角女羁，否则男左女右。"郑注："鬌，所遗发也。夹囟曰角，午达曰羁也。"孔疏云：夹囟曰角者，夹囟两旁当角之处留发不鬀。云午达曰羁也者，按《仪礼》云：'度尺而午。'注云：'一纵一横曰午，今女鬀发留其顶上，纵横各一，相交通达，故云午达。不如两角相对，但纵横各一在顶上，故曰羁。羁者隻也。'"此足明古时小儿鬀发之义。宋陈振孙《直斋书录》解题："《百忌历》二卷，唐吕才撰。"是其书在宋必盛行，故《会天历》、《三历摄要》皆引之。古人选日剃头，正与《内则》"择日鬀发"皆合，则其俗尚亦甚古矣！干支二十二字所忌，皆有取证。因此向为人所不解，故论及之。

《桂林轩·香雪堂各色货物簿》跋

《桂林轩·香雪堂各色货物簿》一册，详载所经营各色货物，盖即其售品目录。自明末以来，资本主义开始萌芽，经营商业者，亦颇注意宣传，早则如程君房、方于鲁之《墨苑》、《墨谱》，皆为其制品而特行编制者。又曾见有药店售品目录，洋洋一厚册，几千百种药物，详录其功能、治法，以为介绍，实际俱为自己宣传之地。此册《各色货物簿》，亦其类也，殊为少见，尤其所记诸物，颇有关名物，如各种胰、皂、金花沤子等。过去读《红楼梦》，对其所载"鹅胰"、"沤子"，俱不能明，得此稍知其大概焉。

桂林轩为清代北京最有名气之化妆品店，地址在东交民巷，直到东交民巷划归使馆界，其店因在界内，始行歇业。盖有百数十年历史者。北京竹枝词中曾有专题咏之，题目即作《桂林轩》，诗云："桂林轩货异寻常，四远驰名价倍昂。官皂鹅胰滴珠粉，新添坤履也装香。"

此册《各色货物簿》似为道光年间编成，据竹枝词有"新添坤履"之语，而此册适有之。竹枝词编于道光季年，故可信为道光年间物也。

此虽为一简单目录，但颇可觇当时社会情形，殊有其史料价值。郑振铎先生获得乾隆年间北京同仁堂药品目录一册，视同珍籍，可见学者着眼工夫固不同也。

近来辛德勇同志惠赠《桂林轩·香雪堂各色货物簿》复制本一册，与前抄本文字全同，惟价钱改易，已涨五倍，原定二百文者，已改为"钱一吊贰"，可见十余年间，物价之猛升与铜钱之贬值，固甚巨也。辛本盖在八国联军入京略前所刻。书此以志感谢。

《赵志集》跋

《赵志集》一卷，《全唐诗》不载，《全唐诗逸》亦未收，这里藏于日本而国内已佚的唐代诗歌卷子，现存天理图书馆，最近收入《天理图书馆善本丛书(汉籍之部)》二，始得与世人见面。

全卷以六纸接连而成，据花房英树题解，第一纸十九行，第二纸二十七行，第三纸二十一行，第四纸五行，第五纸二十七行，第六纸十一行，从用纸长短之不规律，应不是当时之精抄卷子。全集共录诗十首，其目为：

一、敬赠　　张皓兄

二、奉酬　　刘长史

三、秋日在县望雨仰赠郑司马

四、仰酬　　郑司马兄秋日望雨见赠之作

五、秋晚感时寄　　裴草然

六、奉酬　　裴草然秋晚感时见贻之制

七、敬和　　裴草然秋晚感时寄张结之作

八、闲厅晚景敬呈　　徐长史

九、敬和　　徐司马闲厅晚景之赠

十、奉和　　闲厅晚景　　司户苏然

细审书法，确为唐工经生所书，其中如"经"字偏旁作"纟"，"宴"字作"晏"，"葉"字、"堞"字俱将中间"世"字改用"云"字以避讳，都可说明书写的年代。

日本汉学家都认为这是"赵志"的诗集，是他的作品。实际这是值得商榷的。仔细审查此十首诗中，至多可能只有赵志诗三首，甚或此卷诗集只是赵志抄录者，内中连他的作品一首也没有，也属可能。

现在根据卷中所标诗题，我们可以知道，第一首《敬赠》是张皓给刘长史者，其诗题应作《敬赠刘长史》，盖其题下"张皓兄"三字乃抄录者所记作者姓名，由于同属友人，因加"兄"字。其第二首当是刘长史和章，诗题应作《奉酬张皓兄》，其"刘长史"三字亦抄录者所标识。第三首是郑司马所作，诗题应是《秋日在县望雨仰赠　　》，"郑司马"三字亦抄录者所记。第四首是郑司马仰酬之作，如果郑司马所赠之人即赵志，则此首即赵志之作，否则当另有其人，而是由赵志抄录者。不过有一点可以知道，作此诗者其地位应视司马为高，所以原题用"仰赠"，而此诗则以礼貌答之作"仰酬"也。第五首诗题应作《秋晚感时寄张结》，而作者乃"裴草然"。第六首则是张结奉酬裴草然之作。第七首或者是赵志之作，但也可能为他人所作而由赵志录之于此者。第八首诗题应是《闲厅晚景敬呈　　》，题下所署"徐长史"亦作者官职与姓也。第九首为被赠诗者和章，其人或即赵志，亦无法确指。第十首则为司户苏然之作。从整个十首诗的诗题与内容总起看来，它与卷题《赵志集》之名是不相符的，因其中明显大部非赵志作品。但此书何以题作《赵志集》，实为不解。

诗无特殊造诣,平常之作而已。像这样唐人诗,近来已陆续发现不少,除如敦煌洞窟中所发现的王梵志诗外,其他只不过为《全唐诗》增加一些数量而已,颇难称为佳作。

赵志、张皓、裴草然、张结诸人名之见于诗题中者今俱无考。

诗中有些字已模糊无法识别,只好空之;还有一些可能是笔误,如《敬赠　　张皓兄》诗中之"绿蚍"应是"绿蚁"之讹,"萧深"应是"萧森"之伪,"鸾风"应是"鸾凤"之讹等,更有些不识之字,如《奉酬　　刘长史》诗中"迅翮?搏空",只好依样摹之,至于诗中脱字如《奉酬　　刘长史》诗中"口谢铅笔"前明缺一字,《秋晚感时寄　　裴草然》诗"惊飔飓"第一字后亦少一字,都是很明显的。

记宜秋馆本《九僧诗》

不著编者姓名,首扉叶,题"《宋九僧诗》,潘飞声署"。下钤小印:文作"诗世家"。背题三行:"宜秋馆以/景宋钞本/梗刊"宜秋馆为道、咸间李之鼎斋名,李字振唐,南城人,有《宜秋馆诗》六卷(清刊本),仕履不详。此书虽近代刻本,但流传稀少,颇不易得。

书前集收宋九僧诗,僧希画诗十八首、僧保暹诗二十五首,僧文兆诗十三首,僧行肇诗十六首、僧简长诗十七首、僧惟凤诗十三首,僧惠崇诗十一首、僧宇昭诗十二首、僧怀古诗九首。后集为《九僧诗补遗》,题作"汲古阁辑录",此等署法亦希见,盖出自毛扆手也。在《补遗》有毛氏题识一段:

> 欧公当自以九僧诗不传为叹。扆后公六百余年,得宋本弄而读之,一幸也。较之晁、陈二氏皆多诗二十余首,二幸也(晁公武《郡斋读书志》《九僧诗》一卷,一百十篇;陈直斋《书录解题》一百七篇,今扆所得一百三十四首,比晁多二十四首,比陈多二十七首)。此本但有僧名而不著所产,又从周辉《清波杂志》得宇昭《晓发山居》一首,并为增入。但陈直斋所云:景德初,直昭文馆陈充序目之琢玉工以对姚合射雕手者,此本无之,诚欠事也。方虚谷谓司马温公得之以传世,则此书赖大贤而表章之,岂非千古幸事哉!《清波杂志》又谓序引惠崇到长安诗"人游曲江少,草入未央深",此亦无之。且谓惠崇能画,引荆公诗为据。读《瀛奎律髓》有宋景文公《过惠崇旧居》诗。又读杨仲弘集有《题惠崇

〈古木寒鸦〉诗，并欧公诗话》、《清波杂志》二则附录于左。康熙壬辰(五十一年〔1712〕)三月望日隐湖毛扆斧季识。

附录如毛氏识语及未署名《跋宋高僧诗》一段，"陈起编"不知何据。最后为乙未(道光十五年〔1835〕)古农余萧客记因假滋兰堂本录出记文及庚申(咸丰十年〔1860〕)李之鼎记其刻此书于江西之由。

此书亦见傅增湘《藏园订补郘亭知见传本书目》卷十六上集部八总集款：

> 《九僧诗》一卷……明末毛氏汲古阁影写宋刊本，十行十八字，白口，左右双栏。李木斋先生藏。

盖据李木斋藏本入录，实为不确。木斋本似是从无补遗本出，毛氏原本至今无人知其形式。

《郘亭遗文未刊稿》跋

独山莫友芝手稿本，存文六篇：《陈息凡〈香草词〉序》、《心白日斋诗卷题辞》、《再寄曾侍郎》、《复曾侍郎》、《寄王少鹤先生》、《寄于湖鲁观察》。写于无栏格之毛边纸上，中间多涂改处，盖草稿也。卷末有"莫"字之押及"其名曰友"篆文印。

这一小薄册所存大篇文章，全为清咸丰十年(1860)作品。其《陈息凡〈香草词〉序》曾刊于《郘亭遗文》中，余五篇，如《心白日斋诗卷题辞》，乃为尹耕云作，"心白日斋"即尹氏斋名，其《心白日斋诗》却未见，徐世昌《晚晴簃诗汇》卷一五〇收之，盖即从其集中选出。《诗汇》附有小传："尹耕云，字瞻甫，号杏农，江苏桃源人。道光庚戌(三十年〔1850〕)进士，授礼部主事，历官河南河陕汝道。有《心白日斋集》。《诗话》：杏农有经世才，咸丰中在谏垣，封章数十上，论军事，多被采纳。忤权贵，以科场案降官，后复起佐河南戎幕。"《清史列传》亦有传。这篇《题辞》应即为这部诗集写的。两封致"曾侍郎"书札，即致曾国藩者，这时他旅居京华，境遇颇为窘迫，自云："缁尘逐选，出门已非；静俟春官，所业又左。"盖意图曾国藩能招致入幕者。《寄王少鹤先生》，少鹤名锡振，道光二十一年(1841)辛丑恩科三甲三十四名进士，广西马平人(见《清代进士题名碑录》)，有《茂陵秋雨

陳息凡香草詞序

詞自皋聞選論出其品第乃驕詩而上，直抉國風之府

之遺海内學人始不以歌詞為小技相疵病蓋以来斯

義大暢幾于人盡登而戸說花詞或意隨言極次而後而

寓纏音宛情靡文藻而不偏其顯興也風韻坩雪味也

以別其訂喻不出乎美人香草而去今升降之物變態

周不可以掇諸言之表溫埤鬱而理性情同歲息凡

子風擅詩筆年降四十始涉為詞即洞其奥亦阮息更悲

世故章奉官場屬時多事軼當踵題有居息涸怵耳目根

《邵亭遺文未刊稿》

猶記二十年前余館于藏園假得藏園老人枕中秘籍
目錄迻錄于郘亭知見傳本書目之上後又見影山草堂圖
知向覺明兄嗜此者為之作緣歸之然余之喜碑版傳錄
之學生於此令

紹良仁弟出此冊相示郘亭手蹟凡為文六首其陳恩九
喬草詞序見于郘亭遺文至心自日齋詩卷題辭再寫寄曾
侍郎書等五篇則均未刊福也曾侍郎為曾國藩當清咸
同間曾左幕府中號稱多士然方鴻濛屈于下徐王湖待
與之意見輒左余瀏范蔚宗後漢書其雜傳論自蔡伯喈孔
文舉以下其遭遇之際未曾不愀乎言之蓋歷代之權臣如
相之待士往往以己之喜怒為轉移視人之生命如芻狗自古已然
迄于當左輩而未改若郘亭先生者博洽多聞而淡泊名志
半生以筆耕僑寄通遊名山乃悠游於老識者誰悲其遇然予
以見其志己一九六四年十二月五日謝國楨記于首都

《郘亭遺文未刊稿》跋

词》，曾选入谭献《箧中词》卷四。"于湖鲁观察"，时任贵州道员，字尊生，盖莫氏桑梓父母官，尚未查得其经历。何以此五篇未收入《邵亭遗文》？疑由此稿迷失之故，而《陈息凡〈香草词〉序》或由刊本录出之？

谢刚主(国桢)师曾为此册跋云：

> 犹记二十年前，余馆于藏园，得藏园老人《枕中秘籍目录》，遂录于《邵亭知见传本书目》之上。后又见《影山草堂图》，知向觉明兄嗜此者，为之作缘归之。然余之喜碑版薄录之学者以此。今绍良仁弟出此册相示，邵亭手迹，凡为文六首，其《陈息凡〈香草词〉序》见于《邵亭遗文》，至《心白日斋诗卷题辞》、《再寄曾侍郎书》等五篇，则均未刊稿也。"曾侍郎"为曾国藩，当清咸、同间，曾、左幕府中号称多士，然方鸿蒙屈于下僚，王湘绮与之意见辄左。余读范蔚宗《后汉书》，杂传论自蔡伯喈、孔文举以下，其遭遇之际，未尝不慨乎言之。盖历代权臣奸相之待士，往往以己之喜怒为转移，视人之生命如刍狗，自古已然，迄于曾、左辈而未改。若邵亭先生者，博洽多闻，而淡泊名志，半生笔耕侨寄，遍游名山，乃悠然终老，识者虽悲其遇，然可以见其志已。一九六四年十二月五日，谢国桢记于首都。

的确，莫氏博洽多闻，从他的《邵亭知见传本书目》就可见其学问之渊博非一般人所可企及，眼界之宽，识见之广，笔墨之勤，端是学人。书法亦可爱，出于《张猛龙》而别具书卷气。

书得于北京厂肆，毫无签识，书面用新闻纸，上篆书"独山莫友芝手稿"七字，并将七篇文章题目录出，不知出何人手。雕师为改题《邵亭遗文未刊稿》。

谈"本衙藏板"

刻本《红楼梦》最早当然是程伟元的摆印本，其次比较重要而且比其他一些版本要早的，当属于"本衙藏板"本。书的扉叶有一篇题记：

> 《红楼梦》一书，向来只有抄本，仅八十卷。近因程氏搜集刊印，始成全璧。但原刻系用活字摆成，勘对较难，书中颠倒错落，几不成文。且所印不多，则所行不广。爰细加厘定，订讹正舛，寿诸枣梨。庶几公诸海内，且无鲁鱼亥豕

之误，亦阅者之快事也。

从这篇题记含意查之，显然说明它是根据程伟元乾隆五十六年(1791)第一次摆印本刊刻的。他感到程氏摆印本很多"颠倒错落"，因而才"细加厘定，订讹正舛"重新刊刻。因之这个本子的产生，应该是紧接着程伟元第一次摆印本之后，与程氏第二次乾隆五十七年(1792)摆印本同时产生的。

书的题记背面有识："新镌绣像《红楼梦》，本衙藏板。"因之人们对这个本子通称为"本衙藏板"本。但对刻者何人？"本衙"何所取意？实莫能明，也无从追究，总以为必然与官府有关，当属官刻书之类。

当然，中国过去传统，刻书事业大致可分三类，第一类是"官刻本"，它是一些官方刻印的书，包括皇室、内府、官衙，如造办处、六部衙门、钦天监、国子监等，以及地方官署等。其次是私人刻书，著名如宋代相台岳氏、世彩堂廖氏，一直到清代的黎氏(庶昌)，近代之吴氏、董氏，这类私人刻书极多，普遍称之为"家刻本"。另外一种是书坊刻印销售的，著名的如建安地方、婺州地方、南京、安徽等地一些书坊，都是极富盛誉的，人称为"坊刻本"。

从字面体会，"本衙藏板"似当属官刻书籍，但像这类通俗小说，过去官署是绝不会刊刻的，一则有碍官箴，再者一般认为它有关风化，过去人们都不会把通俗书籍视为正道的，因之官署是绝不会沾上这个边的。那么"本衙藏板"又何所取义呢？

实际过去书上扉叶题着"本衙藏板"字样者颇多，如清康熙刊本黄周星《唐诗快》，清乾隆十三年(1748)刻本《河防一览》，在扉叶上都是题着"本衙藏板"的。清康熙刻本《陈迦陵词全集》则题作"彊善堂本衙藏板"，由此可见"本衙藏板"与官署无关，尤其可以说明问题的是这部《陈迦陵词全集》题款，它的本衙是"彊善堂"，显然是一私人。因之可以考定，"本衙藏板"的书，都是私人刻的书。

近读三韩曹去晶编的《姑妄言》卷九第九回《邬合苦联势利友、宦蓼契结酒肉盟》，回中载贾文物家宅门首情况：

> 话说邬合到了贾进士门前，只见门楼正中挂着一个门灯，上面"贾衙"两个大字。

又同回载童自大府宅堂上情况：

> 庭东南角上放着一面大镇堂鼓，西边一顶屯绢围子五岳朝天锡顶的大轿，一把大雨伞，两对大(幔)灯：一边是"候选州左堂"五字，一边是"童衙"两个大

红字。

这里"衙"字实即"府"字、"家"字的意思。为什么贾、童两家偏用"贾衙"、"童衙"字样,不用"贾府"、"童府"或"贾家"、"童家"呢?原因是"府"字与官府相连,贾家是有钱而无官职人家,童家虽是"候选州左堂",也非实缺官员,因之他们都不敢用"府"字。而"家"在当时是专对市民商贾用的,如同仁堂则称"乐家",海宁查氏是盐商,则通称为"查家",都不是极高尚的称呼,因之习俗上都不愿用"家"字,故用"衙"字代之,实即仍然是"家"的意思,因之现在可以明白,"本衙藏板"实是私刻本书,是"本家藏板"的意思。

以"本衙藏板"字样镌于书上是很多的,兹不列赘。

这些"本衙藏板"书过去是没有人注意的,设非中国书店同人努力收集,并有意为搜集人保留,是不容易集中在一起的。过去周弢翁收集活字本书籍,如果不是中国书店同人遇到即为保留,哪里会一时就聚集这么多到他手里!所以中国书店为我们这些人服务之功是不能忘的,而书店同人帮我们收集资料之用心更为可感。

跋明刊本《析疑论》

明刊《析疑论》一册,前后俱已残损。

大约在一九三四年,偶去宣武门小市,正俯身在小摊上寻觅可留之书时,忽一相熟书友从旁相呼,云有明板残书要否。盖彼知我常收一些残本冷书者。因起而视之,则已取出在手,递与相视。接而审之,前半已无存,不知书名;尾部亦残损,乃从书口查看,中缝上鱼口有《析疑》二字,思索良久,始悟为《析疑论》,因携归。以日本新修《大正藏》核对,发现在第五十二册中,标作"子成撰,师子比丘述注"。版式颇不同,《大正藏》本每句一注,每句、注为一行。书末即西域师子所作诗一首;此本则多《唐肃宗皇帝御三教增诗二十一首》。唐肃宗诗当然是伪作,按每章为一题。因从检查前面所缺,计失《叙问第一》、《圣生第二》、《问佛第三》,《喻举第四》、《宗师第五》、《通相第六》、《论孝第七》、《拒毁第八》、《评议第九》、《举问第十》、《解惑第十一》开端部份。

书为明代坊间刻本,每叶单栏,中缝只有上鱼口,下署《析疑》二字;无下鱼口,而标有叶数于其处,存者自三十九叶起,迄六十六叶之前面。每面九行,行

以封域而限賢愚之頑美陋哉　　且次

命出要羞而聖哲

文生於西郊而脩人德

黃常道慕華胥行　　老子義學

統頑忘返自鄙周室之席　　穆王過

天竺

綠頭忘返自鄙周室之席如

既返周室鄙姨周國

齊桓適遼口而亡歸自思齊國之不若　六管

二十三字。注文作小字，在每句下，字数不等。每句并注为一行。

过去人都认为此书作者子成是元朝人，今睹此册，附以唐肃宗二十一首诗，是把"子成"视为唐人。可惜肃宗二十一首诗，这二十首依书内题可知《先知十七》之后为《尊积十八》、《言符十九》、《会名二十》，但这《二十一》又作何题目，当取别本对出，此论只明南藏、北藏、嘉兴藏(兹字函)、清藏(军字函)收之，单行本有否尚不知也。

二〇〇一年冬，以书付儿子启晋，当即嘱书友重为装池，颇雅致，因取而记其经过。老病相侵，眼花头晕，书几不成字。周绍良时年八十六。二〇〇二年八月十日补记。

明万历四十七年《会试中式题名》跋

自从唐、宋以来，读书人如果预备参加仕宦之途，唯一途径只有科举，但这并不是容易的，"三更灯火五更鸡"之外，还要经过三番五次的考试，如果幸运地中试，这才能任官授职，开始博得出身与功名。

明代科举自下而上分为三个阶段、四次考试：院试、乡试、会试和殿试，实际上会试是殿试预备阶段，虽是两试而为一个组成部分。故清赵翼《陔余丛考》卷二八《举人》条载：

> 会试中式者，礼部放榜，但云会试中式举人，必俟殿试后，赐进士及第、出身、同出身，始谓之进士。或有事故不及赴殿试者，但尚是中式举人，不得称进士。

故会试和殿试是一个阶段。

据《文献》第二十期骆兆平同志《谈天一阁藏明代科举录》云：童生的初级考试为院试，是由当地学使主试的，及格者称生员，在乡试前一年，再试诸生之优劣，以决定其是否参加乡试。

乡试是在每逢子、卯、午、酉年举行，号为"大比"。考期总在秋季八月举行，所以又称"秋闱"。生员与具有监生资格者可以参加考试，中式者称为举人。

乡试在顺天府(北京)、应天府(南京)及各省布政司衙门所在地举行。考试结束，

便分别刊印"乡试录"。乡试录的格式比较
统一，除前后序文外，内容包括四个方面：
一、记载主持该科考试官员的官衔、姓名、
籍贯、功名。他们的职务分为临监官、提调
官、监试官、考试官、同考试官、印卷官、
收掌试卷官、受卷官、弥封官、誊录官、对
读官、巡绰官、供给官等。二、记录三场考
试题目，第一场考四书、《易》、《书》、
《诗》、《春秋》、《礼记》；第二场考
论、诏、诰、表、判语；第三场考策问。
三、中式举人名单，包括名次、籍贯、治何
经典。四、中式文选。

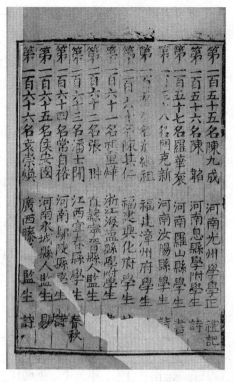

《会试中式提名》

乡试第二年，也就是每逢丑、辰、未、
戌年，各省举人集中京师会试，一般总在春
季二、三月份举行。所以称"春闱"。会试
由礼部主持，故又称"礼闱"。

会试结束，由礼部刊布"会试录"。会
试录也称为"小录"。其内容除前后序文外，也记载着：一、知贡举官、主文官、考
试官、掌卷官、监试官、提调官、印卷官、受卷官、弥封官、誊录官、对读官、监门
官、搜检官、巡绰官、供给官等职官衔、姓名、籍贯、功名。二、三场考试题目。与
乡试录同。三、中式举人名次、籍贯、所治经典。四、中式文选，选较杰出文章，每
题约一二篇，每篇前均有同考官和考试官评语。

接着乡试为殿试，中式之后才正式成为进士，分为三甲，一甲只取三名，赐进士
及第，二甲若干人，赐进士出身，三甲若干人，赐同进士出身。

殿试后也由礼部刊"登科录"，内容包括：一、玉音。有礼部尚书奏文及皇帝
批示，记录发榜谢恩礼仪及提调官、读卷官、监试官、掌卷官、受卷官、弥封官、对
读官、搜检官、监门官、巡绰官、印卷官、供给官等官衔及姓名。二、荣恩次第，即
一、二、三甲中式名单，记载较会试录为详。三、皇帝制文。四、登科文录，只收录
一甲三名的策论文章。

这些乡试录、会试录、登科录在当时是极被人们重视的，它是揣摩文体、学习文
风的好榜样，同时也是中式者馈赠人们的礼品；但是它不是藏庋之书，所以藏书家目

录上很少看到这种书籍。现在所知，除少数图书馆藏有一二外，藏庋最多者当为宁波范氏天一阁。骆兆平同志曾有《谈天一阁藏明代科举录》一文，详列全国各单位所藏这类书的细目，包括武举，目前存世明代科举录共有四百五十七种，几全属孤本。

科举录这三种本子即乡试录、会试录、登科录寒斋俱无藏本，但有一种却为这三种本子之外者。书为包背装，书面签题"会试中式题名"，下注"万历四十七年"。开卷首行："会试题名：中式三百五十名。"以下即从第一名起，胪列至第三百五十名中式人名单。并无"会元"等冠衔。书前后无序，又无知贡举诸官衔名、三场考试题目及文选，共十五页，文武栏，黑口，上黑鱼尾。这却是一本未曾经人提过的另外一种形式的会试录。

从书名作《会试中式题名》审之，估计是当时礼部揭榜后依榜文抄录刊刻的一种临时册子，所以它只有名次、姓名、籍贯、所治经名而已。台湾中央图书馆藏有万历四十七年会试录，不知何日可以归来，以图一校为快。

兹将本科《会试中式题名》与《明代历科进士题名录》对比，将会试中式名次与殿试名次并列如下：

姓名	会试名次	殿试名次	姓名	会试名次	殿试名次
庄际昌	1	一(甲，下同)1	林咨益	39	——
项梦原	2	二5	吴天策	40	三224
任大治	3	三67	蔡官治	41	二8
叶震生	4	二49	刘民悦	42	三74
钱敬忠	5	天启二年二甲38	梁廷栋	43	二7
施兆昂	6	二2	刘廷谏	44	二58
徐天衢	7	三251	乔巘	45	二62
汪渐磐	8	三233	贺文明	46	三271
沈翘楚	9	二66	杨肇泰	47	三207
姚明恭	10	三165	石三畏	48	三167
赵东曦	11	三79	吴炳	49	三178
许可征	12	二38	蔡自强	50	天启二年三甲254
徐廷宗	13	三87	李维乔	51	三217
刘泓	14	二65	陆怀玉	52	二12
马维陛	15	三99	杨金通	53	三60
陆之祺	16	二11	李中正	54	天启二年三甲139

姓名	会试名次	殿试名次	姓名	会试名次	殿试名次
徐在中	17	二22	玄默	55	三203
陈懋德	18	三19	王庭柏	56	二63
薛玉衡	19	二61	潘云会	57	二57
刘梦潮	20	三240	曾省信	58	三157
祝世美	21	三260	甘学阔	59	三83
袁弘勋	22	三162	张玮	60	二51
李际明	23	三14	何吾驺	61	二4
吕奇策	24	三182	石有恒	62	三196
贡修龄	25	三28	秦植	63	三237
叶宪祖	26	三56	鲁时升	64	三68
吴士元	27	三116	苏寅宾	65	三37
林曾	28	三158	王可觐	66	二28
樊一蘅	29	三230	施元征	67	三243
苏兆先	30	三82	张翰南	68	三96
徐景麟	31	三50	杨景明	69	三2
顾锡畴	32	三126	戴东	70	三70
周维持	33	三190	陈振豪	71	三216
冯国英	34	三35	陈子壮	72	一3
史启英	35	三197	张中蕴	73	三179
高道素	36	二32	陈万言	74	二3
曾化龙	37	三128	孙传庭	75	三41
胡以良	38	三204	史高胤	76	三65

姓名	会试名次	殿试名次	姓名	会试名次	殿试名次
汪若极	77	三80	李士元	118	三127
李先开	78	三59	范复粹	119	三21
章应望	79	三17	戴烨	120	三93
李遵	80	三166	袁一凤	121	三241
谢云虬	81	三222	邵捷春	122	三272
吕邦瀚	82	三213	陆从谕	123	三155
王维夔	83	三148	邢绍德	124	三4

王时英	84	三33		石公胤	125	崇祯元年二甲14
杨世芳	85	三149		张元芳	126	三15
袁鲸	86	三75		孔贞运	127	一2
施邦曜	87	三64		茅崇修	128	二50
徐绍泰	88	三115		徐伯征	129	三85
龚守忠	89	天启二年三甲82		白贻清	130	二34
高斗光	90	三232		王廷泰	131	三228
沈应明	91	天启二年三甲132		罗宰	132	三253
陈之美	92	二26		胡尚英	133	三112
汪邦柱	93	三202		王校	134	三42
仲嘉	94	三154		罗万爵	135	三102
吴裕中	95	三105		范文若	136	三247
蒋觐	96	二9		李廷森	137	二48
李世英	97	三160		王家楹	138	三175
曹钦程	98	三76		杨行恕	139	二55
郑二阳	99	三183		王珙	140	三204
姜曰广	100	二56		吴麟瑞	141	三29
李长德	101	三24		汪裕	142	三188
冯大任	102	三151		张士升	143	三131
张有誉	103	天启二年二甲39		葛应斗	144	三198
范钎	104	三138		余昌祥	145	三20
冯起纶	105	三111		刘仲熹	146	三180
阳凤翥	106	三101		李时馨	147	三7
蔡璿	107	三130		康元穗	148	三229
王明善	108	三120		余文燔	149	三211
周应期	109	二1		苗思顺	150	三199
吴阿衡	110	二135		陈以瑞	151	三140
孙昌龄	111	三26		周凤岐	152	三141
周振	112	三234		汤齐	153	三30
金秉乾	113	三89		杨维新	154	三137
杨文昌	114	三51		陈九成	155	三146

冯运泰	115	三170	陈韬	156	三113
龚而安	116	三203	罗华衮	157	三100
倪文焕	117	三8	门克新	158	三23

姓名	会试名次	殿试名次	姓名	会试名次	殿试名次
颜继祖	159	三84	陈钟盛	200	三219
陈其仁	160	二24	倪启祚	201	三125
祖重烨	161	三5	唐世涵	202	三147
张翀	162	三43	刘宇亮	203	三191
潘士闻	16	3三220	田乃秨	204	三226
常自裕	164	三257	傅良选	205	三269
侯安国	165	三189	王凝祚	206	二46
袁崇焕	166	三40	黄世泽	207	三177
白源溓	167	三194	涂绍煃	208	二45
李彬	168	三256	卓迈	209	三73
李树初	169	三273	鲍奇谟	210	三134
何应奎	170	三45	卫先范	211	三187
陈新闻	171	二33	吴羽侯	212	三244
刘麟长	172	二53	李时笼	213	三268
李吴滋	173	二52	李灿然	214	三104
余子翼	174	三139	安良泽	215	三259
张泰阶	175	二21	邓英	216	三36
曾偶	176	天启五年三甲74	姚希孟	217	三121
王振奇	177	二41	李景贤	218	三58
王行健	178	二52	郑觐光	219	三156
吴淑	179	二25	许国器	220	二10
赵恂如	180	三262	杨梦衮	221	三148
王鼎新	181	三231	杨锡璜	222	三214
张承诏	182	三124	彭祖寿	223	三1
李昌龄	183	三270	梁廷翰	224	三6
黄应秀	184	二23	晏清	225	三107

黄愿素	185	三164	王名世	226	三192
李若梓	186	三98	夏懋学	227	三61
刘大霖	187	三66	杨时化	228	三263
仇梦台	188	三206	陈此心	229	三55
习孔化	189	三18	杨鼎枢	230	三46
徐应豸	190	三248	刘弘光	231	三161
王建侯	191	二14	王嘉言	232	三221
李养德	192	二64	乔若雯	233	三3
谢上选	193	二29	王永寿	234	三150
间梦夔	194	三117	钟斗	235	三181
朱继祚	195	二37	董象恒	236	二20
彭参	196	三153	刘诏	237	三114
张辇	197	三205	丁启睿	238	二59
李若愚	198	三28	梁天奇	239	三266
吕一奏	199	三132	李逢申	240	三44

姓名	会试名次	殿试名次	姓名	会试名次	殿试名次
闵谨	241	三274	万谷春	282	三94
刘永祚	242	二36	胡允恭	283	三13
丁进	243	三152	阎顾行	284	三32
陈尧言	244	三265	王之柱	285	三77
黄大受	245	三10	杨炳	286	三79
陈可荐	246	三129	熊钟吴	287	三255
林正亨	247	三86	张翰芳	288	三81
林栋隆	248	三27	仇维祐	289	三142
顾元镜	249	二6	张善政	290	三267
薛国观	250	三22	李楫	291	二17
朱光熙	251	三165	陈燿	292	三136
应朝玉	252	二13	樊维城	293	三53
黎国俊	253	三123	高捷	294	三48
宋景云	254	三90	申为宪	295	——

王永祚	255	三168	黄廷师	296	三31
余应桂	256	三227	徐起陆	297	三236
蓝近任	257	二39	刘五纬	298	三88
蒋向荣	258	三195	李应公	299	三119
姚钿	259	三223	王登庸	300	二42
曹延诺	260	三212	吴时亮	301	二27
杨镇原	261	崇祯元年三甲209	刘安行	302	三159
苏守范	262	三238	张学周	303	三91
顾宗孟	263	三110	黄养正	304	三245
张廷箴	264	三69	金之俊	305	三12
马任远	265	三38	王文清	306	三239
陈序	266	三218	毛九华	307	三176
周诗睢	267	三215	单明诩	308	三250
田景新	268	三235	陈国钥	309	二31
黄鸣後	269	三246	王梦尹	310	三106
庄谦	270	三25	周维新	311	三225
李乔	271	三200	康尔韫	312	二16
谢邦荐	272	三258	张继孟	313	三43
何可及	273	三103	张枢	314	三133
徐日葵	274	二67	王允成	315	三209
陆文衡	275	二66	丁乾学	316	三71
萧震	276	三11	李三奇	317	三193
吴国祯	277	三275	牛翀玄	318	三264
寇从化	278	三242	陈烜奎	319	三92
刘存慧	279	二54	赵建极	320	三62
王玑	280	三185	刘继吴	321	三118
王逢元	281	三9	雷跃龙	322	三208

姓名	会试名次	殿试名次	姓名	会试名次	殿试名次
陆卿任	323	二18	宋鸣梧	337	三261
□姬鼎	324	——	李士昌	338	三63

宋治宁	325	三16	孔荣宗	339	三72
关季益	326三	169	叶成章	340	三49
张士良	327三	109	杜齐芳	341	三143
周长应	328二	30	倪成章	342	三210
杨廷诏	329三	173	段高选	343	三57
孙延洞	330三	172	史躬盛	344	二15
王运昌	331二	35	金德义	345	三95
康承祖	332三	108	刘斌	346	三249
熊江	333三	34	聂文麟	347	天启二年三甲195
张从容	334三	47	王楫	348	三186
杨进	335三	174	朱祚昌	349	三171
杨文岳	336三	122	孙士髦	350	天启二年二甲45

两相对校，这里有三名未入选，十名以后各科中式，不知是否未来参加此科考试抑考而落选?无法可考。但亦有殿试中式而非参加本科会试者，如马士英者。

袁崇焕即本科会试中式第一百六十六名，后来殿试中式三甲四十名。又《题名》云："第一百六十六名袁崇焕 广西藤县人监生 《诗》。"与《明代历科进士题名录》及《国榷》卷九一所载袁崇焕籍贯同，但《明史》卷二五九《袁崇焕传》："袁崇焕，字元素，东莞人，万历四十七年进士。"则是广东人，不知何所本。可证《明史》有误，仍应依《题名》为正。

乙亥隆冬，偶至宣武门内头发胡同小市，见地摊上堆书甚多，盖从乡间来者，中有两捆《硃批谕旨》，询之知为残书，因嘱其检查所缺几何，售者即解捆点阅，忽见其中夹有此册。特为留出，售者谓"恕不拆卖"。检点完毕，知《硃批谕旨》仅差十余册，遂商谈售价。售者也颇爽快，只讨废纸价即售，因并此留之。此亦意外收获，过去从不知有此《题名》，真殊遇也。《硃批谕旨》后从直隶书局残书中配齐，亦幸运甚，开花纸精印，亦内务府之精刻本。

殿本《礼记郑氏注》跋

《礼记郑氏注》凡二〇卷，共二〇册。纸墨精良，刷印仔细，显然不同于一般者。

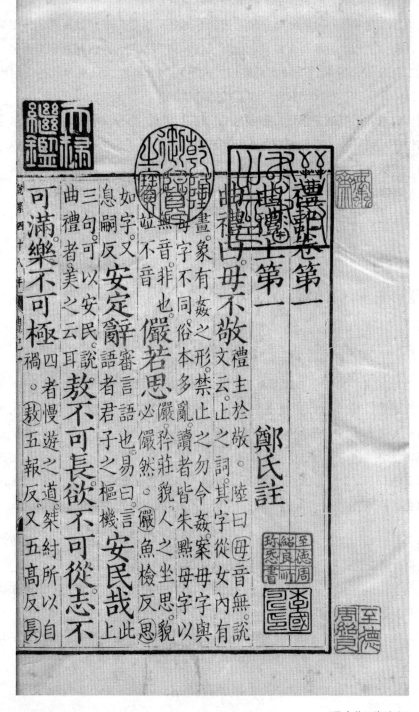

禮記卷第一

曲禮上第一　鄭氏註

曲禮曰毋不敬　禮主於敬。陸曰止之詞。其字從女內有
毋音無說案母字與毋字不同俗本多亂讀者皆令姦案毋字以

儼若思　必儼矜莊貌。人之坐思貌。嚴魚檢反思

安定辭　審言語者君子之樞機。易曰言安民哉　上此

敖不可長欲不可從志不　如字又息嗣反。安民說者美之云耳。三句可以安民。曲禮者美之云耳。

可滿樂不可極　禍四者慢遊之道桀紂所以自敖五報反又五高反。長

《殿本礼记郑氏注》

355

此即所谓"殿本"书也，由武英殿刻书处承刻者。

清康熙十九年(1680)奉命成立刻书处，专刻皇帝指定诸书，包括钦定、御纂、敕修等，世简称之为"殿本"。此《礼记郑氏注》即其中之一。由开局一直至清末，前后长达二百余年，所刻约千种。正式以"武英殿"为名者，只有《武英殿聚珍版丛书》一种，其他仅于书口处标有"武英殿"记名而已。

书刻极精，不但刻工细致，雕镂精工，即其装潢，亦非一般工料。如此书全用洒金蓝绢作衣，包背装，用料特别考究，即其包装之书套，亦非一般工料，乃以苏杭织造特为御衣所织有五爪龙之锦缎做外套，垫以木板以代纸板。可见其珍贵异常，盖专为御览及陈列之用，非一般赏赐品也。保存良好，纸白板新，殊足珍贵。

甲申秋月，至德周绍良识

玉海堂影宋本《魏鹤山诗》跋

刘世珩，见《清史稿》卷四四六《刘瑞芬传》：

> 刘瑞芬字芝田，安徽贵池人。……子三，世珩字聚卿，光绪二十年举人。累至道员，历办《江南商务官报》、《学务工程》、《湖北造币》等事。旋擢度支部参议，加三品卿。条议币制，中外称其精确。未及行而辛亥变起，遂归寓上海。丙寅年(民国十五年〔1926〕)卒。嗜古富藏书，校刊古籍尤精。有《聚学轩丛书》、《贵池先哲遗书》、《玉海堂宋元椠本丛书》及《曲谱》、《曲品》等。

世珩与吾家世戚，其父瑞芬与先外曾祖刘含芳为从兄弟，以戚谊论，世珩乃先祖妹丈。先祖曾以宋刊孤本《杜陵诗史》赠之，一时传为佳话。

此刻本，为《玉海堂影宋丛书》之二十八，此书刻工刀法精良，不失原来风度，几同珂罗版影印相同，堪称清末刊本之上品，可贵也。

二〇〇四秋月东至周绍良谨识

魏鶴山先生渠陽詩

門人承信郎新監靜江國府南陵縣酒稅務王德文註

宿吾摘傍梅讀易之句以名吾亭

且爲詩以發之用韻者賦

三時收功還朔易 左威公六年季梁曰三時不害○書堯典平在朔易註歲改 先生親筆批註云言火星辰見則天地間

易於北方

萬物斂藏百川斂盈歸海席 淮南子記論訓百川異源皆歸

玉海堂影宋本《魏鶴山诗》

《百川学海》

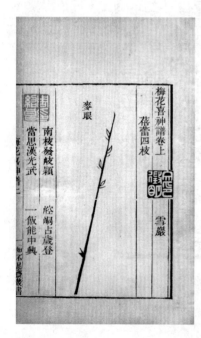

《梅花喜神谱》

影宋本《百川学海》跋

此傅藏园先生与陶兰泉合刻书，见傅熹年兄整理《藏园订补郘亭知见传本书目》卷十下杂家类："余收得一帙，……后与陶君湘合赀覆刻。"语颇含混，未详言陶氏用书，出其所藏抑来自他人?又云："所缺以明本补。"此册亦无明确标识，何处用明本补者。然印刷精良，且为红印本，姑留之以作雅玩。

二〇〇四年米叟周绍良识

《梅花喜神谱》跋

《梅花喜神谱》二卷，莫友芝《郘亭知见传本书目》卷八子部术数类仅著录"知不足斋有刊本"，傅熹年整理《藏园订补郘亭知见传本书目》又增"咸丰乙卯(五年〔1855〕)汉阳叶志诜仿景宋刊于广州，佳。""此书宋刊本已印入《续古逸丛书》中。……海内孤本。然语为精刊，则余未敢许。盖笔意已失，实宋末坊肆草率翻雕之通行本耳。"叶志诜本未见，《续古逸丛书》本在访求中，适手头有知不足斋刊本，因并置一处，诸本俱得，亦一乐事也

铁画工艺小考

　　近来铁画工艺颇为流行，巨大者如铁质大门上之装饰，小至楼梯、草坪护拦，甚至窗饰、暖气护罩都用得上。过去这叫"铁画"，殊不使人注意，因之埋没不少艺人。现代铁艺当然是从这里发展起来的，并非舶来品也。

　　据《芜湖县志》载：

　　　　汤鹏字天池，溧水人，侨居芜湖。创意为铁画，施之灯幢，曲折匠心，颇得六法之妙。有纪之诗云："吴缣剪取冰刀快，山水图中赞亦曾；何似汤翁好身手，铁工屏幅到今称。"有二孙，亦世其业，至今铁工仿制不衰。远客多购之，然真迹不易得也。

　　据《画史汇传》载：

　　　　汤鹏字天池，芜湖锻工，与萧云从为邻，暇辄往观。萧呵之，鹏发愤曰："尔谓我不能画耶？"乃锻铁作花鸟山水人物，以及虫鱼鸟兽，作为屏对堂幅，均极其妙。至今沿习其法，然终不及。

　　又郑昶《画学全史》载：

　　　　初，汤贫甚，技亦不奇。有道士乞火于炉，炉灭，诘之，四月余未锻也。道士击其灶曰："今可矣！"径去。后觉手心有异，随物赋形，无不如意。

　　当然这是神话，意谓汤之技乃天授，但他的手艺是不错的，梁同书有《铁画歌》盛言之。《歌》前有序云：

　　　　汤鹏字天池，芜湖铁工也。能锻铁作画，兰竹草虫，无不入妙。尤工山水大幅，积岁月乃成。世罕得之，流传者径尺小景耳。以木范之若屏幢，或合四面以成一灯，亦名铁灯。炉锤之巧，前代所未见也。汤亡，其法不传。今闻有效之者，已失其真矣！

　　惜《铁画歌》未录出，想必赞其工艺者。

　　清王凤仪有《铁画诗》，见王豫《江苏诗征》卷五二：

　　　　芜湖铁工汤鹏能锻铁作画，凡花卉草虫，山水屏幢，无不精妙。其山水巨幅必旷年乃成，世不多见，见者皆径尺小景耳。好事者争购之，范以木，悬诸壁间；或合四面以为一灯，亦名铁灯。每幅辄值数金，且不易得。汤既殁，他工效为之，终不能逮。盖锤炉之巧，前后所无也。同年山舟梁编修作诗见示，赋此为和。

良工使铁如使笔，万象纷纷跃冶出；黿睛夜照昆吾寒，碎剪元金若无质。隔墙鼓鞴疑有神，洪炉百转烧醅春，交枝婀娜春虫扑，没骨新翻镂银簌。或为巨嶂穷刻镂，十日一石犹嫌促。界栏衔壁悬玲珑，清光飞射秋屏空；空台四照九征转，兰膏掩映星星红。云烟过眼千金换，那及青瓜炼乌炭；巧匠争传丁缓名，写生欲学稽康锻。梅根旧冶尚辉辉，不比当时老画师；若教妙画通灵去，雷雨应随龙剑飞。

清章谦恒《铁画歌》序：

汤鹏字天池，吾邑人。少为锻工，与画室邻，日窥其泼墨势，画师叱之。鹏发愤，因锻铁为山水幛，寒汀孤屿，生态宛然。传至日下，可直数十缗。然性颓放，不受促迫，故终以技穷。梁山舟为作长歌，与钱薜石、谢金圃、吴彬亭、钱宝所和之。

铁画的创始人是汤鹏，他虽然死了，可是这工艺并没有断档，代有传人。据《画史汇传》载：

梁应逢(达)，字□□，池州建德人。工铁花，凡画工不能传者能。技在汤天池先，名未得传，人争惜之。

据《建德县志》载：

梁应达，字在邦。性聪颖多才，能诗善画。艰于进取，乃弃旧业。居与铁工邻，因寄技于铁。凡画所不能传者，能以铁传之。年八十卒，技遂失传。

又金浚《梁应达像生志》：

建德人梁应达，少常习诗画。肄弓矢以干进，卒不售，含愠弃去。治铁为生，为刀锯钱镈以利用。因其所业，出余巧为花鸟虫鱼，无不肖。久乃益工，遂擅绝技，名仕宦豪族舟车致之，其工值常倍。余常见其所治灯二盏，盖合四扇而成方，扇名(各?)中虚，缭以木，轻毂内蒙，虚其外以着所冶，穿空刻削，若图画而成者。以铁为采作斆，以火为说作渍，以炉为陶泓，以锤为管城子作绘。植物若松竹，木之华者若梅、若海棠，卉之英者若兰、若菊、若牡丹、若菡萏，点缀位置，插映洽合。为水、为石、为蒹葭、为细草，附丽之物，甲若蟹，羽若燕雀，虫之小者若蜻蜓、若蝶、若蝉、若螳螂、若蚱蜢，凡其荣枯舒歙，行止飞跃之情态，无不得其物之本末，栩栩生动于烟浮膏灼之外，虽使攻木者琢而为之，不如其工且肖也。应达曰："余少壮时尽巧如此，穷搜冥追，历数年乃工，惧后人之我见也！"由斯而言，可不使弗传乎？

可见创始人乃建德梁应达，而汤鹏乃传其技者。

近日北京多新居，偶至人家，见其窗棂铁饰，多以铁画代之，颇见别致。尤其暖气木罩，几全取之，改以铝框，镶以铁画，顿易过去那种不易散热之木框而成无隔阂之火窗。情景雅致，殊可爱也。

这是由铁画发展来的，特记之。

书籍形成的过程——略谈梵夹本的产生

我们知道中国最早的书籍是削竹为简或削木为简，在上面用漆写上记载，这便是书。最早称之为"册"、"典"，便是象一些竹、木简片连接起来的样子。《尚书·周书·多士》篇："惟殷先人，有册有典。"可见简书之产生当在殷商时代。"册"后来也写作"策"，《春秋左氏传》孔颖达《正义》说："单执一札谓之为简，连编诸简乃名为策。"

从情理推断，竹简之产生，它应该发源于中国靠南地方，然后逐渐流传到北方。主要原因：竹之产生在南方，削竹为简比较容易。还有，书写竹简早先是用漆的，而漆又是南方产物。因此推断，简书的起源，应始于南方。这也被出土文物所证明，如近代湖北云梦睡虎地秦墓出的一些全是竹简，湖南长沙马王堆汉墓出土大部分是竹简，少数是木简；过去在晋代汲郡地方的战国时魏墓中出土后编为《竹书纪年》的也是竹简。

木简应该是竹简的代用品。在中国北方，不产竹料，只得削木为简以代竹。在马王堆汉墓中发现的木简《杂禁方》，可能就是由北方流传去的。而近代在甘肃武威汉墓出土的木简，楼兰尼雅地方出土的汉木简，疏勒河流域出土的汉木简，全是木料削成。

在简书流行时代，并不是没有其它代用品，《墨子·明鬼》篇："书之竹帛，传遗后世子孙。"《韩非子·安危》篇："先王寄理于竹帛。"近世长沙马王堆汉墓出土《老子》等书，便是写在帛上，可见简书之外还有帛书，但帛终究是昂贵的东西，它不会是一般人所能使用，只有"先王"和贵族才会用它"传遗后世子孙"。

西汉时代开始有纸，但似乎还没使用到抄写书籍上，后来东汉章帝时蔡伦对造纸技术作了改进，遂使简书时代结束，改用纸来书写，也由于纸的形式，自然成为卷轴式样，从此书籍便进入卷子时代。

抄写书籍的纸张很快便已经定型，这种纸张显然并不是相同的原料，可见并非一地所产；但其长度、高度相差无几。一卷书都是接连多少张纸而成为一卷的。

每一个卷子在尾部用一个细木棍粘在纸上，以便手持舒卷，所以过去对卷子本书籍称之为"卷轴"。而在卷子外面则用细竹帘编成的书衣覆之，以资保护，这种书衣称之为袠。佛教徒对于写经更加仔细，把每卷之前粘一佛画，以代书衣（后来方册本佛经开卷总有一张扉叶作佛画，即基于此），以免经常舒卷卷子时开端部分容易破损。他们把十卷作一包袠，这一包袠也称之为袠（后来藏经一直以十卷为一袠，开端是由《开元释教录》创始的），加以编号（以《千字文》的顺序为代数）。

一直到唐代末期（或稍早），才开始出现了方册式的书籍，欧阳修《归田录》卷二：

> 唐人藏书皆作卷轴，其后有叶子，其制似今册子。卷轴难舒卷，故以叶子写之。

程大昌《演繁露》卷十五也说：

> 古书皆为卷轴，至唐始为叶子。……唐始以缣纸卷轴改为册叶耳。

所谓"叶子"，即指方册式之散叶。我们从敦煌石室所发现的唐人写本中即可得到证明，如两本《南宗顿教最上大乘摩诃般若波罗蜜经六祖惠能大师于韶州大梵寺施法坛经》（一本敦煌藏S.5475，一本敦煌博物馆藏），都是装钉成方册式样的。这《坛经》是中国南方产物，估计是由南方展转流传至敦煌。因之可以推定，方册本之起源，应在南方区域，而使用这种方册形式，也是由佛教经籍最先设计出来的。

卷子本流传了相当的一段时期，雕版印刷发明了，抄写经卷本来是相当麻烦的事，而雕版却正解决这一问题，于是雕版刻经便取而代之。原因雕版是一块一块刻成的，但印刷出来，也还要连接粘贴，在边框连接之整齐，木料需用之一律（要比较大者），都受到限制，因之方册形式遂为印制书籍者所接受。最早使用方册形式估计是历书，《唐语林》卷七《补遗》：

> 僖宗入蜀，历本不及江东，而市有印货者。

僖宗时代已印货历书，可见印制历书必是早于僖宗时代，《册府元龟》卷一六〇《帝王部·革弊》：

> (大和)九年十二月丁丑，东川节度使冯宿奏："准敕：禁印历日版。剑南两川及淮南道，皆版印历日鬻于市，每岁司天台未颁奏下新历，其印历已满天下，有乖敬授之道。"故命禁之。

是文宗时已有雕印货买历书。历书之所以适宜于雕印，主要由于正可以三十天为一版，合于木板方册形式，而十二版装为一册，于方册也为适宜。虽然迄今尚未见过唐代历书，这样推断属于臆测，应该是符合于实际情况的。

方册形式虽创始于佛教徒，但它并没有被佛教徒所接受，在宋代开宝年间刻印大藏经，即所谓《开宝藏》，仍然采用卷子形式，后来《契丹藏》、《金藏》，也都没有改变形式。却是儒家书籍，很快采用了方册式，现存宋代刻书，儒家典籍中没发现过一本卷子本，都是方册式，即其明证。

卷子本终究舒卷麻烦，不便检读，藏经使用卷子形式终遭废弃，但佛教徒并不喜欢方册形式，于是他们摹仿贝叶经形式，采用折子本的样子，创造一种名称，叫作"梵夹本"，实际就是把卷子加以折叠，翻阅起来，颇有象贝叶经的一叶一叶的翻转意味。他们使用这一形式，由宋代一直到清代，始终没有改变，当然也有采用方册式的，但主要是使用梵夹式。历代刻印大藏经中，只有《嘉兴藏》是唯一的一部方册本大藏经，相传明永乐年间武林(杭州)刻的一部大藏经是采用方册本，但事实证明，在中国佛教图书文物馆收藏的《武林藏》残本，仍是梵夹本。

"梵夹"是书籍的形式。印度古代佛经是写在贝多树叶上的，杜宝《大业杂记》：

> 用贝多树叶，……横作行书，约经多少，缀其一边，牒牒然。今呼为梵夹。

佛教徒把卷子本折叠起来，因之形状颇类梵夹，所以把这种形式称之为梵夹本。李贺《歌诗编》卷一《送沈亚之》歌：

> 白藤交穿织书笈，短策齐裁如梵夹。

刘国钧《中国古代书籍史话》和《中国书史简编》都解说："梵夹装也叫经折

装"，这种说法似乎简单一些。他没说清楚佛教徒对于这种形式称之为梵夹装，对于道书则不能用这个名词，而称之为经折装，实际正是同一形式。

在卷子本演变成为方册形式，过去一些人认为将每叶纸张鱼鳞般粘在卷子上即是所谓"旋风叶子"，它是方册形式的雏形。这种错误的解释，是根据宋张邦基《墨庄漫录》(卷三)来的：

> 裴钏《传奇》载成都女仙人吴彩鸾善书小字，尝书《唐韵》鬻之。……世间所传《唐韵》，犹有□旋风叶，字画清劲，人家往往有之。

又元王恽《玉堂嘉话》(卷二)说：

> 吴彩鸾龙鳞楷《韵》，后柳悬诚题云："吴彩鸾，世传谪仙也。一夕书《广韵》一部。时大中九年九月十五日题。"其册共五十四叶，鳞次相聚，皆留纸缝。天宝八年制。

于是认为所谓女仙吴彩鸾书写的旋风叶《唐韵》就是"龙鳞楷《韵》"，所谓龙鳞意即旋风叶的形状。正巧故宫博物院于民国三十六年收进一卷唐王仁昫《刊谬补缺切韵》古写本，外形为卷子，打开里面却粘贴二十四张散叶，用两片纸贴成一叶，正反有字。粘贴的方法是把每叶的一边贴在卷子上，以次错叠，状似鱼鳞(明代户口鱼鳞册即此式)，因而断定此即所谓"旋风叶"，实际这是不准确的。依我的看法，所谓"旋风叶"，应该是指梵夹的包背装，它把梵夹本的折本，在书面与书背用一张纸粘贴为一，在翻阅诵读时，一叶一叶翻检迅速方便，如果拉开，则首尾相连，即使旋风吹之而不乱。这种包背的装法，现存的某些宋刻经犹有很多保存着。我认为这就是"旋风叶"，实际仍然是梵夹本。

一般流行的是方册式，即是现在流行的线装书，佛教典籍也由于梵夹式还有些不方便的地方，如无法知道叶数，也逐渐舍弃了梵夹式而采用一般的方册式了。

这就是整个书籍形成的大略过程。

赵孟頫书《雪赋》跋

元赵孟頫书《雪赋》卷，已遭水渍，但展卷细看，仍未少伤神韵，依然姿态动人，笔笔细致，铁划银钩，非行家莫克臻此。卷后有弁阳老人周公谨跋文五行：

子昂八法之妙，未见有能争/衡者。然特自珍重，虽亲若/旧不轻升之。君何得之多且/旨耶?当必有其道矣!弁阳/老人书于小亿斋。

周跋后有文征明楷书一跋，亦五行：

右赵文敏公所书《雪赋》。公早年学思陵书，犹有南宋/气习，中岁师李北海，出规入矩，不少放纵。此卷大德二年/书，是岁戊戌，公年四十有五，正中年笔。或疑其拘窘而藏/锋敛锷，一笔不苟，要非他人所能。而周弁阳题识珍重，尤/可宝也。嘉靖丁巳四月五日，文征明题，时年八十有八。

丁巳为嘉靖三十六年(一五五七)，盖已是文氏晚年。有文氏鉴藏章在《雪赋》纸尾，但细玩二氏题识，似俱为观款，疑非小亿斋及停云馆物。

末为顾中题识：

魏公书以传世为志，故落/笔必精到，无怠忽之态。至/其所写道、佛二经与古人文/字长篇，尤为注意。此赋为班/恕斋书，又其所喜爱者，其/精到可知矣。源伯近工书，当/自知所以宝之。顾中题。/嘉靖甲辰十月望前。

甲辰为嘉靖二十三年(一五四四)，早于文氏题十三年。据顾题知赵氏此帖乃赠词曲家班彦功者。与所书陆柬之《文赋》为同年所写。顾跋所称"源伯"者不知何许人，可能后来即文氏观于源伯斋中而识之。

此帖于清顺治年间归于吏部尚书高阳李蔚(坦园)，有其印章十余，且一章钤于卷首水渍纸损处，似此卷经李氏重装者。

此帖最后归于徐石雪氏，徐以其号"石雪"，故亟思得之，因颇珍视，藏之甚少示人。逝世后，遗物十余年未散，忽于六十年代出现于海王村，索价甚高，最后归东至周伯鼎(周震良)，以卷尾有周公谨跋，周氏鲁人，遂举赠山东省博物馆。

字体均匀，似嫌稍涉拘谨，当是赵氏佳作，董其昌《画禅室随笔》曾论之：

楷书以智永《千文》为宗极，虞永兴，其一变耳。文征仲学《千文》得其姿媚。予以虞书入永书，为此一家笔法。若退颖满五簏，未必不合符前人。顾经岁不能成千字卷册，何称习者之门，自分与此道远矣。

所论颇精，盖深于书法之三昧者。

《花间集》

《花间集》跋

此四伯父季木遗书，面上题字时予始周岁，倏已八十余岁；时光如驶，四伯父逝世亦已六十年矣。展视此书，不觉凄然。

二○○四年五月侄绍良拜识

《孝经》题记

商务印书馆重印《四部丛刊》，凡所假本，例不致酬，只赠影本数套，以资纪念而已。此本《孝经》即假自弢翁者，弢翁不欲得其缩印本，乃与张元济先生函商，愿自出纸，由商务代印原大者数册。张老同意，遂自选旧纸足印十册者寄去。不图纸有破烂，仅印得八部，即此书也。当时即以其一赠予四伯父季木先生。季木先生逝世，其书散出，归于天津王氏。后王氏转赠儿子启晋，此书遂重来寒家。

此书前应有五玺，但现存仅三，可见乾隆见此书时，当在嘉庆初元之后，年已逾八十，位已至太上皇，故所用宝，俱为八十岁后所镌者。

八七叟周绍良记于双旭花园

启晋注：此乾隆高丽纸印孝经只印八册，系先弢翁自印

附

《孝经》书后

余素喜收影宋刊本，表兄孝强伉俪自天津携《孝经》一卷以赠，阅后感慨系之。

盖此书底本系先伯祖叔弢先生所藏，昔弢翁得此书甚喜，尝刻一闲章曰"孝经一卷人家"。此书便系当时以旧高丽纸影印以赠季木四伯祖者。

季木先生名进，是海内著名金石学家。精于鉴定，富收藏，其居贞草堂所蓄汉晋石刻为世所重，惜壮年早逝，身后藏物星散，此书应为是时流出。季木善隶书，尤崇礼器小子碑，今观此书题字，寥寥数笔，天骨开张，结体深稳，可见其功力之深，惜无作品传世耳。

昔季木先生题字时，余尚未出生，而此书流散江湖亦七十余年，不觉沧海桑田。昔季木有诗曰"半为柱础半沉河，零落犹存石一螺"，正可为今日此书之写照，佛云不可说子曰莫奈何，提笔不觉凄然，唯可喜者五世书香不堕耳。

至德周启晋识于京西帝京花园

《建德尚书七十赐寿图》跋

此清光绪三十二年（1900）先曾祖××公七十生日纪念册也，皆当日友朋祝嘏之词。转瞬迄今九十七年矣。偶于旧书中检出，因付儿子启晋藏之，俾识旧德云尔。此书历经文化大革命，未遭劫数，亦云幸矣！此等书籍，过去世家，多友编制者，犹今日纪念论文集也，但世鲜收存之者。即此一册，恐亦是人间孤本也。

一九九六年六月二十六日，曾孙绍良谨识

《建德尚书七十赐寿图》

跋《尚书注疏》

《尚书注疏》六册，据《中国丛书综录》知为《择是居丛书·初集》第一种，乃民国十五年(1926)吴兴张钧衡所编刊，凡二十卷，附张氏《校勘记》一卷。今观其书，镌刻细致，校印精良，较其早年所编刊《适园丛书》为精工。且系蓝印，盖初刻试印本。纸白板新，殊为难得，可充雅玩，深足快心悦目。

甲申秋日东至周绍良识

尚書註疏卷第一

國子祭酒上護軍曲阜縣開國子臣孔穎達等奉

勅撰

尚書序

釋文此孔氏所作述尚書起之時代并敘為注之由故相承講之今依舊寫音 正義 道本冲寂非有

名言既形以道生物由名舉則凡諸經史因物立名物有本形從事著聖賢闡教事顯於言言恢群心書而示法既書有法因號曰書後人見其父速自於上世尚者上也言此上代以來之書故曰尚書且言言者言之記是故存言以聲意立書以記言故易曰書不盡言言不盡意是言者意之筌蹄書言相生者也書者舒也書緯璿璣鈐云書者如也則書者寫其言如其意情得展舒也又劉熙釋名云書者庶也以記庶物又為著言事得彰著五經六籍皆是筆書此獨稱書者以彼五經者非是君口出言即書為法所書之事各有云為遂以所寫別立其稱稱以事立故不名書至於此書者本書君事雖有別正是君言言而見書因而

记名藏书家周叔弢

当代名藏书家周叔弢先生已经年近九旬了，他的自庄严堪的收藏在国内北方是和近代的李盛铎(木斋)的木犀轩和傅增湘(沅叔)的双鉴楼齐名的。在一九五二年，他把藏书珍品宋、元、明刊本、毛抄黄校等全部捐献国家，这些收藏，几乎花费了老人一生的大部心血。

他原籍安徽至德(今东至县)，过去是一个企业家，现任全国人民代表大会常务委员、天津市政治协商会议副主席。他虽已年届耄耋，但仍精神矍铄，还是每日里勤勤恳恳地把精力贡献给促进四个现代化建设上。

周氏少年时代，寄居扬州。他父亲是一位名进士，颇喜藏书，精通医道，曾编印过一部《周氏医学丛书》，是近代最大而渊博的一部汉医丛书。由于家庭的环境，养成他喜爱书籍的癖好。据老人自述，他从十六岁起就买书，起初只是按照张之洞《书目答问》收买些普通书籍，宣统年间买到一部《邵亭知见传本书目》，是日本人根据版本学家莫友芝批校本排印的，其中多记宋、元、明刊本，扩大了眼界，开始了老人研究版本的一生。老人自己说，在民国初年移居天津后，无意中以廉价收到天禄琳琅(清代皇宫书库)旧藏的宋本《寒山子诗》，此为老人收集宋本之始，因起"寒在堂"斋名以记之。老人自述平生得书最精的是二十年代中到四十年代中这段期间。那时清代末叶瞿、杨、丁、陆四大藏书家中的聊城杨氏藏书到了天津，老人从杨氏后人手中直接买到宋、元刊及抄校本，都是海源阁藏书中的精华，这样使他的收藏大为丰富起来。

老人收藏善本书的标准是很高的。近代藏书家傅增湘曾为他的《勘书图》作序，里面说："顾君之收书也与恒人异趣，好尚虽挚，而悬格特严。凡遇刻本，卷帙必取其周完，楮墨务求其精湛。尤重昔贤之题识与传授之渊源。又其书必经、子古书，大家名著，可以裨学术供循诵者。至钞校之书，审为流传之祖本，或名人之手迹，必精心研考之，以定其真赝。不幸有俗书恶印点污涂抹之累，则宁从割舍，不予滥收。设遇铭心绝品，孤行秘本，虽倾囊以偿，割庄以易，而曾不之恤。既收之后，又亟缮完补缀，存其旧装，袭以金粟之笺，盛以香楠之匣，牙签锦，芸芬麝馥，宝护周勤，故其藏书不侈闳富之名，而特以精严自励。"很能说出老人藏书的旨趣。他并且很风趣地给自己买书总结了一个"五好"的标准，所谓"五好"是：一是版刻好，等于一个人先天体格强健；二是纸印好，等于一个人后天营养得宜；三是题跋好，如同一个人富有才华；四是钤在书上的收藏印章好，宛如一个人薄施脂粉；五是装潢好，就像一个人衣冠齐整。这样把书籍拟人化，真充分表现出他爱好之笃了。

他藏书中许多是孤本或是祖本，最珍贵的如宋婺州本《周礼郑氏注》、建本余仁仲本《礼记》、华氏真赏斋藏钱牧斋跋的《三礼图》、湖北路安抚使司《建康宝录》、钱牧斋跋《新序》、宋人手批本《南华真经》、黄荛圃陶陶室所以得名的宋本《陶渊明集》和汤汉《陶靖节先生诗注》二书，北宋本《王摩诘集》、北宋本《花间集》、宋蜀本《二百家名贤文粹》、宋江西本《清波杂志》等。金本有《庄子全解》、《通鉴节要》。元本有《东坡乐府》、《稼轩长短句》、《梅花百咏》。抄校本有宋人抄本《宝刻丛编》，元人抄本《简斋诗外集》，明代有吴宽手抄本元本《山海经》、史臣载手抄宋本《贞白陶先生文集》、朱性甫手稿本《珊瑚木难》、钱穀手抄本《游志续编》、姚舜咨手抄本《演繁露》、唐诗手抄本《纬略》、毛氏影宋抄本《酒边词》，《圣宋诗选》等。《永乐大典》也有三卷，内有《都城纪胜》、《西湖老人繁胜录》等书。清代则有王乃昭、鲍以文、吴枚、金侃、张位、张充之、翁栻、吕无党诸人手抄本，黄荛圃校跋本即有数十种，其他名人手校手跋本则不胜枚举。明版书中大多嘉靖以前刻本，嘉靖本非极特殊的书不入选，如铜活字本《开元天宝遗事》、《春秋繁露》、木活字本《鹖冠子》等，均难得之书。从上面随便列举的书目，就可大略明了他藏书的质量之高了。

当然他藏的书不是每一本都具备"五好"条件的，有些书由于藏书人不能爱护，受到了损坏。为了整理这样的书，他特地延请了一位修整书籍的专家，并且亲加指导，不惜材料与工夫，在他家里专门修理这种书籍，使它们恢复原状，整旧如新，也可以说是"整旧如旧"。

周氏藏书的条件是谨严的，所以对于书籍的爱护也是无微不至。他不仅对善本书是如此，即使是一本普通书也是同样爱护。他特别赞成元朝赵孟頫(子昂)的话："聚书藏书，良非易事。善观书者，澄神端虑，静几焚香，勿卷脑，勿折角，勿以爪侵字，勿以唾揭幅，勿以作枕，勿以夹刺。随损随修，随开随掩。后之得吾书者，并奉赠此法。"常以之教育子弟。他看书从来是正襟危坐，摊书细读，不愿用手多碰一下子。一般藏书家习惯把自己名章室章盖在书上，他却只用一个小小"周暹"(这是他的名字)二字方章，盖在书的比较不显眼的地方，惟恐伤害了书的品貌。可见他对书是怎样爱护备至的。

周氏搜藏善本书籍，并不只是为个人玩赏，或借以沽名钓誉，标榜自高，他的思想第一是要使这些珍贵文物不致散失，更不要流至海外；其次是怕不懂得书籍的人弄去会使书籍遭到损害，甚至糟蹋毁灭。所以遇到好书，总是设法留下。他总想能使他搜集到的善本书籍有朝一日在统一的国家之下归于一个保护书籍最好的图书馆，使一生心血不至白费。所以在解放之前，他曾把藏书编成目录，他的藏书都见于这本书目。他在书目前面写了一篇小序，其中说："此编固不足与海内藏家相抗衡，然数十年精力所聚，实天下公物，不欲吾子孙私守之。四海澄清，宇内无事，应举赠国立图书馆，公之世人，是为善继吾志。倘困于衣食，不得不用以易米，则取平值可也。勿售之私家，致作云烟之散，庶不负此书耳！"

全国解放，周氏多年盼望的全国统一的日子到来。一九五二年，他在北京遇到当时担任文化部社会文化事业管理局局长郑振铎氏，告诉他决定把藏书中最精品捐献给北京图书馆，郑氏大喜过望，在书到北京后，写信给他说："(张)玉、(赵)斐云回京，将来先生捐献之善本图书，琳琅满目，美不胜收。北京图书馆增加了这末重要的一批'宝藏'，不仅现在的中国印刷发展史展览大为生色，即将来刊印《善本书目续编》，亦足令内容充实丰富，大为动人也。谨代人民向先生致极恳挚谢意！至于将来学者们如何在这个宝藏里吸取资料，则尤在意中。化私为公，造福后人，先生之嘉惠，尤为重要也。"后来老人到北京参观中国印本书籍展览(一九五二年十月在北京举行)时，郑振铎对他说："你是把珍秘之书全部献出，并未保留一部，真是难得难得！"当有人问到周氏怎样能如此坚决而不留几本自己玩玩呢？他笑着说："捐书的决心并不是轻易下定的。祖国走上了繁荣富强的道路，我要履行自己的诺言，要亲手把书献给国家。这些书我都心爱，全部献出为好，不然会藕断丝连啊！"

周氏把所藏最精的宋、元、明刊本及一些名抄本、精校本总计八百多部，全部捐给了北京图书馆，接着又在一九五四年把一些书籍分捐给天津人民图书馆和南开大学图书馆，这些大部分都是丛书和清代刻本精印书，而今天也是不易得的。一九七三年又把最后剩下的书籍数千册捐给天津人民图书馆，包括他为研究清代板刻史而专门收集的清代铜、泥、木活字本书籍七百多种，使这一极冷僻而难搜寻的研究资料也归于国家保存，满足了他七十多年收书的一贯心愿。

周氏对于收回流出国外的我国古籍也曾花过不少力量的。解放前，政治腐败，经济凋蔽，大量文物流出国外。因为这样，所以一有善本书籍出现，他总是不惜金钱设法把它买下，以免奸商图利盗卖给外国人。有的已经流传出去的，他总是想法购买回来，像他收藏的华氏真赏斋藏宋本《东观余论》、士礼居藏宋本《山谷诗注》、汲古阁抄本《东家杂记》等书，都是以大价从日本买回的。当时有一部宋本《通典》，为东京文求堂主人田中庆太郎所得，索价极高，他一时无法买下，后来这部书被日本文部省定为"国宝"，不准再行出口，遂使一部宋刊珍品，永沦异国，至今他还慨叹那时手中如果有一笔巨金，就不至于使这部书不能返回祖国了。

周氏藏书并不止是为保存善本，他还把他所收藏的珍本加以复制流传，如所影印的书有珂罗版印宋书棚本《鱼玄机诗集》、书棚本《宣和宫词》、元本《庐山复教集》、相台岳氏本《孝经》和木版仿宋本《寒山子诗集》等十数种，纸印皆力求精美。

周氏除了收藏善本书籍，对于文物也是有兴趣的。他收藏了三百多卷六朝、唐人写经，内中十余卷具有北齐天保、隋唐和五代天福的年号。这在写经中都是相当珍贵的。他还存有不少战国、秦、汉玺印，也是他多少年陆续收集的，以官印为多，这些现在也都捐给天津市艺术博物馆。

周氏一生好书，他不独珍藏了一些无价之宝的善本书，也收集很多大有益于研究工作的资料书。在爱国的热忱下，他都捐献给国家，移存于几个大图书馆中，使他一生心血，能有助于祖国的四个现代化。这满足了老人的多年心愿，也给他很大的快慰。在有一次回答记者访问时，他曾说："当我还在藏书时，曾经为能买到一本心爱的书感到极大的乐趣。现在，我又为这些书籍归还人民，找到了它的最好的主人而感到快慰。'物各有主'，来自人民的又归回于人民，这就是我现在的认识。我总算了却一桩心愿。"老人的心情满足可见了。

《醉菩提》(韩文版)序

明后期中国社会广泛爱读的小说有两本。其一为《龙图公案》，宋朝清官包拯的故事。另一本为《醉菩提》或称《济传语录》，是宋朝道济和尚的故事。前者描写包青天正直、大公无私、与堕落的官吏作不妥协斗争的执法官的形象，后者绘出出家济公和尚，压有权势者、助弱者、救被迫害的人们的形象。正是因为这样，充分说明当时人们的那种崇拜和仰慕。

据历史记载，道济在杭州灵隐寺剃发出家，当时他只有十八岁，属于临济宗杨歧派。他曾滞留在国清寺、祇园寺、观音寺等，访问过虎丘，晚年居住在杭州净慈寺。据传净慈寺中原先有他的雕像，但1966年被损坏。

不容置疑，道济是道行很深的高僧。他性格开放，是不拘世俗的人物。他出行戴破旧的帽子、手拿散架的扇子、穿破烂衣服和磨破的鞋子。他的行装怪异，有时看似疯颠，所以人们称他为"颠僧"，即疯僧，有时尊称"济公"。

其实，佛教中修头陀行的人们是不剃发，道济正是经过这类修行的典型人物。济公不拘言行，超脱中国传统大乘佛教的戒律。佛教徒当中修行罗汉果的人，不求成佛，以行善、救人为修行目标，道济就属这一类型。

道济的故事原本是以一段一段的平话形式相传，经过几次修改、补充，到清朝乾隆年间，由郭小亭等人整理编写成2000余页570万字的巨册。当然，其中很大部分是他们当时补充的，一部分是用先人的资料加以润色的。由于当时时代的限制，内容以神奇故事为主，后加入一些义侠精神，把他描写成超越人世的神僧，并具有江湖侠义风格的人物。这些在当初的《醉菩提》中是看不到的。

济公故事在中国广泛相传，特别是江南一带，男女老少，几乎无人不知。

道济为人诚实，助贫寒、救危急之人。相反，对恶人殊死惩罚，特别是对腐败、非礼的官府、官吏给以教训的做法，起到人们解恨的效果。

他破烂衣服、散架的扇子、生动的言行、乞丐般的口气，这种形象深受人们的爱戴。

《醉菩提》在韩国翻译出版，具有很深远的意义。这在两国文化交流史上，自从韩国的《春香传》译成中文之后，又是一件大事。相信随着济公形象在韩国的传开，其生动的故事，一定会深受韩国读者所喜爱。

再次衷心祝贺《醉菩提》韩国文本翻译和出版成功。

《千唐志斋藏志》重印后记

"墓志铭"本意是要用精炼的言辞将墓主生平事迹及其功业总结起来镌刻于石以为永久保存的，重点在"铭"，一般是四字韵文，但也有例外的。"墓志"则是"为墓主作"的意思，《文中子·述古篇》注："志，臣下志君之善也。"有人把它的散文部分认为是"志"，而韵文部分说是"铭"，这样解释是不准确的。散文部分在体例上应该称之为"序"；所以唐人撰写墓志铭，在题下标有"并序"字样，就是这个意思。

墓志铭在唐代和以前在殡葬时是极为重要的，出殡时候，志石与铭旌及棺舆同在行列，据唐杜佑《通典》卷一三九、《礼》九九、《开元礼纂·凶》六《陈器用》条：

> 启之夕，发引前之刻，槌一鼓为一严，陈布吉凶仪仗：方相、志石，大棺车及明器以下，陈于棺枢之前。

又同书同卷《器序行》条：

> 彻遣奠，灵车动，从者如常，鼓吹振作而行。去灵车后，次方相车，次志石车，次大棺车，次辒车，次明器舆，次下帐舆，次苇舆，次酒醴舆，次苞牲舆，次食舆，次铭旌，次纛，次铎，次輴车。

由此可见志石在下葬时候是随着明器等物一齐埋入殡宫的。这说明墓志铭在殡葬时的重要。仕宦人家常请一些名人为撰墓志铭，因之像权德舆、韩愈等名家，都在文集中留下大量的墓志铭文；普通人家有人死后，墓志铭也不会或缺的，这部《千唐志斋藏志》正保留了一些为普通人撰写的墓志铭，甚至有为幼儿幼女作的。

对现在的读者来说，志文最可贵的是它们的史料价值，尤其在谱系方面。从氏族的来源以及死者的曾祖、祖父和父亲三世以及子孙的名字、官爵的记述，都是很有价值的，即使墓主人在史籍中列有专传，有些事迹也常常被忽略，正可据以补正。《新唐书》中一些世系表，虽然是根据当时保存着的谱牒编制而成，由于传抄、刻印的讹误，可以订正的不在少数。例如本书所载《大唐故左光禄大夫蒋国公屈突府君（通）墓志铭》（图版九），所载史迹，官职都可补《新、旧唐书》本传所不载。由这份墓志铭联系到另外一些同时期的墓志铭，如屈突通之妻蒋国夫人、孙屈突伯起、婿崔玄藉、玄藉后妻李氏、外孙崔韶、崔钦，这都是《新、旧唐书》所没有记述的。以墓志铭相互印证，可以把屈突氏族姻亲关系了解得十分清楚。我们如果要研究唐初功臣的社会关系，这些材料是极为有用的，而这些材料在史籍中却很难找到。墓志铭之所珍贵即在于此。

过去的一些金石书中收录的墓志铭，有的只是过录原文，《千唐志斋藏志》则是一部将原拓影印出版的"墓志铭"总集，像这样的出版物，而且发表的"墓志铭"的数量又是这样多，这是过去所未曾有的。因此，从它出版以来，受到国内外文化学术界的重视，尤其它把"墓志铭"以原来形式提供出来，这一点实在很重要。再说，过去有些个人专集也都收有"墓志铭"，但经常把标题简化，官衔职称不完整，篆额人、书丹人官衔名字当然更没有了，因此从考证方面，失去了重要依凭，如本书所载大和五年（公元

831年)王璠撰文、权璩书丹《唐故东都留守东都畿汝防御使银青光禄大夫检校尚书左仆射判东都尚书省事兼御史大夫上柱国赠司空崔(弘礼)公墓志铭》(图版一〇四三),志题清楚标明了崔弘礼终官,并且知道在大和五年时王璠所任官"中散大夫守尚书左丞祁县开国子食邑五百户赐紫金鱼袋",权璩时任"朝议郎尚书考功员外郎云骑尉扶风县开国男食邑三百户赐绯鱼袋",崔弘礼、王璠、权璩三人《新唐书》、《旧唐书》俱有传,但对所任职官均无明确记载。《墓志》不独记之甚详,而且知道其任官时间,这对研究唐史补充了不少材料。本书照原拓影印,这是很大的特色。

　　总之,《千唐志斋藏志》保存着很多未经研究和使用过的资料,值得我们认真发掘。张钫先生生前曾将全部拓片录文,约请刘盼遂先生仿《金石萃编》、《陶斋藏石记》体例,每篇加以考证,刘先生谊属同乡,允为担任。不料未久而"文化大革命"作,张、刘两先生均不幸先后逝世,而录文本亦遭散失,殊可惜也。

　　《千唐志斋藏志》初版问世后,一些学者、专家们对释文提出订正的意见,现在趁再版机会,参酌改正,这是应当向他们表示感谢的。

1989年2月1日

《唐代传奇笺证》后记

　　一九五四年,在文学古籍刊行社工作,为刊印鲁迅《唐宋传奇集》,感到这本书很有必要加以校注,于是着手收集资料。在工作过程中,发现简单作注还是不容易,内中有些历史事实、人物关系,如果不搞清楚,注文不单会发生错误,并且事实也没法说清楚。于是改写作长编,把收集的资料连缀在一起,这对将来作注也容易一些。日居月诸,颇为不少。后来因为朋友来索稿,无以应命,于是就把它命名为"笺证",以应付差使,居然也颇可搪塞要求。接着"文化大革命"兴起,工作俱辍,为传奇作注之兴趣也衰,遂行搁置。而笺证前后却发表十余篇,还有一些已经写好,被朋友索去,而结果中途遗失,或杂志停刊,如《古镜记》、《补江总白猿传》、《离魂记》等笺证,都是这样迷失的。现在想起来也无力补作了。还有一些在笺证发表之后,又觅得一些资料可以补充的,却因为随手摘录,事后忘置何所,再找也没找到,如为《无双传》收集到关于唐宫女获谴,谪守园陵,及皇帝大行,其平常侍奉宫女也俱遭至园陵奉侍的材料,由于没找到摘录的小卡片而未能补入,现在也想不出它的出处，只好不再下这番功夫了。这是搞笺证的一段情形。

书前"简说"，本来是为约稿写的一本小册子，"文化大革命"之前写成的。由于受了极"左"影响，自己认识上也觉得封建时代作品都有它的封建糟粕，没有不应该批判的，纵然写作艺术很高，也不可放过。所以在编写简说时，极力强调批判。草稿初成，请教方管同志，他对我的论断持否定态度，劝我加以修改。我虽然接受他的建议，但总觉得对封建糟粕多少还是需要不同程度的批判，因之在削减上还是保留一些，但又感到不尽如人意，因之搁置起来，一晃又是十几年。一九九六年，年届八十，脑力日衰，又患老年性脑萎缩症。因想起一些未完之作，虽然未必可取，但终究是花了一些功夫，因请赵钢鸣同志将赏析部分依我口述予以订补，承她大力支持，总算完成了。又请程毅中同志加以审定，遂使这篇简说得以完成，今将其冠于笺证之前，以概述我对唐传奇的看法。书编成后，又承出版社隆云同志通读订正了一些错误，实为可感。付印在即，略述因由，对诸同志热心之忱，并此志谢。

记《小舟》

《小舟》是我堂房姑母周仲铮用德文写的一本回忆录，从她的童年时候起，经过离家出走、考入大学、辍学出洋，写到她去到法国巴黎为止。没有夸大，也没有掩饰，朴实无华地记述了"五四"时代高门巨族里一个女青年如何认识时代，如何力争受教育的权利，如何冲破家庭牢笼的真实故事。

我们是一个大家庭，我的曾祖父在清代末季曾官至两广总督，平生注重研究水利，他著有《治水述要》、《续行水金鉴》等书，所以虽任高官，但还是一个读书人。我幼年见过他，觉得他很慈祥，对子孙很信任。他的宦途比较顺利，却早早地退出了官场。临终有遗诗：

> 天命运已尽，徒将医药缠。
> 长饥不思食，醒卧亦安然。
> 默数平生事，多遭意外缘。
> 皇天偏厚我，世运愧难旋。

这也可以反映出他的思想情况的某些方面。我祖父一辈，大都主张中学为体，西学为用。处身官场，很早便创办工厂，实行实业救国，得到发展，成为民国初年的大资本家，不过家庭中仍然是封建体系。父亲辈生长在"五四"运动蓬勃发展的高潮中，有些就投身事业，在上辈所办的一些企业里任职；有些则投身学术研究领域。只有这一个女青年，异军突起，要冲破这封建藩篱。

现代女青年还有不少为家庭太封建而苦恼的，但是她们很难想象六十多年前，一个女孩子仅仅为了要进学校，便要同家庭发生那么严重的冲突，好像从国统区投奔解放区似的，那么冒险离家，秘密出走，闯关亡命……她们从这本小书中看到祖母辈(甚至是曾祖母辈)正是这样走过来的，会有些什么想法呢?对前辈的尊敬么?对现实中封建因素的更加不能容忍么?对前途的信心么?恐怕因人而异，但总不会无动于衷的吧。

现在这本书已经转译成中文，我才有机会读到它，我们已经五十多年没见过面了，通过这本书引起我不少淡忘的旧事。记得我七八岁时，已经从家人口中听到对这位叛逆的女性的评价。书中写到我祖母："四伯母脸色始终严肃：'我们家出了个你这样杰出人物，你像男人一样出国求学，这很好。将来你定会光宗耀祖。我祝你一路平安。'"当然这一种含蓄的谴责，正是我记忆中的那时家庭对待新事物的态度。

这位姑母比我大十岁，印象中第一次见到她，大约是1931年的某一天，她已经回国而又要去上海重返欧洲，大伯父在前门外西车站餐厅为她饯行。她短短身材，侃侃而谈，曾引起我关于过去听到的一些评论的回忆，虽然那时已经是"五四"运动后的多少年，但这古老的封建家庭仍自巍然不动，她还是不能容身，必须再度远去异国。从此我再没有见到过她。

作者除了这本书外，还用德文写过《幸福十年》、《金花奴》、《树王》、《小采鱼》、《海阔凭鱼跃，天高任鸟飞》等书，我都没有看过。从书名看，《幸福十年》、《海阔……》两书应该是这本《小舟》的续篇，而《金花奴》据作者在书中自云是写她祖母一段可悲的历史的。

现在只说"小舟"，它可以拼搏在大海里永远靠不着岸，也可以永远系在岸边任早潮晚汐的冲刷。作者的小舟是哪一种情形?这本书只是一个故事的开头。

《新编全本季木藏陶》后记

伯父季木先生精鉴赏，喜收藏，尤好金石文字之学。所蓄甚富，于所编《居贞草堂石影》及《居贞草堂藏器》两书中大略可见之。至于印玺、封泥、陶瓦之属，尤多奇品。封泥部分，伯父志辅所编《续封泥考略》及《再序封泥考略》两书已著录。至于玺印，当日曾钤有《魏石经室古玺印》一书，实物已由伯父叔捐献天津艺术博物馆。至于陶瓦文字，原藏达四千余片，表兄孙浔曾选其精粹编为《季木藏陶》，惜非全部，且印数极少，仅数百部，流传不广。

忆一九四六年夏，此批陶片，存于舍间，议将捐赠故宫博物院。临送之前，先父叔迦先生命绍良加以清点，因托友人相助，将其有文字者加以毡拓，因成此册。七十年代，偶与赵诚同志商量出版，承其美意，慨允向中华书局推荐，日居月诸，岁月荏苒，赵君亦告退休，将其事转托刘宗汉同志，更请李零同志对重、分类，附注释文，现已蒇事，得观厥成，因取家珏良兄所撰《周季木先生传略》冠于首，以代序言，略记其经过于此，并对为此书付出劳力诸同志表示谢意。

周绍良谨识，时年八十二岁

一九九八年三月三日

《敦煌余录》序

向觉明（达）先生遗稿《敦煌余录》，十多年前由向先生哲嗣向燕生交我整理，因杂事缠身，遂交荣新江同志代劳。十年来新江为此付出极为辛勤的劳动，经过艰苦的努力，终于将《敦煌余录》及相关文献编成一集，并承三联书店慨允出版，这是敦煌学界可喜可贺可纪念之事。在本书付梓之前，新江请我写一篇序言。义不容辞，同时也谊不容辞，我欣然从命。但老病侵寻，旧业抛荒，写不出什么新鲜的见解，只可追忆往日友朋间谈论，摘引述说一二而已。

向觉明、王有三（重民）与我家相知甚早。他们两位供职原北京图书馆时，先父叔迦先生也在那里帮助董理馆藏敦煌卷子，成为学术知交。解放后，人民文学出版社约请以他们两位为首的六位先生编纂《敦煌变文集》，我承乏责任编辑，对他们两位的学术就更有就近的了解。可惜不久运动联绵，旧朋零落散如云矣！

门人白化文同志与两位先生皆有从学之谊，闲谈中每比较两先生之学，我同意他的一些见解。现在提出两点来说一说。

一点是，如果说从王静安（国维）到陈寅恪等位先生算是中国敦煌学第一代的代表的话，那只是筚路蓝缕的一代。他们只能见到不多的敦煌卷子，也未能在海外开展研究，因而打不开大局面。向觉明和王有三两位先生则是我国第二代敦煌学者中的双子星座，他们二位远涉重洋，亲自阅卷编目，掌握了那时所能见到的绝大部分敦煌卷子资料，奠定了我国学者在当时敦煌学界的领先地位。向先生于抗战期间又仆仆大漠，深入石窟，掀开了我国科学考古研究中以莫高窟为代表的石窟研究首页。他们两位可以说是我国敦煌学的系统的真正创建者。其津逮后人，非一代也！

另一点则是，正如白化文同志常对我说的，王有三先生很注意整理并发表自己的著作，从在法国就往国内寄文章，解放初又抓紧印行了一批整理好的书稿。嗣后，他的夫人刘修业先生又不断整理并抓紧出版遗稿。至今，王先生的著作，大体上发表完毕。返观向先生，在世时好像不自收拾。记得"反右"斗争时，北大有人当场刻薄地讽刺地说，什么史学大家，只有一本著作（《唐代长安与西域文明》）和一本翻译（《斯坦因西域考古记》）罢了！我记得向先生著作绝不止这么点儿，可是当时也没法替他说。他逝世后，更是无人查考董理。与王先生对比，不幸之至！

敦煌学者原来只是从研究个别敦煌遗书中的卷子开始的，后来扩大到石窟研究，形成两条腿走路之势。现在内涵又在逐步扩展，暂且不提。这种扩大化，似乎都是从两条腿走路开始的。我认为，从这一点说，向先生实在是我国敦煌学的全面的奠基人，王先生只用一条腿，就有点不全面了。这也是时代、遭际等种种限制使然，不足为王先生病的。倒是王先生解放后转移到培养图书馆学人材方面去，没有可能培育出哪怕是一两位敦煌学接班人来。返观今日河西走廊、丝绸之路上的山洞中，活跃着各路诸侯，多为北大考古系培养的向门再传甚至三四传弟子，于此处向先生可以瞑目矣！

但是，向先生散落的遗作，究竟是敦煌学界挂心的事。我尝以之语于荣新江同志。他是有心人，不久就动起手来。据他说，干起来才知道困难极大，主要是搜集太不容易。好在荣新江同志是一位极有恒心的人，如今竟然把这件事给办成了！此书出版，定能改写敦煌学史上的某些篇章，使我们了解到许多历史面纱笼罩下的当时的情况。是为序。

2003年1月27日，星期一，双旭花园

《敦煌文学概论》序

　　《敦煌文学概论》终于完稿，将要出版了。主编颜廷亮同志送来书稿，要我为其写序。我答应了，因为，一则这部书是自有敦煌文学研究以来全面、系统、深入地论述敦煌文学的第一部专著，二则我同这部书的编写确有较多的关系。

　　1986年春天，我接到认识刚刚4年的颜廷亮同志的一封信。信中说他们决定编写《敦煌文学概论》，要我当他们的顾问。当时，我虽然觉得这是一件大工程，前人从未搞过，顾问未必能当好，却还是慨然应允了。因为，我觉得，编写这样一部书，既很有必要，又确有可能。那时候，敦煌文学研究作为敦煌学研究中开始最早的分支学科之一，已有近80年的历史。一方面，数十年间许多专家学者卓有成就的研究，既需要有这样一部书来做大致的总结，也为编写这样一部书打好了一个良好的基础。另一方面，当时已有一批中青年敦煌文学研究专家学者成长起来，他们有勇气，有决心，有知识上的相当不错的准备，同时又大都仍然把研究的范围限制在敦煌文学的某一个或某几个局部，还缺乏对敦煌文学全局的把握。这种情况也表明，编写这样一部书既是客观上的需要，又有现实的可能性。此外，编写这样一部书，是作为敦煌文学故乡的、几年来和我联系较多的甘肃同志倡议并拟实施的，我也很乐意和他们一道来进行这一在敦煌文学研究史上必定会产生重大影响的工作。

　　然而，一旦应允，我便感到事关重大，任务艰巨。最大的问题，便是敦煌文学的内容和范围问题，或者说是敦煌文学研究的对象问题。这个问题不解决，编写工作就难以进行。因为，许多年来，无形中形成了一种看法，即认为敦煌文学就是俗文学，而在事实上却又并不尽然。如果按照许多年来相沿袭的看法进行编写，其结果必然是要把敦煌遗书中数量相当之大的非俗文学之作摒弃于论述范围之外，从而使《敦煌文学概论》的"概论"二字难以成立；而如果要打破许多年来无形中形成的看法的框框，则又有个除俗文学外敦煌遗书中究竟还有些什么文学作品的问题需要回答。带着这个问题，我出席了1986年10月在酒泉举行的首次编写会议，希望编写组的同志共同研究。会后，我又用了一些时间，力图解决这个问题，并写成了《敦煌文学概论》（后来发表时改题《敦煌文学刍议》）一文。在这篇文章中，我主张把许多年来形成的对敦煌文学内容和范围的理解加以修正，即主张敦煌文学绝不只是俗文学，而是在其内容和范围中还应包括非俗文学作品。与此相应，在文章中指出，敦煌文学作品从体裁上看，绝不只是变文、曲子词等少数几种，而是还包括诸如书、启、状、牒、碑、铭等在内的几十种。1987年7月在天水举行第二次编写会议时，我把这篇文章印发与会同志，请大家讨论。承蒙与会同志的信任，我的看法被原则上接受。这次会议还决定：鉴于我的看法与许多年来无形中形成的看法很不相同，在正式着手编写《敦煌文学概论》之前，先编写一部书，一方面对敦煌文学的内容和范围问题进行论述，另一方面对敦煌遗书中的文学作品按体裁进行一次较细致的清理。会后，在颜廷亮同志的主持下，经过编写组同志的共同努力，决写先编写的这部书编写了出来，这便是甘肃人民出版社出版的《敦煌文学》一书。其中，对我的看法，略有变通。这自然是符合学术研究工作的常理的，我无异议。

《敦煌文学》出版之后，在海内外敦煌文学研究界立即引起反响。有的专家学者表示赞同，也有一些专家学者提出了问题。提出的主要问题是：按照《敦煌文学》的看法，是否把敦煌文学的内容和范围搞得过于宽泛了？把书、启、碑、铭、状、牒乃至契约都归入敦煌文学，是否混淆了文学与非文学或文学与文章的界线？编写组的同志对一些同志提出的问题，十分重视，并认真地、反复地进行了分析。大家认为，从提出的主要问题来看，敦煌文学研究界还是同意把敦煌遗书中的非俗文学作品归入敦煌文学的内容和范围的，提出问题的同志只是认为碑、铭、状、牒、书、启乃至契约等属于文章而不属于文学，将其归入敦煌文学不怎么妥当。然而，《敦煌文学》一书，实际上并未把敦煌遗书中用书、启、状、牒、碑、铭乃至契约等体裁写成的文字一律归入敦煌文学，而是只把其中具有文学色彩的归入到敦煌文学内容和范围之中。同时，对什么是文学的问题，古今中外，看法本来不一。在我国，近几十年来，文学理论界基本上采用的是当年苏联文学理论界的看法，即只从是否以形象反映生活来判别是否文学作品，而我国传统的看法则是把以具有文采的语言表情达意述事的文字都看做文学作品。既然如此，在界定敦煌文学、研究其内容和范围时，也就不必非按当年苏联文学理论界的看法进行不可，而是安全可以按照我国传统的看法办事。由此看来，《敦煌文学》一书把敦煌遗书中用碑、铭、状、牒、书、启乃至契约等体裁写成的具有文学色彩的文字归入敦煌文学，还是在道理上可以讲得通的。不过，大家又认为，既然有的同志提出了问题，那也就说明《敦煌文学》一书在界定敦煌文学的内容和范围时，至少论述上有不够充分、周密之处，在正式编写《敦煌文学概论》时，既可以继续按照《敦煌文学》一书对敦煌文学内容和范围的界定办事，又需要把对敦煌文学内容和范围的论述搞得更为完善一些。颜廷亮同志把大家的想法告诉我，我觉得大家的看法是可取的，建议就按大家的意见，正式进行《敦煌文学概论》的编写工作。

就这样，《敦煌文学概论》的编写工作正式开始，并终于完成了。从开始酝酿到终于完成，在这整个过程中，工作是大家做的，我做的事情不多。但是，我毕竟还是做了一些事情。我为其终于完稿而高兴，为我能在其编写过程中贡献过一些意见而高兴。

至于现在的这部《敦煌文学概论》，自然和《敦煌文学》一书有所不同。主要的不同是：这部书侧重于从理论上对敦煌文学进行分析评述，而《敦煌文学》一书则除解决敦煌文学的内容和范围外，侧重于资料的挖掘和清理。另外，在一些具体问题上，这部书与先前的那本书，看法上也有一些不同。比如，敦煌文学的时限问题，把以前统称之为敦煌赋的作品分为故事赋和文赋并将其分别归入说唱类和主寺赋类加以论述的问题，先前那部书未专门讲述的童蒙和寺庙文学作品在这部书中分别专立一章加以论述的问题，若干具体作品的归类隶属问题，等等，都有这种情形。不过，对最基本的问题的看法，并未怎么变，而是论述得更为完善一些。这部书的《导言》，就反映了这一点。《导言》并未把用各种体裁写成的文字统统都当作文学作品，而如同今天对待我国古代诸如诸子散文之作一样，突出地强调用各种体裁写成的文字中那些具有文学色彩者，包括文学性强的和文学性虽不强却又并非没有文学性的，才可归入敦煌文学。（这也使我想到，如果在先前那部《敦煌文学》中也能突出地强调这一点，并在各篇的篇名上动些脑筋，把诸如"契约"、"书议"、"状牒帖"等标作"契约中的文学作品"、"书仪中的文学作品"、"状牒帖中的文学作品"等，也许可以较少引起一些异议。）因此，我们完全可以视这部《敦煌文学概论》和先前那部《敦煌文学》为姊妹篇。

不过，尽管这部书对最基本的问题的论述比先前的一部要完善一些，而这种论述能否使对先前那部书提出问题的同志觉得满意，也还是个问题。我和这部书的编写者们并不敢自信，而是觉得不仅完全可以而且应当进一步讨论。人类的认识，是不断前进而永无尽头的。即使本书对最基本的问题的认识大体符合实际，也还是需要继续深化的，何况本书的认识未必一定就对呢！同时，这部书对若干具体问题的论述，限于我们的水平，又由于事出众手，而本书的编写原则之一又是只要不与全书的基本观点相抵牾，不与全书其他章节的基本看法相矛盾，允许撰稿人写出自己的见解，因而也就未必都那么得当，同样需要敦煌文学研究界的同志继续讨论。比如，在上、中、下三编之后加上外编以专论敦煌文学杂著，究竟是否合适？把敦煌赋分为故事赋和文赋，并将其分别归入说唱类和诗赋类，究竟是否可取？把小说分为感应记和非感应故事小说两类，究竟能否成立？特别是上编中对带有总体性的若干问题的论述，究竟是否符合实际？——所有这些，都是有待于进一步的探讨的。

虽然如此，这部书作为从理论上对敦煌文学作全面、系统、深入论述的第一部，我相信它在敦煌文学研究史上必定还是有其独自的存在价值的。至少，它大体上较全面地吸收了前人以及同时代人的研究成果，并在此基础上就一系列重大的或具体的问题提出了一些新的见解，从而也就在敦煌文学研究领域中提出了成体系的一家之言。因而，在我看来，这部书也就实际上为敦煌文学研究的今后发展提供了一个新的开端。

当然，它也完全可能为今后敦煌文学研究界的一个活靶子，会受到许许多多的批评。但即使如此，我和编写组的同志也会感到高兴。或者说，正是由于能成为一个活靶子，我和编写组的同志才会感到高兴。因为，这部书本来的编写目的之一，就是希望能够引起新的争鸣，使敦煌文学研究在新的争鸣中更上一层楼。如果真的能成为活靶子，那不正好说明这一目的是达到了吗？

除过上述诸多可以继续讨论的问题外，我以为这部书还存在着一些另外的不足之外。颜廷亮同志在《后记》中已说到这一点，并特别指出：本书对敦煌文学纵向的论述很不够。我以为，他的说法是有道理的。因为，正如他所指出的，按照本书对敦煌文学概念的理解，敦煌文学产生和存在的时间跨度达400多年之久；在这400多年间，敦煌文学确实表现出一种历史的发展过程；既然是《敦煌文学概念》，那就应当对这个历史发展过程有充分的论述，而现在这部书稿却只用了很少的文字来谈这个问题。当然，以目前敦煌文学研究的情形而论，还难以做到对这个历史发展过程进行充分的剖析；《敦煌文学概论》对这个历史发程没有充分论述，大约正反映了敦煌文学研究中纵向研究还相当不够的缺点。然而，无论如何，这一不足毕竟还是令人有点遗憾的。如果在不久的将来能有一部既从横向上、又向纵向上全面、系统、深入地论述敦煌文学的专著出现，那我和本编写组的同志自然是会特别高兴的。

这部书的编写工作，从开始酝酿到终于完稿，经历了8个年头。编写组的同志们，付出了艰辛的劳动。他们多为中年同志，也有几位青年同志；其中，有的我比较熟悉，有的我不怎么熟悉。无论是中年同志或青年同志，也无论是我熟悉的或不怎么熟悉的，据我所知，都是以十分严肃的态度进行工作的，都希望能把这部书编写好。特别是颜廷亮同志，作为本书的主编，在本书的编写上倾注了大量心血。据有的同志介绍，光是统稿一项，他就用了从去春到今秋将近一年半的时间。作为敦煌文学研究界的一位老兵，我对他们这种精益求精、不怕艰苦、为学术负责的精神深感敬佩，为我国敦煌文学研究界有这样一批同志而深感自豪。

我热切地希望我国的敦煌文学研究事业更加繁荣。

1992.10.31

《敦煌书苑菁华》序

由香港中文大学艺术系荣誉教授饶宗颐先生编选的煌煌二十九巨册《敦煌书法丛刊》一书，早在1984—1986年间，由日本二玄社陆续出版，承他赠送一部给中国敦煌吐鲁番学会，因而得仔细捧读一过，深感其对敦煌学研究的贡献是很大的，不单从书法艺术加以论证，而且每篇题解都有详细的考证，深邃的研讨，是具有广博的功力的。考虑此书出版于日本，国内学者殊难见到，因撰文加以介绍。现在作者将此书重新整理，把原日文解题改为汉文，易名为《敦煌书苑菁华》，交广东人民出版社出版，这对国内敦煌学者来说，无疑是一件可喜的事情。

中国古代的书法家，首推钟、王，唐代则崇尚虞、褚、欧、柳，推为一代宗师。实则各个时代都有自己的书法高手，但由于各种原因，有时某一时期的书法遗作留存不多，常不能反映那个时代的书法艺术全貌，这就在客观上对研究书法艺术带来了一定的片面性。敦煌写本的出土，使我们看到大量六朝至五代时期的书法真迹，给书法艺术的研究提供了重要的资料。即就专事写经的经生(早期的写经写的并不是佛经而是儒书)而论，他们是以写经为专业的，他们的书法，自魏晋以来逐渐自成体系，形成"写经体"，至隋、唐时期，可以说达到了高峰。写经体自有其一种同具的风姿，但各时代各个人又独具不同的风格。从书法艺术发展上看，虽然它只是某一阶段书法的一个方面，而且不可避免地带有某一时代的书法特征，但他们的艺术成就是不可否认的。其书法各代各体兼容并包，有不少是瑰异之作。

然而，长期以来，对敦煌卷子的研究，大多数从文史资料角度著眼，对书法艺术，一直没有给予应该而且必要的提倡。在过去，曾有刘复先生、魏建功先生师法写经，为时尚所推崇，但这方面的研究一直还是个空白。饶先生这部力作的推出，开拓了敦煌书法研究的新领域。

饶先生是古典文学专家，对于艺术有深刻的研究，尤其精通书画。这部书是从书法角度，从众多的敦煌卷子中遴选出的一批精华。据其《自序》，他的选取标准，首要是"具有书法艺术价值"，在此前提下，尽量选取"著明确切年代及有书写人者"和"历史性文件及重要典籍之有代表性者。这一选取标准，使本书显示出两个特点：一是书法艺术价值极高，二是文史资料性强。

从第一点说，书的开始，就推出唐太宗(李世民)的《温泉铭》，虽然已经残了，但这是一件孤本，是一代大书法家的精心之作，这是他的艺术成就，并不是由于是帝王而得来的。继之而欧阳询写的《化度寺碑》、柳公权写的《金刚般若波罗密多经》

均为一代宗师的杰作，还有唐人临王羲之《十七帖》写本、《兰亭序》写本，从书法一道论，这已经把敦煌所出书法之精品整个展出。然后再按门分类，就"经史"、"书仪文范"、"牒状"等加以遴选，这不单可以使人看到如专业书写人(如经生)的书体形式，同时也可以看到各行各业人书写之风气。所选如《众经目录》(P3848)一品，具有行云流水般的"流畅美"，字体通篇一致，大有《兰亭序》遗韵，看来，后世如赵孟𫖯未必能称抗手。又如乾元二年王老子写《尚书》孔氏传第五卷残卷(P2643)一品，笔若悬针，点画凝重，刚劲固不下于柳公权，实为后来瘦金体所本。《汉书·王莽传》写本(P2643)书法整饬遒丽，轻重相宜，可与虞世南书法颉颃；而《春秋谷梁传集解》写本(P2590)也可与褚遂良媲美。

就文史资料价值而论，饶先生为所选的每个卷子都做了题解，所论岂止限于书法。这一百五十多篇论文，既博且精，实为饶先生多年研究敦煌学之结晶，具有极高的史料学术价值，固不可以寻常书法文字视之。如所选《曹元忠致回鹘可汗状》(P2155)，饶先生对文书中颇为费解之"鸡悉的"和"达坦"两名词，广泛征引了汉文典籍外，还引用藏文资料相参证，考订出"鸡悉的"即"奚悉德"，"达坦"即"鞑靼"，实见其考订功夫。他如《归义军节度使曹仁贵赐邓弘嗣牒》(P3239)的题解，饶先生除引证《曹仁贵献物状》、《上令公状》(P4638)、《西汉敦煌国圣文神武王敕》(S1863)等相关文书外，又综合诸家所论，考证出张承奉政权实结束于乾化四年(914)五月至八月间。此一结论现已为多数治敦煌学者所认可。至如奉梁武帝(萧衍)敕书写的《出家人受菩萨戒法》卷第一(P2196)，据史籍只知其崇信佛教极深，曾亲受菩萨戒，但其事实内容不详，此卷却可补史籍所缺。又如《封常清谢死表》(P3620)，在《资治通鉴》中虽曾述及，而这里却载其全部文字，是治唐史的重要材料。其它尚多，不胜胪述也。

现在，敦煌学的研究工作，国内外正在全面铺开，从各个角度进行专门化的研究也在逐步深入，《敦煌书苑菁华》的重新整理出版，必将引起国内敦煌学者关注这一专门化的研究。从这一角度论，饶先生当是这一领域的开拓者。

天津市人民图书馆藏明清小说草目

一、明清讲史小说

按鉴演义帝王御世有夏志传六卷十九则有商志传四卷十二则（明）题景陵锺惺景伯父编辑　古吴　冯梦龙犹龙父鉴定　首锺惺序（清）嘉庆甲戌（1814）稽古堂刻本

四册857.46/82196

新刻按鉴编纂开辟衍绎通俗演义六卷八十回（明）题五岳山人周游仰止集　靖竹居士王黉子承释　封面题锺伯敬先生评　首崇祯乙亥（八年）王黉序　明刻本　附图　所记起盘古开辟天地至周武王吊民伐罪止

六册857.46/77238－（3）

又一部（清）复明刻本

六册857.46/77238－（2）

又一部（清）道光十六年重刻本

六册857.46/77238－

列国志传十九卷　题云间陈继儒重校　首陈继儒序（清）乾隆四十九年写刻本　附图　版心署芥子园　封面署文行堂梓行

十二册857.46/31140－（3）

新列国志一百零八回（明）冯梦龙新编　明刻本　附图

二十册857.46/31150

又一部　1955年北京作家出版社编辑部校订排印本

二册857.46/31140

东周列国志二十三卷一百零八回（清）蔡奡评点　首乾隆十七年蔡氏自序　清刻本　封面题姑苏原本

二十三册857.46/31140－（2）

又一部（清）大文堂刻本　附图

二十册857.46/31140－（5）

又一部（清）光绪丁亥（1887）东昌书业德刻本

十二册857.46/31140/—（6）

又一部（清）光绪戊子（1888）上海点石斋石印本

八册857.46/31140—（7）

又一部　民国二十二年　排印本

六册237704—09

孙庞演义四卷二十回乐田演义四卷十八回（清）文和堂刻本

八册857.46/60022—6

又一部（清）吴宗玠重校清上海锦章图书局石印本

四册857.46/60022—6（2）

鬼谷四友志三卷六回（清）题杨景淐澹游公评辑　首乾隆二十年杨氏自序　清道光甲申（1824）京都聚珍堂刻本　附图

六册857.47/46963

锋剑春秋十卷六十回（清）黄淦撰　首冠嘉庆九年黄氏自序　同治四年四和氏序（清）光绪二年（1876）重印同治四年刻本　附图

十册857.46/44838

又一部（改题）后列国志八卷六十回（清）上海进步书局石印本

四册857.47/70022—26

又一部（改题）万仙斗法八卷六十回清光绪庚子（1900）上海江南书局石印本

八册857.47/70022—25

新编批评绣像后七国乐田演义四卷十八回（清）题古吴烟水散人（徐震）演辑　茂苑游方外客较阅　首遁世老人序　清乾隆十八年刻本

八册857.47/28210—2

又一部章阁校注，1956上海文化出版社印本

一册857.47/28210

新刻绣象走马春秋四卷十六回（清）不著撰人姓氏石印小本

四册857.47/70022—24

又一部六卷五十四回　清宣统元年（1909）上海茂记书庄石印本

六册83646

双凤奇缘二十卷八十回（清）题雪樵主人撰　清道光癸卯（1843）刻本

六册857.47/700225—12 (2)

又一部

四册857.47/70022—12

又一部十卷八十回　民国四年（1915）上海普通书局石印本

四册857.47/70022—12 (3)

又一部　改题　昭君传八卷八十回（清）题雪樵主人编　清北敬堂刻本

十六册857.47/70022—12 (4)

三国志通俗演义二十四卷二百四十则　题晋平阳侯陈寿史传　后学罗本贯中编次　首弘治甲寅庸愚子（蒋大器）序　嘉靖壬午中修髯子（张尚德）引民国十八年（1929）上海商务印书馆影印明嘉靖壬午（元年）刻本

二十四册857.46/60950— (6)

三国志一百二十回不分卷　残存第六十二至六十五回　明刻本　半页十行　行二十二字　有眉批

一册857.46/60950— (23)

三国志一百二十回不分卷　残存第十七至三十二回　清初刻本　半页十行　行二十二字有总评眉批改为夹批

一册857.46/60950— (22)

新刻按鉴演义三国英雄志传二十卷二百四十段　题晋平阳侯陈寿志传　元东原罗贯中演义　首闽西桃溪吴翼登序　清嘉庆七年翻刻明本

六册857.46/60950— (24)

新刻按鉴演义京本三国英雄志传六卷二百四十则　题（晋）阳侯陈寿志传　（元）东原罗贵志演义　清同治壬申（1872）湖南邵州经纶堂复明本

六册857.46/60950 (25)

毛宗岗评三国志演义六十卷一百二十回（明）罗本著（清）毛宗岗评　清复刻贯华堂本

三十册857.46/60950— (9)

又一部　清乾隆壬申（1752）姑苏书业堂刻本

二十册857.46/60950－（10）

又一部　清善成堂刻朱墨套印本

二十册857.46/60950－（13）

又一部　清光绪七年（1881）群玉山房刻朱墨套印本

二十册857.46/60950－（14）

又一部　清光绪九年（1883）筑野山房刻本

二十册857.46/60950－（15）

又一部　清英德堂刻本

二十四册857.46/60950－（16）

又一部　清光绪戊子（1888）上海点石斋石印本

十三册857.46/60950－（19）

又一部　清光绪庚寅（1890）上海书局石印本

十二册857.46/60950－（20）

又一部　清光绪庚寅（1890）上海图书集成局排印本

十二册857.46/60950－（21）

又一部　1918年英华书局石印本

十六册236848

又一部　锦章图书局石印本

八册276665

又一部　1953年北京作家出版社排印本

一册857.46/60950－（4）

又一部　1955年北京作家出版社排印本

一册857.46/60950－

考证三国志演义六十卷一百二十回　秦毓均辑　王大错考证　1922年东方图书馆
排印本

二册857.46/60950－（8）

第一才子书三国志演义十九卷一百二十回（清）毛宗岗评　清金阊艺海堂复刻本

二十二册857.46/60950（12）

四大奇书第一种三国志演义十九卷一百二十回（清）毛宗岗评　龙雾邹梧冈参订　清京都宝经堂刻本

二十册857.46/60950－（17）

又一部　清坊刻本

二十册857.46/60950－（11）

又一部　1957上海商务印书馆排印本

四册857.46/60950－（5）

又一部　五十一卷一百二十回清京都文成堂刻本

二十册857.44/60950－（18）

后三国石珠演义三十四回（清）题梅溪迁安氏著　首庚申（无年号）澹园主人序　清刻本　附图

六册857.47/70022－（35）

新锲重订出象注释通俗演义东西两晋志传题评十二卷（明）题武林夷白主人重修　清复明大业堂本

六册857.47/60022－8（4）

新镌全象东西两晋演义志传十二卷五十回　题双峰堂主人监定三台馆余氏梓行　清复刻明三白馆本（存卷一至卷十）

十册857.46/60022－8（2）

后三国东西晋演义　题秣陵陈氏尺蠖斋评择　首雉衡山人（杨尔曾）序　清光绪二十二年上海石印本

八册237890

又一部　题　三国演义续编西晋四卷东晋八卷　清光绪十九年（1893）上海广百宋斋排印本

二册857.46/60022－8（3）

又一部　上海石印本

六册857.46/60022－8

南史演义六十四卷（清）题玉山杜纲草堂编次　云间许宝善穆堂批评　门人谭载华校订　清乾隆五十八年原刻本

　　　　　　　　　　　　　　　　　十二册857.47/44927

北史演义三十二卷（清）题玉山杜纲草堂编次　云间许宝善穆堂批评　清乾隆五十八年许宝善序　清道光庚寅（1830）培德堂写刻本

　　　　　　　　　　　　　　　四册857.47/44927－（2）

新刊北魏奇史闺孝烈传十二卷回十六回（清）张绍贤著　清道光庚戌（1850）藏德堂刻本

　　　　　　　　　　　　　　　十二册857.47/70022－41

忠孝勇烈奇女传四卷三十二回　不著撰人　清光绪丁未（1907）义盛堂刻本

　　　　　　　　　　　　　　　四册857.47/70022－40

新镌全象通俗演义隋炀帝艳史八卷四十回（明）题齐东野人编演　不经先生批评　首唉痴子序　崇祯辛未樵李友人委蛇居士题词　崇祯辛末自序　明刻本

　　　　　　　　　　　　八册857.46/60022－9（2）

　　又一部　清复刻本

　　　　　　　　　　　　　　　　　八册238667

　　又一部　改题　风流天子传四十回　清光绪二十一年（1895）香港书局石印本

　　　　　　　　　　　　　　　八册857.46/60022－9

四雪草堂重订通俗隋唐演义二十卷一百回（清）题剑啸阁齐东野客原本　长洲后进没世农夫（褚人获）汇编　吴鹤市散人鹤樵子参订　板心题四雪草堂　首冠明正德戊辰林瀚序　康熙己亥自序　清康熙刻本

　　　　　　　　　　　　　二十册857.47/34282－（4）

　　又一部　清康熙刻本

　　　　　　　　　　　　　二十册857.47/34282－（2）

　　又一部　清同治丙寅（1866）连元阁重印奎壁堂刻本

　　　　　　　　　　　　　二十册857.47/34282－（3）

　　又一部　上海进步书局石印本

　　　　　　　　　　　　　八册857.47/34282－（2）

又一部　1956年上海古典文学出版社排印本

一册857.47/34282-

大隋志传四卷四十六回　题竟陵钟惺伯敬编次　温陵李贽卓吾参订　卷首林瀚序　清光绪戊子（1888）文益堂刻本

四册857.46/82196-2

又一部　清刻本

四册857.46/82196-2（2）

重刻绣像说唐演义全传六十八回　不著撰人　首乾隆元年如莲居士序　清乾隆崇德书院刻本

二十册857.47/60950-2（5）

又一部　题　新刻增异说唐全传十卷六十八册回（清）维经堂刻本

十册857.46/60950-2（3）

绣象说唐前传十卷六十八回后传六卷四十二回（清）题姑苏如莲居士编次　清渔古山房刻本

八册857.46/60950-2（4）

异说征西演义全传六卷四十四　题中都逸叟原本　吴门恂庄主人编次　清乾隆十八年鸿宝堂写刻本

六册857.47/70022-31

又一部　清道光三十年（1850）宝兴楼刻本

二册857.47/70022-31（2）

新刻异说后唐传三集薛丁山征西樊梨花全传七卷八十八回（清）题如莲居士编次　清经文堂刻本

十册857.47/70022-32（2）

又一部十二卷八十八回　清光绪癸巳（1893）崇德堂刻本

六册857.47/70022-32

新刻异说南唐演义全传十卷一百回　（清）题姑苏如莲居士编辑　清似菊别墅刻本

五册857.47/70022-33（3）

又一部　清光绪乙未（1895）上海文盛堂石印本

又一部　清光绪二十五年（1899）上海书局石印本

新刻中兴大唐演义传十卷一百回（清）题姑苏如莲居士编次　清光绪十二年（1886）京都文义堂刻本

新刻大唐演义铁坵坟全传十卷一百回　首冠如莲居士增补序署题于似菊别墅　清光绪十二年（1886）京都三和堂刻本

绣象征东全传四卷四十二回（清）题如莲居士编次　上海文益书局石印本

又一部　上海章福记石印本

绣象说唐罗通扫北全传四卷十五回　不著撰人　1913年江东书局石印本

绣象五女兴唐四卷四十二回　不著撰人　石印本

又一部　上海普通书局石印本

绣象武则天四大奇案六卷六十四回　不著撰人　清光绪庚寅（1890）上海书局石印本

武则天外史二集二十八回　题不奇生　石印本

绘图安禄山演义全传四卷四十回　不著撰人　1931年上海沈鹤记书局石印本

镌李卓吾批点残唐五代史演义传八卷六十回　题明罗本编辑　李贽批评　首冠周之标序　旧刻本

又一部十二卷　清刻本

六册857.46/60950—4 (3)

镌玉茗堂批点残唐五代史演义二卷六十回　原题明罗本编　汤显祖批评　清光绪十六年 (1890) 经元堂剜改三让堂刻本

四册857.46/60950—4 (2)

又一部　清刻本

六册857.46/60950—4

新镌玉茗堂批点按鉴参补北宋志传十卷五十回　题研石山樵订正织里畸人校阅　明末刻本

六册857.46/21344—2 (2)

又一部　清初刻本

六册857.46/21344—2

新镌玉茗堂批点按鉴参补南宋志传十卷五十回　题清初武林鸿文堂刻本

六册857.46/21344— (2)

又一部　清刻本

六册857.46/21344—

又一部　清善成堂刻本

五册237774

北宋金枪全传十卷五十回　题江宁研石山樵订正鸳湖废闲主人校阅　首鸳湖废闲主人序　清刻本

十册857.47/70022—13

飞龙全传二十卷六十回　题东隅逸士（吴璿）编首乾隆戊子自序　清乾隆三十三年 (1768) 崇德书院刻本

十二册238658

又一部　清旧刊本

二十册857.47/26431— (3)

又一部　首冠嘉庆二年吴璿序　嘉庆丁巳杭世骏序　清嘉庆间芥子园写刻小本

又一部　清刻本

新镌绣象赵太祖三下南唐被困寿州城八卷五十三回（清）题好古主人撰　清同治乙丑（1865）丹桂堂刻本

又一部　锦章书局石印本

新镌全象武穆精忠传八卷八十则（明）不著撰人　封面题李卓吾先生评　首冠李春芳序　文内有圈点细注　清经元堂刻小本

又一部　清刻本

又一部　清经文堂重刻本

岳武穆精忠全传六卷六十八回（明）题吉水邹元标编订　首冠邹元标序　封面题玉茗堂原本　清大文堂刻本

增订精忠演义说岳全传二十卷八十四（清）题仁和钱彩锦文氏编次　永福金斗大有氏增订　首金丰序　清大文堂刻本

又一部　清刻本

又一部　清光绪辛卯（1891）上海珍艺书局排印本

又一部八卷八十回　清光绪乙巳（1905）上海书局石印本

又一部七十九回　1955年上海古典文学出版社编辑部整理排印本

一册857/83122

又一部　1957年上海古典文学出版社排印本

一册857/83122－（3）

新镌杨家将世代忠勇演义志传八卷（明）题秦淮墨客（纪振伦）校阅　烟波钓叟参订清重刻明万历丙午刻本

八册857.46/21344－3（2）

又一部六卷　题秦淮墨客编辑　首冠乾隆四十一年自序　清道光三十年（1850）聚锦堂刻本

四册857.46/21344－3（3）

新刻天门阵演义四卷三十九回（清）不著撰人　清光绪三十二年（1906）有益斋书局石印本

四册83618

新刻杨文广平南全传四卷二十二回（清）不著撰人　清同治四年（1865）刻本

四册857.47/70022－30

又一部　清光绪己亥（1899）上海书局石印本

四册857.47/70022－30（2）

平闽十八洞五十二回（清）不著撰人　1940年上海沈鹤记书局排印本

一册857.47/70022－192

新镌异说五虎平西珍珠旗演义狄青前传十四卷一百十二回（清）不著撰人　首嘉庆六年序清同文堂刻本

十四册857.47/70022－29（3）

又一部六卷一百十二回附平南全传四卷四十二回　清光绪甲辰（1904）上海书局石印本

八册857.47/70022－29（2）

新镌后续绣象五虎平南狄青演义传六卷四十二回（清）不著撰人　清善成堂刻本

六册857.47/70022－29

后续大宋杨家将文武曲星包公狄青初传十四卷六十八回（清）李雨堂著　清咸丰戊午（1858）维经堂刻本

七册857.47/40419— (3)

又一部　题西湖居士手编　首戊辰李氏自序　光绪四年（1878）羊城长庆堂刻本

十四册857.47/40419— (4)

又一部　清长庆堂刻本

十四册857.47/40419— (2)

又一部　清光绪间石印本

六册857.47/40419— (5)

又一部　清光绪癸巳（1893）上海书局石印本

四册857.47/40419— (6)

又一部　清光绪三十二年上海瑞记书局石印本

六册83620

绘图后宋慈云走国全传八卷三十五回（清）不著撰人　清光续乙未（1895）上海书局石印本　演宋徽宗事

四册857.47/20022—38

痛史二十七回　清原题吴趼人（吴沃尧）著　1956上海文化出版社排印本

一册857.47/26434—4

绣象云合奇踪五卷八十回（明）题稽山徐渭文长甫编　玉茗堂评点　首冠万历丙辰徐如翰序　封面署文英堂梓　清坊刻本

二册857.46/28236—3 (3)

又一部　清光绪丙戌（1886）京都文和堂重刻本

五册857.46/28236—

绣象京本云合奇踪玉茗英烈全传十卷八十回　题稽山徐渭文长甫编　首冠东山主人序　清刻本

五册857.46/28236— (5)

又一部　清致和堂刻本

六册857.46/28236— (4)

又一部　清季刻本

五册857.46/28236—（2）

新刻全象三宝太监西洋记通俗演义二十卷一百回（明）题二南里人（罗懋登）著闲闲道人编辑　明万历丁酉（1597）刻本存十卷一至十　残存

十册857.46/60341—（2）

又一部　清光绪间上海中报馆排印本

十册857.46/60341

又一部　1923江左书林顺记石印本

八册857.46/60941—（3）

又一部　上海商务印书馆排印本

一册238143

新刻逸田叟女仙外史一百回（清）古稀逸田叟（吕熊）著首自序　陈奕禧序　康熙辛卯自跋　康熙间钓璜轩刻本

二十册857.47/60621—（3）

又一部　清钓璜轩刻本

二十册857.47/60621—

又一部　清光绪乙未（1895）上海积山书局石印本

十六册857.47/60621—（2）

续英烈传五卷三十四回　明题空谷老人编次　首秦淮墨客（纪振伦）序　清集古斋刻本

五册857.46/70022—7（2）

又一部四卷三十四回　1912年国民图书局石印本

四册857.47/70022—27

又一部　改题　永乐演义五卷三十四回　题空谷老人编次　1915年上海自强书局石印本

二册857.47/70022—37

于少保萃忠全传十卷四十回（明）题后学孙高亮怀石甫纂述　清宝翰楼刻本

六册857.47/13400

又一部　清三让堂刻本

五册857.46/12400—（2）

皇明大儒王阳明先生出身靖乱录二卷（明）题墨憨斋（冯梦龙）新编　钞本
二册857.46/31140—2

大明正德游江南传十卷四十五卷（清）何梦梅著　首道光壬辰黄逸峰序　何梦梅自序　清道光壬寅（1842）宝文堂刻本
四册857.47/21244

新编前明正德白牡丹传八卷四十六回（清）题武荣翁山柱石氏编　清光绪辛丑（1901）上海书局石印本
四册857.47/10213

原本海公大红袍全传十卷六十回（明）李春芳编　清复明金陵万卷楼刻本
四册857.46/40454

又一部　清道光二年（1822）书业堂刻本
八册857.46/40454—（2）

又一部　四卷六十回　清光绪十九年（1893）上海书局石印本
四册857.46/40454—（3）

绣象海公小红袍四卷四十二回（清）不著撰人　1924年上海江东书局石印本
四册857.47/70022—55

峰霄馆评定出象通俗演义魏忠贤小说斥奸书四十回　　（明）题吴越草莽臣著　首崇祯元年盐官木强人序　又同时吴越草莽臣自序　罗刹狂人序　钞明崇祯元年本　存1—12回22—34回
五册857.46/60022—10（3）

皇明中兴圣烈传二卷（明）题西湖野臣（乐舜臣）著　赵云书辑录　首自序红格钞本
二册857.46/60022—7

又一部　改题　魏忠贤轶事　清光绪三十二年排印本
一册238067

又一部　清光绪三十二年（1906）上海中新书局排印本
一册857.46/60022—10

梼机闲评五十卷五十回（清）不著撰人　清坊刻本

十六册857.47/70022—20（2）

又一部　清坊刻本

十六册857.47/70022—20

又一部　改题　明珠缘卷五十回　清光绪丙午（1906）上海书局石印本

六册857.47/70022—20（3）

剿闯小说十卷十回（明）题西吴懒道人口授　首西吴九十翁无竞氏序　传钞本

二册857.46/60022—12

又一部　改题　李闯王　1946年重庆说文社排印本

一册857.46/97038

新史奇观演义全传二十二回　清题蓬蒿子编　清嘉庆癸亥（1803）索古居刻本

四册857.47/70022—57

铁冠图八卷五十回（清）题松滋山人编　龙岩子校阅　清光绪四年（1878）宏文堂刻本

四册857.47/70022—56

又一部　清光绪二十年（1894）友德堂刻本

四册857.47/70022—56

樵史通俗演义四十回（明）题江左樵子编辑　钱江拗生批点钞本

八册857.46/60022—13

台湾外纪三十卷三十回（清）题九闽珠浦东旭氏江日升识　首康熙甲申岷源陈祈永序及郑氏世次　清求无不获斋活字排印本

十册857.47/31166

又一部　清写刻小本

十册857.47/31166—（2）

闽都别记双峰梦二十卷四百回（清）何求著　1946年福州万国出版社排印本

二十册857.47/21243

绘图平金川四卷三十二回（清）张小山著　清光绪二十六年（1900）焕文堂刻本

四册857.47/11292

又一部清光绪己亥（1898）富文书局石印本

四册857.47/11292-（2）

万年青奇才新传四卷七回（清）不著撰人　清刻本

八册857.47/70022-2

又一部　改题　圣朝鼎盛万年青八集七十六回　清石印小本

八册857.47/70022-58

又一部　改题　乾隆巡幸江南记七十六回　清石印本

六册276577

扬州梦十六回（清）不著撰人　1915年排印本

三册857.47/70022-59

羊石园演义七回（清）原题　关翁撰述顽叟订定　光绪己亥（1899）年广东东华日报馆排印本

一册857.47/88480

绘图扫荡粤逆演义四卷八回（清）题劫余生撰　光绪丙申（1896）上海书局石印本

四册857.47/70022-145

绘图湘军平逆传四卷八回（清）题勾章醴泉居士著　光绪己亥（1899）上海书局石印本

四册857.47/70022-138

新编绘象左公平西传四卷三十二回（清）不著撰人　光绪甲辰（1904）上海书局石印本

四册857.47/70022-60

国朝中兴记六卷四十回（清）严渭臣（庭樾）著　清宣统元年（1909）上海集成图书公司排印本

六册857.47/66204-

中兴平捻记六卷四十回（清）严渭臣（庭樾）著　清宣统元年（1909）上海集成图书公司排印本

六册857.47/66204-2

绘象中东大战演义四卷三十三回（清）洪兴全辑清光绪庚子（1900）上海石印本

四册857.47/34178

辽天鹤唳记四编十六回（清）题气凌霄汉者评话　首甲辰序署贾生书于赵家乾净室

二册857.47/70022-62

绘图捉拿康梁二逆演义四卷四十回（清）题古洎野道人著　光绪戊申（1908）上
海书局石印本

四册857.47/70022-61（2）

又一部　改题　康梁演义（清）石印本

四册857.47/70022-61

邻女语十二回（清）题忧患余生著　清光绪二十九年（1903）绣象小说本

一册857.47/70022-63

绣象洪秀全演义四集五十四回（清）原题禺山世次郎（黄小配）撰　首丙午章炳
麟序　清宣统辛亥（1911）石印本

八册857.47/44891

又一部洪秀全演义十集前四集十六卷八十回
后六集二十四卷二百四十回　1923年大成书局石印本

四十册857.47/44891-（2）

精订纲鉴廿一史通俗演义二十六卷四十四回（清）吕抚著　首雍正五年李之果
序　雍正十年吕作肃序又自序　清雍正间正气堂木活字排印本　附图象1页

二十四册857.47/60658-2

又一部　清光绪丁亥（1887）善成瑞记刻本

八册857.47/60658

又一部　清光绪丁亥（1887）上海广百宋斋排印本

六册857.47/60658-（2）
23867/

又一部　续订十四卷六十回（清）吕抚原辑　舒屋山人续纂　1926年上海锦
章图书馆石印本

十四册857.47/60658-3
238676

万国演义六十卷六十回（清）沈维贤著（清）光绪二十九年（1903）作新社排印本

六册857.47/34197-（3）
236782

二、明清神魔小说

映旭斋增订北宋三遂平妖全传十八卷四十回　原题（宋）东原罗贯中编（明）东吴龙子犹补清坊刻本

六册857.47/60950-3（6）

又一部　清刻本

八册857.46/40950-3（2）

又一部　1934年大达图书供应社标点排印本

一册857.46/60950-3（5）

又一部　1956年上海古典文学出版社排印本

一册857.46/60950-3

又一部　改题　绘图荡平奇妖传四卷十二回　清光绪丙申（1896）上海书局石印本

四册857.46/40950-3（3）

又一部六卷二十回　清光绪丙申（1896）上海书局石印本

六册857.46/60950-3（4）

绣象金台全传六卷六十回（清）不著撰人　上海炼石书店石印本

六册857.47/70022-171（2）

又一部十二卷六十回（清）光绪己亥（1899）宁波王文正书局石印本

十二册857.47/70022-171

西游记传四卷四十一则（明）题齐云杨致和编　清聚古斋刻本

四册857.46/26416-（9）

西游证道大奇书二十卷一百回（清）题西陵残梦道人汪澹漪笺评　清九如堂刻大本　钞配四册、第一、四、十七、十九册

二十册857.46/26416-（8）

西游真铨一百回（清）陈士斌铨解清乾隆间刻本

　　　　　　　　　　　　　　　　二十册857.47/75240

　　又一部　清翠筠山房刻本

　　　　　　　　　　　　　　　二十册857.47/26416－（13）

　　又一部二十卷一百回　清连元阁刻本

　　　　　　　　　　　　　　　二十册857.46/26416－（12）

　　又一部　光绪己丑（1889）上海广百宋斋石印本

　　　　　　　　　　　　　　　　十册857.46/26416－（10）

　　又一部二十卷一百回　清连元阁刻本

　　　　　　　　　　　　　　　二十册857.46/26416－（12）

　　又一部　光绪己丑（1889）上海广百宋斋石印本

　　　　　　　　　　　　　　　　十册857.46/26416－（10）

　　又一部六卷一百回（清）陈士斌铨解外加汪象旭、金人瑞、李卓吾评语　清
　嘉道间坊刻本

　　　　　　　　　　　　　　　　六册857.46/26416－（11）

新说西游记一百回（清）张书绅注　首乾隆十三年戊辰自序清乾隆戊辰（1748）
刻本　钞配一册（第九十七至一百回）

　　　　　　　　　　　　　　　二十四册857.46/26416－（15）

　　又一部　首冠光绪十四年王韬序　上海味潜斋石印本

　　　　　　　　　　　　　　　十六册857.46/26416－（7）

西游原旨二十四卷一百回（清）刘一明注　清嘉庆二十四年（1819）湖南刻本

　　　　　　　　　　　　　　　十二册857.46/26416－（3）

　　又一部　1926年上海宏大善书局石印本

　　　　　　　　　　　　　　　十二册857.46/26416－（5）

通易西游正旨十卷一百回（清）张含章注　首门人何延椿序　清道光己亥
（1839）眉山何氏德馨堂刻本

　　　　　　　　　　　　　　　　十册857.46/26416－（6）

新式标点符号分段西游记一百回　1924年上海亚东图书馆排印本

四册857.46/26416—（14）

又一部　1954年作家出版社编辑部校订排印本

二册857.46/26416

又一部　1959年北京人民文学出版社排印本

二册857.46/26416—（2）

新编续西游记一百回（明）不著撰人　清同治十年（1871）刻本

十六册857.46/60022—23

西游补十六回（明）题静啸斋主人（董说）著　首天目山樵序西游补答问　清空音室刻本

二册857.46/44108—（5）

又一部　1929年北新书局排印本

一册857.46/44108—（4）

又一部　1955年北京文学刊行社影印本

二册857.46/44108—（3）

又一部　1955年北京文学古笈刊行社影印明崇祯本

一册857.46/44108

又一部　汪原放点校　1957上海古典文学出版社排印本

一册857.46/44108—（2）

后西游记四十回（清）不著撰人　有无名氏序　清道光元年（1821）　贵与堂刻本

二十册857.46/70022—14

又一部　清覆刻道光元年贵与堂刻本

十二册857.46/70022—14（3）

又一部　清同光间刻本

八册857.46/70022—14（4）

又一部分为六卷四十回　1915年上海章福记书局石印本

六册857.47/70022—14（2）

四游记全传、西游记四卷（明）题齐云杨致和编　天水赵毓真校东游记二卷

（明）题兰江吴元泰著　社友凌云龙校华光天王传四卷（明）题三台馆山人仰止余象斗编真武玄天上帝出身志传四卷（明）题三台山人仰止余象斗编，清道光十年（1830）刻本

八册857.46/60022-2（2）

又一部　1956上海古典文学出版社排印本

一册857.46/60022-2

新刻钟伯敬先生批评封神演义十九卷一百回（明）题钟山逸叟许仲琳编辑　首长洲周之标序　清吴郡崇德书院刻本

二十册857.46/08621-（3）

又一部作八卷　首长洲周之标序　清乾隆间覆明刻本

八册857.46/08621-（2）

又一部　清刻本

八册857.46/08621-（2）

又一部　首冠康熙乙亥长洲褚人获序　清扫叶山房刻本

二十册857.46/08621-（5）

又一部作二十卷　清乾隆壬寅（1782）刻小本

二十册857.46/08621-（4）

又一部　首冠康熙乙亥褚人获序　清光绪己丑（1899）上海广百宋斋排印本

十册857.46/08621-（8）

又一部　1955北京作家出版社排印本

二册857.46/08621-

删补封神演义铨解十卷一百回（清）俞景著　邹存淦删补　首冠光绪十年邹存淦序　钞俞樾序　嘉庆乙亥俞景自序　邹氏稿本

十册857.46/08621-（7）

宋评封神演义十九卷一百回补评一卷（清）宋育仁评　1925成都刻本

二十册857.46/08621-（6）

新镌批评出相韩湘子传三十回（明）题钱唐雉衡山人（杨尔曾）编次　武林泰和仙客评阅　卷首天启癸亥季夏朔日烟霞外史序　明天启金陵九如堂刻本

八册857.46/46918

又一部四卷三十回本　清上海沈鹤记书局石印本

四册857.46/46918－（2）

新编东游记二十卷一百回（明）题荥阳清溪道人（方汝浩）著华山九九老人述　清初云林刻本

二十册857.46/00233－2

新镌济颠大师醉菩提全传二十回（清）题天花藏主人编次　清乾隆五十三年金阊古讲堂刻本

四册857.47/70022－221（4）

又一部　清刻本

二册857.47/70022－221

又一部　题西湖浪墨子偶拈　清末刻本

六册857.47/70022－221（2）

又一部　清光绪戊寅（1878）京都聚珍堂木活字排印本

四册857.47/70022－221（3）

绣像评演济公传前后传二十四卷二百四十回　清不著撰人　清光绪乙巳（1905）上海煮字山房石印本

十二册857.47/70022－223

济公传续集三十集每集四卷四十回（清）不著撰人　宣统庚戌　民国十五年上海校经山房石印本

一百二十册857.47/70022－223

绿野仙踪八十回（清）李百川著　清道光十年（1830）刻本

十六册857.47/40412

又一部　清光绪乙未（1895）集谊会校刻本

十六册857.47/40412－（3）

又一部八卷本　清石印本

八册857.47/40412－（2）

又一部　清石印本

八册276662

南海观音全传　题南州西大午辰走人订著　清光绪间坊刻本

一册248714

瑶华传十一卷四十二回（清）题吴下香城丁秉仁编著　茂苑尤凤真阆仙评　序目佚清道光二十五年（1845）慎修堂刻本

十册857.47/10222

新编雷峰塔奇传五卷（清）题玉花堂主人校订　清嘉庆十一年刻本

四册857.51/70022－147（2）

又一部　清季刻本

五册857.51/70022－47

希夷梦四十卷四十回（清）汪寄著　清嘉庆十四年刻本

二十册857.47/31130

又一部　同一刻本

二十册857.47/31130－（2）

又一部　改题海国春秋十二卷四十回　清上海苏报馆排印本

九册857.47/70022－155

绣像三教三蛮飞跎子传四卷三十二回（清）邹必昱著　首嘉庆丁丑一笑翁序　清光绪乙未（1895）上海书局石印本

二册857.47/27436

绣云阁八卷一百四十三回（清）自署拂尘子（魏文中）著　卷首载自序　清同治八年（1870）富顺孙雷氏刻本

八册857.47/26405

草木春秋五卷三十二回（清）题驷溪云间子（江洪）集撰　乐山人纂修　首冠自序及引首　清嘉庆戊寅（1818）博古堂刻本

六册857.47/70022－246

又一部　清坊刻本

六册238665

又一部　上海江东书局石印本

四册857.47/70022-246 (2)

混元盒五毒全传二十回 (清) 不著撰人 清同治十年 (1871) 授经堂写刻本
二册857.47/70022-240

绘图阴阳斗法传奇四卷十六回 (清) 不著撰人 首光绪甲午 (1894) 上海书局石印本
二册857.47/70022-238

新刊绣像升仙传演义八卷五十六回 (清) 题倚云氏著 首倚云氏主人弁言 清光
绪七年 (1881) 东山房刻本
八册857.47/70022-249

绘图仙狐窃宝录四卷二十二回 (清) 不著撰人 清光绪癸巳 (1893) 上海书局石印本
四册857.47/70022-193

新纪元二十回 (清) 题碧荷馆主人著 清光绪三十四年 (1908) 小说林社排印本
一册857.47/70022-237

新刻黄掌纶先生评订神仙通鉴首集二十二卷 (清) 徐道述 清康熙三十九年
(1700) 刻本
二十四册857.47/28238- (2)

七真祖师列仙传不分卷 (清) 不著撰人 清光绪十九年 (1893) 刻本
三册857.47/70022-245

绘图七真传 (清) 不著撰人 上海明善书局排印本
一册857.47/70022-22

新刊七真因果二卷二十九回 (清) 黄永亮著 1918年合川会善堂刻本
二册857.47/44830

一、明清人情小说

新刻金瓶梅词话十卷一百回 (明) 不著撰人 首欣欣子序 万历丁巳 (1617) 东
吴弄珠客序 甘公跋 文学古笈刊行社复印本
二十册857.44/44278- (4)

又一部　1935年上海排印本

五册238501—05

皋鹤堂批评第一奇书金瓶梅一百回（明）兰陵笑笑生编　清张竹坡评　首康熙乙
亥谢颐序　清初刻本

二十四回857.46/44278—（5）

又一部　清康熙间影松轩刻本　有朱笔批点

二十四回857.46/44278—（2）

又一部　清康熙间秦中皋鹤草堂刻本

十六册857.46/44278

又一部　清刻本

二十册857.46/44278—（3）

又一部　清刻小字本

二十册857.46/44278—（6）

又一部分前后部各八卷共一百回　首冠嘉庆丙子谢颐序　清嘉庆间济水太素轩
刻本

四册857.46/44278—（7）

又一部题绘图真本金瓶梅一百回　题明王元美著　首乾隆五十九年王仲瞿
序　上海存宝斋排印小玲珑山馆钞本（孙目云无秽亵语实删节本）

六册857.46/44278—（8）

又一部　改题新镌绘图第一奇书钟情传六卷一百回　清光绪二十五年香港石
印本（亦系节本）

三册857.46/44278—（9）

又一部　改题多妻鉴一百回　排印本

精装一册236812

续金瓶梅十二卷六十四回　清题紫阳道人（丁耀亢）编湖上钓史评　首茑隐道人
序西湖钓叟序　南海爱日老人序　清刻本

十二册857.47/10230

又一部　改题古本续金瓶梅四十八回　排印本

平装二册238379—80

又一部　改题金屋梦六十回　题梦笔生编辑　1915年上海交通图书馆排印本
十二册857.47/10290—2

又一部　1935年上海春明书店排印本
二册857.47/10290—2（2）

又一部　1921年上海书局石印本
六册238365

新镌古本批评绣像三世报隔帘花影四十八回（清）不著撰人　首四桥居士序　清初刻大字本
八册857.47/70022

又一部　清湖南刻本
六册857.47/70022—9（2）

又一部　清刻本
八册857.47/70022—9

又一部　清刻本
八册17420

又一部　清末石印本
四册857.47/70022—9（3）

红楼梦一百二十回（清）曹雪芹著　清嘉庆十六年辛未（1811）东观阁刻本
四十八册857.47/55610—13

又一部　清三让堂刻本
二十四册857.47/55610—14

又一部　清光绪间芸居楼刻本
二十二册238655

又一部　1953年北京作家出版社排印本
二册857.47/55610—（10）

又一部　1954年上海正文书局排印本
四册857.47/55610—（3）

又一部　1955年北京作家出版社排印本

二册857.47/55610

又一部　1957年上海商务印书馆排印本

二册857.47/55610— (6)

又一部　1957年北京人民文学出版社排印本

三册857.47/55610— (7)

又一部　1933年商务印书馆国学基本丛书本

二册857.47/55610— (11)

红楼梦八十回校本　俞平伯校订　1956年北京人民文学出版社排印本

四册857.47/55610— (8)

脂砚斋重评石头记八十回（清）脂砚斋评　1955年北京文学古籍刊行社据清乾隆庚辰 (1760) 年钞本　朱墨影印本

二册857.47/55610— (2)

红楼梦本事诗　崔睫著　1915年石印本

一册243886

红楼梦索隐一百二十回　王梦阮等索隐　1916年排印本

十册15553

红楼梦扶隐十六卷　洪秋蕃著　1925年排印本

八册238520，240980—87

红楼梦扶微　阚铎著　1925年排印本

一册237803，238242

红楼梦本事辨证　寿鹏飞著　1928年排印本

一册238194

红楼梦竹枝词（清）卢先骆著　1930年排印本

一册4447

红楼梦集　徐俊初编　1936年排印本

一册238147

红楼梦新考　方豪著　1949年重庆独立出版社排印本

六册857.47/70022-6（6）

又一部　清光绪二年（1894）维新堂刻本

十册857.47/70022-6（3）

又一部　改题美益奇观孝义传八卷六十四回　清刻小本

十二册857.47/70022-6（4）

又一部　原题谷东词客戏墨　清季上海苏报馆排印本　残存二卷　一至二

二册857.47/70022-6（5）

恨海十回　清题吴趼人（吴沃尧）著　清光绪三十二年（1906）上海广智书局排印本

一册857.47/26434-2（3）

又一部　1932年排印本

一册13950，237743

又一部　1946年大方书局排印本

一册857.47/36434-2（4）

又一部　1955年北京通俗文艺出版社排印本

一册857.47/26434-2

又一部　1956年上海文化出版社排印本

一册857.47/26434-2（2）

电术奇谈（一名催眠术）清题我佛山人（吴沃尧）衍义　清末广智书局排印本（孙目云此书以日本菊池函芳元著为底本而敷衍之，已非翻译性质）

一册857.47/26434

天花藏合刻七才子、三才子玉娇梨二十回（清）题荑荻散人（张匀）编次四才子平山冷燕二十回（清）题荻岸散人编次　首天花藏合刻七才子序　清乾隆辛卯（1771）刻本

十册857.47/11227-（5）

新刻天花藏批评玉娇梨四卷二十回（清）题荻岸散人编次　首天花藏合刻七才子书序　清乾隆壬寅（1782）禅山书房振贤堂重刻本（叙才子苏友白与个女白红玉及卢梦梨结合故事）

四册857.47/11227-（4）

又一部（清）嘉庆十八年（1813）刻本

四册857.47/11227

又一部（清）同治丙寅（1866）佛山翰宝楼刻本

四册855.47/11227-（3）

又一部　民国二年（1913）上海江东书局石印本

四册857.47/11227-（2）

新镌批评平山冷燕六卷二十回（清）题荻岸散人编次　封面题冰玉主人批点　首
冰玉主人序　清静寄山房刻本　（叙才子平如衡与才女山黛和冷绛雪遇合故事）

六册857.47/70022-67（4）

又一部四卷二十回（清）三让堂刻本

四册857.47/70022-67（2）

又一部　清大文堂刻本

四册857.47/70022-67（3）

又一部　清同治壬申（1872）翰宝楼刻本

四册857.47/70022-67

又一部　清石印本

四册857.47/70022-67（5）

续四才子两婚（双飞凤全传）四卷十八回（清）题步月主人订清光绪戊子（1888）
姑苏红叶山房写刻字（叙甘颐甘梦及辛发辛古钗两家兄妹彼此互订为婚故事）

四册857.47/70022-77

又一部　清光绪戊戌（1898）上海石印本

四册857.47/70022-107

双奇梦四卷二十回（清）题青心才人编次　清解颐堂刻本　（叙翠翘与所眷书生
金重复合事）

二册857.47/70022-78

新编绣像簇新小说麟儿报四卷十六回（清）不著撰人　清啸花轩写刻本

四册857.47/70022-81

又一部　清（嘉庆）丙子（1816）鳣飞斋写刻本

二册857.47/70022—81（2）

又一部　清光绪三十一年（1905）上海书局石印本

四册857.47/70022—81（3）

画图缘小传四卷十六回（清）不著撰人　首天花藏主人序　清写刻本

四册857.47/70022—79

绣像人间乐四卷十八回（清）题天花藏主人著　清光绪十九年（1893）上海书局石印本

二册857.47/70022—83

又一部　清光绪癸巳（1893）上海石印本

二册857.47/70022—83（2）

又一部　清上海书局石印本

二册857.47/70022—83（3）

情梦拆四卷二十回（清）题蕙水安阳酒民著　西山灌菊散人评　清写刻本

六册857.47/70022—82

又一部　清解颜堂刻本

二册857.47/70022—82（2）

玉楼春四卷二十四回（清）题龙邱白云道人编辑　颍水无缘居士点评清□□堂写刻本

四册857.47/70022—68

又一部　清上海炼石书局石印本

一册857.47/70022—68（2）

春柳莺四卷十回（清）题南轩鹖冠史者编　石庐拼饮潜夫评　首康熙壬寅吴门拼饮潜夫序　清写刻本钞配首册

四册857.47/70022—84

梦中缘四卷十五回（清）李修行著　首光绪十一年（1885）后学莲溪氏序　清光绪十一年崇德堂刻本

四册857.47/40422—2

又一部

明月台十二回（清）题烟水散人（徐震）编次 首咸丰六年序 自序 后附明月台批 张仁渠等题诗钞本

鸳鸯配四卷十二卷（清）题烟水散人（徐震）编次 封面题天花藏主人订 清旧写刻本

新刻小说跻云楼十四回（清）题自得主人编次 封面题烟霞主人编次清乾隆间写刻本

鸳鸯影四卷十八回（一名飞花艳想）（清）题樵云山人编次 首己酉樵云山人序（清）道光壬午刻本

好逑传四卷十八回（清）题名教中人编次 游方外客批评 清嘉庆癸亥（1803）独处轩刻大字本

又一部 清益秀堂刻本（封面题授受堂梓）

又一部（改题）新刻天花藏侠义好逑传四卷十八回 清经国堂刻本

又一部 （题）义侠好逑传四卷十八回 清刻本

又一部 清同治丙寅（1866）佛山宝翰楼刻本

又一部（题）绘图侠义风月传四卷十八回 清石印小本

又一部（题）侠义风月二才子四卷十八回 1913年上海石印小本

又一部　1921年上海扫叶山房石印本

四册857.47/70022—11（6）

又一部　1927年石印本

四册238950

又一部　清同治乙丑（1865）华经堂刻本

四册857.47/70022—15（3）

又一部　清刻本

四册857.47/70022—15

水石缘六卷三十则（清）题稽山李春荣芳普氏编辑　云间慕空子鉴定　首乾隆甲午著者自述　甲午浴佛日何昌森序　清乾隆甲午写刻本

六册857.47/40459—（2）

又一部　同一刻本

六册857.47/40459

又一部（改题）绣像绘图赛桃源四卷三十回　清光绪乙未（1895）上海书局石印本

四册857.47/40459—（3）

雪月梅传十卷五十回（清）题镜湖逸叟陈朗晓山编辑　介山居士孟汾月岩评释　颍上散人邵松年鹤巢校定　首乾隆乙未自序　清乾隆间德华堂刻本

十册857.47/75237—（4）

又一部　清刻本

八册857.47/75237

又一部　清刻本

八册857.47/75237—（2）

又一部　清道光壬寅（1842）芸香堂刻本

十册857.47/75237—（3）

第十才子书驻春园小史六卷二十四回（清）题吴航野客编次　水箸散人评点　首乾隆壬寅水箸散人序　清光绪丙子（1876）惟友堂刻本

四册857.47/70022—85

又一部　（改题）第十才子绿云缘四卷二十四回　清光绪丙申（1896）古香
阁石印本

四册857.47/70022-85（4）

又一部　首冠光绪甲辰侯官谢幼衡序　石印本

四册857.47/70022-85（2）

又一部　改题绘图一笑缘四卷二十四回　进步书局石印本

一册857.47/70022-85（3）

又一部　成柏泉校注　1956上海文化出版社排印本

一册857.47/27645

快心编初集五卷十回二集五卷十回三集六卷十二回（清）题天花才子编辑　四桥
居士评点　首无名氏序　清□花书屋刻大字本

十二册857.47/70022-69

又一部　同一刻本

十六册857.47/70022-19

凤凰池四卷十六回（清）题烟霞散人编　首华茵主人序　封面题步月主人订　清
写刻本

四册857.47/70022

快士传十六卷（清）题五色石主人新编　钞本（存卷一至卷四）

二册857.47/70022-70

蝴蝶媒四卷十六回（清）题南岳道人编　清溪醉客评　封面署步月主人订　清四友
堂刻本

四册857.47/70022-73

又一部　清刻本　封面署本堂梓

四册857.47/70022-73（2）

又一部（改题）鸳鸯梦四卷十六回　清光绪乙未（1895）上海书局石印本

四册857.47/70022-74

又一部　清上海石印本

四册857.47/70022-74（2）

五凤吟四卷二十回（存第五至七回）（清）题云间咄咄道人编著　古越苏潭道人评定　清稼史斋刻本

残存一册857.47/70022—75

绘图睢阳忠毅录（一名锦香亭）四卷十六回（清）题古吴素巷主人编　茂苑种花小史阅　清上海石印本

四册857.47/70022—76

金石缘八卷二十四回卷首总评一卷（清）不著撰人　序署静恬主人　总评后署嘉庆十二年岁次　丁卯仲春省斋主人重录　清刻本

四册857.47/70022—15（4）

又一部（清）题省斋主人编　清道光丙戌（1826）鸿文堂刻本　封面署文锦堂梓行

四册857.47/70022—15（2）

新刻离合剑莲子瓶全传三十二回（清）无名氏著　首道光壬寅白叟山人序　清道光壬寅绿云轩刻本

六册857.47/70022—86

绣像合锦回文传十六卷十六回（清）题笠翁先生原本　铁华山人重辑　清道光六年大文堂刻本

八册857.47/70022—87

新刻痴人福四卷八回（清）不著撰人　首嘉庆十年梅石山人序清嘉庆乙丑（1805）云秀轩刻本

四册857.47/70022—88

又一部　清光绪癸卯上海书局石印本

四册857.47/70022—88（2）

西湖小史四卷十六回（清）题上谷蓉江氏著　雪庵居士评点　首嘉庆丁丑李荔云序　清光绪丙子（1876）六经堂刻本

四册857.47/70022—89

听月楼二十回（清）不著撰人　首嘉庆壬申无名氏序　清嘉庆二十四年（1812）同文堂刻本

四册857.47/70022—10（3）

又一部　清刻本

六册857.47/70022—10

又一部　改题绘图第一情书听月楼二十回　清光绪癸巳（1893）石印本
四册857.47/70022—10（2）

三分梦全传十六回（清）题萧湘仙史张士登著　罗浮仙客何芳苡评　首嘉庆戊寅自序　又二十四年己卯缪艮序　南海黎成华题词　清道光十五年刻本
八册857.47/11241—（3）

又一部　清道光二十八年刻本

八册857.47/11241

又一部　清刻本

六册857.47/11241—（2）

又一部　改题新镌绘图醒梦录全传四卷十六回　清光绪乙巳（1905）上海书局石印本

四册857.47/70022—216

梅兰佳话四卷四十则（清）题阿阁主人（曹梧冈）著　首道光己亥古云赵小宋序　传钞道光辛丑（1841）至成堂刻本

四册857.47/55647

第八才子书白圭志四卷十六回（清）题博陵崔象川辑　何晴川评　清嘉庆十年（1805）补余轩刻本

四册857.47/2222—2

又一部　清嘉庆乙丑（1805）绣文堂刻本

八册857.47/2222—2（2）

又一部　题　绘图第一才女传白圭志四卷十六回　清光绪丁未（1907）上海书局石印本

四册857.47/2222—2（3）

又一部　清光绪戊申（1908）石印本

四册857.47/2222—2（4）

又一部　1934年新文化书社排印本

423

一册857.47/2222—2（5）

新编玉燕姻缘传记六卷七十七回（清）不著撰人　首光绪二十年沪北俗子序　清
光绪乙未（1895）上海书局石印本

六册857.47/70022—91

又一部初集六卷七十七回二集四卷二十四回（清）题苑颂尧编　1929年沈鹤
记书局石印本

十册857.47/70022—90

绣像忠烈全传六十回（清）不著撰人　首清人伪作明正德六年戏笔主人　清刻本
十册857.47/70022—92

绣像铁花仙史二十六回（清）题云封山人编　一啸居士评点首三江钓叟序　清恒
谦堂刻本

四册857.47/70022—93

又一部　清光绪壬辰（1892）上海石印本
四册857.47/70022—93（2）

又一部　石印本

四册238927

忠孝节义二度梅全传六卷四十回（清）题惜阴堂主人编辑　绣虎主人评阅　清嘉
庆丁丑（1817）颜锦章刻本

六册857.47/70022—94

又一部　改题新刻增删二度梅奇说六卷不分回　题惜阴堂编辑　清谦亨堂刻本
六册857.47/70022—94（2）

又一部　新刻二度梅奇说全集六卷四十回　题槐荫堂主人编辑绣虎堂主人评
阅　清刻本

六册857.47/70022—94（3）

新刻才美巧相逢宛如约四卷十六回　题惜花主人批评　清初写刻本
四册857.47/70022—95

又一部　改题如意缘四卷十六回　清光绪二十九年（1903）福记书庄石印本
四册857.47/70022—95（2）

英云梦传八卷十六回（清）题震泽九容楼主人松云氏撰扫花头陀剩斋氏评　首剩斋氏弁言　清乾隆间刻本

八册857.47/70022—16（5）

又一部　清宝华顺刻本

八册857.47/70022—16（2）

又一部　同一刻本

八册857.47/70022—16

又一部　清光绪戊子（1888）扫叶山房仁记重刻本

四册857.47/70022—16（3）

又一部　改题英云三生梦传八卷　清光绪甲午（1894）上海书局石印本

四册857.47/70022—16（4）

新刊五美缘全传八十回（清）不著撰人　首序尾署壬午谷雨两前寄生氏题于塔影楼之西榭　清道光壬辰（1832）三余堂刻本

四册857.47/70022—5（3）

又一部　清道光二十五年（1845）味经堂刻本

八册857.47/70022—5

又一部　清咸丰甲寅（1854）文安堂刻本

六册857.47/70022—5（2）

绣像载阳堂意外缘四卷十八回（清）周竹安著　清光绪乙未上海书局石印本

四册857.47/77283

又一部无卷数　1926年石印本

二册857.47/70022—236

燕子笺六卷十八回（清）题玩花主人评　清刻本

二册857.47/70022

岭南逸史二十八回（清）题花溪逸史（黄耐庵）编次醉园狂客评点　琢斋张器也竹园张锡光同参校　首嘉庆辛酉同乡弟李梦松序　清嘉庆辛酉（1801）文道堂刻本

十六册857.47/44814—（3）

又一部　清上海萃英书局石印本

六册857.47/44814

又一部　清光绪甲午（1894）上海凌云阁石印本

四册857.47/44814—（2）

儿女英雄传四十回（清）题燕北闲人（文康）编　清光绪十四年（1888）有益堂刻本

十六册857.47/00400—（2）

又一部　清刻本　光绪二十四年魏亭点校并迻录董评

十四册857.47/00400—（3）

又一部　改题侠女奇缘八卷四十回　清光绪戊戌（1898）上海苏报馆铅印本

八册857.47/00400—（9）

儿女英雄传评话四十回（清）燕北闲人编　还读我书宝主人（董恂）评　清光绪六年庚辰（1880）京都聚珍堂木活字排印本

二十册857.47/00400—（4）

又一部　清光绪十八年（1892）刻本存第一至三十二回

十五册278370

又一部　清光绪戊子（1888）上海蜚英馆石印本

六册857.47/00400—（8）

又一部　清光绪壬辰（1892）刻本

二十册857.47/00400—（5）

又一部　清光绪二十年（1894）上海书局覆蜚英馆石印本

八册857.47/00400—（6）

又一部八卷四十回附续传八卷三十二回　续传不著撰人姓氏　清光绪二十二年丙申（1896）上海凌霄阁石印本

十二册857.47/00400—（7）

又一部正传四十回续传三十二回　1923年排印本

十六册238675

续儿女英雄全传三十二回（清）不著撰人　清光绪戊戌（1898）京都宏文堂石印本

绘图再续儿女英雄传四卷四十回（清）题云阳杭余生著　清宣统二年（1910）上海炼石斋石印本

绣像兰花梦奇传八卷六十八回（清）序称吟梅山人撰　首光绪三十一年烟波散人序　清光绪乙巳上海文元阁石印本

又一部　石印本

又一部　改题支那儿女英雄遗事八卷六十八回　题吟梅山人著　清光绪癸卯（1903）上海弘文馆石印本

新镌异说奇闻群英杰全传六卷三十四回（清）不著撰人　清佛山玉经馆刻本　封面题后宋奇书

又一部　清光绪甲午（1894）上海书局石印本

又一部　改题绘图新撰范文正公全传四卷三十四回（清）题古吴戏墨生撰　清宣统元年（1909）石印本

绘图剑侠飞仙传（一名天豹图）六卷四十回（清）不著撰人　首道光丙戌张某序1917年萃英书局石印本

争春园全传四十八回（清）题寄生氏撰　清道光己酉（1849）一也轩刻本

云钟雁三闹太平庄全传五十四回（清）不著撰人　首道光二十九年珠湖渔隐序　清同治甲子（1864）一笑轩刻本

又一部　改题绘图大明奇侠传十四卷五十四回（清）序称江陵渔隐撰　清光绪甲午张佩芝序　清光绪乙未（1895）上海书局石印本

六册857.47/70022—204

又一部前后传六卷五十四回　清光绪丙午（1906）上海书局石印本

六册857.47/70022—204（2）

第一奇书莲子瓶四卷二十三回（清）不著撰人　清光绪间上海石印本（与离合剑莲子瓶非一书）

二册857.47/70022—86（3）

又一部　改题绘图银瓶梅四卷二十三回　清光绪丙午（1903）上海书局石印本

四册857.47/70022—86（2）

又一部　改题第五奇书银瓶梅四卷二十四回　石印本

一册857.47/70022—86（4）

醒世姻缘传一百回（清）题西周生（蒲松龄）辑著　燃藜子校定　首辛丑璟碧主人序　凡例　东岭学道人题记　清乾隆戊子（1768）刻本

二十册857.47/70022—18（5）

又一部　清同治九年（1870）覆刻本

二十四册857.47/70022—18

又一部　清光绪二十年（1894）上海书局石印本

十册857.47/70022—18（2）

又一部　清光绪二十四年（1898）上海书局石印本

十册857.47/70022—18（4）

又一部　清上海受古书店石印本

十二册857.47/70022—18（4）

歧路灯二十卷一百五回（清）题绿园老人李海观著　首李绿园传　家训淳言八十一则乾隆四十二年自序　钞本

二十册857.47/40434—（2）

鸳鸯会全传八回（一名疗妒缘）（清）不著撰人　首静恬主人序署岁在庚戌夏五书于染云山庄　钞日省轩本

　　　　　　　　　　　　　　　　三册857.47/10022-96

　　常言道四卷十六回（清）题落魂道人编　清嘉庆甲子（1840）刻本
　　　　　　　　　　　　　　　　四册857.47/42380-（2）

　　　　又一部　清光绪元年（1875）刻本

　　　　　　　　　　　　　　　　六册857.47/42380

　　玉蟾记五十三回（清）题通玄子黄石（崔象川）著　钓鳌子校阅　餐霞外史参
订　清道光十九年（1839）绿玉山房刻本
　　　　　　　　　　　　　　　　六册857.47/22222

　　　　又一部　清光绪元年（1875）重刻本
　　　　　　　　　　　　　　　　六册857.47/22222-（2）

　　增注金钟传八卷六十四回（清）题正一子克明子著　后学鬲津天香居士正定注
解　津门培一批　清光绪二十二年丙申（1896）乐善堂刻本
　　　　　　　　　　　　　　　　八册857.47/70022-17（2）

　　　　又一部　清刻本
　　　　　　　　　　　　　　　　十二册857.47/70022-17

　　　　又一部　1926年上海锦文堂石印本
　　　　　　　　　　　　　　　　八册857.47/70022-17（3）

　　雅观楼四卷十六回（清）题檀园主人编　清同文堂刻本
　　　　　　　　　　　　　　　　四册857.47/70022

　　　　又一部　传钞界轩刻本
　　　　　　　　　　　　　　　　二册857.47/70022-（2）

　　花柳深情传四卷三十二回（清）题绿意轩主人（詹熙）撰　首光绪丁酉自序　清
光绪辛丑上海书局石印本
　　　　　　　　　　　　　　　　四册857.47/70022-97

　　扫迷帚二十四回（清）题庄者编　清光绪三十三年商务印书馆排印本
　　　　　　　　　　　　　　　　二册857.47/70022

　　惨女界二卷三十回（清）吕侠人编　清光绪三十四年商务印书馆排印本
　　　　　　　　　　　　　　　　一册857.47

醒世小说聪明误初集十二回 （清）题寓沪□隐著　清宣统元年（1909）社会小说社排印本

一册857.47/70022—98

四、明清侠义小说

重型忠义水浒传一百回 （元）施耐庵著　1933年北平流通图书馆重印明嘉靖本

五册857.457/08210—（17）

京本增补校正全像忠义水浒志传评林二十五卷　题中原贯中罗道本名卿父编辑　后学仰止余宗云登父评校　书林文台余象斗子高父补梓　1956年北京文学古笈刊行社　据明余氏双峰堂刻本影印

八册857.457/08210—（6）

第五才子书水浒全传十二卷一百二十四回　题吴门金人瑞圣叹、温陵李贽卓吾鉴定　东原罗贯中参订　首乾隆丙辰古杭枚简侯序　清坊刻小本

十二册857.457/08210—（10）

又一部　清坊刻本

六册857.457/08210—（11）

新镌李氏藏本忠义水浒全书一百二十回　题施耐庵集撰　罗贯中纂修　首李贽序　杨定见小引明柳二堂刻本

三十二册857.457/08214

忠义水浒传一百二十回　原题施耐庵集撰　罗贯中纂修　郑振铎等校订标点　1954年北京人民文学出版社排印本

三册857.457/08210

又一部　1957年上海商务印书馆排印本

二册857.457/0810—（7）

忠义水浒传二十卷一百十五回　题东原罗贯中编辑 （清）福文堂复明雉飞馆汉宋奇书本

二十册857.46/60950—5

绘图水浒传八卷九十回　1924年世界书局石印本

八册857.457/08210—（13）

　　又一部　上海锦章图书局石印本

八册11440

第五才子书水浒传七十五卷七十回　题东都施耐庵撰（清）明末贯华堂原刻本

二十册857.457/08210—（　）

　　又一部　1934年中华书局影印本

二十册857.457/08210—（14）

　　又一部　1952年北京人民文学出版社排印本

三册857.457/08210—（3）

　　又一部　1953年北京作家出版社排印本

二册857.457/08210—（4）

　　又一部　清刻小本

二十四册857.457/08210—（9）

　　又一部　清光绪十四年（1888）上海大同书局石印本

八册857.457/08210—（12）

　　又一部　上海商务印书馆排印本

一册857.457/08210—（15）

　　又一部　汪原放标点1939年上海亚东图书馆排印本

四册857.457/08210—（16）

评论出像水浒传二十卷七十回（清）金人瑞评　王望如加评　清坊刻本

二十册857.457/08210—（18）

　　又一部　清光绪丁未（1907）石印大字本

十二册857.457/08210—（19）

　　又一部　上海广兴书局排印本

十二册857.457/08210—（23）

　　又一部　1927年文明书局标点排印本

十册857.457/08210—（22）

又一部　十二卷本　上海鸿章书局石印本

十二册857.457/08210—（20）

又一部　邓狂言索隐　1929年大东书局排印本

四册857.457/08210—（21）

水浒续集征四寇四十九回　清上海亚东图书馆排印本

四册857.46/60022—13（3）

又一部　改题后水浒荡平四大寇传四十九回　清光绪乙未上海文宣书局石印本

六册857.46/60022—13

又一部　1930年沈鹤记书局石印本

一册857.46/60022—13（2）

又一部　改题征四寇传四十九回　清石印本

六册276413

水浒后传八卷四十回（明）题古宋遗民著　雁宕山樵（陈忱）评　清刻本　板心署元人遗文

十六册857.47/75294—（3）

又一部　清乾隆间刻本

六册857.47/75294—（4）

又一部　1957年上海古典文学出版社排印本

一册857.47/75294—（2）

水浒后传十卷四十回　题古宋遗民雁宕山樵编辑　金陵憨客野云主人（蔡奡）评定　首乾隆三十五年蔡元放序及读法　清乾隆三十五年刻本

十册857.47/75294—（5）

结水浒全传七十卷七十回（清）俞万春著　清咸丰三年（1853）

二十册857.47/80245

又一部　清咸丰七年（1857）东篱山人重刊本

二十四册857.47/80245—（2）

又一部　清同治七年（1868）书业堂刻本

二十四册857.47/80245—（3）

又一部　清同治七年（1871）重校玉屏山馆刻本
二十册857.47/80245—（4）

又一部　同一刻本
二十四册276470

又一部　作八卷七十回清光绪丙申（1896）焕文书局石印本
八册857.47/80245—（5）

又一部　广益书局石印本
八册857.47/80245—（6）

又一部　清光绪丙申（1896）慎记书庄石印本
十六册857.47/80245—（7）

禅真逸史八集四十回（明）题清溪道人（方汝浩）编次　心心仙侣评订　清初古杭爽阁刻本
二十册857.46/00233

又一部　清刻本
二十册857.46/00233

又一部　题新镌批评出像通俗奇侠禅真逸史八卷四十回　清文新堂重刻爽阁本
十六册857.46/00233—（4）

又一部　题清心道人编次　清刻小本
八册857.46/00233—（3）

又一部　1936年上海杂志公司印中国文学珍本丛书本
二册857.46/00233—（2）

又一部　同一版本
二册237710—11

新镌批评出像通俗演义禅真后史十集六十回（明）题清溪道人编次　冲和居士评校　明崇祯钱唐刻本
二十册857.46/00233

又一部　五十三回本　清刻小本

八册857.46/00233-（5）

又前后集合刻本　清刻本

十四册238456

新刻三合明珠宝剑全传六卷四十二回（清）不著撰人　清道光戊申（1848）经纶堂写刻本　封面题十才子

六册857.47/70022-208

新刻善恶图全传四十回（清）不著撰人　首汉上浮槎使者序　清颂德轩刻小本

八册857.47/70022-141

绣像绿牡丹全传八卷六十四回（清）不著撰人　清道光十八年　己亥（1834）忠信堂刻本

六册857.47/70022-115（2）

又一部　清光绪八年（1881）泰山堂刻本　残存四卷一至四

二册857.47/70022-115

又一部　清光绪十三年（1887）重刻本

四册857.47/70022-115（3）

又一部　清光绪壬辰（1892）上海书局石印本

四册857.47/70022-115（4）

又一部六卷本　清光绪壬辰（1892）上海书局石印本　封面题龙潭鲍骆奇书

四册857.47/70022-115（5）

又一部　清光绪间排印本

四册238926

忠烈侠义传一百二十回（即包公案）（清）题入迷道人编　封面著石玉昆述　首光绪己卯间竹主人序　退思主人　入迷道人序　清光绪五年（1879）刻小本

二十四册857.47/70022-222（2）

又一部　清光绪八年（1882）京都聚珍堂木活字排印本

二十四册857.47/70022-222（2）

又一部　改题三侠五义一百二十回　清石玉昆编　赵京深校订　1956年上海文化出版社排印本

七侠五义传二十四卷一百二十回 （清）石玉昆述　俞樾重编清光绪二十二年丙申（1896）上海广百宋斋排印大字本

又一部六卷一百回本　1925年上海广盂书局石印本

又一部　上海大成书局石印本

又一部六卷一百二十回本　商务印书馆排印本

忠烈小五义一百二十四回 （清）石玉昆述　首光绪庚寅伯寅氏序　又郑鹤令序　清光绪庚寅（1890）京都文光楼刻本

又一部　清光绪庚寅（1890）上海文海堂排印本

又一部二十五卷本 （清）题风迷道人著　清光绪间　排印本

又一部　上海公兴书局石印本

又一部　上海锦章图书局石印本

又一部　商务印书馆排印本

续小五义二十四卷一百二十四回 （清）不著撰人　首光绪十六年郑鹤龄松巢氏序　清光绪壬辰（1892）泰山堂刻本

又一部　清光绪壬辰（1892）上海书局石印本

又一部　清光绪十八年（1892）上海珍艺书局排印本

六册857.47/10612-2 (2)

又一部　上海锦章图书局本

六册276463

施公案奇闻八卷九十七回（清）不著撰人　首嘉庆庚寅序　清旧刻本

四册857.47/70022-226

新刊绣像全图施公案后传二十五卷一百回（清）不著撰人　首光绪十九年文光主
人序　清光绪十九年（1893）上海书局石印本

六册857.47/70022-228

又一部　续纂施公案三十六卷一百回　清光绪二十年（1894）梓童会刻本

二十四册857.47/70022-229

又一部六卷一百回本　清光绪甲午（1894）上海书局石印本

六册857.47/70022-227

施公案全传五百二十八回（清）不著撰人　清光绪二十九年（1903）上海书局石印本

二十册857.47/70022-224 (2)

又一部　1935年文光出版社排印本

一册857.47/70022-274

绣像永庆升平全传二十四卷九十七回（清）姜振名哈辅原说　首光绪辛卯洗心主人
序　郭广瑞序　清光绪壬辰　周泽民序　樊寿茗序　清光绪辛卯京都玉磨厂宝文堂刻本

二十四册857.47/204- (2)

又一部　清光绪甲午（1894）上海书局石印本

十二册857.47/80452

新刊绣像永庆升平后传二十四卷一百回（清）题贪梦道人著　首光绪十九年昆明
龙□氏序　又贪梦道人自序　清光绪二十九年（1903）胜芳德林堂刻本

二十四册857.47/80452- (3)

新刊绣像彭公案二十三卷一百回（清）贪梦道人著　清光绪二十年（1894）民安
堂刻本

十二册857.47/70022-219 (3)

又一部　清光绪十八年（1892）德林堂刻本

二十四册857.47/70022—219

又一部　上海锦章图书局石印本

十八册276666

又一部四十卷本　清光绪甲午（1894）珍艺书局石印本

六册857.47/70022—229（2）

新刊续彭公案十卷八十回（清）不著撰人　清光绪丙申（1896）上海书局石印本

六册857.47/70022—212

新刻再续彭公案八卷八十回（清）不著撰人　清光绪丁酉（1897）上海书局石印本

四册857.47/70022—187

绘图彭公案六卷一百回续彭公案十卷八十回再续彭公案八卷八十回全续彭公案八卷八十一回（清）不著撰人　清光绪丙申至己亥（1896—99）上海书局石印本（缺续集卷六至八）

十七册857.47/70022—219

绣像三侠剑彭公清烈传续集二十四集九十六卷九百六十回　1918年上海江东茂记书局石印本（中缺第十三、十七两集）

八十三册857.47/70022—219

绣像七剑十三侠六卷六十回（清）题桃花馆主（唐芸川）编次　清光绪癸卯（1903）上海石印本　演明王守仁平宸濠事

六册857.47/00242—2（2）

又续集六卷六十回　清光绪辛丑（1901）石印本

六册857.47/00242—2

又初、二、三集十八卷一百八十回　清光绪辛丑（1901）上海书局石印本

十二册857.47/00242—2（2）

又一部　清光绪三十二年（1906）石印本

三册857.47/00242

绣像五花剑四卷四十回（清）题海上剑痴著　首清光绪二十六年惜花吟主自叙　清光绪辛丑（1901）笑林报馆排印本

四册857.47/70022—194（2）

又一部　清光绪甲辰（1904）年上海书局石印本

六册857.47/70022—194

于公案四卷二百九十二回（清）不著撰人　清光绪三十二年（1906）上海书局石印本

二册264864

警富新书四十回（清）序题安和先生著　首嘉庆己巳敏斋居士序　清道光壬辰
（1832）桐石山房刻本

四册857.47/70022—109（2）

又一部　清宣统元年（1909）亚东书会石印本

四册857.47/70022—109

九命奇冤三卷三十六回（清）题岭南将叟（吴沃尧）重编清光绪三十二年
（1906）广智书局排印本

三册857.47/24434—3（3）

又一部　1923年世界书局排印本

一册857.47/24434—3（2）

又一部　1929排印本

三册236965

又一部　1956年上海文化出版社排印本

一册857.47/24343

清风闸四卷三十二回（清）不著撰人　首嘉庆己卯序　清嘉庆二十四年（1819）
奉孝轩刻本

四册857.47/33114

又一部　清同治间重刻本

四册857.47/33114—（4）

又一部　清光绪己亥（1899）上海书局石印本

四册857.47/33114—（3）

又一部　一名春风得意奇缘如意君传　清末石印小本

四册857.47/33114—（2）

李公案奇闻初集三十四回（清）题惜红居士编纂　首冠法国劳德氏口授丹徒张士同笔述序　恨恨生序　演李秉衡事　清光绪二十八年刻本

六册857.47/70022—177

绘图杀子报全传四卷二十回（清）不著撰人　清光绪戊戌上海书局石印本

四册857.47/70022—149

又一部　清恰红仙馆石印本

四册857.47/70022—149（2）

昭雪换宁奇案集（清）不著撰人　抄本

一册857.47/70022—163

苏州桃花坞黑心奇案（清）题侠厂生主人著　清末石印本

一册857.47/70022—178

五、明清拟宋市人小说

清平山堂话本　明洪梗编辑　谭正璧校注　1957上海古典文学社排印本

一册857.416/34141

古今小说四十卷（明）冯梦龙编　1955北京文学古籍刊行社排印本

七册857.416/31140—3

警世通言四十卷　原题可一主人评　无碍居士校　首天启甲子豫章无碍居士序　1956北京作家出版社排印本

一册857.416/31140

醒世恒言四十卷　明冯梦龙编著　顾学颉校注　1957北京人民文学出版社排印本

二册857.416/31140—2（2）

拍案警奇三十六卷（明）即空观主人（凌蒙初）撰　卷首自序覆尚友堂本

十六册857.416/34133

又一部　覆消闭居刻残本　（存卷一至四）

二册857.416/34133—3

又一部十八卷本　清嘉庆丙子（1816）书业堂刻小字本

十册857.416/34133-3（2）

又一部四十卷本　1957年上海古典文学出版社排印本

二册857.416/34133-2

石点头十四卷（明）题天然痴叟著　墨憨主人评　首龙子犹序　明带月楼刻本　存十卷：三至九、十二至十四

四册857.416/10420-（4）

又一部　清道光甲申（1824）竹春堂刻小本

六册857.416/10420-（3）

又一部　同一刻本

六册857.416/10420-（2）

又一部十二卷本　1957年上海古典文学出版社排印本

一册857.416/10420

新镌绣像醉醒石十四回　明题东鲁古狂生编辑　明刻本

四册857.416/50924

又一部　清乾隆五十四年（1789）刻本

四册857.416/50924-（2）

又一部　武进董氏诵芬里刻本

二册857.416/50924-（3）

又一部　1956年上海古典文学出版社排印本

一册857.416/50924

今古奇观四十卷（明）题姑苏抱甕老人辑　笑花主人阅　首笑花主人序　清乾隆甲辰（1784）写刻本

十六册857.416/57004-（11）

又一部　清三让堂刻巾箱本

八册857.416/57004-（8）

又一部作八卷三十八回　清同治己巳（1869）聚锦堂刻本

四册857.416/57004-（10）

又一部　清光绪十六年（1890）善成堂排印本

六册857.416/57004－（6）

又一部　清刻本

十六册857.416/57004－（9）

又一部　上海广雅书局石印本

八册857.416/57004－（5）

又一部　清光绪间茂苑萃珍书局石印本

六册857.416/57004－（7）

又一部　商务印书馆排印本

一册857.416/57004－（4）

又一部　1955北京宝文堂排印本

二册857.416/57004－

又一部　1957北京人民文学出版社排印本

二册857.416/57004－（2）

新刻今古传奇十四卷（清）题梦闲子漫笔　清嘉庆戊寅（1818）写刻本

二册857.417/70022－2

二奇合传十六卷四十回（清）序署芝香馆居士辑　首芝香馆居士序　清光绪戊寅
（1878）谕城二胜会刻本

八册857.417/42874

今古奇闻二十二卷（清）题东壁山房主人编次　退思轩主人校订　首光绪十三年
王冶梅序　清光绪十三年（1887）刻小本

二册857.417/57230－（2）

又一部　清光绪十七年刻本

十六册857.417/57230

又一部　清光绪辛卯（1891）文成堂刻本

六册857.417/57230－（3）

三续今古奇观六卷二十回（清）不著编人石印小本

六册857.417/70022－53

觉世名言十二楼十二卷　（清）题觉世稗友（李渔）编次　睡乡祭酒批评　首顺治戊戌杜浚序　清初刻本

　　　　　　　　　　　　　　　　　　　　　　　　　　　　六册

　　又一部　清乾隆五十五年（1790）文宝堂刻本

　　　　　　　　　　　　　　　六册857.417/40437—（3）

　　又一部　清会成堂刻本

　　　　　　　　　　　　　　　六册857.417/40437—（2）

　　又一部　清刻小字本

　　　　　　　　　　　　　　　六册857.417/40437—（4）

照世杯四卷　（清）题酌元亭主人编次　1957上海古典文学出版社排印本

　　　　　　　　　　　　　　　一册857.417/17610

五色石八卷　（清）题笔炼阁编次　钞本

　　　　　　　　　　　　　　　四册857.417/70022

豆棚闲话十二卷十二则　（清）题圣水艾衲居士编　鸳湖紫髯狂客评清初写刻本

　　　　　　　　　　　　　　　六册857.417/60022

　　又一部（清）题圣水艾衲居士原本　吴门百懒道人重订　清乾隆五十年（1785）大成斋刻本（存三卷一至三卷）

　　　　　　　　　　　　　　　残存一册857.417/60022—（2）

　　又一部　清乾隆四十六年书业堂刻本（存六卷七至十二）

　　　　　　　　　　　　　　　残存一册857.416/60022—（3）

　　又一部　1935年排印本

　　　　　　　　　　　　　　　一册238049

娱目醒心编十六卷十六回　（清）玉山草亭老人（杜纲）编次葺城自怡轩主人评　首乾隆五十七年自怡轩主人序　清咸丰二年（1852）三星堂刻本

　　　　　　　　　　　　　　　六册857.417/44927—（2）

　　又一部　汪原放校点　1957年上海古典文学出版社排印本

　　　　　　　　　　　　　　　一册857.417/44927

草闲堂新编小史警悟钟四卷　（清）题溧水咄咄道人编著　广陵琭月山人校阅　钞本

花慢楼批评写图小说生绡剪十九回（清）题集英主人批评井天居士校点 清活字排印本（存第四回）

醒梦骈言十二回（清）题蒲崖主人偶辑 影钞稼史轩本

西湖佳话十六卷（清）题古吴墨浪子搜辑 清初金陵王衙精刻本 附五色套印西湖佳景图

又一部 清光绪间云记书局排印本

又一部 1956年上海古典文学出版社排印本

笔耕山房宜春香质四集二十回（清）题醉西湖心月主人著 且笑广芙蓉僻者评 般若天不不山人参 钞本

新镌绣像风流悟八回（清）题坐花散人编辑 钞本

新锲全像海忠介公居官公案四卷七十一回（明）题晋人羲斋李春芳编次 明万历丙午（1606）金陵万卷楼刻本

新评龙图神断公案十卷六十二则（明）不著撰人 清道光己酉（1849）三让堂刻本

又一部八卷百则 清雨余堂刻本

又一部四卷 一题包公七十二件无头奇案 清光绪庚子（1900）上海书局石印本

绘图三公奇案二十卷（清）不著编人 清光绪辛卯（1891）上海正谊书局排印本

六册857.417/25949—（2）

又一部　朱□忙重辑　1935年大达图书供应社排印本

一册857.417/25949

拍案惊异记十六卷（清）程世爵辑　1912年上海铸记书局石印本

六册857.417/26942

新镌批评绣像烈女传演义六卷（明）题东海犹子龙演义　西湖须眉客评阅　首冠
犹子龙序　清初长春阁刻本

五册857.46/31140—2

美人书十二卷（清）题鸳湖烟水散人（徐震）编次　清笔花轩刻本

四册3884

又一部旧写刻本（有三卷、一至三）

残存一册857.47/28210—2

六、明清拟晋唐传奇志怪小说

效颦集三卷（明）赵弼著　1957上海古典文学出版社排印本

一册857.26/49817

剪灯新话四卷（明）瞿佑著　1917年涵芬室董氏刻本

一册857.26/66224—（2）

又一部　1936年排印本

一册238154、252602

又一部　1957年上海古典文学出版社校注排印本

一册857.26/66224

剪灯余话五卷（明）李昌祺著　1917年涵芬室董氏重刻本

一册857.26/40463

新刻京台公余胜览国色天香十卷（明）吴敬圻编　清裕元堂刻本

六册857.46/26447

批点聊斋志异十六卷（清）蒲松龄著　王士祯评　清嘉庆一经堂刻本（佚第五、八卷）

残存十四册233493

又一部题原本加批十六卷　有正书局排印本

八册

聊斋志异新评十六卷（清）但明伦新评　清道光壬寅（1842）广顺但氏刻本

十六册236839

又一部　清光绪三十三年（1907）刻本

十六册277006

又一部评注图咏十六卷本　清吕湛恩注　锦章图书局石印本

八册276788

柳崖外编十六卷（清）徐昆著　清乾隆五十七年（1792）刻本

十六册857.17/28260

异谈可信录八卷（清）邓暄辑　清嘉庆元年（1796）刻本

十二册857.17/

阅微草堂笔记二十四卷（清）纪昀著　清嘉庆十八年（1813）北平盛时奇刻本

十六册

野语九卷（清）题伏虎道场行者著　清嘉庆十四年（1809）刻本

四册857.17/22342

闻见录四卷（清）刘寿眉著　清嘉庆五年（1800）刻本

四册857.17/72147

聊摄丛谈六卷（清）须方岳著（清）刻本

三册857.17/21207

近事丛残四卷（清）沈瓒著　清刻本

八册857.17/34114

薰莸并载四卷（清）王□著　清道光二十二年刻本

四册857.17/10160

六合内外琐言二十卷（清）屠绅著　清刻本

十二册857.17/77225

蜻蛚杂记十二卷（清）题竹勿山石道人著　清刻本

六册857.17/82213

明斋小识十二卷清诸联辑著　清道光十四年刻本

六册857.14/04610

天涯闻见录四卷（清）魏祝亭著　清咸丰二年（1852）刻本

八册857.17/26430

珠村谈怪十卷续二卷（清）朱翊清著　清光绪甲午（1892）崇文书局石印本

四册

埋忧集十卷续二卷（清）朱翊清著　清同治十三年（1874）刻本

六册857.17/25903

南亭笔记十六卷（清）李宝嘉著　1919年上海大东书局石印本

四册252433

南亭四话九卷（清）李宝嘉著　1925年石印本

八册238741

七、清代讽刺小说

第九才子书斩鬼传四卷十回（清）题阳直樵云山人编次　首康熙庚子上元黄越
序　清经纶堂刻本

四册857.47/70022－244（2）

又一部改题捉鬼传十回　石印本

四册857.47/70022－244

又一部　1955北京通俗文艺出版社排印本

一册857.47/40912

又一部　1958上海文化出版社排印本

一册857.47/40912－（2）

儒林外史五十六回　清吴敬梓著　首乾隆元年闲斋老人序　清嘉庆八年（1803）

卧闲草堂刻本

　　　　　　　　　　　　　十二册857.47/26444—（14）

　　又一部　清嘉庆二十一年丙子（1816）艺古堂刻本

　　　　　　　　　　　　　十二册857.47/26444—（13）

　　又一部　清咸丰元年（1851）清江注礼阁刻本

　　　　　　　　　　　　　二十四册857.47/26444—（12）

　　又一部　首乾隆元年闲斋老人序　卷尾同治八年上元金和跋同治八年己巳（1869）群玉斋木活字本

　　　　　　　　　　　　　十四册857.47/26444

　　又一部　清同治八年群玉斋木活字本　缺第二十一至二十四回

　　　　　　　　　　　　　十三册857.47/26444—（10）

　　又一部　改作五十五回附录一回加新式标点　1930年亚东图书馆排印本

　　　　　　　　　　　　　二册857.47/26444—（9）

　　又一部　1925年　排印本

　　　　　　　　　　　　　一册237728

　　又一部　有金和跋　天目山樵（张文虎）评及识语　1934年商务印书馆排印本

　　　　　　　　　　　　　二册857.47/26444—（8）

　　又一部　1934年　大众书局排印本

　　　　　　　　　　　　　四册236788

　　又一部　1935年世界书局附老残游记合印本

　　　　　　　　　　　　　一册857.47/26444—（6）

　　又一部　1954年作家出版社据卧闲草堂本校订排印本

　　　　　　　　　　　　　一册857.47/26444—（15）

　　又一部　1954年作家出版社校订排印本

　　　　　　　　　　　　　一册857.47/26444

　　齐省堂增订儒林外史五十六回　首同治甲戌　惺困退士　序清同治甲戌（1874）齐省堂刻本

　　　　　　　　　　　　　十六册857.47/26444—（11）

增补齐省堂儒林外史六十回（据齐省堂本增多四回）首光绪十四年东武惜红生序（清光绪戊子上海鸿宝斋石印本）

四册857.47/26444—（5）

又一部　清光绪三十一年乙巳（1905）上海慎记书庄石印本

八册857.47/26444—（4）

又一部　1914年育文书局石印本

六册857.47/26444—（3）

又一部　1922年上海二思堂石印本

六册857.47/26444—（2）

何典十卷（清）原题缠夹上先生评　过路人（张雨庄）编定　首太平客人序　过路人自序　1926年上海北新书局排印本

一册238050，238398

又一部　刘俊校点　1929年北新书局三版印本

一册857.47/11244

又一部　1934年上海新文化书社排印本

一册857.47/11244—（2）

梼杌萃编十二编二十四回（一名宦海钟）（清）题诞叟（钱锡宝）著　首光绪丙辰　忏绮词人序　莺啼序　闻妙香主人题词　清末汉口中亚印书馆排印本

六册857.47/83183

八、清代以小说见才学之小说

第一奇书野叟曝言二十卷一百五十二回（清）夏敬渠著　首光绪辛巳知不足斋主人序　光绪辛巳（1881）毗陵汇珍楼木活字排印本

二十册857.47/10243—（6）

又一部二十卷一百五十四回　首光绪壬午西岷山樵序　光绪八年上海申报馆排印本

二十册857.47/10243

又一部　光绪八年（1882）上海石印本

二十册857.47/10243－（3）

又一部一百回（不分卷）1934年中央书店标点印本

四册857.47/10243－（4）

又一部上下卷一百五十四回　1936年世界书局标点印本

二册857.47/10243－（3）

又一部改题兴替金鉴二十卷一百五十四回　石印本

十八册857.47/10243－（2）

镜花缘二十卷一百回（清）李汝珍著　首梅修居士石华（许乔林）序　武林洪榱元静荷序　孙吉昌等题词　清道光元年（1821）刻本

二十册857.47/40431－（4）

又一部　清同光间刻小本

二十册857.47/40431－（5）

又一部　清光绪丁丑（1877）刻本

二十册857.47/40431－（6）

又一部　清光绪十四年（1888）年上海点不斋石印本

六册857.47/40431－（7）

又一部　清光绪间上海书局石印本

六册236851

又一部　清光绪二十一年（1895）上海文盛书局复广百宋斋石印本

六册857.47/40431－（8）

又一部　清光绪间排印本

一册238227

又一部　1929年石印本

六册12471

又一部　1932年亚东图书馆排印本

二册857.47/40431－（10）

又一部　1919年上海商务印书馆排印本

一册857.47/40431－（9）

又一部　1955年北京作家出版社校注排印本

一册857.47/40431－（3）

蟫史二十卷（清）屠绅著　首小停道人序　杜陵男子序　清庭梅朱氏刻磊砢山房原本

十二册857.47/77225

又一部　改题新野叟曝言二十卷　清宣统元年（1909）小说进步社排印本

六册857.47/77225－（3）

燕山外史四卷（清）陈球著　清同治五年（1866）鸣盛堂刻小本

二册857.47/70022－114

又一部增注八卷本（清）傅声谷辑注　集成图书公司石印本

二册857.47/75213

又一部　1906日本文求堂排印本

一册238219

又一部　1931年排印本

一册238142

九、清代狭邪小说

风月梦三十二回（清）邗上家人撰　首道光戊申自序　清光绪甲申（1888）上海江左书林刻本

六册857.47/70022－7（3）

又一部　清光绪丙戌（1886）聚盛堂刻小字本

六册857.47/70022－7（2）

又一部　清上海申报馆排印本

四册857.47/70022－7

品花宝鉴六十回　清陈森著　首幻中了幻居土序　石函氏自序卧云主人题词　清
道光戊申（1848）幻中了幻斋刻本

二十册857.47/75240 (2) —2

又一部　清道光己酉（1849）刻本

三十二册857.47/75240 (2)

又一部　清道光刻本　残存第一至十四、第十七至三十，第三十至六十回

二十二册238367

又一部　改题燕京评花录六卷六十回　1918年上海石印本

六册857.47/75240 (2) —4

又一部　1935年排印本

一册238232

花月痕全书十六卷五十二回（清）题眠鹤主人（魏秀仁）编次　栖霞居士评
阅　首咸丰戊午眠鹤主人前序及后序　清光绪戊子（1888）福州吴玉田刻本

八册857.47/26422

又一部　改题绘图花月姻缘十六卷五十二回　清光绪癸巳（1893）上海书局
石印京都博文斋本

六册857.47/26422— (2)

又一部　清光绪三十四年（1908）育文书局石印本

二册857.47/26422— (3)

又一部　清石印本

四册238930

青楼梦六十四回（清）题厘峰慕真山人（俞达）著　梁溪潇湘侍者（邹弢）
评　首光绪四年金湖花隐序　上海申报馆排印本

十册857.47/80234

又一部　清光绪乙未（1894）上海书局石印本

八册857.47/80234— (2)

又一部　清光绪丙午（1904）文盛书局石印本

六册857.47/80234— (3)

绘图绘芳录八卷八十回（清）题西泠野樵著　首光绪戊寅始宁竹林氏自序　清光绪二十年（1894）上海书局石印本

八册857.47/70022—65

海上尘天影六十章（清）题梁溪司香旧尉（邹弢）编　首光绪丙申王韬序　清光绪二十年（1894）上海石印本　卷首有"酒丐邹弢寄存"印记

五册857.47/27412

海上花列传六十四回（清）题云间花也怜侬（韩邦庆）著　首光绪甲午自序　清光绪二十年甲午（1894）石印本

十六册857.47/44450

又一部　改题青楼宝鉴六十四回　清上海书局石印本

十六册857.47/44450—169

又一部　1934年排印本

一册237722

醒世小说九尾龟初二、三、四、五集二十卷八十回　清题漱六山房（张春帆）著清光绪三十二年（1906）上海点石斋排印本

五册857.47/11254—（4）

又一部十二集四十八卷一百九十二回　清宣统二年（1910）上海点石斋排印本

十二册857.47/11254—（3）

又一部　1925共和书局石印本

六册857.47/11254

又一部　上海交通图书馆石印本

八册34097

又一部　第十三至二十四集一百九十二回　1918—25年国学书室石印本

十二册857.47/11254—（2）

海天鸿雪记二十回　清题二春居士编　首光绪甲辰茂苑惜秋生序　清末世界繁华报馆排印本

四册857.47/70022—166

海上繁华梦初集六卷三十回二集六卷三十回　清题古沪警梦痴仙（孙家振）戏

墨　首自序　光绪二十八年古皖拜颠生序　光绪甲辰（1904）笑林报馆排印本

十一册857.47/70022—230

又一部初集六卷三十回二集三十回后集四十回　清光绪三十四年（1908）泰记乐群书局排印本

三册857.47/70022—230（3）

绘图续海上繁华梦初集三十回二集三十回三集四十回　孙家振著1916年上海文明书局排印本

四册237589—92

浪史四十回（明）题风月轩入玄子著　清啸风轩刻本　第二十一至四十回钞配

二册857.47/60022—15（2）

又一部　改题浪史奇观四十回　1916年上海石印本

一册857.47/60022—15

肉蒲团六卷二十回（清）题情痴反正道人编次　情死还魂社友批评　封面题情隐先生编次　首癸酉夏五西陵如如居士序　清同光间木活字排印本

六册857.47/70022—185

桃花影四卷十二回（清）题烟水散人（徐震）编　清琬香斋刻本（存第六至第八回）

一册857.47/28210—2

浓情快史四卷三十回（清）题嘉禾餐花主人编次　西湖鹏鶒居士评阅清刻本（存第一至第三回）

一册857.47/70022—267

新编觉世梧桐影十二回（清）不著撰人　钞本

四册857.47/70022—104

巫山艳史六卷十六回（清）不著撰人　清乾嘉间写刻本　残存二卷、卷三至卷四

一册857.47/70022—174

新镌小说恋情人六卷十二回（清）不著撰人　钞本

一册857.47/70022—154

醒世和尚奇缘二卷十二回（原题元）临安高则诚著　明越州周术虹评　钞本（封

面题四明听雨楼抄本古板）

一册857.47/70022—101

桃花艳史六卷十二回（清）不著撰人　清刻本　存三卷、卷四至卷六

一册857.47/70022—153

新刻闹花丛四卷十二回（清）题姑苏痴情士笔　清写刻本　存二卷、卷三至卷四

一册857.46/60022—14

新镌奇缘记十二回（清）不著撰人　清刻本

二册857.47/70022—159

绣戈袍真本八卷四十四回（清）题江南随园主人著　清刻本

八册857.47/70022—117

新编妖狐艳史六卷十二回（清）不著撰人　清刻本　卷一至卷三钞配

二册857.47/70022—187

又一部　钞本

一册857.47/70022—251

天下第一绝妙奇书（清）题莫厘悟色子著　传钞本

二册857.47/70022—202

新抄浓情秘史二卷十一回（清）不著撰人　抄本

一册857.47/70022—233

绣像秘本浓情快史六卷二十四回　题天仙阁主花太岁撰　1928年香港正义书局铅印本

六册857.48/22000—3

古佚真本玉闺红十回　题明东鲁落落平生撰　清丽华出版社铅印本

一册857.46/60022—16（2）

又一部　题鲁生著　正风书社铅印本

一册857.46/60022—16

绣像闺门秘术四卷五十回（清）不著撰人　清宣统庚戌（1910）石印本

四册857.47/70022—295

玲珑本聚珍小丛书十种（清）不著编人姓氏　红豆书屋铅印本

十八册857.47/70022-274

一、燕筑外书　　　　　六、贤夫妻

二、悦生外传　　　　　七、牡丹记

三、株林镜　　　　　　八、觉世真言

四、金主亮荒淫　　　　九、蜃楼志

五、贪官报　　　　　　十、湖山外史

十、清末谴责小说

文明小史二卷六十回（清）题李伯元（李宝嘉）著　1955北京通俗文艺出版社排印本

一册857.47/40434-2

又一部　1957年上海文化出版社排印本

一册857.47/40434-2（2）

又一部　1959年上海中华书局排印本

一册857.47/40434-2（3）

官场现形记四编四十八回（清）原题南亭（李宝嘉）新著　清光绪三十一年乙巳（1905）上海世界繁华报馆排印本

二十四册857.47/40434-（4）

又一部五编六十回　石印本

十七册238662

又一部六十回　欧阳钜元增注　宣统元年（1909）崇本堂订正排印本

十五册857.47/40434-（5）

又一部　1936年世界书局排印本

一册857.47/40434-（6）

又一部　1954年北京宝文堂书店排印本

二册857.47/40434—（1）

又一部　1956年北京文化出版社排印本

二册857.47/40434—（2）

又一部　1957年北京人民文学出版社排印本

二册857.47/40434—（3）

官场维新记十六回（清）不著撰人　排印本

二册857.47/70022—173（2）

官世界三十二回原名生财大道（清）题蜀岗蠖叟撰　清光绪三十一年（1905）公
益书局排印本

一册857.47/70022—275

宦海风波初集十二回（清）原题惠夫啸侬氏著　清光绪三十三年（1907）小说图
书馆石印本

一册857.47/70022—142

官场笑话上下编　清题傀儡山人著　清光绪三十四年（1908）改良小说社排印本

新官场现形记十二回（清）题延陵隐叟著　清宣统元年（1909）文明小说社石印本

一册857.47/70022—126

学究新谈三十六回（清）题吴蒙著　1915年商务印书馆排印本

一册857.47/26444

二十年目睹之怪现状八卷一百八回（清）题我佛山人（吴沃尧）著　清光绪
三十二至宣统二年（1906—1910）广智书局排印本

八册857.47/26434—（4）

又一部　1926年排印本

四册238612—15

又一部　1954年北京通俗文艺出版社排印本

二册857.47/26434

又一部　1956年上海文化出版社排印本

二册857.47/26434—（2）

又一部　1959年北京人民文学出版社排印本

二册857.47/26434— (3)

瞎骗奇闻八回（清）原题茧叟（吴沃尧）编纂　宣统元年（1909）商务印书馆排印本
　　　　　　　　　　　　　　　　　一册857.47/26434—5

老残游记二十卷（清）题洪都百炼生（刘鹗）著　清天津日日新闻社抽印本
　　　　　　　　　　　　　　　　　二册857.47/72167— (3)

　　又一部　1915年上海广益书局石印本
　　　　　　　　　　　　　　　　　四册857.47/72167— (5)

　　又一部　上海亚东图书馆排印本
　　　　　　　　　　　　　　　　　一册857.47/72167— (6)

　　又一部　1926年百新公司重印刘氏原本
　　　　　　　　　　　　　　　　　二册857.47/72167— (4)

　　又一部　1956年北京通俗文艺出版社排印本
　　　　　　　　　　　　　　　　　一册857.47/72167

　　又一部　1957年北京人民文学出版社排印本　附续集六回
　　　　　　　　　　　　　　　　　一册857.47/72167— (2)

　孽海花十卷二十回（清）原题爱自由者起发　东亚病夫（曾朴）编述　1917年有
正书局排印本
　　　　　　　　　　　　　　　　　二册857.47/80642— (3)

　　又一部三十回附叙录　1943年排印本
　　　　　　　　　　　　　　　　　一册857.47/80642— (4)

　　又一部
　　　　　　　　　　　　　　　　　一册70648

　　又一部　1955年北京宝文堂书店排印本
　　　　　　　　　　　　　　　　　一册857.47/80642

　　又一部　1959年上海中华书局排印本
　　　　　　　　　　　　　　　　　一册857.47/80643— (2)

　一字不识之新党三十三回（清）题杭州老耘著　光绪三十三年（1907）彪蒙书屋
排印本

八册857.47/70022—257

新党发财记十六回（清）作新社编　光绪三十二年（1906）作新社排印本

一册857.47/20300

革命鬼现形记五十一章（清）题睡狮著　宣统元年（1909）小说进步社石印本

二册857.47/70022—271

玉佛缘八回（清）题嘿生著　光绪三十四年（1908）商务印书馆排印本

一册857.47/70022—278

预备立宪鉴十回（清）钱生可著　宣统元年（1909）飞鸿馆排印本

一册857.47/83121

轰天雷一卷十四回（清）原题藤谷古香著　光绪二十九年（1903）排印本

一册857.47/70022—108

五更钟二卷二十四回（清）陈春生著　1915年上海华美书馆排印本

一册857.47/75252

市声二卷三十六回（清）姬文著　光绪三十四年（1908）商务印书馆排印本

二册857.47/41400—（2）

又一部　1958年上海文化出版社排印本

一册857.47/41400

商界现形记初二集十六回（清）题百业公著　宣统三年（1911）商业会社印本

四册857.47/70022—272

廿载繁华梦四十回（清）黄小配著　汉口大盛书局石印本

四册857.47/44891

（附录）

一、弹词

一线缘又名一箭缘八卷（系风筝误续集）环秀主人著　清嘉庆二十二年环秀
阁　刻本

四册858.51/70022

八美图十卷　不著撰人　清嘉庆二十四年（1819）刻本

十册858.51/70022-2

又一部五卷　不著撰人　清刻本

四册858.51/70022-3

又一部八卷三十二回　不著撰人　清宣统二年上海万丰书庄石印本

四册83634

十美图四十卷　不著撰人　清海陵轩刻本

六册858.51/70022-145

又一部三十九卷　清光绪丙子（1876）刻本

四册858.51/70022-145（2）

小八义十二卷一百二十回　不著撰人　清光绪乙巳（1905）上海书局石印本

六册858.51/70022-168（2）

又一部

六册83627

又一部　1920年上海江东书局石印

十二册858.51/70022-168

459

六月雪全传二十卷　不著撰人　清光绪三十三年（1907）上海炼石书局石印本

八册277083

子灵记传奇不分卷　不著撰人　旧钞本

六十册858.51/70022－169

廿一史弹词注十卷（明）杨慎著　清张三异增订　张仲璞注　清雍正五年树玉堂刻本

十册257733

又一部　清乾隆间视履堂刻本

八册257734

天雨花三十回　清陶贞怀著　首顺治八年陶氏自叙　旧刻本

二十四册858.51/70022－166

又一部六十卷　1928年锦章图书局石印本

十册238674

女武香球六卷六十回　二乐轩主人著　上海广益书局石印本

六册858.51/70022－167

玉杯记回杯记四卷十六卷金牌调四卷　不著撰人　清光绪戊申（1908）上海书局石印本

六册858.51/70022－164

玉钏缘全传三十二卷　不著撰人　清道光二十二年（1842）刻本

三十二册858.51/70022－41（3）

又一部三十二卷二百三十四回　首冠道光二十二年西湖居士序　清文会堂刻本

六十四册858.51/70022－41（2）

又一部　题真本玉钏缘三十二卷　旧钞本

三十二册857.4/00600

龙凤再生缘十二卷七十四回　清陈端生（女）著　1927年上海大成书局石印本

六册858.51/70022－149（2）

再造天八卷十六回（再生缘续集）侯香叶夫人著　上海锦章书局石印本

八册858.51/70022－163

何必西厢三十七卷三十七回（一名梅花梦）清心铁道人著　清嘉庆元年刻本

八册858.51/70022－141

又一部　1933年上海排印本

四册238513—16

宋史奇书十粒金丹十二卷六十六回　不著撰人　1923年上海大成书局石印本
十二册858.51/70022—162

金鱼缘二十卷　清孙德英（女）著　清光绪癸卯（1904）上海书局石印本
十册858.51/12424

青石山狐仙传十卷三十回　不著撰人　钞本

五册858.51/70022—140

来生福八卷三十六回　题桔中逸叟著　钱黎民补填　上海铸记书局石印本
八册858.51/70022—161

又一部　商务印书馆排印本

一册242923

芙蓉洞全传十卷　清陈遇乾著　首冠阳秋亭序　清道光元年（1821）刻本
十册858.51/25234—（2）

又一部　清道光十六年（1831）刻本

十册858.51/75234

果报录十二卷一百回　海芝涛著　木活字排印本
十二册858.51/70022—138

又一部　一名倭袍传

十二册858.51/70022—7

新倭袍二十回　题新人著　清宣统元年上海新新小说社排印本
二册857.47/70022—125

狐狸缘全传六卷二十二回　题醉月仙人著　清刻本
六册858.51/70022—142

孤鸿影二卷三十六回　清李东野著　1919年上海新民图书馆排印本
二册858.51/40454

孝义真迹珍珠缘四卷二十四回后传三十卷六十回　题马如飞著光绪丙申（1896）
上海书局石印本

十册858.51/71341—170

双珠凤六卷八十回　不著撰人　上海春记书局石印本

六册857.51/70022—165

又一部　1941年排印本

一册243263

英雄谱三十二卷三十二回　不著撰人　清光绪二十八年（1902）上海书局石印本

十六册858.51/70022—159

大闹三门街四卷三十回　不著撰人　1919年上海校经山房石印本

一册83653

风筝误八卷　不著撰人　清嘉庆十五年（1810）漱芳阁刻本

六册858.51/70022—156

娱萱草□卷　题橘道人著　清光绪甲午（1894）木活字排印本

八册858.51/70022—4

增订节存传二十卷六十回　题雁塔村绿窗女史周淑贞著　稿本

二十册858.51/70022—151

昼锦堂传奇　不著撰人　钞本

十六册858.51/70022—137

落金扇全传八卷　题吹竽先生著　清同治癸酉（1873）刻本

八册858.51/70022—135

云外飘香四卷十一回　不著撰人　文光书庄石印本

四册858.51/70022—155

梦影缘四十八回　郑澹若夫人著　清光绪二十一年（1895）竹简斋石印本

十六册858.51/70022—148

雷峰塔奇传五卷　题玉花堂主人校订　清嘉庆十一年（1806）刻本

四册858.51/70022—147（2）

又一部　清末刻小本

五册858.51/70022—147

义妖传前集六卷五十三回后集二卷十六回　不著撰人　上海锦章书局石印本

又一部　石印本

榴花梦二百八十八回　不著撰人　钞本（中佚二十八回第3.6—7.15.29—30,
113—117, 121—125, 141—145, 180, 187, 238, 248, 262, 275）

虎螭镜全传三十二回赐笋楼全传三十二回　题味闲主人著　清道光间稿本

凤凰山　不著撰人　清海陵轩刻本

凤凰图六卷　不著撰人　清嘉庆间刻本

凤双飞　卷四十八回　清程蕙英著　清光绪二十四年（1898）石印本

锦上花四十八回　题修目阁主人编　清善成堂刻本

又一部　清刻本

刘成美全传八卷后传六卷　不著撰人　清光绪己亥（1899）石印本

又后传六卷三十二回　清光绪庚子（1900）上海书局石印本

香莲帕正续八卷　不著撰人　清光绪戊申（1908）上海书局石印本

黄绫帕二十卷　不著撰人　钞本

龙凤奇缘　不著撰人　钞本

二、广东弹词

1.汉刘秀歌十二卷	潮州李万利刻本	4册
2.罗通扫北四卷	潮州李万利刻本	1册
3.梨花征西二集二十八卷	潮州李万利刻本	4册
4.赵匡胤下南唐收余鸿十八卷	潮州李万利刻本	4册
5.狄龙狄虎平北二十九卷	潮州李万利刻本	7册
6.五虎征北大破群仙阵六卷	潮州李万利刻本	2册
7.五虎平南十六卷	潮州李万利刻本	4册
8.十二寡妇征西三卷	潮州李万利刻本	1册
9.宋帝昺十卷	潮州李万利刻本	2册
10.正德游江南六卷	潮州李万利刻本	2册
11.粉妆楼五十三卷	潮州李万利刻本	9册
12.玉花瓶大红袍二卷	潮州李万利刻本	1册
13.乾隆游山东五卷	潮州李万利刻本	1册
14.乾隆游石莲寺全歌十三卷	潮州李万利刻本	2册
15.玉钏缘十卷	潮州李万利刻本	5册
16.玉钏缘十卷	潮州李万利刻本	4册
17.刘成美忠节全歌二十卷	潮州李万利刻本	4册
18.刘成美下截曹翠娥十六卷	潮州李万利刻本	3册
19.谢玉辉平金番三十三卷	潮州李万利刻本	6册
20.柳世清双璺鱼全歌十卷	潮州李万利刻本	2册
21.琼花图歌四卷	潮州李万利刻本	2册
22.本朝一世报五卷	潮州李万利刻本	1册
23.锦香亭绫帕记四卷	潮州李万利刻本	2册
24.三合奇三卷	潮州李万利刻本	1册
25.白狗精二卷	潮州李万利刻本	1册
26.八宝金钟八卷	潮州李万利刻本	2册
27.新中华革军缘记全歌九卷	潮州李万利刻本	2册
28.上海杀子报三卷	潮州李万利刻本	1册
29.玉环记六卷	潮州李万利刻本	2册

30. 二度梅蟹针记九卷　　　　　　　　潮州李万利刻本　　3 册

31. 双玉镯二十六卷　　　　　　　　　　潮州李万利刻本　　5 册

32. 苏六娘三卷　　　　　　　　　　　　潮州李万利刻本　　1 册

33. 蜘蛛记二卷　　　　　　　　　　　　潮州李万利刻本　　1 册

34. 刘元普双生贵子三卷　　　　　　　　潮州李万利刻本　　1 册

35. 张翼鹏、王秀珍男贞女烈毛毯记二卷　潮州李万利刻本　　1 册

36. 再合鸳鸯二卷　　　　　　　　　　　潮州李万利刻本　　1 册

37. 双状元英台仔十卷　　　　　　　　　潮州李万利刻本　　2 册

38. 度三娘三卷　　　　　　　　　　　　潮州李万利刻本　　1 册

39. 孟日红割股救姑四卷　　　　　　　　潮州李万利刻本　　1 册

40. 锦鸳鸯全歌三卷　　　　　　　　　　潮州李万利刻本　　1 册

41. 双如意六卷　　　　　　　　　　　　潮州李万利刻本　　1 册

42. 六奇阵十二卷　　　　　　　　　　　潮州李万利刻本　　2 册

43. 玉针记六卷　　　　　　　　　　　　潮州李万利刻本　　2 册

44. 玉鸳鸯十二卷　　　　　　　　　　　潮州李万利刻本　　2 册

45. 双太子下棚禹龙山八卷　　　　　　　潮州李万利刻本　　2 册

46. 秦国和五凤朝阳十卷　　　　　　　　潮州李万利刻本　　2 册

47. 玉盒仙翠金宝扇八卷　　　　　　　　潮州李万利刻本　　2 册

48. 崔鸣凤荐佛衣六卷　　　　　　　　　潮州李万利刻本　　1 册

49. 崔鸣凤子全歌十五卷　　　　　　　　潮州李万利刻本　　3 册

50. 蒋兴哥重会珍珠衫四卷　　　　　　　潮州李万利刻本　　1 册

51. 玉如意下棚六卷　　　　　　　　　　潮州李万利刻本　　2 册

52. 小红袍黄元豹四卷　　　　　　　　　潮州李万利刻本　　1 册

53. 双退婚下案荆亭八卷　　　　　　　　潮州李万利刻本　　1 册

54. 海门案五卷　　　　　　　　　　　　潮州李万利刻本　　1 册

55. 玉鸳鸯珠衫记六卷　　　　　　　　　潮州李万利刻本　　2 册

56. 白绫象四卷　　　　　　　　　　　　潮州李万利刻本　　2 册

57. 黄双孝琼花记六卷　　　　　　　　　潮州李万利刻本　　2 册

58. 珊瑚宝十卷　　　　　　　　　　　　潮州李万利刻本　　3 册

59. 秦凤兰忠义亭十卷　　　　　　　　　潮州李万利刻本　　4 册

60. 双玉鱼佩六卷　　　　　　　　　　　潮州李万利刻本　　2 册

61. 双凤钗四卷	潮州李万利刻本	2册
62. 四美图九卷	潮州李万利刻本	3册
63. 辟邪枕五卷	潮州李万利刻本	2册
64. 六奇阵上下棚十八卷	潮州李万利刻本	4册
65. 庞卓花十一卷	潮州李万利刻本	2册
66. 孟丽君初二、三集三十卷	潮州李万利刻本	6册
67. 万花楼玉鸳鸯十二卷	潮州李万利刻本	6册
68. 宝　兰十二卷	潮州李万利刻本	3册
69. 背解红罗二十八卷	潮州李万利刻本	5册
70. 梅良玉下棚两度星十四卷	潮州李万利刻本	3册
71. 李春凤十八卷	潮州李万利刻本	3册
72. 竹钗记十二卷	潮州李万利刻本	4册
73. 临江楼上下集十卷	潮州李万利刻本	4册
74. 雌雄宝笈十九卷	潮州李万利刻本	4册
75. 麒麟图上下集十七卷	潮州李万利刻本	5册
76. 玉麒麟双状元五卷	潮州李万利刻本	2册
77. 潘葛子六卷	潮州李万利刻本	2册
78. 温凉宝盏五卷	潮州李万利刻本	2册
79. 伯皆子香罗帕记	潮州李万利刻本	2册
80. 警富新书十六卷	潮州李万利刻本	4册
81. 挽面案歌六卷	潮州李万利刻本	1册
82. 玉沙蛱三卷	潮州李万利刻本	1册
83. 刘皇叔招亲十七卷	瑞文堂刻本	3册
84. 刘皇叔取东川八卷	瑞文堂刻本	2册
85. 隋唐演义七十四卷	瑞文堂刻本	2册
86. 反唐十九卷	瑞文堂刻本	6册
87. 杨文广平南蛮十八洞三十八卷	瑞文堂刻本	6册
88. 宋朝明珠记五卷	瑞文堂刻本	1册
89. 绿牡丹二十八卷	瑞文堂刻本	5册
90. 李九我相爷金针记三卷	瑞文堂刻本	1册
91. 灵芝记蝴蝶引八卷	瑞文堂刻本	2册

92.冯长春四卷	瑞文堂刻本	1册
93.双错误奇中奇歌三卷	瑞文堂刻本	1册
94.卖油郎全歌五卷	瑞文堂刻本	1册
95.忠义节七卷	瑞文堂刻本	3册
96.铁扇记下棚五卷	瑞文堂刻本	2册
97.水蛙记上卷	瑞文堂刻本	1册
98.滴水记三卷	瑞文堂刻本	1册
99.玉楼春十四卷	瑞文堂刻本	3册
100.五星图八卷	瑞文堂刻本	2册
101.木廷仙双玉鱼十集四十九卷	瑞文堂刻本	10册
102.辗龙镜下棚红书剑十卷	瑞文堂刻本	2册
103.辗龙镜韩廷美三十三卷	瑞文堂刻本	10册
104.龙图公阴阳判六卷	瑞文堂刻本	3册
105.刘明珠穿珠衫二十一卷	瑞文堂刻本	4册
106.双王凤十五卷	瑞文堂刻本	4册
107.纸容记九卷	瑞文堂刻印	3册
108.双金龙六卷	瑞文堂刻印	2册
109.双白燕二十二卷	瑞文堂刻印	7册
110.双鹦鹉五十卷	友芝堂刻印	10册
111.赐绿袍八卷	芝堂刻印	3册
112.金狗精八卷	芝堂刻印	2册
113.薛仁贵征东二十四卷	王生记刻本	4册
114.潮州柳知府金歌五卷	王生记刻本	1册
115.金燕媒十二卷下集观花八卷	王生记刻本	4册
116.翁万达金歌十一卷	王生记刻本	2册
117.秦雪梅八卷下集十三卷	王生记刻本	5册
118.秦世美六卷	王生记刻本	1册
119.饶安案八卷	王生记刻本	2册
120.乾隆游江南	王生记刻本	2册
121.五虎平西珍珠旗二十七卷	李春记刻本	8册
122.包公出世十二卷	李春记刻本	3册

123.二岁夫九卷　　　　　　　　　李万利刻本　　2册

124.龙井泥头残瓦记四卷　　　　　则利记刻本　　1册

125.柳树春八美图十八卷　　　　　则利记刻本　　3册

126.移花接木竹箭误五卷　　　　　则利记刻本　　2册

明清小说草目补遗

（一）讲史小说

新刻剑啸阁批评西汉演义传八卷一百则　　（明）题钟山居士建业甄伟演义　东汉演义传十卷一百二十五则（明）题金川西湖谢诏编集清初刻本

六册857.46/60022—4（2）

又一部　清维经堂重刻本

十四册857.46/60022—4（4）

又一部　清刻本

十八册857.46/60022—4

新刻剑啸阁批西汉演义八卷一百零一则（明）甄伟著　东汉演义八卷三十二回（清）题珊城清远道人重编　清嘉庆壬申（1812）善成堂刻本

十二册857.46/60022—4（3）

三国志通俗演义残本　明嘉靖元年壬午（1522）刻大字本黑口半页九行　行十七字　封面钤有"七品官耳"白文又"十年磨一剑"朱文两方章为清郑燮板桥内藏　残存卷五卷六

四册857.46/60950—26

（三）人情小说

新刻绣像批评金瓶梅二十卷一百回（明）不著撰人　首冠东吴弄珠客题词　明崇祯间刻本正文半页十行　行二十二字，字旁加圈点　每回附图一页

三十六册857.46/44278—10

红楼梦一百二十回（清）曹雪芹著　清乾隆五十七年壬子（1792）程伟元活字印本　正文半页七行行二十四字附图二十四页　卷后署萃文书屋藏板

四十八册857.47/85610—12

（六）明清拟晋唐传奇志怪小说

剪灯新话句解二卷（明）瞿佑著　垂胡子集释　朝鲜刻本

二册857.26/66224—（3）

麈余二卷（明）谢肇淛辑著　日本弘化三年（清道光二十六年1846）皇都书林菱屋孙兵卫刻本

二册857.26

聊斋志异十六卷（清）蒲松龄著　首紫霞道人高珩序　豹岩樵史唐梦赉序　乾隆丙戌赵起杲弁言　聊斋小传例言　清乾隆三十一年丙戌（1766）青柯亭刻本

三十二册

（七）清代讽刺小说

儒林外史五十六回（清）吴敬梓著　首乾隆元年闲斋老人序　清嘉庆八年（1803）卧闲草堂刻本

十六册857.47/26444—16

（八）清代以小说见才学之小说

燕山外史八卷（清）陈球著　首嘉庆辛未吴展成又吕清泰序明冯梦桢窦生本传　几例题词　清嘉庆十六年（1859）三陋居刻本

二册857.47

（九）清代狭邪小说

品花宝鉴六十回（清）题石函氏（陈森）著　首幻中了幻居士序　石函氏自序　卧云老人题词　清道光二十九年己酉（1849）幻中幻斋刻本

二十册857.47/75240（2）—5

（该草目由整理者周启晋先生提供）

书缘（代后记） 周啟晋

又见枫叶飘丹，似乎并不觉得父亲已走了三年余。人生便是如此，生者每日营营碌碌，待到时间的灰尘遮住往日的一切时，回首望去，只有亲情仍在闪光。

想起父亲，想想自己的一生，不知为什么经常浮入脑际的竟是一个"书"字，这也许便是建德周氏百年来的传统吧！记得我曾和友人谈起过所谓的"世家"问题，其实，从我的切身体会来看，在过去的"世家"中，大多数的子弟的童年，应该都不会太幸福的。究其所以，是规矩太多。不可邀同学来家中、不可去外边玩……一个孤独小孩子还能做什么呢？所以我从六七岁开始，最好的伙伴便是"书"。我的启蒙读物是一本绣像《三国演义》，那时的我还读不通巨著，只是骑马打仗的图画，让我看得津津有味，从此便一发不可收拾。从《蜀山剑侠》到《江湖奇侠》，从《聊斋》到《广陵潮》，杂七杂八的，我几乎是无书不读（除了正经正史外）。

记得那时父亲藏了许多小说，《济公传》、《三侠剑》都有几十续，我入迷之至，连学也不想上，旷了许多课，还受过学校的处分。回忆起来，真是"另类"的有趣童年。此后无论是上山下乡，还是漂泊海外，最好的伙伴便是"书"了。我总觉得每当我沉浸在书中时，似乎尘世的一切烦扰便都消失了。与书中人为伴，这难道不是人生的"至乐"吗？

于今年逾花甲，每当坐拥书城，环视四周，我又会觉得每一本都像一片记忆，联系着远去的青春。

在我的藏书中，有一部嘉庆江都秦氏享帚精舍刊印的《乐府雅词》，那是从先祖父的书斋中取来的，书内还有建德（东至原称建德）周氏勤学斋藏书的书签。每当我翻阅这本书时，我的记忆又回到城西的老宅，那是先曾祖学熙公及先祖父叔迦先生的故居。春天来时，西府盛开的海棠、芍药，满院太平花的香气袭人……后院靠近佛堂有两间藏书室，那是书的海洋。白羊皮的箱子装了许多小孩子看不懂的字画，箱子上有很厚的灰尘和老鼠的脚印……我一个人在书斋里一呆就是大半天，如饥似渴地翻阅自己喜爱的书籍，那光景依稀就在眼前。于今，城西旧事早已化作飞烟，但祖父母慈爱的笑容却永远铭刻在我的心中。

在我的藏书中，有一部民国二十七年影印的《日长山静草堂诗存》，六和汪少浦著、孙叠波手抄。这是母亲的嫁妆之一，我在书后写下了这样一段跋语："记得儿时大约三岁，教我第一首诗的便是舅婆，当时她教了我三首诗，我很快就会背诵了，人们都夸我聪明，于是我很得意，转瞬五十年过去，也许这是使我一生酷爱文学的开始。说起舅婆，母亲总是饱含着无限的爱意与思念，虽然她已去世那么久了。其实这也很自然，母亲自一岁丧母，后寄居其外公家，教育她读书、习字、修身，给她温暖的便是舅婆，舅婆是位郁郁的才女，也可以说是她的第二母亲。舅婆的姐丈是为本书题签的末科探花公商衍鎏，而这本诗集便是舅婆之父手抄。纵观我的一生，在道德理念及情感方面，影响最深的便是母亲，从舅婆到母亲又到我，中国古老的传统便这样一代代的继承下去，但是在现代物质的冲击下，还能传多久呢？总不会灭绝吧！目前偶于父亲遗下的书箱中捡到这本诗集，依约记得母亲曾提及过，一问果然，书后两跋孙为霆这便是舅婆的八弟，俞锡畴为太外公（清末曾任昆山县令，为先曾祖周学熙诗友），历尽劫难的这本书也许是他们留在世间最后的一点痕迹了。翻阅之下不禁令人有雪泥鸿爪之叹，而其所代表的内涵对我来讲则是有比宋版书更珍贵的挚爱亲情及立世的原则理念。故亟为装池，又不揣简陋记下这一缘起。更请家姐启璋书之。"

在我的藏书中，数量最大的一批是先父绍良先生的遗书，说来很惭愧，先父是"藏书纪事诗"中人，作为他的独子，我对此可谓一窍不通。2001年秋，先父第一次病笃之际，将残书授我，此后，虽在他的指引下，我于藏书一事也只是浅尝辄止。近日，承中华书局相邀，着手整理出版先父遗稿《绍良书话》，始觉藏书之道，趣味无穷，然而父亲已远去了。

品味先父的遗稿"书话"，联想起我所了解的他的一生，似乎可以清晰地看到，从读书到藏书、从勤而博到专而精是一条红线贯穿始终的。自我有记忆开始，他几十年来大多是坐在书桌前，直到深夜。勤学始能博学，故而他的"书话"与传统大相庭径。其中传统意义上的善本并不多，反而是大谈占卜、宝卷、历书、明代唱本……其实，在他的藏书精神上，早已远远超脱了社会上颇流行的价值观（近年出版的先父纪念文集中黄永年伯伯还谈起以珍本《四松堂集》"换"烤鸭的佳话），仿佛更多的是在启示后人去探索、发现、研究传统外的新领域，我想才是他藏书的真谛。近日，据《中国宝卷总目》的作者车锡伦先生同我谈起，自明代中期直清康熙年间止，所存宝卷不过百余种，而先父所蓄明代孤本竟达十余种，可见其藏书功力之深（据车先生谈起，台湾已出版影印宝卷及民间宗教典籍二十四巨册，日本学者于此项研究亦方兴未艾云云）。

　　在本书的前言中，白化文兄有句云"卅载熏陶，才获片羽支鳞"。而对于我来讲则片羽支鳞也谈不上。在《绍良书话》行将问世之际，勉缀此文，献给伴先父一生的母亲沈又南女士并告慰老父在天之灵。

高山仰止——忆我的父亲周绍良　周啟瑜

　　我的父亲绍良先生已经去世三年，双旭花园中他最爱的芍药与玉簪几度花开花落，而我对他的思念却日益强烈。父亲一生做人行事极为低调，即使对子女也绝口不提自己的成就。在追寻父亲的人生足迹中，渐渐地被他博大精深的学识、宽厚坦荡的襟怀、大爱无边的情感、高尚无私的品德深深地震撼了。我静静地走在父亲的世界里，蓦然悟出这种强烈的思念是源于他的品德。父亲就像北京被雪覆盖后的西山，无言语、无声息、不露底蕴，任凭外面风霜雨雪的变化，执着着自己对大地的承诺。

笔耕不辍的一生

　　在由家兄启晋整理的本书中，父亲的序、跋、前言多达二百四十余篇。涉及红学、敦煌学、佛学、墨、明清小说、戏曲、民间宗教、收藏等多类。恰如北大知名学者辛德勇先生所云："对众多知识领域的内容，即博且通。即使是在同辈博学的学者当中，似乎也在没有其它什么人，能过触及如此广泛的范围。"而业从父亲多年的白化文先生在文中仍希望："老师的相关著作，特别是单篇文章，可能不止目次中反映的那么些，希望师弟再接再厉，继续搜寻，定有意外收获。"父亲勤于耕耘而博学由此可见一斑。

　　知名学者、《唐代墓志铭汇编》的副主编赵超先生有这样一段深情的文字真实地再现了父亲的勤学："《唐代墓志铭汇编》出版时，我已经离开了古文献研究室。这时，由于学术界日益重视石刻资料，新的墓志资料陆续大量发表出来。周先生又在考虑编辑《唐代墓志汇编》的补编。……除没有任何经费支持和人员协助外，更与以前不同的是，这次的工作几乎都是在晚间与零散时间业余进行的。周先生同样是在繁重的社会工作之外抽时间作这项工作。现在想想，周先生当时已经是近八十岁的高龄，还孜孜不倦地俯首文稿之中，该有多么辛苦。个中滋味，恐怕只有我们自己心知了。这也是周先生一生求学不倦的缩影。记得他当时笑呵呵地说：'我身体还好，每天晚上还要写1000字。'这样，几年辛劳下来，到1997年截止时，竟也能够将1986年以前新公布的材料基本收集完全，汇集目录时一统计，有1700件之多。连我们自己都不敢想像。这次编集，还是在完全没有经费、没有人力的情况下，凭周先生的信念和我们的持续努力，才顺利完成的。……由于出版艰难，这部书在交稿十二年后才得以问世。我自己都有些淡然了。但当我给周先生送去样书时，周先生非常高兴，大笑着连声说：'出了就好，出了就好。我一直惦记着这件事。总算了了一件心事。对学术界是有用的。'看着白发苍苍的先生如此兴奋，我的眼眶润湿了。"

父亲青年时期正值抗日战争爆发，周家众多企业倒闭；为生计远涉四川，曾供职于与做学问毫无关系的职务达八年之久；人到中年又赶上十年浩劫，从湖北咸宁干校回到北京就已过半百；从八十年代初期开始，除担任佛教文物图书馆馆长，还曾在中国佛教学会担任副会长兼秘书长的行政职务多年。……他用于研究的时间究竟是从哪里挤出来的呢？我不由得想起了儿时住在东四五条后坑19号小院时的情景：父亲住在西屋，20平米的小屋中除了一张床，就是铺天盖地的书和写得密密麻麻的稿纸：打开的、平铺的、夹着小纸条的……。酷暑寒冬，只要下班吃过晚饭，就很难见他再迈出房门了。而这房间的灯光却几乎是彻夜长明。我和哥哥背地里偷笑说："咱家不怕小偷，即使来贼也被老爸屋里的灯光吓跑了。" 80年代中期，父亲刚担任中国佛教学会副会长期间身体尚好，由于坚持不肯向单位要车，我就经常顺道开车送他上班。所见到办公室兼卧室的景象仍如我儿时记忆的一模一样：床上、桌上、乃至地下到处都是书，而且都是展开的，我打趣地说："老爸，都几十年了，你可真是外甥打灯笼，照旧啊。"父亲哈哈一笑："我这叫见缝插针，没有你妈妈管着，乱点也不怕，实用就行。"

父亲晚年病重住到我家，带来厚厚的二大包书稿，特为嘱托："这些本本跟了我很多年，你千万别搞丢了，要好好保存。"我当时并未介意。直到去世后整理他的遗物，才大吃一惊：原来这正是学术界很多学者传之为奇迹，也是至今未刊的，父亲在青年时代便开始辑集的将《册府元龟》中唐史资料分类整理汇编而成的手稿。8开稿纸，整整三十大厚摞，足有二尺多高。这需要何等的时间和毅力啊？！如今面对这部手稿，我不禁潸然泪下了。同样令我难忘的是：父亲去世前月余，短暂的吸氧过后仍斜身侧卧，在昏暗的光线下手不释书，有时还用颤抖的手吃力地举起放大镜，用笔在书上勾勾抹抹。面对我的一再劝说，他仍固执地摆摆手，用苍白的手点点自己的额头，长叹说："你不懂，我是怕把这些东西带走啊。"父亲去世后，我几次看到他的生前好友国图老馆长、著名的哲学家任继愈伯伯，他都发出同样的感慨："你父亲一生做的学问太寂寞了。"每逢想起这话时，我的眼睛就会一下子湿润起来，似乎又看到父亲书桌前长明的灯光在眼前闪烁，寂寞的身影在学术道路上艰难地跋涉。

认真回忆父亲的一生，虽曾祖周馥官至两广总督、祖父周学熙身为两任财政总长，但他没有像周家诸多同辈兄弟一样，私塾起步，继而入大学深造或出国留洋。而是在姚思慎、谢刚主、陈垣等名师指点下，靠超出常人的勤奋与毅力，几十年如一日，寒灯夜读，笔耕不辍，挤出点点滴滴的时间，专注、执着。从学而广到博而精，坚忍不拔地用这种别人看来似有些笨拙的方法成就了广博而厚重的学识，成为著作等身的红学家、敦煌学家、佛学家、唐史研究家、明清小说家和清墨的研究收藏大家。

大爱无边的情感

每个人都有展现自己生命本性的地方，也都会在这里珍藏着自己内心深处的情感。父亲是个很内向的人，对友朋、对子女的情感都很少外露。记得1969年我赴东北插队的那天早上，他并未出房门送我，而是在我离开家后赶到了火车站，站在远远的地方向我频频挥手。后来听母亲说：他是太伤心了，又怕影响我的情绪。至今那首"最小偏怜女，今朝更远行。幼雏辞故里，插队喜新生"的小诗也是我生命中最珍藏的回忆。唐山大地震那年，我还在外地。为躲避可能发生的余震，父亲送走祖母和妈妈去外地暂避，回到后坑19号小院后，立即拿出了身上仅剩的一些钱，交给二姐启璋，让她赶快买火车票送婆婆和年仅8岁的儿子回湖北老家。自己却一如既往地住在已经破旧的小院中，在临时搭建的抗震棚中栖身。继续上班、读书、写作。事情过去了几十年，姐姐每逢说到当年的情景，都不禁涕泪磅礴。我家人都知道父亲从不爱照相，除了年底聚餐时在他最爱的餐桌上可以捕捉到其壮硕的身影，平日想跟他拍张照片是很难得的。而在2004年深秋，他却出乎常情很急促地把我们兄妹各家分别叫到了双旭花园居所，强打精神与各家合影。留下了和我们在人间最后相聚弥足珍贵的瞬间。我想：父亲正是以这种方式表达了他珍藏在心底的对子女深切的爱。

父亲留给我的唯一"财富"就是500余签名本。这些小书原来珍藏在一间经常挂锁的小书房里。在这个充满着情感与回忆的世界中，有父亲生前好友启功、饶宗颐、季羡林、王世襄、任继愈、舒芜、苗子、黄裳、吴小如等诸多伯伯的著作；也有父亲师从学问的陈垣、谢国桢等大家的珍品，还有赵朴老、茅盾、施蛰存、阿英、谢兴尧、赵景深、张中行、臧克家等多位名家送给父亲的手迹。然而，真正使我无法释手的是一本只有巴掌大的极简陋的油印小书，没有装帧，没有设计，《北荒草》三个字黯然、凄楚地正立其中，这便是他生前好友聂绀弩的诗集。集子收录了诗人文革时期的四十余首诗。在小得可怜的诗集封面上，父亲勾勾抹抹地写着自己的二首小诗，一反少言、中庸的风格。长啸出对十年浩劫的满腔悲愤，倾诉着对这位苦难一生的老友的深切怀念。"北荒往事已风流，革命如今岂到头。十载幽囚天作孽，百端磨折命为仇。撑肠剩有诗千首，把臂犹存貉一丘。何罪遭君居此地，天高无处问来由。"后一首则是摘录了唐代大诗人杜甫、李白、白居易等八个人的名句所作的《题赠答草（集唐）》："数篇今见古人诗杜甫，异化风流各一时李白。佳句相思能间作李顾，争名岂在更搜奇司空图。落花飞絮成春梦戴叔伦，细雨和烟着柳枝朱湾。举目争能不惆怅白居易，悬河高论有谁持刘长卿。"这种寄托深情的方式在父亲的藏书中是绝无仅有的。陡然间我看到了父亲内心对友朋的深情。

父亲研究与收藏清墨堪称当代之大家。大收藏家叶恭绰和著名的钱币收藏家张炯伯都是父亲搜集清墨时期的忘年交，二人又都是在文化革命时去世的。父亲在《蓄墨小言》第二〇一条《方鼎录，方鼎锐墨》一文中睹物思人，深情地回忆："炯老曾得崔苇书屋墨方式，无名款，曾见拙藏，但颇疑崔苇书屋与方氏无关，时欲考之而一时无从着手今年（1969年）元月炯老逝世，不过一周，余竟捡得此册，疑问顿解，乃不能起炯老而告知。十六七年同好交情，记此未免泪下。时文化大革命正酣也。"父亲的情谊不仅体现在对友朋、对年轻的学者方面，而且还体现在他对素不相识而陷于困境者。在《蓄墨小言》第二十四条《"余清轩家藏"墨》一文中这样叙述了该墨的由来："1961年大跃进时刻，全国饥荒时甚。余以事过济南，游于街衢，有以手卷出售者，粗如牛腰，展示之，则《槎河山庄图》也。售者自云刘姓，家无斗储，妻儿待哺，不得以只得将家中故物易米。询其价，至250元，因念其名人之后也，遂照数付之而留其卷。语次，其人复出数墨相售，一即'余清轩家藏墨'。"可贵的是：在这本自留书的该条后面夹着一张小纸条，一眼看去，就是晚年所写："此情此景犹如昨日也。"至此，我深深体会到：父亲博大的胸襟中深埋着一颗善良的心，一份深深的情。他不因岁月的流逝而忘却友情，不因显赫的身世而瞧不起落魄的人，不因渊博的学识而冷淡后辈的学者。真正做到了他晚年告诫我的六个字：低调，感恩，善良。

宽厚无私的品德

杜甫有诗云："千秋万岁名，寂寞身后事。" 2005年仲夏父亲走了。但他逝世后并不寂寞。在《周绍良纪念文集》里，他宽厚无私的品德在众多学者的笔下极有生命力地流传下来。90余位学者、几十篇深情缅怀的文章来自红学、敦煌学、佛教界、国家图书馆、故宫博物院……。我的笔力真的难于还原表达原作者的心情，只能是简要地抄录几小段，与大家共享。

现代文学研究大家舒芜伯伯在回忆他和父亲几十年的友谊后深情地说："我是改革开放以后才恢复编辑部的工作。绍良则转入中国佛教协会，担任关键性领导要职，充分发挥他这方面的绩学长才，为赵朴初先生首席助手。我们并没有相忘于江湖，特别是，他年长于我，却以他来看我为多，甚至因为我当时住在地下室，他介绍我用负氧离子发生器来净化空气，还特地替我买了一座，挺沉重地亲手提着送来，使我非常感动。就是那一次，我请他下小馆，谈起周作人的'创体'文章的。"父亲去世后，方伯伯的小女儿方株告诉我说："我当时都没敢把周伯伯去世的消息告诉他，是几天后才壮着胆子说的，我爹爹听后大呼一声：完了，这可怎么办啊？此后整整一个下午，再没说一句话。"

上海历史博物馆的王毅先生是父亲去世前来医院看望他的最后一位墨友。我当时正在医院照料父亲，亲眼目睹了那感人的一幕：父亲在王先生殷切的等待中慢慢睁开眼睛，立即流露出惊喜的神情，虽然已不能说话，但仍把毫无血色的手伸向他，久久不肯放开。我明白：父亲的这一握，不仅是在向朋友告别，也是寄托了对后来者研究中国墨学的无限希望。在《周绍良纪念文集》中，王先生这样回忆："绍良先生鉴藏徽墨逾半个世纪，著述等身，驰誉海内。我因雅好隃糜，在先生85岁高龄时，与他结为忘年交。我每年必有几次赴京觐谒，聆听教诲，……2005年'五一'期间，突接周先生寄我一函，拆开一看，见一张剪报纸图片旁蛇形般写着'此墨要注意'5个字。我一看顿时明悟了，先生婉指我文章图片有瑕疵，来函提醒我呢。捧着信，我的心被深深震撼了。这是先生给我的绝笔信和最好的礼物。"而王先生所说的2005年"五一"，这个时间距父亲去世只有三个多月啊，那时他已无力握笔，这五个字大约就是警示后人鉴定墨宝的最后忠告了。

父亲走后，长眠在青山绿水的北京万佛陵园名人园中。我们为他开了一个网站，经常在这儿和他聊天，寄托自己的哀思。这个网站并没有告知父亲的生前友好。可是三年来的重大忌日，我都在这里看到了知名的敦煌学者方广锠先生短短的祭文。是什么原因引他频频来到此地呢？我在拜读方先生的文章时看到了这样深情回忆的片断："我在《敦煌佛教经录辑教》前言中这样写：本书得以顺利编纂，首先要感谢周绍良先生。这不仅因为周先生代表编委会具体负责本书，还在于周先生对本书的编纂花费了大量的心血。从选目、洗相到录文体例、格式、题解的要求等，不厌其烦地指点。尤其是本书原计划钞写成后照相排版，周先生专门为我安排了钞写人员，用规规矩矩的正楷把全书钞写一过。由于格式与钞写纸张的变动，不少文献还钞了两遍。其间转稿、审稿不知花费多少精力，回想我多次到广济寺找周先生，他顶着炎炎烈日为我取稿的情景，私心区区，实不能已。"

著名学者白化文先生在父亲去世后着有多篇文章缅怀之。提到父亲毫无保留，提携后学时引用了一句话，精辟地概括了父亲的无私品德："《论语·公冶长》：'子曰："晏平仲善与人交，久而敬之。"'不啻为先生写照。"现任敦煌吐鲁番学会语言文学分会秘书长、柴剑虹先生更是干脆地说："如果有人问我：周老治学，给你留下最深刻的印象是什么？我会毫不犹豫地回答：从不保守资料，一心提携后进。""芳林新叶催陈叶，流水前波让后波"是父亲晚年亲笔录刘禹锡诗句送给复旦历史所孟刚先生的赠言，也是他对晚学真情的表白。我从《周绍良纪念文集》中深切体会到：父亲那一代人的责任感太强了。《庄子·养生主》有文："指穷于为薪，火传也，不知其尽也。"著名的佛像鉴定家金申就采用了这个标题回忆了父亲与他相处的岁月，深情地说道："再也没有缘分在如此良师前聆听教诲了，周先生的高尚品德和严谨的治学态度，使我终生受用。"

与不遗余力地提携后学形成鲜明对照的是：父亲对待自己的名利则看的很淡。关于著名的《兰亭序》的真伪问题，在文革前学术界就早有争论。中共高级干部中艺术鉴赏水平较高的康生，认为传世的《兰亭序》不是真迹。郭沫若老也有文章提出同样观点。但父亲并没有人云亦云，他以深厚的学识、运用充分独特的论点论据，写了题为《〈兰亭序〉真伪考》。反驳了一边倒的观点。由于众所周知的历史原因，这篇文章在1980年才得以在《中国社会科学杂志》上正式发表。至此，沸沸扬扬的《兰亭序》之真伪的争论才算尘埃落定。虽距他执笔撰文已过去了近十年，但父亲心里仍充满了喜悦。晚年住到我家时，还和我谈起过此事。一窍不通的我只是遗憾道："可惜文章没及时在报纸上登啊。"然他对此根本不在意，轻描淡写地说："我不计较这些，只要是对学术界有用就行。"父亲生前唯一用的笔名就是：一粟。其意自然是：沧海一粟。2004年，在北京古籍出版社准备为他出版《周绍良文集》时，父亲一再叮嘱往返于出版社之间送稿子的我："不要叫文集，太大了，还是叫绍良丛稿吧，这样我心里踏实。"联想起中国佛教学会副会长净慧法师在父亲去世后寄来的悼念诗中写道："古道谦光和万品，哲人逝去泪磅礴。"我想这就是缅怀父亲的襟怀了。

家学渊源　"天下公物　不负此书"

父亲出生在一个显赫的世家，这个家族不但学术氛围极浓，且出了众多知名的收藏家。如大藏书家周叔弢，金石学家周季木，有着"中国邮王"之誉的周今觉，戏曲史家、被称为戏单收藏大王的大伯周明泰，泉币收藏家孙师匡、青铜器收藏家孙师白等人。但是，收藏的基础是需要办实业、有经济实力的。否则再有兴趣也成不了收藏家。而我的祖父叔迦先生自办实业失败后就潜心于佛学，虽成为了一代世界知名的佛教学者，但论当时的经济状况，却是同辈兄弟中的"无产阶级"。可能是遗传基因所致吧，父亲在庞大的周氏家族企业中也是毫无建树的。母亲直到晚年也忘不了在上海时勉强度日的岁月：淘气的二姐一双布鞋要穿够了规定的期限才能换新的；年幼的哥哥眼巴巴地看着食品店橱窗里的蛋糕流口水；两个姐姐中学毕业才能得到一身咔叽布的新衣服，每逢要带着孩子参加家族聚会，就是母亲最发愁的时候……父亲从三十年代起步收藏，到文化革命时，我看到他的存折上只有"一元"的余额。我想：父亲的收藏历程，正是在母亲几十年如一日的独任井臼之劳与自己的广博学识的夹缝中走过来的。

父亲攻红学，代表性著作有：《红楼梦书录》、《古典文学研究资料汇编·红楼梦卷》、《红楼梦论文集》，收藏的版本就有77种，其中尤以程刻甲本、程刻乙本、东关阁本、本涯藏本最为珍贵。父亲研究唐史，积数十年功力编著了《唐传奇笺证》、《唐才子传笺证》、《资治通鉴·唐纪》勘误，主持收集整理了《唐代墓志汇编》、《续编》、《旧唐书·地理志考订》；所收集的各类石刻拓本至少在5000件以上，其中仅唐代墓志就达4000多件，涉及了22个皇帝，75个年号，时间跨度达280年，基本上与唐代相始终。其能补国图所缺者高达6%，形成了唐代墓志拓片的特色收藏，现均藏于国家图书馆。父亲藏墨和墨的研究，意在独造，不循古先。从藏墨，进而考察藏品故实，探寻墨史源续，凸现了墨学的学术研究价值，形成了一批关于墨的研究著述：《清墨谈丛》《蓄墨小言》《曹素公制墨》《清代名墨谈丛》。经过几十年的努力，收集了一千余笏、二百多种年号的墨。父亲最早致力于敦煌学的研究，1954年出版的《敦煌变文汇录》为世界上第一部变文类（敦煌俗文学中说唱故事类）的材料总集；而晚年生涯中一项重要的内容，就是馨尽全部心血主持编纂《中国汉传佛教文献综录》，而早年起就积攒的珍本《大统历》、孤本宝卷等均和长期研究这类学科有着密切关联；至于明清小说的收藏，在受赠单位天津图书馆的目录上就多达6000余册。《周绍良藏明清小说》也在父亲去世后由国家图书馆程有庆先生整理出版。

父亲爱下馆子，但也吃出了学问。 晚年的他以平生很少有的轻松、幽默的笔调写出《馂余杂谈》。

纵观父亲读书、爱书、藏书的一生，仰视高祖周馥的《周悫慎公全集》、 曾祖周学熙创办周氏师古堂、堂伯周一良大师级的等身著作、周煦良的诸多翻译名作——英《凡尔赛世家三部曲》《外国文学作品选》……真的体会到这个家族历经百年不衰，反而枝繁叶茂、绵延昌盛、人才辈出的原因，恰如近人宋露霞在《上海滩豪门望族》一书中所写的："纵观东至周氏家族的百年历史，可从中发现一条经验，即读书和藏书的潜在作用，这种作用有时是看不见、摸不着的，可是当看得见、摸得着时，往往已成高山峻岭、汪洋纵横之势了。"

60年代末，文化革命风乍起。父亲多次致函故宫博物院，在信中写道："这批墨，是一批重要文物，全部是有年款干支的，可以说，自说有清墨纪元干支的，我这1000锭左右可以说是集大成，而且也是您馆所缺的一部分，合在一处，最可合适。"自此以后，我从小就熟悉的装着墨块的饼干筒一下子全不见了。也再没看到父亲买墨。兴趣来时，只是反复翻阅自己珍藏的四大本拓片。周氏家族渊源的家风，特别是大藏书家伯父骢翁解放后全数捐出750种精品的无私精神已深深影响了他。骢翁收藏的宗旨是：天下公物，不负此书。曾云："捐书之时何尝没有不舍之意，也曾打算留一二部自己玩赏，但想既然捐书，贵在彻底，留一二部又如何挑选？所以决心扫数捐出，一本不留。"40余年后，在故宫博物院成立80周年之际，新落成的景仁宫捐献专馆正殿高大的《景仁榜》出现了父亲的名字。而他又是多次捐献并能一次捐献文物超过千件的寥寥可数者之一。在1998年版《清墨谈丛》的自序中我看到了他捐献后平和的心态和殷殷期望："这也许是墨学的一个小结，将来未必能再有人掌握这么多资料了。希望将来有人汇编一本墨谱，或全面的把中国的墨写成一本研究著作。"淡淡的笔墨中蕴含了无限深情，掺着绵绵的豁达，寄托着对后学者的期望。

父亲爱书、藏书。但是作为他最疼爱的女儿，我却没有一本古籍珍品。我也曾逗着玩儿问他要，他只是哈哈一笑："我是最疼爱你了，可是你不懂我的书啊。"然而在他身后，在诸多学者的文章中，我都看到了关于父亲赠书的回忆。辛德勇先生有文："为鼓励我收集有价值的历史文献，绍良先生送给过我几次书，其中最珍贵的是一本万历末年刊刻的《玉匣记》，这是研究明代社会风俗极为难得的史料。翻检《中国古籍善本书目》，知明代的《玉匣记》国内公藏目前还没有见过著录，其罕见程度，可想而知。"方广锠先生也说："当时我正在编纂国家图书馆藏敦煌遗书目录。周先生知道后，一天给了我一本30年代出版的《敦煌劫余录》，说："这是当年我父亲用的，送给你。"我打开一看，其中不少地方有叔迦先生订正、批注的手迹。这本书现在也可以算作敦煌学的历史文物了。"已故知名学者黄永年先生有两首纪实小诗编入了《梦圆集》。"博雅无如建德周，仍传余事记红楼。《四松堂集》还贻我，难忘都门载酒游。多谢先生擅鉴藏，旌阳《玉匣》亦平章。只今一卷朱明本，好卜灯花说吉祥。"在父亲看来：把有限的书赠给用书的人，能将收藏与治学研究联系起来，能够广布典籍，这就是他收藏的意义所在了。

父亲说过："世界上的事聚散无定，文物收藏也是这个样子。无论是无偿捐献还是低价转让，只要是对学术界有用、只要是进了国家的收藏，就是有了个'好婆家'。一切都要顺其自然啊。"我陡然明白了：父亲的话语掺着世情、掺着创见。四十年前捐献的心历路程早已化在笔下关于清墨的诸多著作中。一首小诗充分表述了父亲的人生境界："云雾永无尽，波涛永相缠；唯以闲适情，一切听自然。得失不萦心，名利皆夙缘；回首归去来，生死两忘筌。"

写到这儿，我似乎是浮光掠影地游览了父亲的人生，也许他耗费巨大心血从《册府元龟》中摘录的《唐代资料辑集汇编》不会出版、也许他收集唐代拓片、明清小说、清代名墨的艰辛会随着时间的推移而渐渐被人们忘却，但是我知道父亲不会后悔他走过的路。虽然生命的乐章已经终止，但那向前行走的画面是永恒的——因为他用毕生精力诠释了生命的意义。

（附录）

跋绍良先生所藏元王氏《直说素书》　　辛德勇

周绍良先生哲嗣启晋先生，汇集绍良先生有关古本旧籍的题识序跋，编为《绍良书话》一书，即将交付中华书局印行，以飨艳羡绍良先生藏书与仰慕绍良先生学识品行的读者。因《直说素书》一书为绍良先生素所珍爱而谢世前未能顾及题写识语，特出示此书，嘱我略缀数言，以志寓目之幸。绍良先生生前，屡有教诲施及于我，且赐予罕见善本典籍，以之鼓励我研习流略版本之学。因蒙受恩惠殊多，不敢以无学寡闻为辞，谨检读相关史籍，勉强铺叙成文，记述观赏这一罕见秘本后的肤浅感想。

此《直说素书》线装一册，白口，四周双边，单鱼尾，鱼尾下刻"素书"书名，版心通常镌下鱼尾处刻作双横线，横线上记页码，每半页6行，满行16字，小字双行夹注同，字形刻作赵体而亦颇带有颜体风格；卷首篇末，钤有"蠢斋"、"周绍良藏"、"至德周绍良"、"至德周绍良所珍爱书"、"周绍良印"诸印记。绍良先生在世时，尝延请冀淑英女士一同鉴赏，卷尾留有冀氏题记云："丙寅春初，参加国家文物鉴定委员会成立大会，获观绍良先生携示所藏善本三种，皆稀见珍品。《黄石公素书》，诸家书目著录，未见有宋元旧本，明刻亦颇罕靓，不揣谫陋，书此志眼福。冀淑英谨识。"时属西元1986年，转瞬之间，复又历经二十余寒暑，当时同观此书两位老人，俱已升假道山，所幸尚遗留有印鉴手泽，共此珍本长存。

辨识古籍版本与赏鉴所有古物一样，往往见识愈广、所知愈深，而判断愈为审慎，冀淑英女士对此书版刻避而不下断语，即是缘自于此。惟揣摩冀氏旨意，似以为属于明版的可能性要较大一些。

冀淑英女士所撰题识，直语"黄石公素书"，并谓诸家书目未有宋元旧刻著录，此语自是针对《素书》本文所发。然而，绍良先生庋藏此本，乃元人王某所著《直说素书》，固无宋本可言。至于元刻，观绍良先生此本卷首王氏自撰《直说素书序》，所署时日系"元至正十四年岁在甲午孟春上旬之吉日"，若在此时开板雕印，也已迟至有元一朝之末。前此三年，红巾军已经起事，各地响应风从，干戈扰攘不息，直至元朝覆亡。审此书字迹，当属元末明初之际，或即其最初刻本。惟书中第三十九、四十两页，字体松散板滞，且书口失镌"素书"书名，均与全书不类，应属明代正德、嘉靖以后补刻，故此本刷印亦当在明朝中期以后。

绍良先生蓄藏古籍，不从流俗，所得皆稀僻之本，于学术研究往往具有无以替代的史料价值；且屡屡捐赠转让之后，晚年留以自娱者数量有限，更多属独家秘籍。观冀淑英女士题跋，知当年国家文物鉴定委员会成立之际，绍良先生竟赍持这部《直说素书》，赴会赛宝，其于此书珍爱尤深，亦显而易见。检《中国古籍善本书目》、著录国内有两家公立图书馆收藏有明刻本《黄石公素书》；中国古籍善本书目编辑委员会编《中国古籍善本书目·子部》〔上海，上海古籍出版社，1966〕之《兵家类》，页115，页1134。）；又《北京图书馆古籍善本书目》著录该馆尚收藏有一部明万历刻本《素书》、三部明刻本《直说素书》（北京图书馆编《北京图书馆古籍善本书目》〔北京，书目文献出版社，1987〕之《子部·兵家类》，页1218。），故明刻本《素书》，对于绍良先生来说，并算不上特别稀见。从而可以推测，这部《直说素书》，或是在版刻上，或是在内容上，总应该具有某些不同于寻常明代刻本的地方，才会引得绍良先生这般珍重。

就版刻时代而言，若是妄自贸然加以判断，这部《直说素书》，或许还是刊刻于元末的可能性要略大一些；至少绍良先生更有可能是将其视作元代刻本藏弆斋中。此书刻作白口，与明初普遍通行的大黑口有明显区别，在一定程度上可以作为支持这一判断的佐证。

此本更为具有独特价值的地方，恐怕还不在于它是不是一定会属于元刻，而是它在《直说素书》一书版本的演变谱系之中，应当高居于源头的位置。《素书》传世的最早注本，出自宋人张商英；这部元朝人解说的《直说素书》，乃是随继其后的第二部传世注本，清乾隆年间纂修《四库全书》时没有收录。前述北京图书馆亦即今国家图书馆收藏的三部明刻本《直说素书》，据书名判断，与绍良先生此本理应是同一种书籍。《北京图书馆古籍善本书目》依例要著录作者姓名，而没有著录作此"直说"者姓氏；其行款系"十行十八字黑口四周双边"，与此绍良先生藏本判然有别，这些特征，说明它应当是晚出重刻的版本，刊刻者可能是有意删除掩去了原来的作者。绍良先生这部藏本，不仅卷端清楚题有"广陵寡学王氏直说"字样，而且卷首还一字不缺地存有王氏题作"直说素书序"的序文，从中得以知晓作者的身世和撰著原委，对于理解此书，具有很大价值。清初黄虞稷编纂的《千顷堂书目》，著录有"王

氏《素书直说》一卷"（清黄虞稷《千顷堂书目》［上海，上海古籍出版社，1990］
卷一三《兵家类》，页351。），应即此书。《千顷堂书目》著录的这部书虽然尚存
有王某姓氏，却依然不能确定与绍良先生所藏是否为同一版本。在清代中期的藏书家
当中，常熟瞿氏曾经收藏有此书。《铁琴铜剑楼藏书目录》记云："其注释未题名。
案序作于至正十四年，称广陵寡学王氏，注即其作也。"（清瞿镛《铁琴铜剑楼藏
书目录》［北京，中华书局，1990］卷一三《子部·兵家类》"直说素书"条，页
199。）可知此本虽存有王氏序文，卷端却缺载作者题名，与绍良先生所藏，显然并
非一本。《铁琴铜剑楼藏书目录》著录此本除了正文，另外还"后有音释"；又瞿家
定此书为"元刊本"（同上。）今案其书今归台北"中图"庋藏，乃作明刻本著录。
此台北藏本现有书影公示，书系黑口，审其字体，风格似亦应属明初，故剞劂必出
绍良先生此本之后，当属正嘉以前所刊（行款系每半页9行，也与国家图书馆藏10行
本有别）。今人雒竹筠在所著《元史艺文志辑本》当中记述说，他见过的一部这种
"载有元至正十四年金陵寡学王氏序"并附有"音释"的《直说素书》，"卷末有聚
宝门外徐氏刊"字样，雒氏从而推断此本"当为明初金陵刊本"（雒竹筠《元始艺文
志辑本》［北京，北京燕山出版社，1999］卷一《子部·兵家类》"直说素书"条，
页204。）。雒竹筠见到的很可能就是上面所说的瞿氏旧藏本。近人胡玉缙信从瞿氏
《铁琴铜剑楼藏书目录》所标注的"元刊本"，推断此本"尚是当时原刻"（胡玉缙
《四库未收书目提要续编》（上海，上海书店出版社，2002，《续四库提要三种》
本）卷三《子部·兵家类》"直说素书"条，页133。），所说恐怕不够准确。综上
所述，可知绍良先生收藏的这部《直说素书》，即便不是元朝末年上梓的原刻，也应
该是目前所明确知悉的最早刊本。

　　此王氏《直说素书》，诸家著录，均为一卷，只有铁琴铜剑楼旧藏本在一卷正
文之外，尚"后有音释"。绍良先生这部《直说素书》，除开篇之宋人张商英旧序首
页和正文末尾最后一页这一首一尾两页稍有残损之外，内文俱完好无缺，而未见附有
"音释"内容。不过，此本卷端"黄石公素书"书名下镌有"卷上"字样，而正文迄
至终篇亦未见有分卷，颇疑其原本系分作上、下两卷，卷下即"音释"内容，而绍良
先生所获之本仅存卷上之正文部分。盖《素书》遣词用语，本来并不深僻生涩，稍有
学识便无需再缀加"音释"；而所谓"直说"者，即是释以更为明白易懂的平常话，
其所针对的读者，文化层次自然较为低下。这样，同时对某些词语施以注音释义，当
然也就很有必要。

　　《素书》本文，旧题汉黄石公著（宋晁公武《昭德先生郡斋读书志》［北京，

现代出版社，1987，《中国现代书目丛刊》第一辑影印宋淳袁州刊本] 卷三上《子部·道家类》，页946。），或径行题作《黄石公素书》（宋尤袤《遂初堂书目》[北京，现代出版社，1987，《中国现代书目丛刊》第一辑影印清道光刊《海山仙馆丛书》本] 之《兵书类》，页1144。宋陈振孙《直斋书录解题》[上海，上海古籍出版社，1987] 卷一二《兵书类》，页360。）。然而，现今通行的一般看法，是迄至北宋时人张商英为之作注之后，其书始流行于世。依照这样的看法，张氏对《素书》一书的传布，本居功殊多，孰知世事难料，后人评判，时或出人意表。

从南宋时起，就有很多人怀疑张商英有关此书来历的说法。检张商英注本《素书》所载张氏序文，其记叙《素书》流传原委云：

> 按前汉列传，黄石公圯桥所授子房素书，世人多以《三略》为是，盖传之者误也。晋乱，有盗发子房，于玉枕中获此书，凡一千三百三十六言，上有秘戒，不许传于不道不神不圣不贤之人。若非其人，必受其殃；得人不传，亦受其殃。呜呼，其慎重如此。黄石公得子房而传之，子房不得其传而葬之，后五百余年而盗获之，自是《素书》始传于世间。（见明程荣校刊《汉魏丛书》本《素书》[长春，吉林大学出版社，1992，影印明万历原刻《汉魏丛书》本] 卷首，页314。）

晁公武在南宋初年曾叙述当时人对张商英此说的一般见解说："商英之言，世未有信之者。"晁氏进而还在分析其内容构成之后指出，其书"庞杂无统，盖采诸书以成之者也"（宋晁公武《昭德先生郡斋读书志》[北京，现代出版社，1987，《中国现代书目丛刊》第一辑影印清光绪甲申王先谦据衢州本合校本] 卷一一《子部·道家类》"无尽居士注素书"条并"素书"条，页656。）。及至南宋后期，陈振孙和王应麟仍然指斥所谓《黄石公素书》，乃是出于"依托"（宋陈振孙《直斋书录解题》卷一二《兵书类》"黄石公素书"条，页360。王应麟《汉书艺文志考证》[上海，上海书店，1988，影印清光绪浙江书局刊本《玉海》附刊本] 卷八《兵技巧》"黄石公记"条，页75。）；黄震也谓之"非圯上老人授子房于乱世之书"，并极力贬抑说："幸此言出于商英，识者固所不屑观尔。"（宋黄震《黄氏日抄》[台北，台湾商务印书馆，1983，影印文渊阁《四库全书》本] 卷五六《读诸子》二"黄石公素书"条，页435。）

南宋时人虽然普遍认为前人声称《素书》出自黄石公所撰，理当出自依托，但并没有指明作此依者究竟系属于何人。不过，延续到明清时期，这一看法又有了新的发展。先是在嘉靖时有都穆提出见解，以为其书"自晋逮宋，历年久远，岂是书既传，而荐绅君子不得而见、亦未闻一言及之"？都穆并由此推导出一个前所未有的大胆看法，即断然指认此书"为张氏之伪"（明都穆《听雨纪谈》［上海，商务印书馆，1937，《丛书集成》初编排印《续知不足斋丛书》本］之"素书"条，页16～17。）；继之，万历时人胡应麟，亦同样载断其书乃是出自"张商英伪撰"（明胡应麟《少室山房笔丛》［上海，上海书店出版社，2001］卷三一《四部正讹》中，页309。）；清初人姚际恒，也是毫不迟疑地断言《素书》"即商英所伪撰，荒陋无足辨"。（清姚际恒《古今伪书考》［上海，商务印书馆，1939，《丛书集成》初编排印《知不足斋丛书》本］，页21。）逮至乾隆时清廷纂修《四库全书》，乃直接承用都穆、胡应麟以来的观点，判定"其即为商英伪撰明矣"（清官修《四库全书总目》［北京，中华书局，1965，影印清浙江刻本］卷九九《子部·兵家类》"素书"条，页837。）。张商英伪撰《素书》一说，从此近乎成为定谳（案清人周中孚《郑堂读书记》［上海，商务印书馆，1937，《万有文库》本］卷三八《子部》二《兵家类》"素书"条［页717～718］、耿文光《万卷精华楼藏书记》［哈尔滨，黑龙江人民出版社，1992］卷七五《子部》二《兵家类》"素书"条［页2059］，都是沿承《四库提要》的说法。）。昔余嘉锡撰著《四库提要辨证》，于此《素书》未置一词；胡玉缙撰《四库未收书目提要续编》，亦惟祖述申说《四库提要》的成见而已（胡玉缙《四库未收书目提要续编》卷三《子部·兵家类》"直说素书"条，页133。），二者均可视作近代以来学者认同《四库提要》观点的代表性著述。

南宋学者因其内容"庞杂无统"而怀疑《素书》并非黄石公所撰，乃是由后人杂采诸书衲缀而成，所说本来很有道理；而明清人推断此书出自张商英之手，实际上却缺乏相应的可靠证据。因而，也并不是所有学者都完全赞同这样的看法。譬如，清朝末年人谭献即曾经指出："疑《素书》作伪，在宋以前。张商英杂释老以注之耳，未必即出其手。"（清谭献《复堂日记》［石家庄，河北教育出版社，2001］卷四，页97。）谭献这一看法，颇有见地。都穆说从晋朝时起一直到宋代张商英为之作注以前，《素书》一书"荐绅君子不得而见"；在此期间，学者们对此《素书》亦未尝有"一言及之"，这应当是明清时人做出上述推断最基本的逻辑前提，然而，这一点看来并不准确。

事实上，唐朝人史征在所著《周易口诀义》当中，即曾论及此书：

君子以致命遂志者，君子守道而处，虽遭困厄之世，而不渝滥以谄世俗，假使致命丧身，固当守节不移，以遂高尚之志。故《素书》云"如其不遇，没身而已"是也。（唐史征《周易口诀义》[上海，商务印书馆，1939，《丛书集成》初编排印《岱南阁丛书》本]卷五，页53。）

史氏引述的"如其不遇，没身而已"这两句话，正见于今传所谓黄石公《素书》之《原始章》下，原文件："若时至而行，则能极人臣之位；得机而动，则能成绝代之功。如其不遇，没身而已。"见明程荣校刊《汉魏丛书》本《素书》，页315。又唐人张弧在所撰《素履子》一书中也曾引述有《素书》的词句：

> 子房《素书》曰："衣不举领者倒，走不视地者颠。"士若耽逸游、好财色、嗜酒多私，则平地生坑坎，安处有危亡。（唐张弧《素履子》[北京，中华书局，1985，重印《丛书集成》初编排印《艺海珠尘》本]卷下《履平》，页11。）

"衣不举领者倒，走不视地者颠"这两句话乃见于今传黄石公《素书》之《安礼章》（见明程荣校刊《汉魏丛书》本《素书》，页319。），文句没有任何出入，故张氏所谓"子房《素书》"，实际上就是指号称张良所传的所谓黄石公《素书》。据此，《素书》一书无疑在李唐一朝已经行世，绝不可能是在北宋中期以后始由张商英氏伪撰。

其实，如果不是盲目信从都穆、胡应麟、姚际恒等人的说法，平心静气地来仔细审读相关文献，在宋朝人的一些著述当中，就能够清清楚楚地看出，本来根本不存在张商英其人伪造《素书》的可能，张商英仕历北宋神宗、哲宗、徽宗诸朝，吕惠卿与之大致同时，二人俱以后辈受知于王安石，吕氏尚且尤为擅长谈论经义，才学极蒙荆公赏识倚重（《宋史》[北京，中华书局，1977]卷二五一《张商英传》，页11095~11098；卷四七一《奸臣传·吕惠卿》，页13705~13709。）欧阳修也称赞吕氏"材识明敏，文艺优通，好古饬躬"（宋欧阳修《欧阳修全集》[北京，中国书店，1986]之《奏议集》卷一七《举刘吕惠卿充馆职札子》，页893~894。），并谓吕惠卿所学，时人罕能企及，假若"更与切磨之"，定当"无所不至也"（宋欧阳修《欧阳修全集》之《书简》卷二《与王文公书（嘉祐三年）》，页1238。），而宋人陈振孙的《直斋书录解题》和郑樵《通志》诸书，都著录另有一种吕惠卿注本黄石公《素书》（宋陈振孙《直斋书录解题》卷一二《兵书类》[页361]著录有吕惠卿撰《三略素书解》一卷。宋郑樵《通志》之《艺文略》第六《兵家·兵书》类下并列有吕惠卿注《三略》三卷和《黄石公素书》一卷、《素书》二卷，据单行本《通志略》[上海，上海古籍出版社，1990]，页652。）。假若《素书》问世确是始自张商英伪撰并且是与张氏"自注"并行,吕惠卿其人又安得能够如此轻易受其蒙蔽?总该不会解释说是他们二人勾连串通为此行径。必定当时已经有此《素书》名于黄石公而通行于世,张商英和吕惠卿二人才会同时注释疏解其书。张氏自撰、自注《素书》的说法,显然需要更正。

又王安石尝撰写题作《张良》的咏诗史,内有句云:"脱身下邳世不知,举国大索何能为?'素书'一卷天与之,穀城黄石非吾师。"(宋王安石《王文公文集》[上海,上海人民出版社,1974]卷三八《张良》,页445。)黄石公授张良以"素书"之事,本不见称于《史记·留侯世家》和《汉书·张良传》的记载,这两种正史记述圯上老父黄石公授予子房者乃《太公兵法》,当时两相授受的具体情形,则是"出一编书";唐人颜师古特地就此解释说:"编,谓联次之也。联简牍以为书,故云'一编'。"(《史记》[北京,中华书局,1982]卷五五《留候世家》,页2034~2035。《汉书》[北京,中华书局,1962]卷四《张良传》并唐颜师古注,页2024~2025。)可见在司马迁和班固的记述当中,本来没有提及素帛之书。所以,王安石若只是叙说《史记》、《汉书》所记史事,似乎不宜称用"素书"一语,《张良》这首诗中所描述的"素书",很可能并非泛指秘本简帛仙书,而是特指伪黄石公撰著的《素书》一书,至少南宋时人王应麟就是这样理解的(宋王应麟《困学纪闻》[上海,商务印书馆,1935,《万有文库》本]卷一〇《诸子》,页917。)。

王安石能够接触到《素书》,还可以证之于较其行年稍早的张方平所撰写的一首题为《读〈素书〉》的七言律诗。这首诗全文如下:

> 孺子圯桥跪履年,七章德在穀城仙。所言道德帝王事,不比盘盂长短篇。晚欲出尘应有诀,初行遇汉岂非天。萧曹勋业皆劳力,宁似功成樽俎前。(宋张方平《乐全集》[台北,台湾商务印书馆,1983,影印文渊阁《四库全书》本]卷二《读素书》,页13。)

诗中"所言道德帝王事",与传世《素书》内容恰相契合,故张氏所寓目者应当就是所谓黄石公《素书》。只是南宋初年人编纂的《中兴馆阁书目》以及王应麟、黄震所见《素书》,即均同于今本分作《原始》、《正道》、《求人之志》、《本德宗道》、《遵义》、《安礼》六章(宋王应麟《汉书艺文志考证》卷八《兵技巧》"黄石公记"条[页75]引陈骙等撰《中兴馆阁书目》。宋王应麟《小学绀珠》[上海,上海书店,1988,影印清光绪浙江书局刊本《玉海》附刊本]卷四《艺文类》"素书六章"条,页80[案《小学绀珠》在此处叙述《素书》六章的篇名,"安礼"

章作"安乐",疑讹;另外"求人之志"章与"本德宗道"章前后位置互易,与今传本稍有违异]。宋黄震《黄氏日抄》卷五六《读诸子》二"黄石公素书"条,页435。),此《读素书》诗却指称书有"七章",疑是张氏信笔行文所致舛误。

进一步探究,还可以看到,实际上张商英和吕惠卿注释《素书》,并不是出于他们二人偶然的兴趣,而是在北宋神宗、哲宗、徽宗时期,黄石公《素书》在士人中间流行已经相当广泛,有很多人都在诗中提到过此书。如苏轼有诗句云:"但知白酒留佳客,不问黄公觅《素书》。"(宋苏轼《东坡集》[上海,中华书局,民国《四部备要》排印《东坡七集》纸皮洋装本]卷六《回先生过湖州,东林沈氏饮醉,以石榴皮书其家东老庵之壁云:"西邻已富忧不足,东老虽贫乐有馀,白酒酿来因好客,黄金散尽为收书。"西蜀和仲闻而次其韵三首。东老,沈氏之老自谓也。湖人因以名之。其子偕,作诗有可观者》,页71。)又有句云:"《素书》在黄石,岂敢辞跪履。"(宋苏轼《东坡续集》[上海,中华书局,民国《四部备要》排印《东坡七集》纸皮洋装本]卷三《和陶诗·和读〈山海经〉十三首》,页682。)又如李之仪亦有诗句曰:"君不见,张子房,《素书》未授只游侠。"(宋李之仪《姑溪居士后集》[上海,商务印书馆,1935,《丛书集成》初编排印《粤雅堂丛书》刊《姑溪居士全集》本]卷四《过雨饮临颍何希仲家,蒙督诗,即席为赠》,页21。)再如张耒也有诗句吟咏说:"不见汉时张子房,身才六尺佐时王。功业能依日月光,《素书》一卷初逢黄。"(宋张耒《柯山集》[北京,中华书局,1985,重印《丛书集成》初编排印清《武英殿聚珍版丛书》本]卷二八《赠天启友弟》,页340。)苏轼、李之仪、张耒都大致与张商英、吕惠卿同时,他们这些诗句,清楚表明当时有一批硕学名儒都已经读到过这部《素书》,衮衮诸公,显然均非张商英其人所能轻易欺瞒蒙蔽。

绍良先生收藏的这部《直说素书》,卷端除了作此"直说"之广陵王氏的姓氏以外,更为珍贵的是还镌有一行张商英注释此书时所题署的姓名职衔:"中大夫守尚书左丞上柱国清河县开国男食邑四百户赐紫金袋张商英注。"这一题名,能够帮助我们清楚判断张氏注本公诸于世的确切年代。检《宋史》之徽宗本纪和张商英本传,知张商英在徽宗崇宁元年八月己卯,出任尚书右丞;翌年四月戊寅,转迁尚书左丞;八月戊申,罢知亳州,随即被打入元祐党籍(《宋史》卷一九《徽宗本纪》,页364~368;卷三五一《张商英传》,页11095~11098。)。因此,依据此本张商英"守尚书左丞"的题衔,可以非常具体地确定,张商英所注《素书》,应当问世于徽宗崇宁二年亦即公元1103年四月至八月这四五个月期间。在上述读到过《素书》的北宋人当中,王安石卒于元祐元年(《宋史》卷三二七《王安石传》,页10550。),

亦即公元1086年；张方平卒于元祐六年（《宋史》卷三一八《张方平传》，页10358。），亦即公元1091年；苏轼卒于徽宗建中靖国元年（《宋史》卷三三八《苏轼传》，页10817。），亦即公元1101年，都在张商英注本面世之先，知此犹可见其书绝不可能是由张氏一手编造而成。

张商英伪撰《素书》之说，既然明显不能成立，那么，就需要另外寻求途径，来解决此书的撰述时代和作者问题。

首先来看它的内容。对现代影响最大的目录学书籍《四库全书总目》，是将《素书》列在子部兵家类。这样的类别归属，最早可以追溯到南宋尤袤的《遂初堂书目》（宋尤袤《遂初堂书目》之《兵书类》"素书"条，页1144。），其后陈振孙著《直斋书录解题》（宋陈振孙《直斋书录解题》卷一二《兵书类》"黄石公素书"条，页360。）、元人编写《宋史·艺文志》（《宋史》卷二七〇《艺文志》之《子部·兵书类》"黄石公素书"条，页5281。）、明初纂辑《文渊阁书目》（明杨士奇等《文渊阁书目》〔上海，商务印书馆，1937，《国学基本丛书》本〕卷一四《兵法》"黄石公素书"条，页176。）、明万历时集录《行人司书目》（明徐图等《行人司重刻书目》〔1939年赵诒琛、王大隆排印《己卯丛编》本〕之《子部·兵家类》"黄石公素书"条，页24a。）、清初黄虞稷撰作《千顷堂书目》（清黄虞稷《千顷堂书目》卷一三《兵家类》"宁献王权注素书"条、"王氏素书直说"条，页351。），等等，都是沿承尤氏这一分类。然而，正如清人周中孚所指出的那样，实际上这部书"自始至终，无一语及兵法，而所言颇有合于以柔制刚、以退为进之理"。所谓"以柔制刚、以退为进"，正是道家的独门心法，故周氏称"其书尚近古道家宗旨"（清周中孚《郑堂读书记》卷三八《子部》二《兵家类》"素书"条，页717～718。）。明人胡应麟也分析指出："今读此书，所称仁义道德，皆剽拾《老》、《庄》之肤语，附合周、孔之庸言。"（明胡应麟《少室山房笔丛》卷三一《四部正讹》中，页309。）正因为如此，在南宋初年较早著录此书的《郡斋读书志》中，晁公武虽然认为"其书言治国、治家、治身之道，而庞杂无统，盖采诸书以成之者也"，在具体分类时，还是按照其核心内容，将其列在"道家类"下（宋晁公武《昭德先生郡斋读书志》〔袁本〕卷一一《子部·道家类》"素书"条、"无尽居士注素书"条，页946～947。）。郑樵《通志》和马端临《文献通考》，在道家和兵家两大类别下都胪列有此书，同样也是考虑到了它色彩浓重的道家特征（宋郑樵《通志》之《艺文略》第五《道家·诸子》，又《艺文略》第六《兵家·兵书》，据单行本《通志略》，页627，页652。元马端临《文献通考》〔北京，中华书局，1986，重印《万有文库》印

《十通》本]卷二一一《经籍考》三十八《子部·道家》，页1735；卷二二一《经籍考》四十八《子部·兵书》，页1791。)。《素书》在道家之外所杂采的诸家学说当中，尚带有某些纵横家的色彩，明人都穆乃将其表述为"窃吾儒之绪论而饰之以权诈"（明都穆《听雨纪谈》之"素书"条，页17。）；此外，还包含有一部分诸如"悲莫悲于精散，病莫病于无常"这样一些"仙经、佛典之绝浅近者"的内容（明胡应麟《少室山房笔丛》卷三一《四部正讹》中，页309。）。明代道士白云霁曾就张商英的注本概括此书内容说："其书上有道德治国之行，中有全身保命之术，次有霸业匡邦之理，备而无遗。"（明白云霁《道藏目录详注》[上海，商务印书馆，1933，《万有文库》本]卷四《太清部》"黄石公素书"条，页67。）所作归纳判断，远胜过清朝四库馆臣。因此，以道家为主而杂采包括儒家、纵横家在内的诸家学说，乃至包含有释、道两家的肤浅通俗教化，这样的内容，应该是探究此书来源时所要关注的首要着眼点。至于尤袤、陈振孙以下诸人将其归入兵书，从内容上看，本来很不合理，这恐怕主要是基于《素书》出自黄石公传授的说法而牵连比附，因为如上文所述，黄石公授予张良的秘籍，本来是兵书《太公兵法》，遂使得"自汉以来言兵法者，往往以黄石公为名"（清官修《四库全书总目》卷九九《子部·兵家类》"黄石公三略"条，页837。）。

其次来看它的面世传说。前述张商英叙述的《素书》传布原委，乃黄石公于圯桥授予张良；张良死后随葬墓中，晋时盗贼掘冢墓而于玉枕中获取此书，由此始得传布于世间。宋人黄震和明人胡应麟等，都以为这样的说法，鄙陋无足审辨，虽"三尺童子业能呵斥之"（宋黄震《黄氏日抄》卷五六《读诸子》二"黄石公素书"条，页435。明胡应麟《少室山房笔丛》卷三一《四部正讹》中，页309。）。今案这一传说固然纯粹出于编造附会，其本身丝毫不足信据，但张商英既然不是《素书》的炮制者，自然也就没有必要为其来历造作这样的神话。况且如前所述，在张商英所注《素书》面世之前，就有王安石、张方平和苏轼诸人，都提到了黄石公传授《素书》于张良的事情。因此，这一说法，显然应当出自张商英之前最初编造此书的那位仁公。据此，可以将《素书》最初产生的时间，确定在所谓盗发张良墓事件所发生的晋朝以后。又清四库馆臣谓《素书》面世的这种传说，"尤为道家鄙诞之谈"（清官修《四库全书总目》卷九九《子部·兵家类》"素书"条，页837。），其说诚是，然而却适足以进一步印证前文所述《素书》与道家的密切关系。

最后再来看它的文辞。清四库馆臣裁断《素书》出自张商英伪撰，较前人增有一条新的理由，这就是"前后注文与本文亦多如出一手"（清官修《四库全书总目》卷九九《子部·兵家类》"素书"条，页837。）。《素书》既然号称出自仙人传授，张商英为之作注，注文与本文内容相互呼应协调，应该是理所当然的事情；四库馆臣此语，应当主要是指二者文辞风格过于接近。今案若谓《素书》确是出于黄石公传授，其行文语句，自然会与宋人张商英的注文有明显的区别，但是假若造作者所生活的时代去赵宋王朝未远，其行文语句也就不会与张商英的注文有太大差异。考虑到这一因素，在探求《素书》的作者时，便不宜向前追溯过远。

综合考虑以上三点因素，似乎可以从史籍中推求出《素书》的真实作者，这个人很有可能就是唐代初年的大医学家孙思邈。下面翻转前后次序，来对照上面的所说的三项条件。

第一，孙思邈与张商英所生活的时代，相去不算太远，张商英的注文，语体与其相近，是很自然的事情。这一点无需多事申说。

第二，《旧唐书》本传记载孙思邈曾撰作有一《枕中素书》，原文如下：（孙思邈）永淳元年卒。……自注《老子》、《庄子》，撰《千金方》三十卷，行于世。又撰《福禄论》三卷、《摄生真录》及《枕中素书》、《会三教论》各一卷。（《旧唐书》〔北京，中华书局，1975〕卷一九一《方伎传·孙思邈》，页5096～5097。）此孙思邈著《枕中素书》尚别见于《新唐书·艺文志》著录，系列置在道家类下，与上文所述《素书》的内容相符（《新唐书》[北京，中华书局，1975]卷五九《艺文志》三《丙部子录·道家类》，页1522。）；"枕中素书"这一书名，也正与《素书》得自张良冢墓玉枕之中的说法相契合。

第三，《旧唐书》本传称孙思邈"弱冠，善谈庄、老及百家之说，兼好释典"（《旧唐书》卷一九一《方伎传·孙思邈》，页5094。）；《新唐书》系记作："通百家说，善言老子、庄周。"复谓"思邈于阴阳、推步、医药无不善"（《新唐书》卷一九六《隐逸传·孙思邈》，页5596～5597。）。当时对其"执师资之礼以事"的卢照邻，在描述孙思邈的学术造诣时也强调说："高谈正一，则古之蒙庄子；深入不二，则今之维摩诘。"（唐卢照邻《卢照邻集》〔北京，中华书局，1980〕卷一《病梨树赋并序》，页6。）还有上文所记孙氏自注《老子》、《庄子》，撰《福禄论》和《会三教论》的情况，这些都反映出孙思邈的文化修养和思想观念的构成，系以道家学说为主，而亦旁及百家杂说，复兼容有释氏教义法术，这正与前文所述《素书》的旨意和内容密切吻合。

道家思想对于孙思邈来说，并不只是一种学术观念或修养内涵，更是一种行为准则。《素书》开篇《原始》一章，首叙道、德、仁、义、礼这五项"不同无一"的

"为人之本"，亦即主体精神；接下来便是讲述遵循这一精神为人处事的基本原则：

> 贤人君子，明于盛衰之道，通乎成败之数，审乎治乱之势，达乎去就之理。故潜居抱道，以待其时。若时至而行，则能极人臣之位，得机而动，则能成绝代之功。如其不遇，没身而已。是以其道足高，而名重于后代。（见明程荣校刊《汉魏丛书》本《素书》之《原始章》，页315。）

待机而动，时至则行，不逢其时则隐，正是孙思邈其人恪守不渝的处事之道。《旧唐书》本传记其一生行事梗概云："周宣帝时，思邈以王室多故，乃隐居太白山。隋文帝辅政，征为国子博士，称疾不起。尝谓所亲曰：'过五十年，当有圣人出，吾方助之以济人。'及太宗即位，召诣京师，嗟其容色甚少，谓曰：'故知有道者诚可尊重，羡门、广成，岂虚言哉！'将授以爵位，固辞不受。显庆四年，高宗召见，拜谏议大夫，又固辞不受。上元元年，辞疾请归，特赐良马，及鄱阳公主邑司以居焉。"（《旧唐书》卷一九一《方伎传·孙思邈》，页5094～5095。）孙氏隐于周、避于隋，是在"潜居抱道，以待其时"；宣称五十后将辅佐圣人以济世，是想要因"时至而行"以"极人臣之位"、伺"得机而动"以"成绝代之功"；逮至被唐太宗征召出山又始终拒绝出仕于朝，并最终辞疾请归，则是以为尚未遭逢他所预期的圣人盛世，于是便依循他所认定的"去就之理"，以求取"名重于后代"。孙思邈与《素书》思想的内在联系，在此显现得一清二楚。此外，如《素书》强调人生之修养，要"博学切问，所以广知"；"推古验今，所以不惑"（见明程荣校刊《汉魏丛书》本《素书》之《求人之志章》，页316。），而时人卢照邻称颂孙思邈本人即是"道洽古今，学有数术"（唐卢照邻《卢照邻集》卷一《病梨树赋并序》，页6。）。《新唐书》孙氏本传还记述有一大段孙思邈点拨卢照邻的谈话，所谈内容乃至文句用语，亦多与《素书》类同。譬如孙思邈在讲述所谓"养性之要"时有云：

> 天有盈虚，人有屯危，不自慎，不能济也，故养性必先知自慎也。慎以畏为本，故士无畏则简仁义，农无畏则堕稼穑，工无畏则慢规矩，商无畏则货不殖，子无畏则忘孝，父无畏则废慈，臣无畏则勋不立，君无畏则乱不治。是以太上畏道，其次畏天，其次畏物，其次畏人，其次畏身。忧于身者不拘于人，畏于己者不制于彼，慎于小者不惧于大，戒于近者不侮于远。知此则人事毕矣。（《新唐书》卷一九六《隐逸传·孙思邈》，页5597～5598。）

《素书》亦连贯论述"慎"、"畏"曰："见已生者慎将生，恶其迹者须避之。畏危者安，畏仁者存。"（见明程荣校刊《汉魏丛书》本《素书》之《安礼章》，页319。）显现出非常相似的思维脉络。

基于以上三点理由，我认为按照目前所掌握的史料，现在可以将《素书》的作者拟定为唐人孙思邈，至少这肯定要比定作宋人张商英更为合乎情理。绍良先生收藏的这部《直说素书》，还有一项非常珍贵的价值，这就是它保留有唐代文献的重要特征。唐代文献，为回避高宗李治名讳，多改"治"为"理"，这是鉴别唐人著述或唐代写本的重要标志。现在比较通行的明万历程荣校刊《汉魏丛书》本《素书》，其《原始》章"审乎治乱之势，达乎去就之理"这句话中的"治"字（见明程荣校刊《汉魏丛书》本《素书》之《原始章》，页315。又明正统《道藏》［北京，文物出版社，1988，影印本］所收张商英注本［页429］，此处也已经改作"治"。），绍良先生藏本正是镌作"理"字，显然是承自唐代的原貌；《汉魏丛书》本的"治"字，则应是后人回改的结果（案据上文所引《新唐书》卷一九六《隐逸传·孙思邈》的记载，孙思邈在向卢照邻讲述养性之道时，尝有句云"君无畏则乱不治"，可见"治"、"乱"对举，不仅是社会上通常惯行的用法，而且孙思邈本人也是这样行文。）。不过，《汉魏丛书》本仍然残留有回改未尽的痕迹。如全书卷末有句云："逆者难从，顺者易行。难从则乱，易行则理。……理身、理家、理国可也。"这段话中连续几个"理"字，本来也应该是原本避忌"治"字所改（绍良先生藏本同样也是镌作"理"字）（见明程荣校刊《汉魏丛书》本《素书》之《安礼章》，页320。案宋人晁公武在所著宋晁公武《昭德先生郡斋读书志》［袁本］卷一一《子部·道家类》"素书"条下［页946］，即本此文句而谓"其书言治国、治家、治身之道"。），《汉魏丛书》本就没有还原成"治"（见明程荣校刊《汉魏丛书》本《素书》之《安礼章》，页320。参见陈垣《史讳举例》［北京，北京师范大学出版社，1982，影印《励耘书屋丛刻》本］卷五《避讳经后人回改未尽例》，页1382～1385。案绍良先生所收藏的这部王氏《直说素书》，对唐人所讳"治"字也曾有过回改，《遵义章》"略己而责人者不治"句中"不治"不作"不理"，"治"字即是回改后的结果，这同样属于回改未尽。）。孙思邈卒于唐高宗永淳元年，因此，书"治"作"理"，或许是孙氏当初属笔撰稿时已然如此。

孙思邈撰著此书而托名于仙人黄石公，并宣称乃是在晋朝时得自张良墓中，无非是想借以增重其神秘性和权威性，慑服读者。孙氏动脑筋玩弄这套把戏，在客观上可能有如下两项触动因素。一是如前文所说，"自汉以来言兵法者，往往以黄石公为名"，托名于黄石公的著述，至隋唐时期，已经屡见不鲜。二是西晋武帝咸宁五年冬，"汲郡人不准掘魏襄王冢，得竹简小篆古书十余万言"（《晋书》［北京，中华书局，1974］卷三《武帝本纪》，页70。），出土了包括《竹书纪年》在内的一大批珍贵佚传古书。这一文献学史的重大事件，会启发他为所谓黄石公《素书》的来源，做出足以取信于人的说明，事实上孙思邈也正是宣称《素书》系晋之乱时自子房墓中盗发。五代时人杜光庭在所撰《仙传拾遗》一书当中，亦记述说西汉末赤眉之乱时，有盗发长安龙首原张良墓，"但见黄石枕化而飞去，若流星焉，不见其尸形衣冠，得《素书》一篇及兵略数章"（宋官修《太平广记》［北京，中华书局，1961］卷三八"张子房"条引五代杜光庭《仙传拾遗》佚文，页38～39。）。这与孙思邈所说，只是盗墓的时间有所差异，应当是在后来的流传过程中产生了变异。《仙传拾遗》这一记述，可以进一步证明，《素书》以及此书得自子房墓中的传说，均绝非宋人张商英所能编造。

《旧唐书》本传和《新唐书·艺文志》均题《枕中素书》为孙思邈所撰，不知这是否意味着孙思邈当时除了宣称"整理写定"这一号称源自黄石公传授的《素书》之外，或许同时还作有类似宋人张商英那样的注疏性阐释。不过，这部《枕中素书》在唐代似乎并未流行，史征在《周易口诀义》中引及此书，只是一种极个别的情况，并没有什么普遍意义。前文引述的《旧唐书》孙氏本传，记此《枕中素书》和《会三教论》等书，都是另行开列在"行于代（世）"的《老子》、《庄子》注本和医学名著《千金方》之后，这已经清楚反映出这一点。宋人注释或论及《素书》，从未有人提到过孙思邈的姓名，书名中也不再带有"枕中"字样，这说明宋代广泛流行的《素书》，已经不再留有孙思邈其人丝毫痕迹，只剩存有由黄石公至张良一脉相承的传说。元人依据宋国史艺文志编纂的《宋史·艺文志》，在著录《素书》时亦仅附注云"张良所传"（《宋史》卷二〇七《艺文志》六《子部·兵书类》"素书"条，页5281。），可以更好地说明这一点。

最早在唐代引述《素书》内容的史征和张弧，其具体生活年代，都还没有见到明确的记载，有待进一步考索。目前所能够清楚知晓的是，因史征所撰《周易口诀义》系"先以王注为宗，后约孔疏为理"（唐史征《周易口诀义》卷首作者自序，页1。），故其书必定撰著于唐人孔颖达的《周易正义》通行于世之后。包括《周易正义》在内的所谓"五经正义"，写定进呈于唐高宗永徽四年二月（唐长孙无忌等《五经正义表》，见唐孔颖达《周易正义》〔民国傅增湘影印宋本〕卷首，页1～2a。），次月颁行天下，"每年明经令依此考试"（《旧唐书》卷四《高宗本纪》，页71。），史征亦即缘此始以孔氏疏义作为其撰述《周易口诀义》的基本依归。依循常理，孔颖达的《周易正义》，从朝廷颁行于世，到学者普遍接受理解，以至受到与《易经》本文一样的尊奉，并以此为基础进一步发挥阐释，往往需要经历一段时间。由此推测，史征《周易口诀义》撰述于唐代中期以后的可能性应当要更大一些。这样，史征在著作中征引孙思邈在唐初撰述的《素书》，自然是顺理成章的事情。至于张弧，事迹更为模糊。清四库馆臣谓传世《素履子》"旧题其官为'将仕郎试大理寺评事'，而里贯已不可考"（清官修《四库全书总目》卷九九《子部·儒家类》"素履子"条，页775。），今所据《丛书集成》依照清嘉庆吴省兰刻《艺海珠尘》丛书排印本，卷端作者姓氏下题云："弧，里贯无考，唐末官将仕郎，试大理评事，《子夏易传》为其伪著。"（唐张弧《素履子》〔北京，中华书局，1985，重印《丛书集成》初编排印《艺海珠尘》本〕卷首，页1。）其所题"唐末"二字，不知是否另有可靠依据，或所据底本有此标注。惟张弧所生活的年代既然别无可考，不妨姑且依从此说，而这与他引用孙思邈著述的情况也正相匹配。

清四库馆臣认定《素书》出自张商英伪撰，还有一条理由，便是《素书》中"悲莫悲于精散，病莫病于无常"这两句话，如胡应麟所云，乃"皆仙经佛典之绝浅近者"，而"商英尝学浮屠法于从悦，喜讲禅理"，故"此数语皆其所为"（清官修《四库全书总目》卷九九《子部·兵家类》"素书"条，页837。）。今案如上所述，《素书》并非张氏所编造，这一点已经可以论定；而它真实的作者孙思邈既兼嗜佛典，编造《素书》时有这么一两句与佛家说法相近的话，也是很自然的事情。其实就像孙思邈兼通儒释道三教而能撰著《会三教论》一样，张商英不仅以儒生文士身份而与僧家往还，同时亦兼通道家、道教，与道士也有很密切的接触，时人尝称誉其"于道家之学博且久矣"（宋周应合《景定建康志》〔北京，中华书局，1990《宋元方志丛刊》影印清嘉庆六年金陵孙忠愍祠刻本〕卷四五《祠祀志》二《宫观》"崇禧观"条下引张商英撰碑铭，页2066~2067。），而且他最后在官场失脚，就是因为暗中交结徽宗眷宠的天文星历术士郭天信（《宋史》卷三五一《张商英传》，页11097。）。史载徽宗大观四年十二月，身居宰相之位的张商英上言说："臣少也贱，刻苦力学，穷天地之所以终始，三光之所以运行，五行之所以消长，人神之所以隐显，潜心研思，垂四十年而后，著成《三才定位图》，今绘为巨轴上进，如有可采，愿得巨石刊刻，垂之永久。"徽宗皇帝允准了他的这一请求（宋杨仲良《皇宋通鉴长编纪事本末》〔北京，北京图书馆出版社，2003，重印《宛委别藏》本〕卷一三一《徽宗皇帝·张商英事迹》，页4103~4104。）。这种《三才定位图》所表现的显然也只能是道家的观念。由此可知，张氏乃自幼及老，一直究心于道家学说。因此，张商英注释《素书》，同孙思邈造作此书一样，更多地是以浓厚的道家修养作基础，而绝不是四库馆臣所关注的佛家禅理。

与张商英的情况相同，吕惠卿注释《素书》，也是基于他具有比较深厚的道家学养。史载吕惠卿著有《庄子解》十卷（宋杜大珪《名臣碑传琬琰之集》下编卷一四《吕参政惠卿传》，据洪业等《琬琰集删存》［上海，上海古籍出版社，1990］卷三，页378。），见于《宋史·艺文志》著录（《宋史》卷二〇五《艺文志》四《子部·道家类》，页5181。）。此书书名又作《庄子义》，系"元丰七年，先表进《内篇》，其余盖续成之"（宋陈振孙《直斋书录解题》卷九《道家类》"庄子义"条，页290。），可见吕氏耽于庄子学说历年殊久，所以才会关注并疏解黄石公《素书》。

自从宋人张商英和吕惠卿注释此书后，目前所知《素书》在元代的注本，便是绍良先生收藏的这种广陵王氏注本。这位王姓人士，没有题署自己的名字，这是因为他的出身显然比较卑下。王氏《直说素书序》叙述起撰述缘起云："愚曩侍镇南王于广陵（案元镇南王乃在至元二十一年始封授予脱欢，驻扬州。见《元史》［北京，中华书局，1976］卷一八《诸王表》，页2736。），忝食禄于王门，耻无闻于圣教，幸值贤王崇儒设学，朝夕之间，会府佐官僚，讲议先王，讨论古今得失，遵训左右者知晓三纲五常之理人无不有此，非恶于诗书，盖不能知其诗书之义也。愚幼失学寡闻，常怀愧焉，得遇是书，精思熟虑，其文简而理备，其言略而事明，……正修齐治之道，无有不备于此也。是书之要，以道为宗，以德为本，文简理备，愚不能推其妙。言略事明，而未尽详其至善。推详事理，演以直言，上陈贤王，以助遵训之意。僭越之罪，无所逃矣。非敢有意于遗书，亦可发明于末学，思之可正其身，行之可善天下者也。"如前所述，《素书》的内容，本来基本上属于道家，王氏却声称希望借此知晓三纲五常之理，这既表明他学养层次确实不高，符合其自幼"失学寡闻"的身世，也反映出当时的社会在他这样一等人的层面上儒道融合的情况。

《素书》在唐代初年的出现，与稍早出现的王通撰《文中子》一书，在社会文化背景方面，存在着诸多相通的深层因素，涉及到南北朝后期至隋唐之际一些重大历史问题，所关非细；它在北宋中期的广泛流行，以及在元明时期的进一步传布，乃至对清代和当今社会的影响，也都涉及到中国古代文化发展史上一些相当重要的内容，这些都需要另行撰写文章，予以揭示。绍良先生独具慧眼保存下来的这部《直说素书》，既已帮助我们理清出《素书》本身的来龙去脉，阐释上述问题，也就具备了清晰而又可靠的基础。

2007年3月31日记